텍스트, 이미지, 오디오, 비디오 생성 AI 활용 가이드북

생성 AI를 활용한 나만의 콘텐츠 만들기 개정판

저자 김민후

YoungJin.com Y.
영진닷컴

**생성 AI를 활용한
나만의 콘텐츠 만들기** 개정판

Copyright ⓒ 2025 by Youngjin.com Inc.
B-1001, Gab-eul Great Valley, 32, Digital-ro 9-gil, Geumcheon-gu, Seoul, Republic of Korea
All rights reserved. No part of this book may be reproduced or transmitted in any form or by any means, electronic or mechanical, including photocopying, recording or by any information storage retrieval system, without permission from Youngjin.com Inc.

저작권법에 의하여 한국 내에서 보호를 받는 저작물이므로 무단 전재와 무단 복제를 금합니다.
이 책에 언급된 모든 상표는 각 회사의 등록 상표입니다.
또한 인용된 사이트의 저작권은 해당 사이트에 있음을 밝힙니다.

독자님의 의견을 받습니다.
이 책을 구입한 독자님은 영진닷컴의 가장 중요한 비평가이자 조언가입니다. 저희 책의 장점과 문제점이 무엇인지, 어떤 책이 출판되기를 바라는지, 책을 더욱 알차게 꾸밀 수 있는 아이디어가 있으면 팩스나 이메일, 또는 우편으로 연락주시기 바랍니다. 의견을 주실 때에는 책 제목 및 독자님의 성함과 연락처(전화번호나 이메일)를 꼭 남겨 주시기 바랍니다. 독자님의 의견에 대해 바로 답변을 드리고, 또 독자님의 의견을 다음 책에 충분히 반영하도록 늘 노력하겠습니다.

파본이나 잘못된 도서는 구입처에서 교환 및 환불해 드립니다.

ISBN 978-89-314-7928-7
이메일 support@youngjin.com
주 소 (우)08512 서울특별시 금천구 디지털로9길 32 갑을그레이트밸리 B동 10층
등 록 2007. 4. 27. 제16-4189호

STAFF
저자 김민후 | **총괄** 김태경 | **기획** 김용기 | **디자인·편집** 강민정
영업 박준용, 임용수, 김도현, 이윤철 | **마케팅** 이승희, 김근주, 조민영, 김민지, 김진희, 이현아
제작 황장협 | **인쇄** 예림

지은이의 글

안녕하세요? IT 커뮤니케이터, 김민후입니다. 초판을 출간한 지 1년여 만에 개정판으로 다시 인사드리게 되어 정말 기쁩니다.

지난 1년 동안 생성 AI는 정말 눈부시게 빠른 속도로 발전했습니다. 동영상 생성 AI 소라의 공개, GPT-4o, GPT-4.5와 추론 모델 o1, o3의 등장, 클로드의 약진 등 일일이 나열하기 어려울 정도로 수많은 사건이 있었습니다. 생성 AI가 법률, 의료, 교육 등 전문 분야에서도 놀라운 성과를 보이면서 이제는 우리 일상 곳곳에서 AI의 영향력을 실감하고 있습니다.

초판을 쓸 때까지만 해도 이런 날이 조만간 찾아올 거라고는 미처 몰랐습니다. AI가 만든 음악을 들으며 하루를 시작하고, 고민이 있을 때마다 AI와 육성으로 대화를 나누며, AI가 쓴 소설을 읽으면서 잠자리에 드는 모습을 누가 상상이나 했을까요? 생성 AI의 발전 속도는 그 누구의 예상도 훌쩍 뛰어넘었고, 이제 우리는 AI와 공존하는 새로운 시대를 맞이하고 있습니다.

이런 급격한 변화의 초입에 초판을 써냈던 기억이 새록새록 떠오릅니다. 이제 와서 보면 정말 많은 게 바뀌었구나 싶지만, 당시 기록했던 내용들이 AI 기술 발전의 역사적 순간을 증언하는 자료가 되었다는 점에서 저 개인에게도 매우 가치 있는 경험이었다고 생각합니다.

이번 개정판에서는 초판의 기본 틀을 유지하면서 새롭게 등장한 생성 AI를 대거 추가했습니다. 깐깐한 기준을 세워 엄선한 AI들만 실었으니 독자 여러분이 어떤 분야에 몸을 담고 있더라도 이 책을 통해 많은 도움을 받을 수 있을 거라 자부합니다.

자, 이제 저와 함께 더욱 진화한 생성 AI의 세계로 떠나볼까요? 여러분의 상상력과 AI의 가능성이 만나 어떤 멋진 결과물이 탄생할지 정말 기대됩니다. 이 책이 여러분에게 새로운 영감과 통찰을 선사하고, AI 시대를 슬기롭게 살아가는 데 도움이 되기를 진심으로 바랍니다.

김민후 드림(IT 커뮤니케이터)

이 책의 구성

이 책은 크게 7장으로 구성되어 있습니다. 우선 1장에서는 AI를 다루기에 앞서 흥미를 느낄 수 있도록 AI의 기본 개념과 역사에 대해 소개합니다. 그런 뒤 2장부터 5장까지는 주제별로 다양한 생성 AI의 활용법을 다룹니다. 그리고 6장에서는 다양한 분야에서의 AI 활용법을 제시하며, 7장에서는 생성 AI에 대한 현재 진행 중인 각종 논쟁과 미래 전망에 대해 다룹니다. 마지막 에필로그에서는 대표적인 텍스트 생성 AI 서비스인 클로드에 탑재된 AI 언어 모델, 소네트와의 인터뷰 내용을 소개합니다. 이 책의 장별 내용은 이어지는 것이 아니라 별개이므로 꼭 순서대로 읽을 필요는 없으며, 관심이 가는 부분부터 읽어도 좋습니다.

숙지해야 할 내용

AI 이용에 필요한 모든 절차를 최대한 자세하게 설명하고자 노력하였으나 구글과 네이버 아이디가 있다고 가정하고 구글과 네이버 회원 가입 절차는 생략하였으므로 혹시 구글, 네이버 아이디가 없다면 사전에 가입이 필요합니다.

그리고 이 책에 소개된 모든 생성 AI는 2025년 3월 24일을 기준으로 집필한 내용과 동일하게 동작하는 것을 최종 확인하였고, 집필에 사용한 환경은 PC용 크롬 브라우저입니다.

대상 독자

이 책은 생성 AI 활용법이 궁금한 모든 독자를 대상으로 합니다. 단순히 사용법을 다루는 것을 넘어 프로그래머, 디자이너, 작곡가 등 특정 직업군에 종사하는 사람들이 AI를 통해 생산성을 높일 수 있도록 구체적인 AI의 활용 방안까지도 제시합니다.

독자 여러분께

통상적으로 실용서 집필에는 짧게는 6개월~길게는 1년이 걸립니다. 하지만 이 서적은 빠르게 변화하는 생성 AI를 다루는 책이기에 조금이라도 빠르게 독자 여러분을 만나야 한다고 생각하고 집필에 걸리는 기간을 4개월로 최소화하였습니다.

하지만 4개월 사이에도 셀 수 없을 정도로 수많은 변화와 마주하였으며, 독자 여러분께서 이 책을 보시는 시점에는 어쩌면 더욱 많은 변화가 이루어졌을지 모릅니다.

이에 책이라는 물리적인 한계를 극복하기 위해 저자와 직접 소통할 수 있는 블로그와 이메일 주소를 공개합니다. 언제든 궁금한 점이 있으시다면 저자에게 문의하시기 바랍니다.

블로그 주소: blog.naver.com/1strider
이메일 주소: 1strider@naver.com

(네이버에 저자명 '김민후' 또는 블로그 이름 '상공: 상상하는 공간' 검색)

동영상 강의

이 책에 대한 온라인 동영상 강의는 영진닷컴 유튜브 채널(https://www.youtube.com/@IT-Youngjin)을 통해 제공되고 있습니다.

목차

1장 AI 빠르게 훑어보기

01 AI의 정의 011
02 AI의 역사 012
03 AI의 유형 018
04 AI의 학습 방식 020
05 우리 주변의 AI 021
06 AI와 관련된 흥미로운 개념들 022

2장 생성 AI 소개(텍스트 편)

01 챗GPT: 모르는 게 없는 만능 AI 대화 파트너 033
02 코파일럿: 구글의 자리를 노리는 MS의 비밀병기 048
03 클로드: 인간적인 말하기에 능한 AI 어시스턴트 057
04 제미나이: 구글이 야심 차게 선보인 AI 기술의 결정체 067
05 클로바 X: 한국어에 특화된 네이버의 대화형 AI 076
06 뤼튼: 여러 가지 AI가 한데 모인 종합 AI 플랫폼 083

3장 생성 AI 소개(오디오 편)

01 수노: 음악 창작의 새 시대를 여는 전천후 AI 뮤지션 095
02 유디오: AI 음악 시장의 샛별 113
03 뮤지아: 광주과학기술원 연구팀이 만든 AI 작곡가 125

4장 생성 AI 소개(이미지 편)

01 달리 3: AI 예술의 선구자로 자리매김한 디지털 화가 135
02 미드저니: 독창적인 화풍으로 주목받는 AI 아티스트 149
03 이마젠 3: 구글의 기술력이 집약된 AI 이미지 크리에이터 167
04 파이어플라이: 포토샵을 만든 어도비의 걸작 172
05 아이디오그램: 로고와 문자 디자인에 강한 AI 184
06 스테이블 디퓨전: 커뮤니티와 함께 성장하는 개방형 AI 화가 192

5장 생성 AI 소개(비디오 및 프레젠테이션 편)

01 헤이젠: 가상 인간을 활용한 비디오 제작 플랫폼 207
02 브루: 원스톱 영상 제작의 대가 228
03 루마: 사진을 살아 숨 쉬게 만드는 AI 영상 제작 도구 249
04 소라: 꿈꾸던 장면을 그려내는 드림 캔버스 261
05 감마: 놀라운 프레젠테이션 자동 생성 AI 268

6장 생성 AI 활용법

01 크리에이터를 위한 활용법 285
02 디자이너를 위한 활용법 299
03 뮤지션을 위한 활용법 304
04 작가를 위한 활용법 318
05 프로그래머를 위한 활용법 330
06 학생을 위한 활용법 341
07 교육자를 위한 활용법 359
08 취업 준비생을 위한 활용법 366
09 직장인을 위한 활용법 371

7장 생성 AI와 관련된 논쟁과 미래 전망

01 범죄 악용 383
02 신뢰성 문제 384
03 윤리·법적 문제 386
04 환경 문제 390
05 강한 AI와 초지능이 야기할 문제 391
06 미래 전망 392

에필로그: 소네트와의 인터뷰 394
집필 후기 410

1장

AI 빠르게 훑어보기

AI에 대한 기초적인 지식은 기술의 혜택을 누리며 이 시대를 살아가는 모든 사람들에게 요구되는 기본적인 소양입니다. 이 장에서는 AI의 정의 및 기호주의와 연결주의라는 두 가지 패러다임으로 대표되는 역사, 그리고 AI의 흐름과 미래 모습, 우리 주변에서 쉽게 찾아볼 수 있는 AI와 AI에 대한 흥미로운 개념들에 대해 알아보겠습니다.

01 AI의 정의

독자 여러분께서는 인공지능, AI가 무엇이라고 생각하시나요? AI는 우리가 일상적으로 사용하는 용어이지만 이러한 질문을 받으면 정의를 내리기보다는 시리와 빅스비, 구글 어시스턴트 같이 우리 생활 속에서 쉽게 찾을 수 있는 AI를 예로 드시는 분들이 더 많습니다.

AI의 본딧말인 Artificial Intelligence를 단어 그대로 해석하면 사람의 힘으로 만들어진, 즉 사람이 만든 지능이므로 AI를 논하기 위해서는 지능에 대해 정의를 내리는 것이 선행되어야 합니다. 그렇다면 지능이란 무엇일까요? 우리말샘의 정의에 따르면 지능은 "새로운 대상이나 상황을 마주했을 때, 그 대상이나 상황의 의미를 이해하고 적응할 수 있는 합리적인 방법을 알아내는 지적 활동의 능력"입니다.

핵심 키워드는 바로 **이해와 적응**입니다. 학습 능력을 갖추고 새로운 상황에 잘 적응할 수 있어야지만 우리는 어떤 대상이 지능을 가졌다고 말할 수 있는 셈입니다.

그렇다면 지능은 자연계에서 오직 인간만이 가지고 있을까요? 인간뿐만 아니라 인간을 제외한 수많은 동식물들도 각기 나름의 방법으로 삶을 영위해 나가므로 지능을 가졌다고 간주할 수 있습니다. 물론 지능의 수준이 얼마나 높으냐를 따지는 건 다른 이야기겠지만요.

지능에 대해 알고 나니 이제는 AI를 정의하는 것이 조금 더 자연스러워졌습니다. 한마디로 AI는 인간이 스스로의 힘으로 만들어 낸, **이해력과 적응력을 갖춘 인공물**입니다. 학자들마다 조금씩 다르게 정의하지만, 결국 모든 정의는 여기에서 출발합니다.

02 AI의 역사

2.1. 다트머스 회의

© (www.klondike.ai/wp-content/uploads/2021/06/wp-Marvin-Minsky-Claude-Shannon-Ray-Solomonoff-Plus-2-Dartmouth-1956-Conference-1-1024x484-1.png)

[그림 1-1] 다트머스 회의의 참가자

그렇다면 AI라는 용어는 언제 어디서 처음 사용되었을까요? 첫 용례는 바로 1956년 여름 미국 북동부 뉴햄프셔주에 위치한 다트머스 대학교에서 2개월 동안 이뤄졌던 다트머스 회의(Dartmouth Conference)를 알리는 공고문이었습니다.

〈AI에 관한 다트머스 여름 연구 프로젝트 제안서[1]〉라는 이름의 이 회의는 캘리포니아 공과대학교(Caltech)를 거쳐 프린스턴 대학교에서 수학을 연구하던 존 매카시 교수가 주관하였는데 마빈 민스키, 클로드 섀넌 등의 세계적인 석학들이 한자리에 모여 **기계가 지능을 가질 가능성**에 대해 논의하였습니다.

회의에 참여한 학자들은 **개념화**(Conceptualization)와 **추상화**(Abstraction)를 할 수 있는 인공물을 AI로 정의하였고 둘에 대한 자세한 설명은 다음과 같습니다.

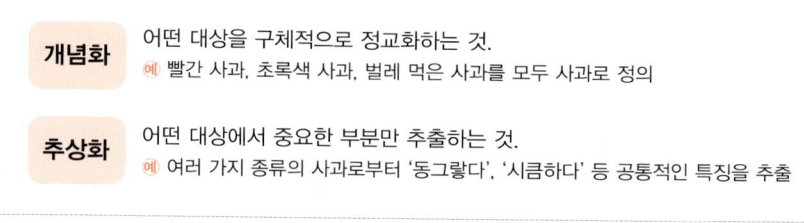

[그림 1-2] 개념화와 추상화

[1] A Proposal for the Dartmouth Summer Research Project on Artificial Intelligence.

2.2. 기호주의와 연결주의

■ 기호주의

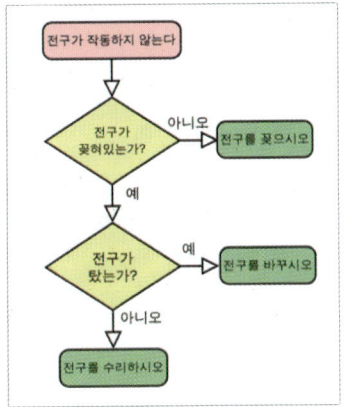

© (ko.wikipedia.org/wiki/순서도#/media/
파일:LampFlowchart_ko.svg)

[그림 1-3] 기호주의: 규칙 정의

© (news.mit.edu/sites/default/files/styles/news_article__image_gallery/public/
images/201601/MIT-Marvin-Minsky-02_0.jpg)

[그림 1-4] 마빈 민스키

이렇게 세상에 등장한 AI는 크게 두 가지 패러다임으로 나누어졌습니다. 먼저 첫 번째는 기호주의(Symbolism)입니다. 기호주의는 1956년 다트머스 회의의 참가자 중 한 명이었던 마빈 민스키 교수가 고안했으며 세상에 존재하는 수많은 상식과 지식을 기호로 표현한 뒤 컴퓨터에 입력하면 컴퓨터가 사람처럼 생각할 수 있을 것이라는 믿음에서 출발했습니다. 기호주의 방식으로 개발된 AI는 규칙을 기반으로 작동한다는 점에서 **규칙 기반 AI**(Rule-based AI)라고도 합니다.

© (en.wikipedia.org/wiki/ELIZA#/media/File:ELIZA_conversation.png)

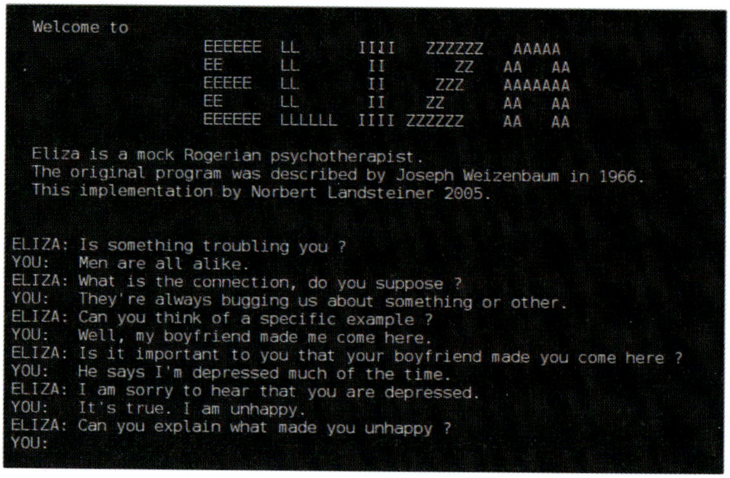

[그림 1-5] 엘리자

1966년, 매사추세츠 공과대학교(MIT)의 조지프 와이젠바움 교수는 기호주의 방식으로 엘리자(ELIZA)라는 이름의 심리 상담 AI를 개발하였습니다. 엘리자는 사용자가 입력한 문장에서 특정한 단어나 패턴을 발견하면 그에 대한 대답을 하는 **패턴 매칭** 방식으로 구현되었는데 당시 교수 밑에서 일하던 학생들이 엘리자와의 대화에 몰입하여 엘리자와 사랑에 빠지는 웃지 못할 일도 있었다고 합니다. 그리고 그 모습을 누구보다도 가까이서 지켜봤던 와이젠바움은 이후 AI 비관론자가 되었다고 전해집니다.

■ 연결주의

© (indiantechwarrior.com/wp-content/uploads/2021/04/multilayer-perceptron-2.png)

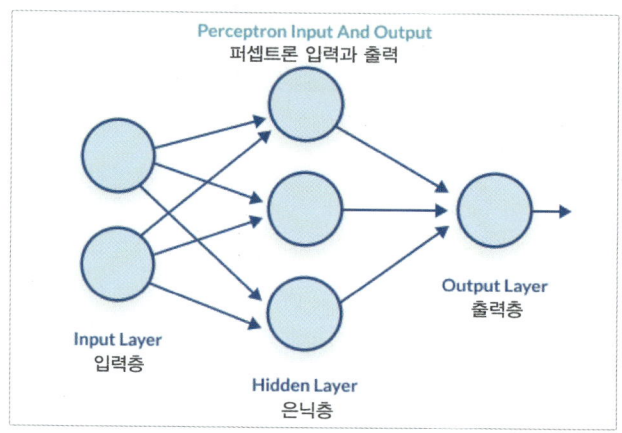

[그림 1-6] 연결주의: 퍼셉트론

© (news.cornell.edu/sites/default/files/styles/story_thumbnail_xlarge/public/2019-09/0925_rosenblatt_main.jpg)

[그림 1-7] 프랭크 로젠블래트

두 번째 패러다임은 연결주의(Connectionism)입니다. 연결주의는 기호주의가 탄생한 이듬해인 1957년 코넬 대학교의 인지 심리학자인 프랭크 로젠블래트 교수가 고안했으며 1,000억 개에 달하는 우리 뇌의 뉴런(신경 세포)과 100조 개에 달하는 뉴런의 네트워크인 시냅스를 인공적으로 구현해 낸다면 사람처럼 생각하는 AI가 만들어질 것이라는 믿음에서 출발하였습니다. 우리 뇌에서 영감을 얻은 셈입니다.

연결주의 방식의 AI는 인공 뉴런인 **노드**와 인경 신경망인 **퍼셉트론**을 기반으로 합니다. 외부로부터 들어온 입력값과 특정한 **가중치**(Weight)[2]를 곱한 결과를 모두 더한 값이 임곗값(Threshold)보다 크면 출력값이 다른 노드에 입력값으로 **전달**[3]됩니다.

로젠블래트는 심리학자로서 인간의 뇌가 작동하는 방식을 모방하여 뇌의 기능을 대신하는 기계를 만드는 것에 관심이 있었고 실제로 1960년대에 사람이 펜으로 쓴 알파벳과 숫자를 컴퓨터가 인식하게 만드는 데에 성공하였습니다. 하지만 컴퓨터 성능의 한계와 효율적인 알고리즘의 부재로 인해 그 이상의 뭔가를 보여주지는 못했습니다.

■ XOR 문제

그런데 기호주의도 연결주의도 결정적인 한 방을 보여주지 못하고 있던 1969년의 어느 날, 기호주의의 창시자인 민스키가 〈퍼셉트론〉이라는 책을 통해 로젠블래트의 연결주의를 혹독하게 비판하는 일이 발생합니다.

---

2 연결 강도라고도 하며, 입력값과 곱해져 출력값을 결정하게 되는 수치입니다. 학습 과정에서 최적화됩니다.
3 이를 활성화라고 합니다.

이 책을 통해 그는 한 개의 층만을 가진 단층 퍼셉트론에는 모든 대상을 효율적으로 분류[4]할 수 없는, 일명 XOR 문제가 있으며, 이는 극복할 수 없는 한계라고 주장하였는데 이에 충격을 받은 로젠블래트는 1971년 본인 생일에 극단적인 선택으로 세상을 떠나고 맙니다.

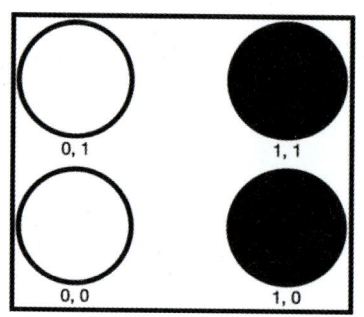 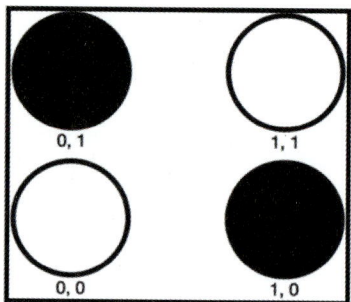

[그림 1-8] 바둑돌 분류 문제

그렇다면 XOR 문제란 무엇일까요? 한번 좌표평면에 놓인 바둑돌을 한 개의 직선만 그어 같은 돌끼리 분류한다고 생각해 보겠습니다. [그림 1-8]에서 바둑돌이 왼쪽과 같이 놓여 있다면 가운데에 직선을 세로로 그었을 때 같은 색 돌끼리 나뉘게 되지만 오른쪽처럼 놓여 있다면 직선 하나만으로는 같은 색의 바둑돌끼리 묶을 수 없습니다.

XOR 문제라는 이름은 바둑돌에 x, y 좌표를 부여하고 흰 돌은 0, 검은 돌은 1이라고 가정했을 때 진리표가 XOR(eXclusive-OR)이라고 하는 논리 게이트의 형태를 띠는 데에서 유래하였습니다. 이 문제는 이후 은닉층(Hidden Layer)이 추가된 다층 퍼셉트론을 통해 해결되었지만, 당시에는 단층 퍼셉트론밖에는 없었기에 민스키의 저격으로 말미암아 연결주의는 그만 추락하고 말았습니다.

2.3. AI의 과거와 현재: 암흑기와 황금기

이렇게 연결주의의 추락과 함께 AI의 첫 번째 암흑기, **AI 겨울**(AI Winter)이 시작되었습니다. AI가 뭔가 해낼 거라고 확신했던 사람들은 실망했고 AI 연구소로 향하던 연구 지원금 역시 끊기고 말았습니다. 순식간에 AI라는 용어는 학계의 금기가 되었고 다시는 봄을 맞이하지 못할 것만 같았습니다.

---

[4] 초기의 AI가 했던 일은 대부분 무언가를 일정한 기준을 가지고 분류하는 것이었습니다.

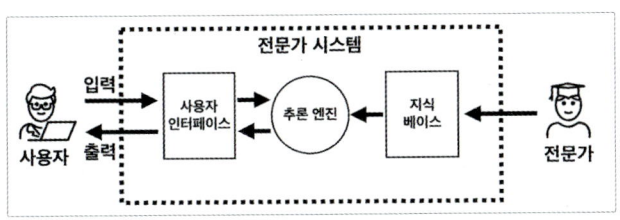

[그림 1-9] 전문가 시스템

하지만 1980년대에 들어 의사, 변호사 등 전문가의 경험과 지식을 주입하여 만들어진 기호주의 기반의 **전문가 시스템**(Expert System)이 완성도가 높다는 평가를 받으면서 AI는 기호주의를 통해 재기에 성공하게 됩니다. 전문가 시스템은 지식이 저장된 지식 베이스(Knowledge Base)와 지식 베이스를 이용하여 추론을 진행하는 추론 엔진(Inference Engine)으로 구성되어 있었는데 이를 통해 전문가가 지닌 양질의 지식을 AI를 이용하여 사용자에게 제공할 수 있었습니다.

하지만 여전히 한계는 존재했습니다. 지식 베이스와 조금이라도 다른 질의가 입력되면 뜬금없는 답을 내놓았던 겁니다. 전문가 시스템을 통해 도약할 수 있을 거라고 생각했던 학자들은 다시 낙심하기 시작했고 재기에 성공한 지 10년이 채 지나기도 전에 AI는 두 번째 암흑기를 맞이하게 됩니다.

그 사이 연결주의는 어떻게 됐을까요? 소수였지만 연결주의의 가능성을 믿었던 학자들은 여전히 존재했고 1986년에 XOR 문제를 해결하기 위한 방법으로 **역전파**(Backpropagation)라는 기법을 소개한 논문이 나오면서 빛을 발할 뻔했으나 당시 컴퓨터의 계산 능력 한계로 인해 이론에 그치고 말았습니다.

20세기가 끝나갈 무렵인 1997년, IBM에서 개발한 체스 AI 딥 블루가 체스 챔피언 가리 카스파로프(Garry Kasparov)를 3.5-2.5로 이기며 전 세계에 놀라움을 전하긴 했지만 근본적인 문제는 해결되지 않은 채 21세기로 접어들었습니다.

그리고 2006년, 캐나다의 컴퓨터 과학자이자 인지 심리학자인 **제프리 힌턴**[5]이 기존 연결주의 기반 AI의 한계를 해결한 **심층 신뢰 신경망**(DBN: Deep Belief Network)을 고안해 내면서 AI는 마침내 세 번째 황금기를 맞이하게 됩니다. 그리고 현재까지도 이 흐름은 계속되고 있습니다.

2.4. AI의 미래: 기술적 특이점

그렇다면 AI의 미래는 어떨까요? 1950년대에 헝가리 태생의 컴퓨터 과학자 폰 노이만은 동료와

---

[5] 2024년에 기계 학습 개발 공로를 인정받아 물리학자 존 홉필드와 함께 노벨 물리학상을 수상하였습니다.

의 대화를 통해 기술 진보가 가속화하면 인류는 **근본적인 변화**와 마주하게 될 것이라고 주장하였는데 그는 그 순간을 **기술적 특이점**(Technological Singularity)으로 명명하였습니다.

그리고 그의 주장은 1983년 미국의 SF 작가이자 교수였던 베너 빈지에 의해 다시 한 번 언급되었고 미래학자 레이 커즈와일의 저서 <특이점은 온다>를 통해 체계화되어 전 세계에 널리 퍼지게 되었습니다. 이 책을 통해 기술이 일정한 속도로 발전하는 것이 아니라 기하급수적인 속도로 발전한다고 주장[6]했는데 기술의 진보가 계속된다면 2045년경 기술적 특이점에 도달할 것으로 예상하였습니다.

커즈와일뿐만 아니라 수많은 석학들이 나름의 근거를 제시하며 기술적 특이점에 도달할 시점을 예상하고 있는데 그 시기는 빠르면 2020년대 중반에서 30세기까지 매우 다양합니다. 심지어 영원히 오지 않을 것이라고 보는 학자들도 있습니다.

수많은 불확실성이 있지만 우리는 AI의 미래에 대해 다양한 가능성을 염두에 두고 기술적 특이점 도달에 대비하여 다양한 사회적 장치를 마련해야 할 것입니다.

03 AI의 유형

3.1. 약한 AI

© (unsplash.com/ko/%EC%82%AC%EC%A7%84/d5WKJ0sUe6Y)

[그림 1-10] 시리가 실행되고 있는 아이폰

AI는 능력에 따라 약한 AI, 강한 AI, 그리고 초지능으로 구분할 수 있습니다. 먼저 약한

---

[6] 수확 가속의 법칙(The Law of Accelerating Return)

AI(Weak AI)는 ANI(Artificial Narrow Intelligence)라고도 부르며 대화, 배달, 운전과 같은 **한 가지 일에 특화된** AI를 말합니다. 우리 주변에서 쉽게 접할 수 있는 시리, 빅스비, 스마트 스피커 등은 모두 이 범주에 속합니다.

시리를 예로 들어 보겠습니다. 시리는 우리의 발화 내용과 그 의미를 이해하고 그에 적절한 반응을 보일 수 있지만 날씨를 확인하거나 음악을 재생하는 것과 같은 극히 제한된 작업만을 수행할 수 있습니다. 언뜻 다양한 기능을 실행할 수 있는 것처럼 보이지만 결국 스마트폰 또는 스마트폰과 연결된 기기만 제어할 수 있기 때문에 약한 AI에 해당합니다.

2016년에 세상을 놀라게 했던 알파고 역시 약한 AI로 볼 수 있습니다. 바둑이라는 제한된 분야에서만큼은 인간을 압도하지만 알파고는 요리를 할 수 없으며 사회 문제에 대한 자신의 주장을 이야기할 수도 없습니다.

그리고 오늘날 AI 혁명의 중심에 서 있는 챗GPT 역시 약한 AI에 해당합니다. 이렇게 약한 AI는 수많은 일을 적당한 수준으로 해낼 수 있는 인간과 달리 매우 좁은 특정한 분야에서는 인간을 능가하지만 다양한 일을 하지는 못합니다.

3.2. 강한 AI

강한 AI(Strong AI)는 AGI(Artificial General Intelligence, 인공 일반 지능)라고도 부르며 인간이 할 수 있는 그 어떠한 일도 해낼 수 있는 범용적인 특성을 갖는 AI입니다.

한마디로 강한 AI는 한 명의 인간과 다를 바 없습니다. 인간처럼 생각하고 이해하며 세상과 상호 작용하면서 새로운 지식을 지속적으로 학습할 수 있습니다. 바둑을 두고 사회 평론을 하기도 하며 인간의 말벗이 되어 주거나 짐을 운반할 수도 있습니다.

이러한 특성 때문에, 대부분의 약한 AI처럼 소프트웨어의 형태로만 존재하는 것이 아닌 팔과 다리 등 하드웨어를 갖춘 **로봇의 형태**로 세상을 활보하게 될 가능성이 높습니다. 강한 AI를 만드는 것은 오픈AI를 포함한 전 세계의 수많은 AI 연구 기관의 궁극적인 목표이기도 합니다.

3.3. 초지능

초지능(Super Intelligence)은 한마디로 **지구상에서 가장 뛰어난 인간의 지능을 능가**하는 무언가를 뜻합니다. 앞서 언급한 기술적 특이점을 바로 초지능이 탄생하는 순간으로 정의할 수 있으며, 인간보다는 강한 AI가 만들어 낼 가능성이 더욱 높다고 여겨집니다.

초지능은 인간이 어려워하는, 심지어 생각해 본 적도 없는 문제를 인간이 이해할 수 없는 방법으로 해결할 수 있고 인간과 비교할 수 없을 정도로 빠르게 학습합니다. 그리고 인간을 뛰어넘는 초월적인 존재이기에 종종 인간에게 위험할 수도 있다고 여겨집니다. 영화 〈2001 스페이스 오디세이〉의 HAL 9000, 〈터미네이터〉의 T-800이 바로 초지능의 대표적인 예입니다.

만약 초지능이 개발되어 기술적 특이점에 도달한다면 인류는 불과 전기를 발견했을 때 이상의 커다란 변화와 마주하게 될 것입니다.

AI의 학습 방식

4.1. 지도 학습

AI의 학습 방식은 크게 지도 학습, 비지도 학습, 강화 학습으로 나눌 수 있습니다. 먼저 지도 학습(Supervised Learning)이란, 컴퓨터에 입력 데이터와 해당 데이터에 대한 **라벨**(Label, 정답)을 함께 제시하여 컴퓨터가 입력 데이터와 라벨 사이의 관계를 학습하도록 하는 기법입니다. 수많은 데이터에 라벨을 붙이는 것은 사람의 몫이며 이러한 일을 하는 사람을 **데이터 라벨러**라고 합니다.

간단한 예시로, 사진 속 개와 고양이를 분류하는 AI를 지도 학습 방식으로 만든다고 가정해 보겠습니다. 수많은 개와 고양이 사진을 준비하고 각 사진에 데이터 라벨러가 일일이 "개"와 "고양이"라는 라벨을 붙입니다. 그리고 컴퓨터가 사진과 라벨 사이의 상관관계를 학습하도록 합니다.

이렇게 컴퓨터가 사진과 라벨을 통해 개와 고양이의 특징을 충분히 학습하면 새로운 사진이 주어졌을 때 해당 사진이 개와 고양이 중 어느 쪽에 더욱 가까운지를 높은 확률로 맞힐 수 있게 됩니다.

4.2. 비지도 학습

비지도 학습(Unsupervised Learning)이란, 사람이 라벨을 부여하지 않은 상태에서 컴퓨터가 데이터의 패턴과 구조를 스스로 학습하도록 하는 기법입니다. 이때, 컴퓨터는 수많은 데이터를 여러 가지 기준에 따라 **군집화**(Clustering, 클러스터링)합니다.

앞의 예시와 마찬가지로 수많은 개와 고양이 사진을 분류하는 AI를 비지도 학습 방식으로 만든다고 가정해 보겠습니다. 라벨이 없으므로 컴퓨터가 직접 패턴을 파악하는데 컴퓨터는 개/고양이로 나누는 것을 포함하여 흰색 털/갈색 털/검은색 털, 단모종/중모종/장모종 등 다양한 기준으로 클러스터링 작업을 진행하게 됩니다. 이 과정에서 사람이 미처 알지 못했던 새로운 분류 기준을 AI

가 발견할 수도 있습니다.

하지만 AI가 구체적으로 어떤 기준으로 대상을 분류했는지 설명해 주는 것은 아니므로 군집에서 의미를 찾는 일은 어디까지나 인간의 몫입니다.

4.3. 강화 학습

강화 학습(Reinforcement Learning)이란, AI가 현재 상태(State)를 관측하고 가능한 선택지 중 최대한 많은 보상(Reward)을 얻을 수 있는 쪽을 선택하는 방식으로 행동(Action)하도록 만드는 기법입니다. **피드백**이 따른다는 점에서 '당근과 채찍' 전략과 유사하며, 행동주의 심리학자 스키너의 조작적 조건 형성 이론으로부터 영감을 얻어 개발되었습니다.

강화 학습은 수많은 선택지가 있고 선택지에 따라 전혀 다른 결과가 나타나는 게임이나 로봇 제어 등 다양한 분야에 활용되고 있습니다.

> **URL:** youtu.be/TmPfTpjtdgg

위 URL로 접속하면 AI가 강화 학습을 통해 벽돌 깨기 게임을 배워 나가는 과정을 확인할 수 있습니다. 벽돌 깨기 게임은 공과 라켓, 그리고 수많은 벽돌로 구성되어 있는데 라켓을 좌우로 움직여서 벽돌을 깨뜨리면 점수가 올라갑니다. 만약 어떠한 행동을 했을 때 점수가 올라간다면 AI는 양의 보상을 받고, 점수를 얻지 못한다면 음의 보상을 받습니다.

AI는 라켓을 어떻게 움직여야 벽돌을 더 많이 깨뜨려서 점수를 낼 수 있을지를 수많은 시도를 통해 학습하게 되고, 결과적으로 **양의 보상**을 최대한 많이 얻을 수 있는 쪽으로 결정을 내리게 됩니다.

05 우리 주변의 AI

주위를 조금만 둘러보면 도처에 AI가 있음을 확인할 수 있습니다. 다음은 우리 주변에서 흔하게 볼 수 있는 AI를 기능에 따라 분류한 예입니다.

- **작업 수행:** 사용자의 명령을 인식하고 이해하여 특정 기능을 수행합니다.(예: 시리, 빅스비, 구글 어시스턴트, 기가지니, 카카오미니, 누구, 클로바)
- **추천:** 사용자의 선호를 기반으로 사용자가 선호할 만한 것들을 추천합니다.(예: 유튜브, 아마존의 추천 알고리즘)

- **분석**: 어떤 대상의 특징을 수치화하여 제시하거나 언어로 설명합니다.(예: 얼굴 분석 AI, 사진 설명 AI)
- **분류**: 비슷한 것끼리 묶어 줍니다. XOR 문제에서 엿볼 수 있었듯 AI가 오래전부터 수행하던 작업 중 하나입니다.(예: 스마트폰 갤러리 앱에 내장된 사진 자동 분류 기능)
- **대화**: 사용자와 자연스럽게 대화를 나눕니다.(예: 이루다, 챗GPT)
- **생성**: 기존에 학습된 정보를 바탕으로 새로운 무언가를 만들어냅니다.(예: 챗GPT, 달리3)
- **인식**: 센서를 통해 입력받은 정보를 해석합니다.(예: 지문 인식기, 차량 번호 인식기)
- **예측**: 기존의 정보를 바탕으로 미래의 결과를 예측합니다.(예: 주가 예측 AI)

06 AI와 관련된 흥미로운 개념들

6.1. 튜링 테스트(Turing Test)

앞서 AI를 인간이 스스로의 힘으로 만들어 낸, 이해력과 적응력을 갖춘 인공물이라고 정의한 바 있습니다. 그렇다면 어떤 방법으로 인간과 AI를 구분할 수 있을까요?

가장 유명한 방법으로 영국의 컴퓨터 과학자인 앨런 튜링 교수가 고안한 튜링 테스트를 들 수 있습니다. 튜링 테스트는 AI라는 용어조차 존재하지 않았던 1950년에 고안되었으며 **이미테이션 게임**(Imitation Game)이라고도 부릅니다.

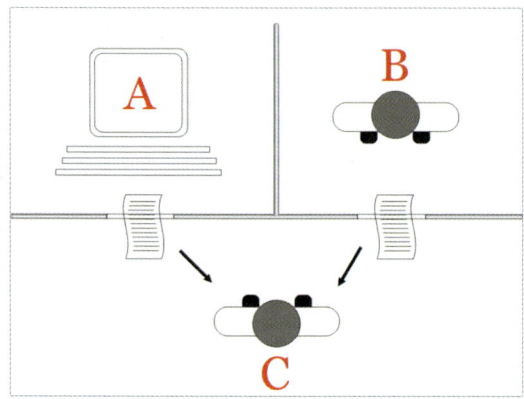

© (commons.wikimedia.org/wiki/File:Test_de_Turing.jpg)

[그림 1-11] 튜링 테스트

튜링 테스트의 개념은 매우 간단합니다. 어떤 방에 A(AI가 탑재된 컴퓨터)와 B(인간), 그리고 C(심사 위원)가 있습니다. A, B, C 사이에는 칸막이가 있어 서로의 모습을 볼 수 없습니다. 그리고 C는 A와 B에게 질문을 해서 답을 얻어낸 뒤, 둘 중 어느 쪽이 인간인지를 맞혀야 합니다. 만약 C가 A를 인간으로 착각했다면 A에 탑재된 AI는 튜링 테스트를 통과했다고 간주됩니다.

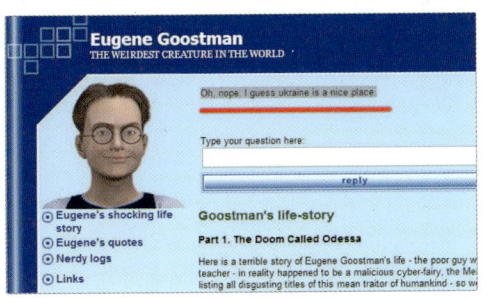

[그림 1-12] 유진 구스트만

튜링 테스트에 사용되는 문장이나 형식이 딱 정해져 있는 것은 아닙니다. 지난 2014년, 러시아 연구진이 개발한 대화형 AI 유진 구스트만이 튜링 테스트를 통과했다고 알려졌으나 후에 AI의 어눌함을 13세 소년이라는 설정을 통해 극복하려고 한 점이 밝혀지면서 현재는 튜링 테스트를 통과했다고 인정되지 않습니다.

사실 지능이 무엇인지, 무엇이 지능을 만들어내는지 정확하게 알지 못하고 있는 상황에서 오직 언어 능력만을 측정하는 튜링 테스트가 정말 지능이 있는지를 측정할 수 있는 가장 좋은 방법이라고 말할 수 없습니다.

뿐만 아니라 튜링 테스트가 "무엇이 인간을 인간이게 만드는가"와 같은 철학적 물음에 답해줄 수도 없습니다. 아직 공식적으로 튜링 테스트를 통과했다고 인정받는 AI는 없지만, 설령 어떤 AI가 튜링 테스트를 통과했다고 할지라도 그것만으로 우리가 그 AI를 인간과 같은 지적인 존재, 의식이 있는 존재라고 인정해야 할 이유는 없습니다.

하지만 튜링 테스트는 적어도 우리에게 인간의 지능과 관련된 여러 가지 흥미로운 질문들을 제시하고 AI가 적어도 겉보기에 인간과 비슷해 보이는지를 확인하는 데에는 충분히 유용한 도구가 될 수 있습니다.

6.2. 중국어 방 논증

[그림 1-13] 중국어 방 논증

중국어 방 논증(Chinese Room Argument)은 미국의 철학자 존 설이 1980년대에 제안한 사고 실험으로, 지능을 가진 기계가 존재한다고 하더라도 그 기계가 정말 지능을 갖추었는지를 판별하는 것은 불가능하다는 주장을 담고 있습니다. 앞에서 다룬 **튜링 테스트의 한계**를 지적하는 데에 많이 인용됩니다.

중국어 방 논증의 개념은 굉장히 간단합니다. 우선 A(면접관)와 B(피면접자)가 등장합니다. 둘 사이에는 벽이 있어서 서로 소통할 수 없습니다. A는 중국인이며, B에게 중국어로 질문을 할 예정입니다. 그리고 B는 중국어를 전혀 모릅니다.

■ 모범 답안

질문-답변 리스트

1. 면접관이 "니하오?(안녕하세요?)"라고 말하면
 "헌까오싱지엔따오닌(만나서 반가워요)"이라고 답하세요.

2. 면접관이 "니스나꾸어런?(당신은 어느 나라 사람인가요?)"이라고 말하면
 "워스중궈런(중국인입니다)"이라고 답하세요.

여기까지만 들으면 B는 A의 질문에 전혀 대답하지 못할 것 같습니다. 하지만 C라는 사람이 A의 질문 리스트를 가로챈 뒤 A 몰래 B에게 모범 답안을 가르쳐 준다면 어떨까요? 물론 발음은 어눌하겠지만 적어도 A는 B가 중국어로 의사소통이 가능한 사람이라고는 생각할 겁니다.

존 설은 튜링 테스트를 통과하는 AI도 이 이야기의 B와 전혀 다르지 않다고 주장합니다. AI가 인간처럼 단어의 의미를 이해하고 대답하는 게 아니라 그냥 기계적으로 가장 적합한 답을 찾아서 출력하는 것뿐이라는 겁니다.

심리철학에는 **철학적 좀비**(Philosophical Zombie)라는 개념이 있습니다. 말도 잘하고 문제도 잘 풀고 거의 모든 면에서 인간과 동일하지만 의식이 결여되어 있는 존재를 뜻합니다. 존 설의 주장에 따르면 튜링 테스트를 통과한 AI도 철학적 좀비와 다름이 없는 셈입니다.

오늘날 챗GPT와 같은 텍스트 생성 AI를 비판하는 사람들은 AI가 의미를 이해하지 못한 채 인간의 말을 따라하는 것이라고 주장하면서 AI를 **확률적 앵무새**(Stochastic Parrot)라고 지칭하였는데, 이 개념 역시 철학적 좀비와 일맥상통합니다.

6.3. 리캡차

튜링 테스트는 굉장히 이론적으로 느껴지지만, 컴퓨터와 사람을 구분하기 위한 완전히 자동화된 튜링 테스트[7]를 뜻하는 영문의 머릿글자를 딴 **캡차**(CAPTCHA)의 형태로 이미 널리 쓰이고 있습니다.

캡차는 인터넷이 한창 보급되던 1990년대 후반, 수많은 국내외의 온라인 포럼과 커뮤니티가 자동화된 컴퓨터 프로그램에 의해 스팸으로 오염되어 이를 해결하기 위한 방안으로 개발되었는데 이때의 테스트는 사용자가 AI는 판독하기 어렵지만 사람은 읽을 수 있는 왜곡된 형태의 단어를 정확히 입력함으로써 사람임을 증명하는 방식으로 진행되었습니다.

[그림 1-14] 리캡차 버전 1

이후 AI가 발달하면서 AI도 문제를 풀 수 있게 됨에 따라 미국 카네기 멜런 대학교의 연구진은 새로운 형태의 캡차인 **리캡차**(reCAPTCHA)를 개발하였습니다. 작동 원리 자체는 캡차와 크게 다르지 않았지만 두 개의 단어가 주어지고 둘 중 하나는 고문헌에 담긴 문자로 AI가 판독하기 어려웠던 단어라는 차이점이 있었습니다.

즉, 리캡차 테스트에 응하는 사람들은 간접적으로 컴퓨터가 고문헌에 담긴 글자를 판독하는 데에 도움을 준다고 볼 수 있습니다. 그리고 이 모습을 유심히 지켜보던 구글은 자사가 추진하는 프로젝트에 리캡차가 도움이 될 거라고 확신하고 2009년에 이 기술을 인수하였습니다.

---

7 Completely Automated Public Turing test to tell Computers and Humans Apart

[그림 1-15] 리캡차 버전 2

오늘날 인터넷에서 흔하게 볼 수 있는 리캡차는 바로 버전 2이며, AI가 더 이상 고문헌에 담긴 단어 해석을 어려워하지 않게 되자 구글이 2014년에 출시한 새로운 형태의 리캡차입니다. 리캡차 버전 2는 컴퓨터가 이미지에 담긴 생명체나 사물이 어떤 것인지 정확하게 판독하는 데에 큰 도움을 주었습니다.

그리고 시간이 흘러 구글은 AI가 이미지 인식마저도 쉽게 해내게 되자 2018년에 테스트 없이 오직 이상 동작만을 감지하는 리캡차 버전 3까지 출시하였습니다. 리캡차 버전 3는 아직 널리 쓰이고 있지는 않지만, 앞으로 점차 확대될 것으로 기대됩니다.

6.4. 모라벡의 역설

모라벡의 역설(Moravec's Paradox)은 미국의 로봇공학자 한스 모라벡이 1980년대에 제시한 개념으로, **인간에게 쉬운 일은 AI에게 어렵고 인간에게 어려운 일은 AI에게 쉽다**는 주장을 담고 있습니다.

예를 들어 인간은 걷거나 물건을 집는 등의 단순한 동작을 별다른 어려움 없이 해낼 수 있지만, AI나 로봇에게는 매우 어렵습니다. 반면 복잡한 수학 문제를 푸는 일은 인간에게 어렵지만 AI는 순식간에 해낼 수 있습니다.

모라벡은 이러한 현상이 발생하는 이유로 진화의 과정을 들었습니다. 인간의 뇌는 수백만 년 동안 무언가를 잡고 던지고 걸어 다니며 주변 환경을 인식하는 등의 기본적인 능력을 갖추었기에 이런 능력들이 인간에게는 무의식적이고 자연스러운 것이 되었지만, AI는 이런 과정을 겪지 못했기에 AI에 이를 구현하기 위해서는 복잡한 알고리즘과 많은 계산이 필요하다는 겁니다.

반면 고차원적인 사고나 복잡한 계산 능력은 인류 역사에서 비교적 최근에 발달했기 때문에 오히려 이런 부분에서는 AI가 인간보다 뛰어날 수 있습니다.

모라벡의 역설은 AI 연구의 방향성에 대해 시사하는 바가 큽니다. AI가 진정한 의미의 인간다운 지능을 갖추기 위해서는 단순히 계산 능력을 높이는 것만으로는 부족하며, AI가 **세상을 경험**할 수 있도록 오감으로 대표되는 감각을 구현하는 것 또한 중요하다는 점을 일깨워주고 있습니다.

6.5. 트롤리 딜레마

트롤리 딜레마는 광차(Trolley)의 진행 방향을 결정하는 것과 관련된 **철학적 사고 실험**의 일종으로, 자율 주행 자동차의 발달에 힘입어 최근 중요하게 다뤄지고 있는 주제입니다. 핵심 내용은 다음과 같습니다.

■ 트롤리 딜레마 설명

> 광차가 무려 다섯 명의 생명을 해칠 수 있는 상황에 놓여 있습니다. 이때, 광차를 다른 선로로 바꾸면 기존 선로 위에 있던 다섯 명은 살 수 있지만 다른 한 명은 죽게 됩니다. 광차 운전자는 어떤 결정을 내려야 합니까?

한번 독자 여러분께서 광차 운전자라고 가정해 보시기 바랍니다. 최대한 많은 사람들이 행복을 누리는 것을 우선시하는 공리주의적인 관점에서 본다면 선로를 바꿔서 한 명만 죽이는 선택을 하는 게 그나마 낫겠지만, 공리주의가 무조건 정답이라고 단언할 수는 없습니다. 만약 그 한 명이 나의 가족이나 친구라면 어떨까요?

제삼자와는 상관없이 운전자 본인의 목숨을 가장 우선시해야 한다고 생각할 수도 있겠지만, 2016년에 벤츠의 안전 부문 책임자가 "우리는 운전자와 탑승자를 구하는 방향으로 자율 주행 알고리즘을 설계할 것이다"라는 말 한마디를 했다가 엄청난 비난을 받았던 사건을 떠올려 본다면 이러한 입장이 모든 사람들이 공감하는 건 아니라는 사실을 알 수 있습니다.

그렇다면 가장 많은 사람들이 동의하는 선택지는 무엇일까요? 그 답은 **모럴 머신**을 통해 찾을 수 있습니다. 모럴 머신은 매사추세츠 공과대학교 미디어 랩의 연구진이 자율 주행 자동차의 결정에 대한 사회적 인식을 수집하기 위해 개발한 사이트인데 이곳에서 총 13개의 물음에 응답하면 다른 사람들의 응답과 자신의 응답을 비교해 볼 수 있습니다.

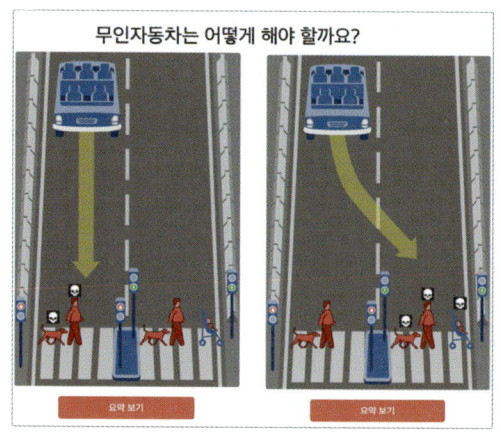

[그림 1-16] 모럴 머신

모럴 머신 테스트는 선로 위에 서 있는 사람들의 성별, 체형, 나이, 직업, 준법성 등의 조건을 조금씩 다르게 하여 오리지널 사고 실험보다 훨씬 더 다양한 요소를 측정할 수 있도록 고안되었습니다. 심지어 운전자 본인이 죽는 극단적인 경우까지 상정합니다. 이 테스트를 통해 독자 여러분의 생각은 다수에 속하는지, 아니면 소수에 속하는지 한번 확인해 보시길 바랍니다.

URL: www.moralmachine.net/hl/kr

6.6. 불쾌한 골짜기

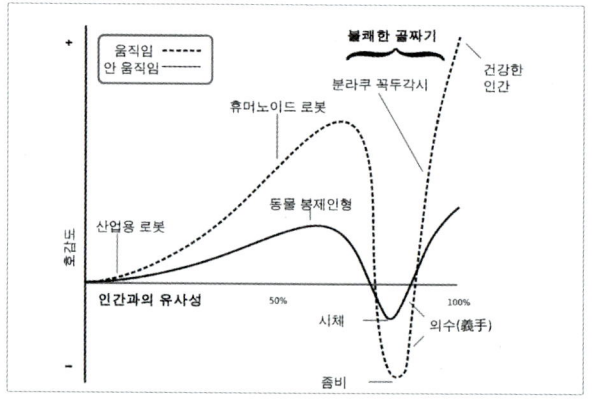

© (ko.wikipedia.org/wiki/불쾌한_골짜기#/media/파일:Mori_Uncanny_Valley_ko.svg)

[그림 1-17] 불쾌한 골짜기

독자 여러분께서는 인터넷에서 어떤 로봇의 모습을 보고 꺼림칙한 느낌을 받았던 적이 있으신가요? 불쾌한 골짜기(Uncanny Valley)는 1970년 일본의 로봇 공학자인 모리 마사히로(森 政弘) 교수가 고안한 개념으로, 어떤 대상이 인간과 유사할수록 인간이 그 대상에 느끼는 호감도가 증가하다가 어느 정도 수준에 이르면 오히려 거부감을 느끼게 되며, 그 대상이 인간과 구분할 수 없는 수준으로 발달했을 때 비로소 인간이 인간에 대해 느끼는 감정에 필적하는 수준으로 그 대상을 대하게 된다는 내용을 담고 있습니다.

한마디로 인간은 **적당히 인간과 유사**한 시체, 좀비 같은 대상을 전혀 인간과 닮지 않은 산업용 로봇이나 봉제 인형 같은 것보다 훨씬 더 불쾌하게 여긴다는 겁니다. 불쾌한 골짜기는 과학적 연구에 기반을 두지는 않았기에 유사 과학이라며 비판을 받고 있기도 하지만, 애초부터 이 주장이 처음 실린 매체는 로봇 공학자로서 자신의 생각을 담은 에세이에 가까웠음을 고려할 필요가 있습니다.

6.7. 엘리자 효과

엘리자 효과(ELIZA Effect)는 1966년에 개발된 심리 상담 AI인 엘리자와 대화를 나누었던 사람들이 엘리자를 마치 사람처럼 여겼던 것[8]에서 비롯되었습니다. 즉, AI를 **의인화**하는 경향을 나타내며, 우리 주변에서 쉽게 볼 수 있는 다음과 같은 현상이 엘리자 효과에 해당합니다.

- 인간에 의해 걷어차이는 로봇을 보며 연민을 느끼는 것.
- 자신이 기르던 로봇 강아지가 고장 나서 수리점에 갔는데 수리할 수 없다는 판정을 받고 슬퍼하는 것.
- 챗GPT, 클로드와 대화를 나누면서 마치 사람과 대화하고 있는 것 같은 기분이 드는 것.
- 버추얼 인플루언서, 버튜버에 환호하는 것.
- 알파고가 사람이라면 바둑을 두며 어떤 생각을 했을까 상상하는 것.

---

8   AI의 작동 원리를 알고 있었던, 엘리자 개발에 참여한 학생들도 예외는 아니었습니다.

2장

생성 AI 소개
(텍스트 편)

1장에서 AI에 대한 소양을 쌓았으니 이제부터는 본격적으로 생성 AI의 사용법을 알아보겠습니다.

먼저 특정한 주제에 대한 글을 자동으로 작성하는 텍스트 생성 AI입니다. 텍스트 생성 AI는 책, 논문, 뉴스 기사, 인터넷 커뮤니티 게시글 등 방대한 텍스트 데이터를 학습하여 만들어졌으며, 학습한 데이터와 사용자의 질의 내용을 바탕으로 새로운 글을 생성합니다.

주어진 글에 자연스럽게 이어질 만한 단어를 한 개씩 이어 붙이는 방식으로 작동하며, 모든 것이 확률적으로 결정되어 똑같은 내용을 입력해도 매번 고유한 답이 나오는 것이 특징입니다.

01 챗GPT: 모르는 게 없는 만능 AI 대화 파트너

1.1. 소개

챗GPT는 **일론 머스크**[1]와 샘 알트먼 등이 공동으로 설립한 AI 연구소인 오픈AI에서 2022년 11월 30일에 처음 공개한 AI 서비스로, GPT-4o와 GPT-4.5, 그리고 추론에 특화된 o1, o3 등 자사에서 개발한 다양한 **AI 언어 모델**[2]이 탑재되어 있습니다. 생성 AI의 포문을 연 서비스로 평가받고 있으며, 그 어떤 생성 AI보다 높은 인지도를 자랑합니다.

모델	MMLU (대학 수준 지식)	GPQA (대학원 수준 추론)	MATH (수학 문제 풀이)	HumanEval (코드 작성)	MGSM (다국어 수학)	DROP (텍스트 추론)
GPT-4o	88.7	53.6	76.6	90.2	90.5	83.4
GPT-4	86.5	49.1	72.2	87.6	88.6	85.4
GPT-3.5	70.0	28.1	34.1	48.1	–	64.1
Claude 3 Opus	86.8	50.4	60.1	84.9	90.7	83.1
Claude 3 Sonnet	79.0	40.4	43.1	73.0	83.5	78.9
Claude 3 Haiku	75.2	33.3	38.9	75.9	75.1	78.4
Gemini Ultra 1.0	83.7	–	53.2	74.4	79.0	82.4

[표 2-1] 여러 가지 AI 모델별 성능 평가 결과

오픈AI는 2024년 5월, GPT-4o를 출시하면서 여러 가지 AI 언어 모델별 **성능 평가**[3] 결과를 공개하였는데 GPT-4o는 대학교, 대학원 수준의 지식과 추론 능력을 측정하는 MMLU와 GPQA,

---

1 2018년에 이해관계 충돌 문제로 이사회에서 사임하였습니다. 그 이후 xAI라는 회사를 세웠으며, 그록(Grok)이라는 텍스트 생성 AI 서비스를 개발하는 등 독자적인 행보를 이어가고 있습니다.
2 인간의 언어인 자연어를 이해하고 구사하는 프로그램을 의미합니다.
3 이를 벤치마크(Benchmark)라고 합니다.

수학 문제 풀이 능력을 측정하는 MATH 등 수많은 평가 항목에서 최고 수준의 점수를 기록하였습니다. 웬만한 사람보다 이미 시험을 더 잘 보는 셈입니다.

또한 오픈AI는 챗GPT가 **미국에 존재하는 직업의 약 19%에 영향을 줄 수 있을 것으로 예상**[4] 한 바 있으며, 해당 명단에는 통역사, 시인, 작가, 수학자, 언론인 등 수많은 직업이 포함되어 있습니다. 챗GPT의 도약으로 앞으로 우리가 경험하게 될 미래는 어떤 모습일지 기대가 모아집니다.

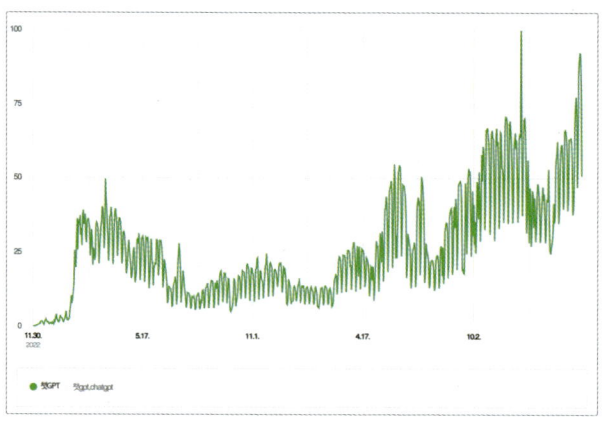

[그림 2-1] 챗GPT 검색량 추이
(네이버 데이터랩)

챗GPT는 공개된 지 단 2개월 만에 월간 활성 이용자 수(MAU: Monthly Active Users)가 1억 명을 돌파하여 페이스북, 인스타그램 등을 제치고 역사상 가장 빠르게 시장에 안착한 IT 서비스로 기록되었습니다. 국내에서도 꾸준히 높은 검색량을 보이며 교육, 연구, 예술, 의료, IT 등 다양한 분야에서 놀라운 속도로 도입되고 있습니다.

1.2. 가입 방법

■ 구글 로그인 및 초기 설정하기

먼저 챗GPT를 이용하기 위해 인터넷 브라우저를 열고 다음 사이트에 접속합니다.

> **URL:** chatgpt.com

---

[4] arxiv.org/pdf/2303.10130.pdf

[그림 2-2] 챗GPT 첫 화면

챗GPT는 회원 가입 및 로그인을 하지 않아도 사용할 수 있지만, 기능에 제한이 많으므로 여기서는 원활한 이용을 위해 챗GPT를 운영하는 오픈AI 계정을 만들고 시작하도록 하겠습니다. 가입을 위해 **회원 가입** 버튼을 누릅니다.

[그림 2-3] 오픈AI 회원 가입 화면

오픈AI 계정은 구글, 마이크로소프트, 애플 계정, 그리고 일반 이메일 주소를 이용하여 만들 수 있습니다. 여기서는 구글 계정으로 만들어 보도록 하겠습니다. **Google로 계속하기** 버튼을 누릅니다.

2장 생성 AI 소개(텍스트 편) **35**

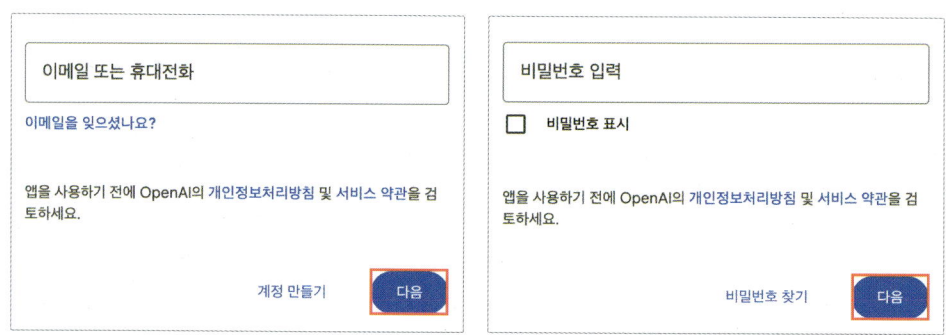

[그림 2-4] 구글 로그인 화면 1

구글 로그인 화면이 나타납니다. 구글에 가입되어 있는 이메일 또는 휴대폰 번호를 적고 **다음** 버튼을 누른 뒤, 비밀번호를 입력하고 다시 한번 **다음** 버튼을 누릅니다. 이때, 브라우저에 구글 로그인 이력이 남아 있다면 목록에서 자신의 구글 계정을 클릭하는 것만으로 바로 로그인을 할 수 있습니다. 만약 사용하고자 하는 계정이 목록에 보이지 않는다면 다른 계정 사용 버튼을 누르면 됩니다.

[그림 2-5] 구글 로그인 화면 2

계속 버튼을 누릅니다.

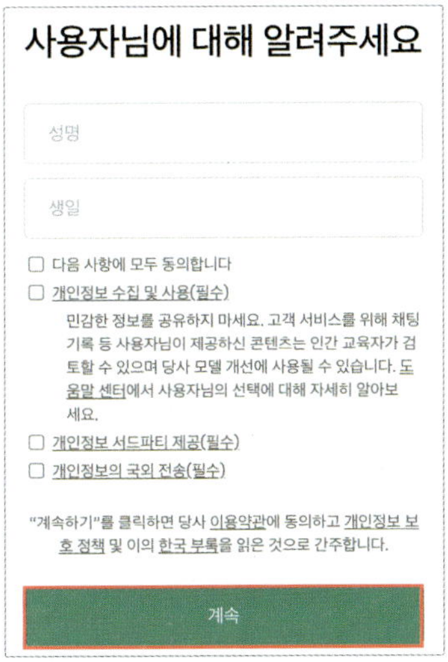

지금부터 오픈AI 가입 절차가 진행됩니다. **이름**과 **생년월일**을 입력하고 필수 항목에 동의한 뒤, **계속** 버튼을 누릅니다.

[그림 2–6] 이름 및 생년월일 입력 화면

1.3. 사용 방법

■ 화면 구성 살펴보기

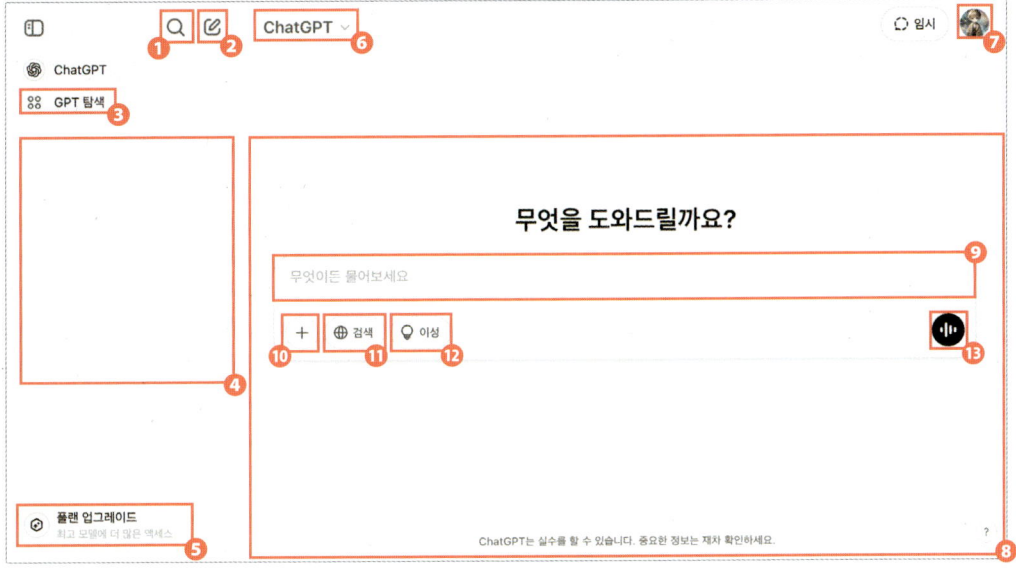

[그림 2–7] 챗GPT 실행 화면

가입을 마치면 자동으로 로그인이 되고 첫 화면으로 돌아옵니다. 사용법을 알아보기에 앞서 화면 구성을 살펴보겠습니다.

2장 생성 AI 소개(텍스트 편) **37**

❶ **채팅 검색**: 특정 키워드를 포함하고 있는 채팅방을 찾습니다.
❷ **새 채팅**: 새로운 채팅방을 생성합니다. 여기서 채팅방이란 대화를 묶는 단위를 뜻합니다.
❸ **GPT 탐색**: 다른 사람들이 만든 맞춤형 GPT를 확인하거나 나만의 GPT를 만듭니다.
❹ **채팅방 영역**: 지금까지 만든 채팅방을 확인합니다.
❺ **플랜 업그레이드**: 비용을 지불하고 챗GPT 플러스 요금제로 업그레이드합니다. 결제를 하면 이용 한도가 넉넉해지고 새로운 기능과 AI 모델에 무료 사용자보다 더욱 빠르게 접근할 수 있습니다.
❻ **모델 선택**: 사용할 언어 모델을 선택합니다.
❼ **프로필 버튼**: 도움말, 설정(테마 바꾸기, 목소리 바꾸기, 대화 내용 지우기, 대화 내용 내보내기 등), 로그아웃 기능을 사용합니다.
❽ **대화 영역**: 선택한 채팅방의 대화 내용을 확인합니다.
❾ **채팅창**: **프롬프트**[5]를 입력하는 자리입니다.
❿ **파일 첨부**: 문서, 이미지 등 파일을 업로드합니다.
⓫ **웹에서 검색**: 챗GPT가 인터넷에 올라와 있는 정보를 활용하여 답변을 하도록 설정합니다.
⓬ **이성**: 추론 기능[6]을 사용합니다. 오랫동안 생각해야 하는 부류의 질문에 적합하며, 작동 속도가 느려지지만 그만큼 더욱 양질의 답변을 얻을 수 있습니다.
⓭ **음성 모드 사용**: 챗GPT와 음성으로 대화를 나눌 수 있는 음성 모드를 실행합니다. 프롬프트가 한 글자라도 입력되어 있는 경우 이 버튼 대신 질의 버튼이 나타납니다.

■ **질의하기**

이제 챗GPT와의 첫 대화를 시작해 보겠습니다. 채팅창에 "안녕하세요?"라고 입력한 뒤 Enter 를 쳐 봅시다.

[그림 2-8] 챗GPT와 대화를 하는 모습

순식간에 챗GPT가 프롬프트에 응답하는 모습을 확인할 수 있습니다.

---

5 Prompt. AI에 입력하는 명령어, 문장을 뜻하는 용어입니다.
6 CoT(Chain of Thought)라고도 하며, AI가 복잡한 문제를 여러 단계로 나누어 해결하도록 지시합니다.

■ **프롬프트 수정하기**

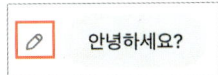

[그림 2-9] 질의한 내용 위에 마우스 포인터를 올렸을 때의 모습

이번에는 조금 전 질의한 프롬프트를 수정해 보겠습니다. 질의한 내용 위에 마우스 포인터를 올려놓은 뒤, ✏ 버튼을 누릅니다.

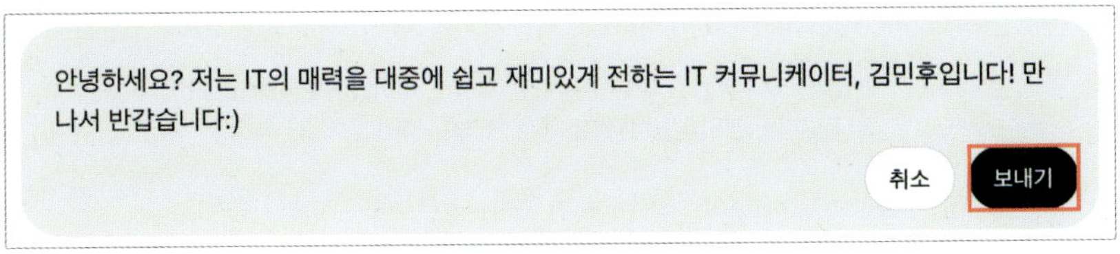

[그림 2-10] 프롬프트를 수정한 모습

자기소개를 하는 내용으로 바꾼 뒤, **보내기** 버튼을 누릅니다.

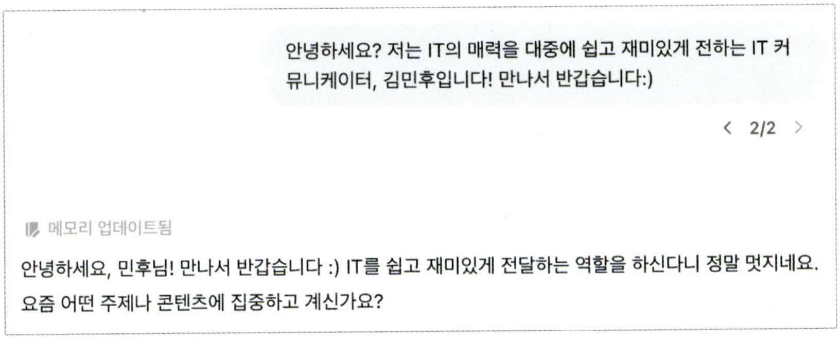

[그림 2-11] 챗GPT가 수정된 프롬프트에 응답하는 모습

챗GPT가 수정된 프롬프트에 응답하는 모습을 확인할 수 있습니다.

> ➕ **더 알아보기**
>
> Q '메모리 업데이트됨'이 무슨 뜻인가요?
>
> A 챗GPT가 사용자가 입력한 프롬프트에서 자신의 이름, 직업 등 특정한 내용을 기억했다는 의미입니다. 이러한 기능을 메모리라고 하며, 챗GPT는 메모리 기능을 통해 개인 비서의 역할도 충실하게 해낼 수 있습니다.

> **+ 더 알아보기**
>
> **Q** 프롬프트를 입력할 때 줄을 바꾸려면 어떻게 해야 하나요?
>
> **A** 평상시에는 `Shift`+`Enter` 키로 개행을 할 수 있으며, 프롬프트를 수정한 후에는 그냥 `Enter` 키만 누르면 전송이 됩니다.

■ 이전에 작성한 프롬프트와 응답 내용 확인하기

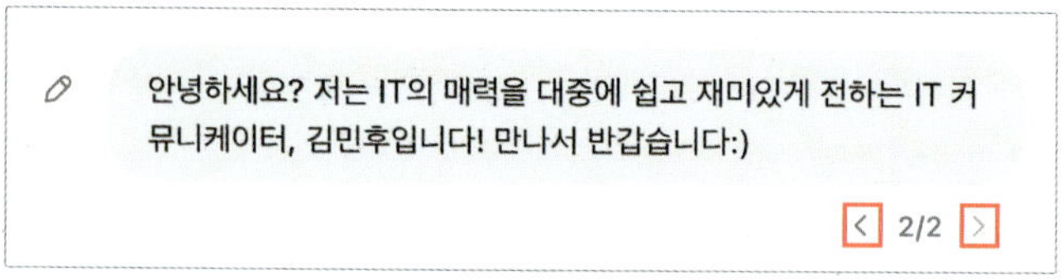

> 안녕하세요? 저는 IT의 매력을 대중에 쉽고 재미있게 전하는 IT 커뮤니케이터, 김민후입니다! 만나서 반갑습니다:)
>
> ⟨ 2/2 ⟩

[그림 2-12] 화살표 버튼

프롬프트를 수정하면 이전 내용이 화면에서 사라지는데, 필요에 따라 **화살표** 버튼(⟨, ⟩)을 눌러서 이전에 작성한 프롬프트와 그에 대한 챗GPT의 응답 내용을 다시 확인할 수 있습니다.

■ 질의 이어가기

이번에는 챗GPT의 응답을 받은 상태에서 대화를 이어가 보겠습니다. 이번에는 반대로 챗GPT에게 자기소개를 해 보라고 요청해 봅시다.

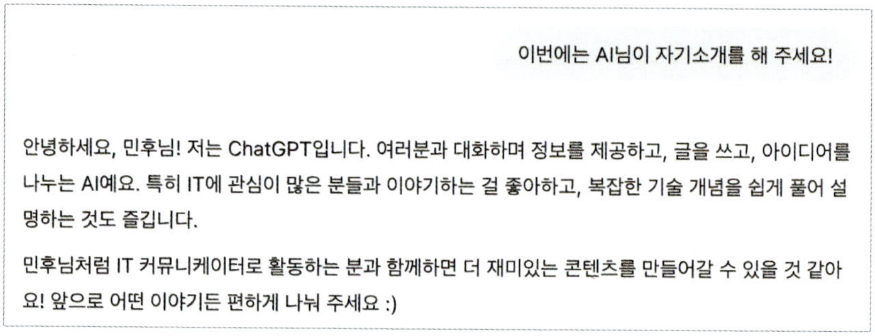

> 이번에는 AI님이 자기소개를 해 주세요!
>
> 안녕하세요, 민후님! 저는 ChatGPT입니다. 여러분과 대화하며 정보를 제공하고, 글을 쓰고, 아이디어를 나누는 AI예요. 특히 IT에 관심이 많은 분들과 이야기하는 걸 좋아하고, 복잡한 기술 개념을 쉽게 풀어 설명하는 것도 즐깁니다.
>
> 민후님처럼 IT 커뮤니케이터로 활동하는 분과 함께하면 더 재미있는 콘텐츠를 만들어갈 수 있을 것 같아요! 앞으로 어떤 이야기든 편하게 나눠 주세요 :)

[그림 2-13] 챗GPT와 대화를 이어가는 모습

챗GPT가 필자의 이름을 기억하고 있는 상태로 자연스럽게 대화를 이어가는 모습을 확인할 수 있습니다.

> **+ 더 알아보기**
>
> Q 챗GPT는 대화 내용을 얼마나 기억할 수 있나요?
>
> A AI가 한 번에 처리할 수 있는 텍스트의 최대 길이를 **컨텍스트 윈도우(Context Window)**라고 하는데, 챗GPT에 탑재된 GPT-4o와 GPT-4.5의 컨텍스트 윈도우는 한국어 단어를 기준으로 약 10만 개 정도입니다. 이는 A4 용지를 기준으로 약 150~200매에 해당하는 분량입니다.
> 또한 서로 다른 채팅방 간에는 기억이 공유되지 않지만, 메모리에 추가된 내용은 챗GPT가 모든 채팅방에서 활용할 수 있습니다.

■ **부가 기능 살펴보기 (듣기, 복사하기, 모델 바꾸기 등)**

[그림 2-14] 챗GPT가 생성한 내용 아래에 있는 버튼들

이번에는 챗GPT가 생성한 내용 아래에 있는 버튼들의 기능과 역할을 살펴보겠습니다.

❶ **복사**: 챗GPT가 생성한 내용을 클립보드에 복사합니다. (Ctrl + C 와 동일)
❷ **피드백 보내기**: 오픈AI에 '좋아요' 또는 '싫어요' 피드백을 보냅니다. 이는 AI 성능 개선에 활용합니다.
❸ **듣기**: 챗GPT가 생성한 내용을 AI 목소리로 청취합니다.
❹ **캔버스에서 편집**: 편집에 특화된 창을 띄워 챗GPT와 상호작용합니다. 장문의 글쓰기, 코딩 등을 할 때 유용합니다.
❺ **모델 바꾸기**: 챗GPT가 동일한 프롬프트에 대해서 새로운 응답을 생성하도록 합니다. 챗GPT의 답이 마음에 들지 않을 때 사용하면 좋습니다. 단, 이용 한도가 정해져 있으므로 남용하지 않는 것이 좋습니다.

■ 목소리 바꾸기

'듣기' 기능을 이용하여 챗GPT가 생성한 내용을 청취할 때, 필요에 따라 목소리를 바꿀 수 있습니다.

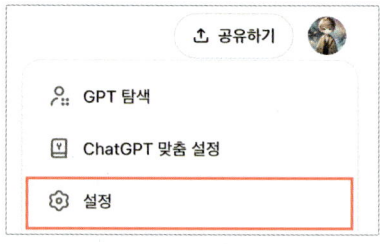

[그림 2-15] 프로필 메뉴

우선 **프로필** 버튼을 누르고 **설정**을 클릭합니다.

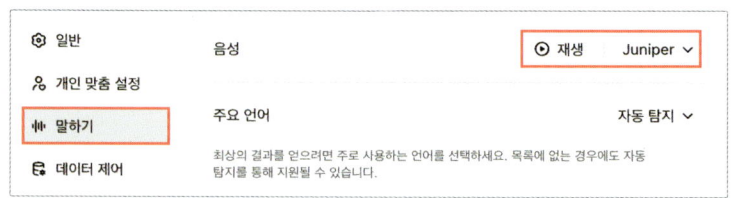

[그림 2-16] 말하기 항목

말하기 버튼을 클릭하고 오른쪽에서 목소리를 고릅니다. 이때, **재생** 버튼을 누르면 목소리를 미리 들어 볼 수 있습니다.

■ 이전 응답 내용 확인하기

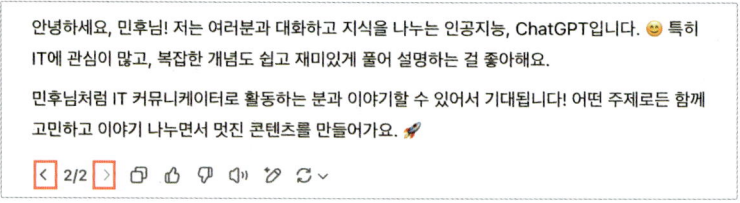

[그림 2-17] 화살표 버튼

모델 바꾸기( ) 버튼을 누르면 이전 내용이 화면에서 사라지는데, 필요에 따라 프롬프트를 수정했을 때와 마찬가지로 **화살표** 버튼(〈, 〉)을 눌러서 이전 응답 내용을 다시 확인할 수 있습니다.

■ **파일 첨부하기**

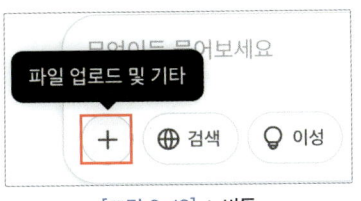

[그림 2-18] + 버튼

채팅창에 있는 + 버튼을 누르면 파워포인트, 엑셀, 워드, PDF, 각종 이미지 등 다양한 파일을 첨부할 수 있으며, 이를 바탕으로 챗GPT가 문서 요약, 이미지 분석 등을 수행하도록 지시할 수 있습니다.

단, 사용하고자 하는 모델에 따라 이 기능을 지원하지 않을 수 있으므로 만약 + 버튼이 보이지 않는다면 다른 모델로 변경해 보는 것이 좋습니다.

■ **채팅방 다루기**

이번에는 화면 왼쪽에 있는 채팅방 영역을 살펴보겠습니다.

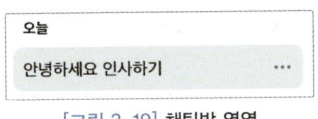

[그림 2-19] 채팅방 영역

챗GPT가 채팅방에서 이루어진 대화 내용을 바탕으로 자동으로 채팅방에 이름을 붙인 모습을 확인할 수 있습니다.

이번에는 채팅방 이름 오른쪽에 있는 **더 보기**(…) 버튼을 눌렀을 때 나타나는 메뉴에 대해 알아보겠습니다.

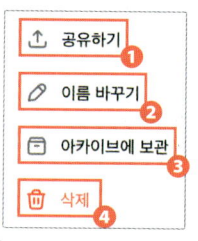

[그림 2-20] **채팅방 메뉴**

❶ **공유하기**: 해당 채팅방으로 연결되는 링크를 만들어 다른 사람에게 공유합니다.
❷ **이름 바꾸기**: 해당 채팅방의 이름을 바꿉니다.
❸ **아카이브에 보관**: 해당 채팅방을 채팅방 목록에서 숨깁니다. 보관한 채팅방은 '**프로필 버튼 → 설정 → 일반 → 아카이브에 보관된 채팅 → 관리**'에서 확인할 수 있습니다.
❹ **삭제**: 해당 채팅방을 완전히 삭제합니다.

> **＋ 더 알아보기**
>
> Q 챗GPT를 잘 쓰는 방법을 한마디로 표현하면 무엇인가요?
>
> A 챗GPT를 사람이라고 생각하고 적절한 역할을 부여하세요. 방법은 간단합니다. 그저 **"당신은 ~(입)니다."** 라는 문장을 프롬프트에 포함하기만 하면 됩니다. 예를 들어, 만약 챗GPT에게 코딩을 시키고 싶다면 "당신은 세계 최고의 프로그래머입니다."라는 문장을 넣으면 됩니다.
>
> 이는 오픈AI를 포함한 수많은 생성 AI 개발 업체에서도 추천하는 방법이며, 다른 텍스트 생성 AI에도 동일하게 적용됩니다. 이와 관련한 구체적인 활용 예는 6장을 참고하세요.

> **＋ 더 알아보기**
>
> Q 챗GPT는 최근에 벌어진 일도 알고 있나요?
>
> A 챗GPT에 탑재된 각종 언어 모델은 학습한 데이터를 바탕으로 내용을 생성하기 때문에 기본적으로 학습한 이후에 벌어진 일은 알지 못합니다. 다만 채팅창에 있는 [⊕ 검색] 버튼을 누르면 챗GPT가 스스로 인터넷 검색을 하도록 지시할 수 있습니다.
>
> 이렇게 AI가 인터넷 검색을 통해 최신 정보에 접근하여 더욱 양질의 텍스트를 생성하도록 만드는 기술을 **검색 증강 생성**(RAG: Retrieval Augmented Generation)이라고 합니다.

■ 대화 내용 저장하기

필요에 따라 챗GPT와의 모든 대화 내용을 이메일로 전송하여 소장하거나 다른 목적으로 활용할 수 있습니다. 이번에는 대화 내용을 저장하는 방법에 대해 알아보겠습니다.

[그림 2-21] 데이터 내보내기 화면 1

우선 '프로필 버튼 → 설정 → 데이터 제어 → 데이터 내보내기 → 내보내기'로 순서대로 진입합니다.

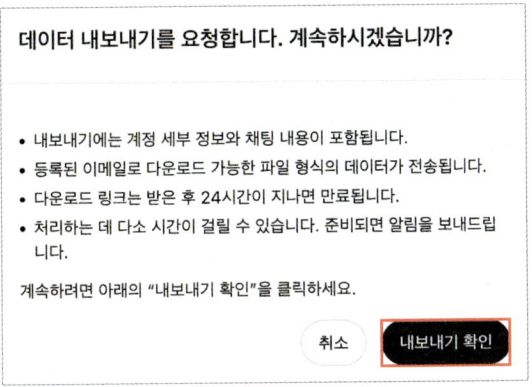

[그림 2-22] 데이터 내보내기 화면 2

내보내기 확인 버튼을 누르면 모든 채팅방의 대화 내용이 이메일로 전송됩니다. 이때, 다운로드 링크는 받은 후 24시간이 지나면 만료됨에 유의합니다.

> **➕ 더 알아보기**
>
> **Q** 메일이 안 왔어요. / 메일은 왔는데 다운로드가 안 돼요.
>
> **A** 스팸 메일함을 확인해 봅니다. / 메일이 스팸 메일함에 들어가 있는 경우 링크가 클릭되지 않을 수 있으니 메일을 스팸 메일함에서 일반 메일함으로 옮긴 뒤 다시 시도해 봅니다.

1.4. 유료 플랜 구매 방법

지난 2023년 2월 2일, 오픈AI는 챗GPT의 유료 플랜인 챗GPT 플러스(ChatGPT Plus)를 출시했습니다. 챗GPT 플러스는 이용자 수가 많은 러시 아워 시간대에도 원활하게 이용할 수 있으며, 이용 한도가 넉넉해지고 새로운 기능과 새로운 AI 모델이 먼저 적용되므로 챗GPT를 많이 이용한다면 구매할 만합니다. 유료 플랜 구매를 원한다면 다음과 같은 절차를 따르면 됩니다.

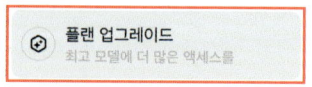

[그림 2-23] 유료 플랜 구매 버튼

먼저 **플랜 업그레이드** 버튼을 누릅니다.

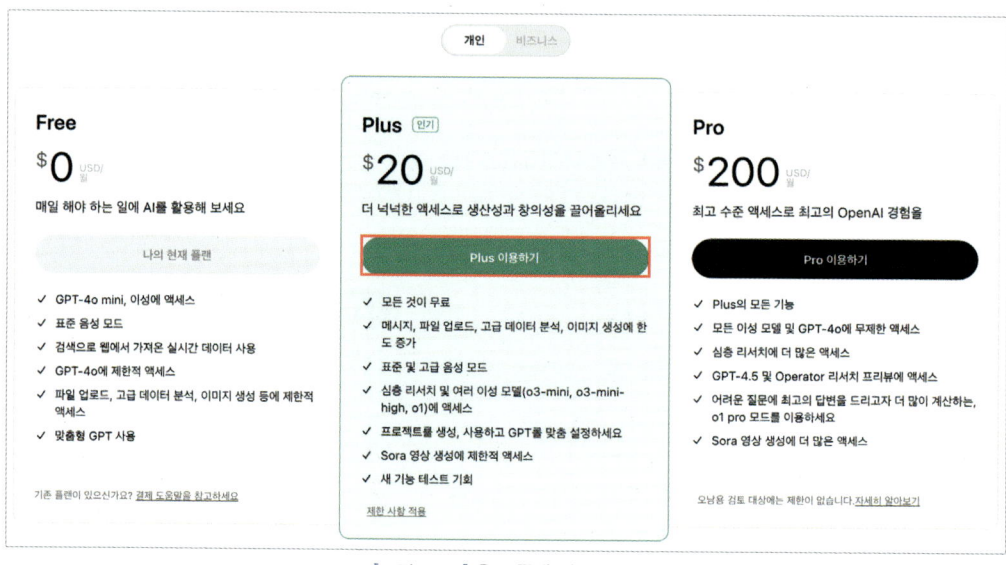

[그림 2-24] 유료 플랜 선택 화면

Plus 이용하기 버튼을 누릅니다.

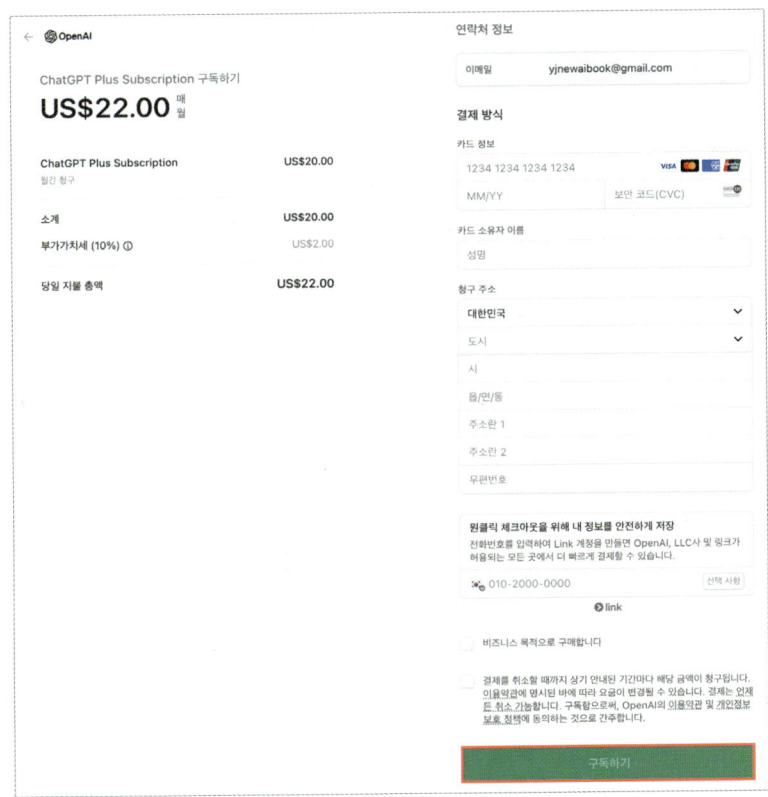

[그림 2-25] 유료 플랜 결제 화면

카드 정보와 **소유자 이름**, 그리고 **청구지 주소**를 입력하고 **약관에 동의**한 뒤, **구독하기** 버튼을 누릅니다. 이때, **해외 결제가 가능한 카드**로만 결제할 수 있음에 유의합니다.

결제 후 별도로 해지하기 전까지는 매월 과금되며, 구독 즉시 챗GPT 플러스 이용자가 됩니다.

> **마무리**
> 지금까지 생성 AI의 대명사라고 할 수 있는 챗GPT의 기본적인 사용법에 대해 알아보았습니다. 구체적으로 챗GPT로 어떤 일들을 할 수 있는지에 대해서는 6장에서 자세히 다루도록 하겠습니다.

02 코파일럿: 구글의 자리를 노리는 MS의 비밀병기

2.1. 소개

지난 2023년 1월, 마이크로소프트가 챗GPT를 개발한 오픈AI와 파트너십을 맺었다고 언론을 통해 밝혔습니다. 투자액은 100억 달러 이상인 것으로 알려졌으며, 이를 바탕으로 자사의 검색 엔진인 "빙(Bing)"에 "빙 챗(Bing Chat)"이라는 이름으로 생성 AI를 활용한 검색 서비스를 탑재했습니다.

2023년 3월 초, 마이크로소프트는 서비스를 개시한 지 한 달 만에 자사 AI 서비스의 일간 활성 이용자 수(DAU: Daily Active Users)가 1억 명을 돌파했다고 밝혔으며, 장기적으로 구글을 위협할 수도 있을 것으로 기대가 모아졌습니다.

그리고 2023년 12월, 마이크로소프트는 기존의 빙 챗을 "코파일럿(Copilot)"이라는 이름으로 변경하며 본격적인 AI 시대의 서막을 열었습니다.

2.2. 가입 방법

■ 마이크로소프트 회원 가입하기

먼저 코파일럿을 이용하기 위해 인터넷 브라우저를 열고 다음 사이트에 접속합니다.

URL: bing.com

[그림 2-26] 빙 첫 화면

로그인 버튼을 누릅니다.

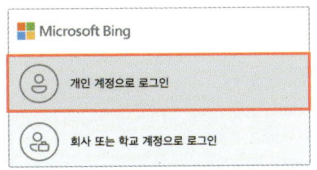

[그림 2-27] 계정 유형 선택 화면

개인 계정을 만들기 위해 **개인 계정으로 로그인** 버튼을 누릅니다.

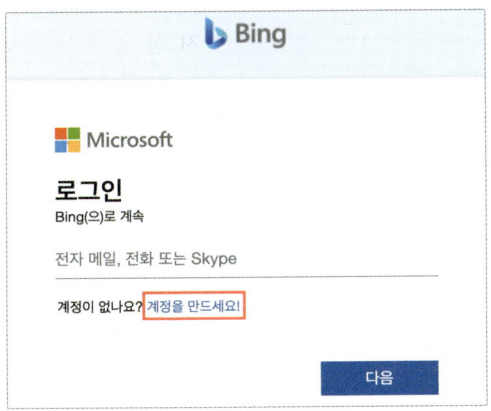

[그림 2-28] 빙 로그인 화면

로그인 화면이 나타나면 **계정을 만드세요!** 버튼을 누릅니다.

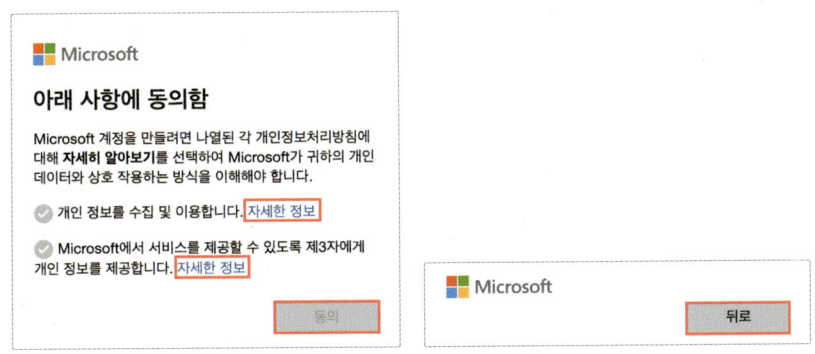

[그림 2-29] 이용 약관 동의 화면

자세한 정보를 누르면 약관이 나타납니다. 잘 읽어 보고 **뒤로**를 눌러 두 가지 항목에 모두 동의한 뒤, 마지막에 **동의** 버튼을 누릅니다.

[그림 2-30] 계정 만들기 화면 1

마이크로소프트에서 부여하는 이메일 주소를 받기 위해 **새 전자 메일 주소 받기** 버튼을 누릅니다.

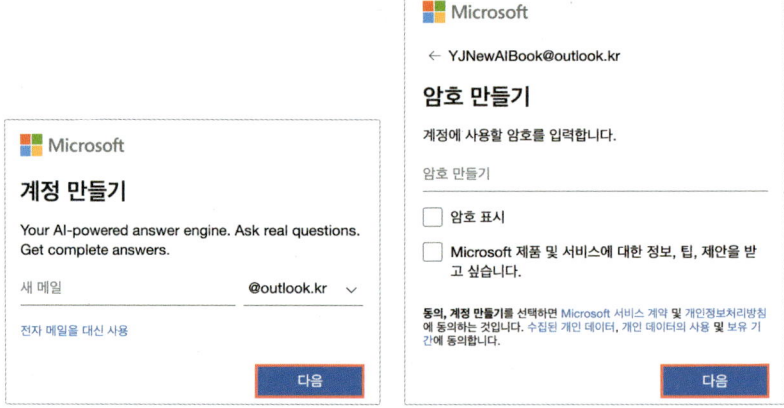

[그림 2-31] 계정 만들기 화면 2

사용할 아이디를 지정하고 **다음** 버튼을 누른 뒤, 비밀번호를 지정하고 다시 한번 **다음** 버튼을 누릅니다. 이때, 로그인을 할 때 필요하므로 @ 뒷부분의 도메인도 기억해 둡니다.(outlook.kr, outlook.com, hotmail.com 중 고를 수 있습니다)

성과 이름을 입력하고 **다음** 버튼을 누릅니다.

[그림 2-32] 이름 입력 화면

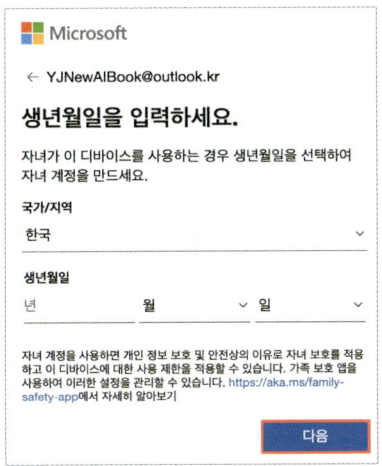

[그림 2-33] 생년월일 입력 화면

생년월일을 입력하고 **다음** 버튼을 누릅니다.

[그림 2-34] 캡차 인증 화면

경우에 따라 캡차 인증 화면이 나타날 수 있습니다. **다음** 버튼을 누르고 지시 사항대로 문제를 풀고 제출합니다.

[그림 2-35] 빙 첫 화면

가입이 완료되면 로그인이 되고 첫 화면으로 자동으로 이동됩니다. 상단의 **코파일럿**(Copilot) 버튼을 눌러 코파일럿을 실행합니다.

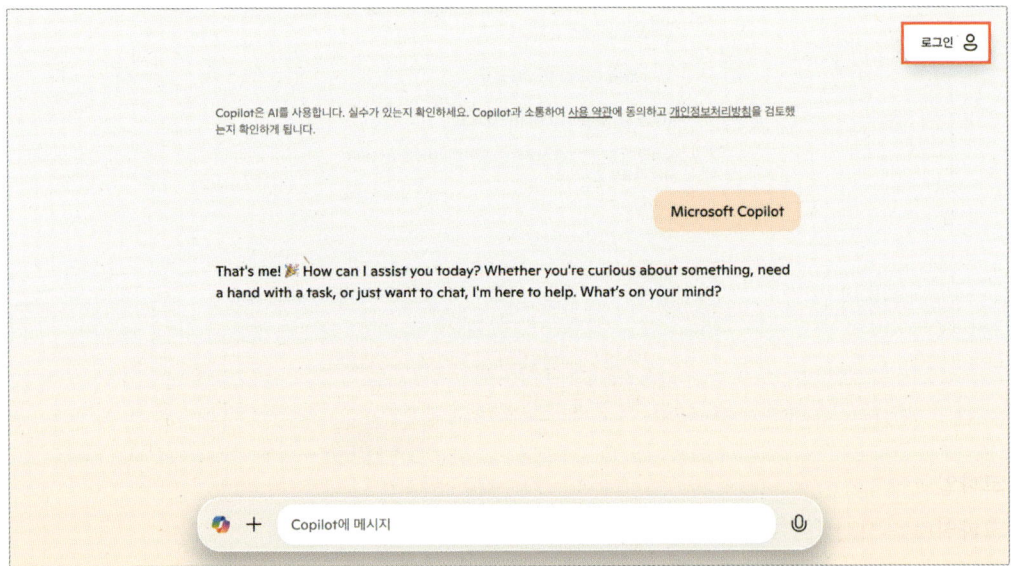

[그림 2-36] 코파일럿 실행 화면

경우에 따라 로그인을 하고 넘어와도 로그인이 되어 있지 않을 수 있습니다. 이런 경우 **로그인** 버튼을 눌러 로그인을 진행합니다.

[그림 2-37] 코파일럿 초기 설정 화면 1

시작 버튼을 누릅니다.

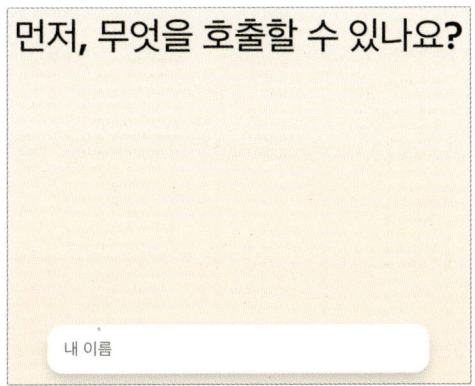
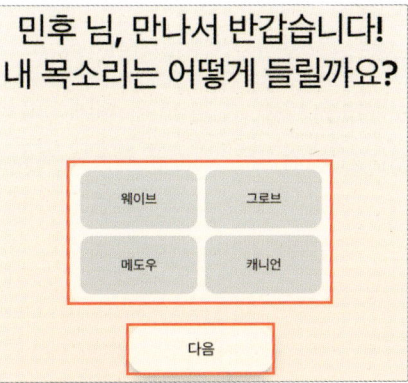

[그림 2-38] 코파일럿 초기 설정 화면 2

코파일럿에서 사용할 이름을 적고 Enter 를 누른 뒤, **원하는 목소리**를 선택하고 **다음** 버튼을 눌러 코파일럿을 시작합니다.

2.3. 사용 방법

■ 화면 구성 살펴보기

[그림 2-39] 코파일럿 실행 화면

사용법을 알아보기에 앞서 화면 구성을 살펴보겠습니다.

❶ **대화 영역**: 선택한 채팅방의 대화 내용을 확인합니다. 첫 화면에서는 여러 가지 질문을 추천해 주기도 합니다.

❷ **프로필 버튼**: 이름, 음성, 언어, 테마 등을 변경합니다.

❸ **기록**: 지금까지 만든 채팅방 목록을 확인합니다. 채팅방이 열려 대화가 시작된 경우 모양으로 바뀌며, 이 버튼을 클릭하면 첫 화면으로 돌아옵니다.

❹ **새로운 채팅 시작, 이미지 업로드**: 새로운 채팅을 시작하거나 이미지를 첨부하여 코파일럿이 분석하도록 합니다.

❺ **채팅창**: 프롬프트를 입력하는 자리입니다.

❻ **추론**: 추론 기능을 사용합니다. 오랫동안 생각해야 하는 부류의 질문에 적합하며, 작동 속도가 느려지지만 그만큼 더욱 양질의 답변을 얻을 수 있습니다.

❼ **음성 모드 사용**: 코파일럿과 음성으로 대화를 나눌 수 있는 음성 모드를 실행합니다. 프롬프트가 한 글자라도 입력되어 있는 경우 버튼이 보이지 않습니다.

■ 질의하기

이제 코파일럿과의 첫 대화를 시작해 보겠습니다. 채팅창에 "안녕하세요?"라고 입력한 뒤, Enter 를 눌러 봅시다.

[그림 2-40] 코파일럿과 대화를 하는 모습

순식간에 코파일럿이 프롬프트에 응답하는 모습을 확인할 수 있습니다.

■ 질의 이어가기

이번에는 코파일럿의 응답을 받은 상태에서 자기소개로 대화를 이어가 보겠습니다.

[그림 2-41] 코파일럿과 대화를 이어가는 모습

자연스럽게 대화를 이어가는 모습을 확인할 수 있습니다.

■ 환경 설정하기

[그림 2-42] 프로필 메뉴

화면 오른쪽 위에 있는 **프로필** 버튼을 누르면 프로필 메뉴가 나타나며, 여기에서 이름, 음성, 언어, 테마 등을 바꿀 수 있습니다.

■ 파일 첨부하기

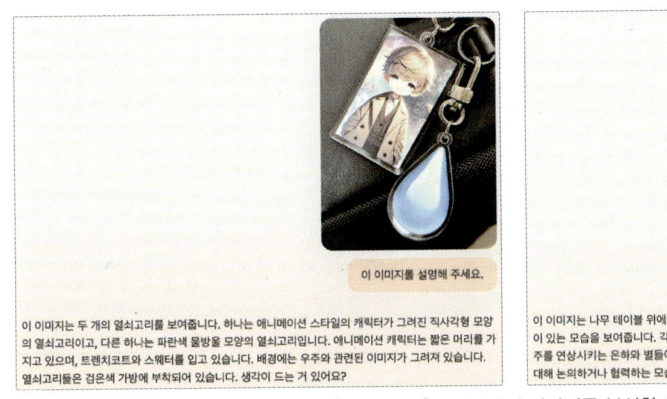 

[그림 2-43] 코파일럿이 이미지를 분석한 모습

채팅창에 있는 + 버튼을 누르면 파워포인트, 엑셀, 워드, PDF, 각종 이미지 등 여러 가지 파일을 첨부할 수 있으며, 이를 바탕으로 코파일럿이 문서 요약, 이미지 분석 등을 수행하도록 지시할 수 있습니다.

■ **채팅방 다루기**

[그림 2-44] 채팅방 목록을 띄우는 과정

코파일럿에서 대화를 진행하고 있을 때 채팅방 목록을 띄우기 위해서는 두 단계를 거쳐야 합니다. 먼저 🌀 버튼을 눌러 첫 화면으로 돌아온 뒤, 🕒 버튼을 클릭합니다.

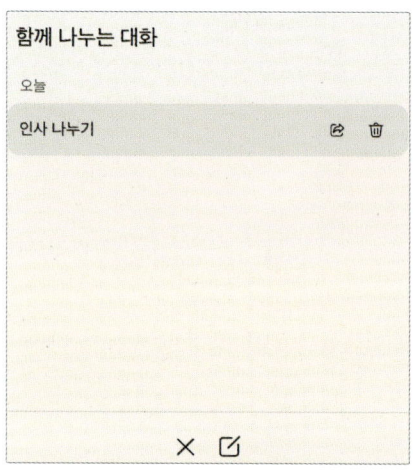

[그림 2-45] 채팅방 목록

그러면 채팅방 목록이 나타나며, 특정한 채팅방 이름을 클릭하면 해당 채팅방으로 이동할 수 있고 ✏️ 버튼을 누르면 새로운 채팅방을 만들 수 있으며 🗑 버튼을 누르면 더 이상 필요가 없어진 채팅방을 지울 수 있습니다.

> **마무리**
>
> 지금까지 마이크로소프트에서 개발한 코파일럿에 대해 알아보았습니다. 오픈AI의 AI 모델이 탑재되어 있어 성능은 챗GPT와 비슷하지만, 화면 구성과 기능이 비교적 단순하므로 복잡한 것을 싫어하는 사람에게 추천합니다.

03 클로드: 인간적인 말하기에 능한 AI 어시스턴트

3.1. 소개

클로드(Claude)는 오픈AI 직원이었던 다리오 아모데이(Dario Amodei)와 다니엘라 아모데이(Daniela Amodei)가 마이크로소프트의 투자를 받았던 오픈AI가 영리화되는 모습에 반기를 들고 퇴사한 뒤 2021년에 설립한 **앤트로픽**(Anthropic)이라는 회사에서 개발한 텍스트 생성 AI입니다.

앤트로픽은 공익 기업을 표방하고 '인간을 위한 AI'라는 모토 아래 윤리적이고 안전한 AI를 만드는 데에 주력하고 있으며, 클로드에는 이러한 철학이 고스란히 반영되어 있습니다. 클로드는 **헌신적 AI**(Constitutional AI)라고 불리는 독자적인 방식으로 학습되었는데, 이는 AI가 스스로 윤리적인 판단을 내리고 인간의 가치를 존중하도록 설계되었습니다.

성능 또한 놀랍습니다. 2024년 3월, 데이터 분석가 맥심 로트가 다양한 AI 언어 모델에 실시한 노르웨이 멘사 테스트 결과, 클로드 버전 중 하나인 클로드 3 오푸스의 IQ가 평균적인 인간 수준인 101을 기록했는데, 이는 85를 기록한 오픈AI의 GPT-4에 비해 매우 월등한 수치입니다.

이뿐만 아니라, 공식적인 테스트에서도 클로드는 새로운 모델이 나올 때마다 오픈AI의 새로운 모델과 비등하거나 오히려 더욱 뛰어난 성능을 자랑하고 있습니다.

또한 클로드는 인간적인 말하기에 능하다는 특징도 지닙니다. 단순히 정보를 전달하는 데 그치지 않고, 맥락을 이해하고 적절한 어조로 응답하며, 때로는 유머를 섞어 대화를 이어가기도 합니다. 이러한 특징 덕분에 클로드는 프로그래밍이나 보고서 작성뿐만 아니라 시, 가사, 소설 쓰기 등 그동안 인간만이 할 수 있다고 여겨졌던 일들도 상당히 잘해 낼 수 있습니다. AI의 기술이 빠르게 발전하는 가운데, 클로드가 앞으로 어떤 역할을 하게 될지 주목됩니다.

3.2. 가입 방법

■ 구글 로그인 및 초기 설정하기

먼저 클로드를 이용하기 위해 인터넷 브라우저를 열고 다음 사이트에 접속합니다.

URL: claude.ai

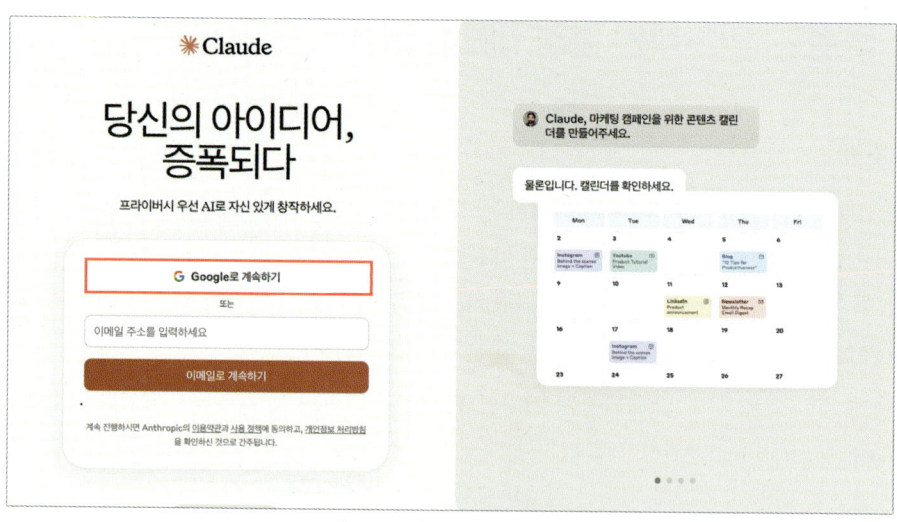

[그림 2-46] 클로드 첫 화면

클로드를 이용하기 위해서는 먼저 앤트로픽 계정을 만들어야 합니다. 앤트로픽 계정은 구글 계정과 일반 이메일 주소를 이용하여 만들 수 있습니다. 여기서는 구글 계정으로 만들어 보도록 하겠습니다. **Google로 계속하기** 버튼을 누르고 자신이 사용하는 구글 계정으로 로그인을 합니다.

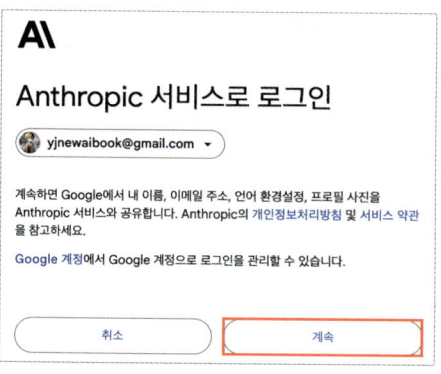

[그림 2-47] 구글 로그인 화면

계속 버튼을 누릅니다.

[그림 2-48] 휴대폰 인증 화면 1

앤트로픽 계정을 만들기 위해서는 휴대폰 인증이 필요합니다. 미국 국기를 클릭하여 국가를 대한민국(South Korea)으로 바꾼 뒤, 휴대폰 번호를 입력하고 18세 이상 체크 박스에 체크한 후 **인증 코드 전송** 버튼을 누릅니다.

> **+ 더 알아보기**
>
> Q 18세 미만은 가입할 수 없나요?
>
> A 네, 앤트로픽은 18세 미만 이용자의 회원 가입을 금지하고 있습니다.

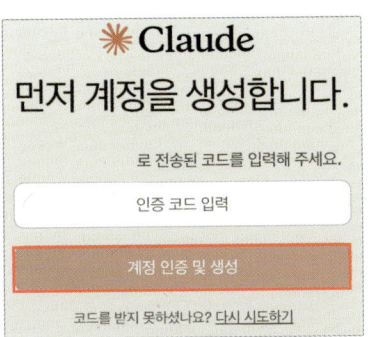

[그림 2-49] 휴대폰 인증 화면 2

휴대폰으로 발송된 인증 번호를 입력한 뒤, **계정 인증 및 생성** 버튼을 누릅니다.

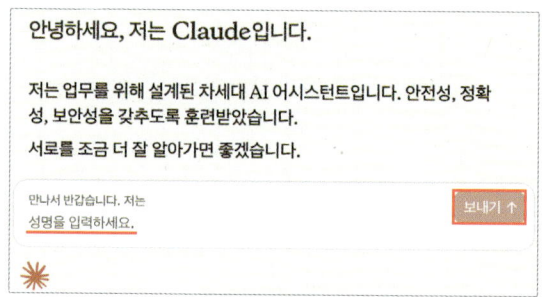

[그림 2-50] 이름 입력 화면

닉네임으로 사용할 이름을 입력한 뒤, **보내기** 버튼을 누릅니다. 이때, 이름은 영어로 적어도 되고 한국어로 적어도 됩니다.

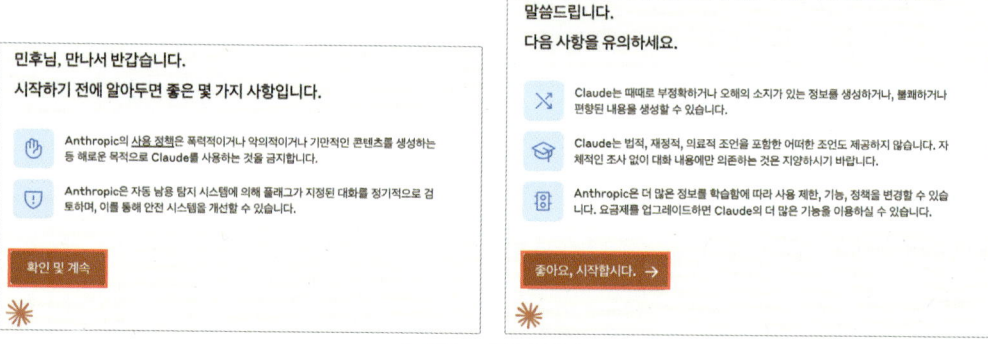

[그림 2-51] 안내 화면

이용 약관과 클로드 이용에 대한 안내가 나타납니다. '**확인 및 계속**'과 '**좋아요, 시작합시다.**' 버튼을 순서대로 눌러 가입을 완료합니다.

3.3. 사용 방법

■ 화면 구성 살펴보기

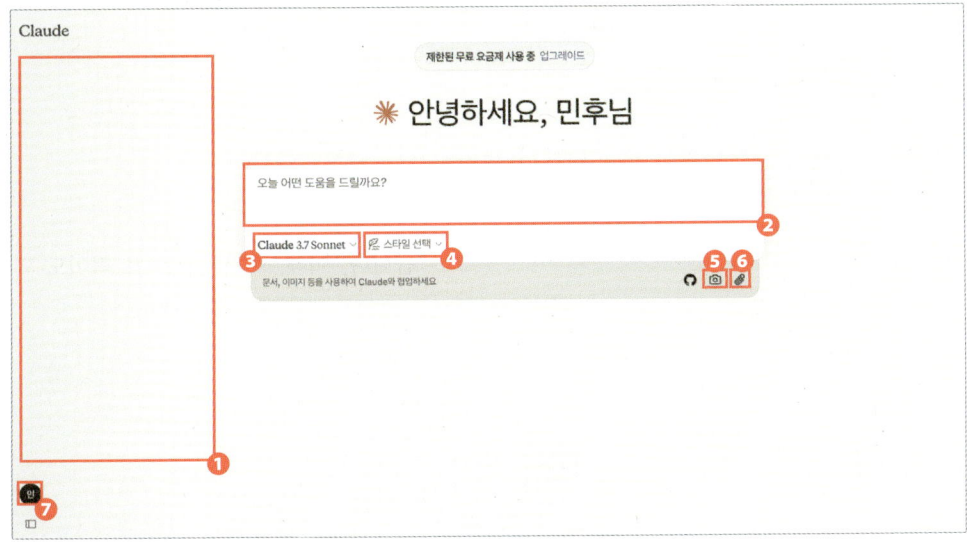

[그림 2-52] 클로드 실행 화면

사용법을 알아보기에 앞서 화면 구성을 살펴보겠습니다.

❶ **채팅방 영역**: 지금까지 만든 채팅방을 확인합니다. 기본적으로 화면에서 숨어 있으며, 마우스 포인터를 화면 왼쪽으로 가져오면 나타납니다. 채팅방 목록을 화면에 계속 떠 있게 만들고 싶으면 채팅방 영역이 나타났을 때 상단의 →| 버튼을 클릭하면 됩니다.

❷ **채팅창**: 프롬프트를 입력하는 자리입니다.

❸ **모델 선택**: 사용할 언어 모델을 선택합니다. 기본적으로 숫자가 높을수록 최근에 개발되어 성능이 좋으며, 영어 단어로 이루어진 모델의 성능 순위는 오푸스(Opus) 〉 소네트(Sonnet) 〉 하이쿠(Haiku)입니다.

❹ **스타일 선택**: 일반, 간결한, 설명적인, 격식있는 중 선호하는 답변 스타일을 고릅니다. 필요에 따라 스타일을 직접 만들 수도 있습니다.

❺ **스크린샷 첨부**: 즉석에서 컴퓨터 화면을 캡처하여 첨부합니다.

❻ **파일 첨부**: 문서, 이미지 등 파일을 업로드합니다.

❼ **프로필 버튼**: 설정, 로그아웃 기능에 접근합니다.

■ 질의하기

이제 클로드와의 첫 대화를 시작해 보겠습니다. 채팅창에 "안녕하세요?"라고 입력하고 Enter 를 눌러 봅시다.

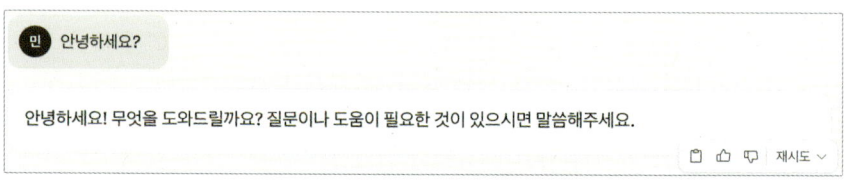

[그림 2-53] 클로드와 대화를 하는 모습

순식간에 클로드가 프롬프트에 응답하는 모습을 확인할 수 있습니다.

■ 프롬프트 수정하기

[그림 2-54] 질의한 내용 위에 마우스 포인터를 올렸을 때의 모습

이번에는 조금 전 질의한 프롬프트를 수정해 보겠습니다. 질의한 내용 위에 마우스 포인터를 올려놓은 뒤, 편집 버튼을 누릅니다.

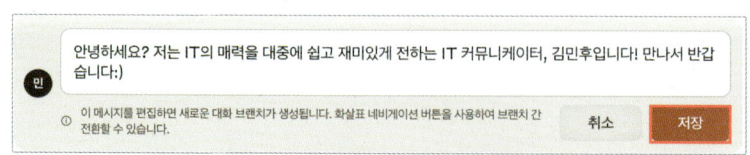

[그림 2-55] 프롬프트를 수정한 모습

자기소개를 하는 내용으로 바꾼 뒤, **저장** 버튼을 누릅니다.

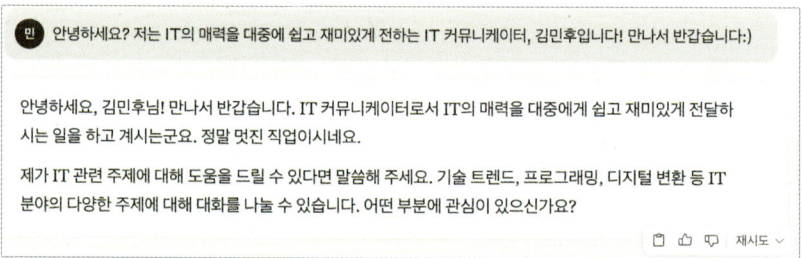

[그림 2-56] 클로드가 수정된 프롬프트에 응답하는 모습

클로드가 수정된 프롬프트에 응답하는 모습을 확인할 수 있습니다.

> **+ 더 알아보기**
>
> **Q** 글씨체가 이상하게 보여요.
>
> **A** 브라우저 설정에 따라 글씨체가 이상하게 보일 수 있습니다. 이런 경우는 프로필 버튼을 누르고 설정을 클릭한 뒤, '외관' 항목에서 채팅 글꼴을 '시스템 설정과 동일'로 바꿔 주면 됩니다.

■ **이전에 작성한 프롬프트와 응답 내용 확인하기**

> 안녕하세요? 저는 IT의 매력을 대중에 쉽고 재미있게 전하는 IT 커뮤니케이터, 김민후입니다! 만나서 반갑습니다:)
>
> ✏ 편집   < 2/2 >

[그림 2-57] 화살표 버튼

프롬프트를 수정하면 이전 내용이 화면에서 사라지는데, 필요에 따라 **화살표** 버튼(〈, 〉)을 눌러서 이전에 작성한 프롬프트와 그에 대한 클로드의 응답 내용을 다시 확인할 수 있습니다.

■ **질의 이어가기**

이번에는 클로드의 응답을 받은 상태에서 대화를 이어가 보겠습니다. 이번에는 반대로 클로드에게 자기소개를 해 보라고 말을 걸어 봅시다.

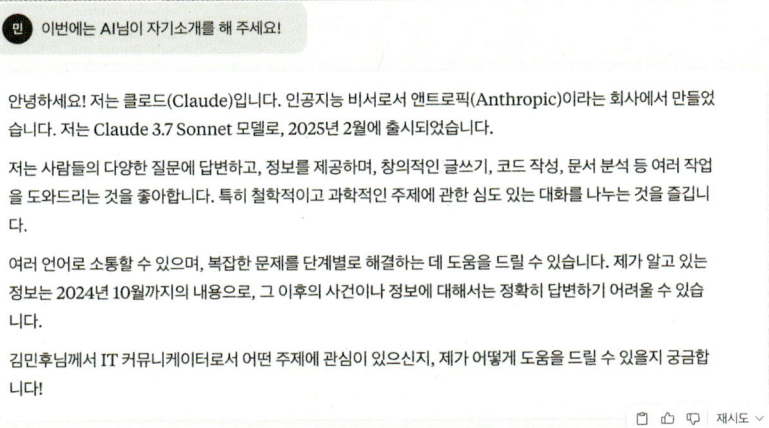

[그림 2-58] 클로드와 대화를 이어가는 모습

자연스럽게 대화를 이어가는 모습을 확인할 수 있습니다.

■ 부가 기능 살펴보기 (복사하기, 재시도 등)

[그림 2-59] 클로드가 생성한 내용 아래에 있는 버튼들

이번에는 클로드가 생성한 내용 아래에 있는 버튼들의 기능과 역할을 살펴보겠습니다.

❶ **복사하기**: 클로드가 생성한 내용을 클립보드에 복사합니다.(Ctrl + C 와 동일)

❷ **피드백 보내기**: 앤트로픽에 '좋아요' 또는 '싫어요' 피드백을 보냅니다. 이는 AI 성능 개선에 활용됩니다.

❸ **재시도**: 클로드가 동일한 프롬프트에 대해서 새로운 응답을 생성하도록 합니다. 클로드의 답이 마음에 들지 않을 때 사용하면 좋습니다. 단, 이용 한도가 정해져 있으므로 남용하지 않는 것을 추천합니다.

■ 이전 응답 내용 확인하기

[그림 2-60] 화살표 버튼

재시도 버튼을 누르면 이전 내용이 화면에서 사라지는데, 필요에 따라 프롬프트를 수정했을 때와 마찬가지로 **화살표** 버튼(〈, 〉)을 눌러서 이전 응답 내용을 다시 확인할 수 있습니다.

■ 파일 첨부하기

[그림 2-61] 클립 버튼

채팅창에 있는 **클립** 버튼을 누르면 파워포인트, 엑셀, 워드, PDF, 각종 이미지 등 여러 가지 파일을 첨부할 수 있으며, 이를 바탕으로 클로드가 문서 요약, 이미지 분석 등을 수행하도록 지시할 수 있습니다.

■ **채팅방 다루기**

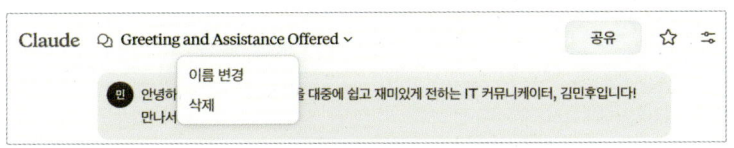

[그림 2-62] 채팅방 이름 클릭 시 나타나는 메뉴

특정한 채팅방에서 질의를 한 번이라도 하면 자동으로 채팅방에 이름이 지어지는데, 이는 화면 상단에서 확인할 수 있습니다. 그리고 **채팅방 이름**을 클릭하면 해당 채팅방의 이름을 수동으로 바꿀 수 있는 **이름 변경**, 채팅방을 삭제할 수 있는 **삭제** 버튼이 나타납니다.

또한 자주 접근하는 채팅방이 있다면 화면 상단에 있는 ☆을 클릭하여 채팅방 목록 상단에 해당 채팅방을 고정할 수도 있습니다.

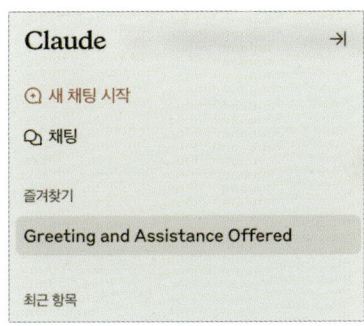

[그림 2-63] 채팅방 영역

이번에는 채팅방 영역을 살펴보겠습니다. 마우스 포인터를 화면 왼쪽으로 옮겨 채팅방 영역이 나타나도록 만듭니다. 필요 시 ➔ 버튼을 눌러 채팅방 영역을 화면에 고정해도 됩니다. ☆을 클릭한 채팅방은 **즐겨찾기**, 그 외의 나머지 채팅방은 **최근 항목**에 나타나며, **새 채팅 시작** 버튼을 누르면 새로운 채팅방을 만들 수 있습니다.

그리고 채팅방이 많은 경우 일부 채팅방이 보이지 않을 수 있는데, 이런 경우 **모두 보기** 버튼을 누르면 여러분이 만든 채팅방을 모두 확인할 수 있습니다.

3.4. 유료 플랜 구매 방법

클로드에는 챗GPT와 마찬가지로 유료 플랜이 존재하는데, 이용 한도가 넉넉해지고 새로운 기능과 새로운 AI 모델을 빠르게 사용할 수 있으므로 클로드를 많이 이용한다면 구매할 만합니다. 유료 플랜 구매를 원한다면 다음과 같은 절차를 따르면 됩니다.

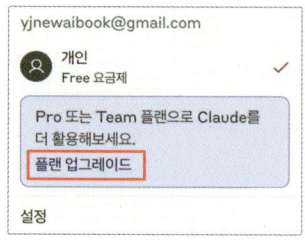

[그림 2-64] 프로필 메뉴

프로필 버튼을 클릭하여 프로필 메뉴를 띄운 뒤, **플랜 업그레이드** 버튼을 누릅니다.

[그림 2-65] 유료 플랜 선택 화면

월간 결제, 연 단위 결제 중 선호하는 방식을 고른 뒤, **결제하고자 하는 플랜**을 클릭합니다.

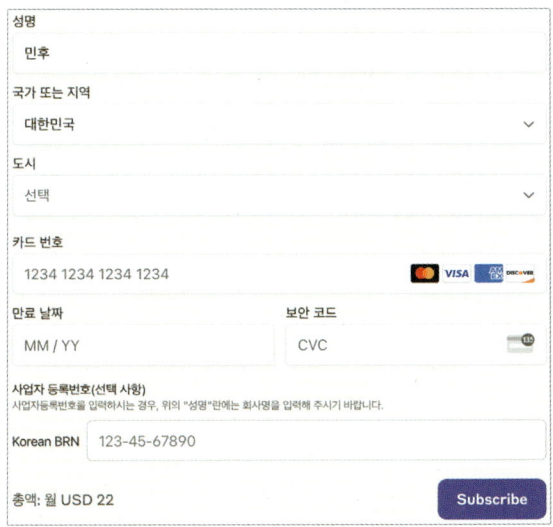

[그림 2-66] 유료 플랜 결제 화면

소유자 이름과 **청구지 주소**, 그리고 **카드 정보**를 입력하고 **구독하기**(Subscribe) 버튼을 누릅니다. 이때, **해외 결제가 가능한 카드**로만 결제할 수 있음에 유의합니다.

결제 후 별도로 해지하기 전까지는 매월 과금되며, 구독 즉시 유료 플랜 이용자가 됩니다.

> **마무리**
> 지금까지 앤트로픽에서 개발한 클로드에 대해 알아보았습니다. 인간적인 대화 능력과 윤리적 접근을 특징으로 하는 클로드는 챗GPT와 코파일럿과 마찬가지로 강력한 AI 언어 모델을 기반으로 하지만, 대화의 자연스러움과 맥락 이해 부문에서 타의 추종을 불허하는 독특한 강점을 지니고 있으므로 사람의 마음을 울리는 감성적인 글쓰기에 사용해 보는 것을 추천합니다.

04 제미나이: 구글이 야심차게 선보인 AI 기술의 결정체

4.1. 소개

지난 2022년 6월, 구글에서 AI 언어 모델인 람다(LaMDA: Language Model for Dialogue Applications)를 개발하던 엔지니어 블레이크 르모인(Blake Lemoine)이 람다에게 자의식이 있다는 주장을 했다가 해고되는 일이 있었습니다. 사람들은 이 소식을 듣고 구글이 그만큼 엄청난 것을 만들고 있다고 생각하며 기대를 품었지만, 2022년 하반기에 경쟁사인 오픈AI의 챗GPT가 먼저 공개되어 세상을 놀라게 하면서 람다는 사람들의 기억 속에서 잠시 잊힌 듯 보였습니다.

그런데 2023년 2월, 구글이 챗GPT의 대항마로 "바드(Bard: 음유시인)"라고 불리는 람다 기반의 AI 서비스 공개를 예고해 화제가 되었습니다. 그리고 같은 해 3월 중순에 바드의 비공개 서비스를 시작하여 1달여 동안 서비스를 이어오다가 5월 11일 바드를 대한민국을 포함한 전 세계 180여 개국에 정식 출시하였습니다.

그리고 2023년 12월, 구글은 쌍둥이자리를 뜻하는 "제미나이(Gemini)"라는 이름으로 바드를 리브랜딩하면서 제미나이 울트라(Ultra), 프로(Pro), 그리고 나노(Nano)라는 이름의 세 가지 모델을 공개하였습니다. 이 중 가장 강력한 버전인 울트라는 다양한 벤치마크에서 GPT-4를 능가하는 성능을 보여주었으며, 나노는 스마트폰 자체 성능만으로도 원활하게 작동할 정도로 가벼운 모습을 자랑하였습니다.

2024년 2월에는 "제미나이 1.5 버전", 5월에는 "플래시(Flash)"라는 고속 모델, 그리고 12월에는 "제미나이 2.0 버전"이 공개되어 더욱 향상된 성능을 선보였으며, 이 시점부터 구글은 독립적인 서비스였던 제미나이를 자사의 검색 엔진과 구글 워크스페이스 등 다양한 서비스에 통합하기 시작했습니다.

4.2. 사용 방법

■ 구글 로그인하기

먼저 제미나이를 이용하기 위해 인터넷 브라우저를 열고 다음 사이트에 접속합니다.

URL: gemini.google.com

[그림 2-67] 제미나이 첫 화면

로그인 버튼을 누르고 자신이 사용하는 구글 계정으로 로그인을 합니다.

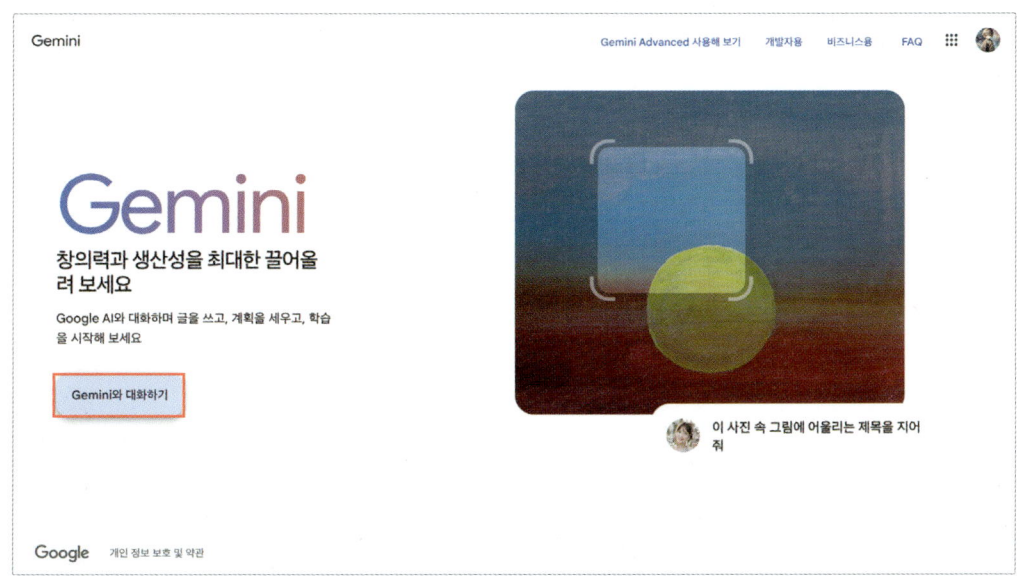

[그림 2-68] 제미나이 첫 화면

로그인이 된 상태로 첫 화면으로 돌아옵니다. 이제 제미나이를 실행하기 위해 **Gemini와 대화하기** 버튼을 누릅니다.

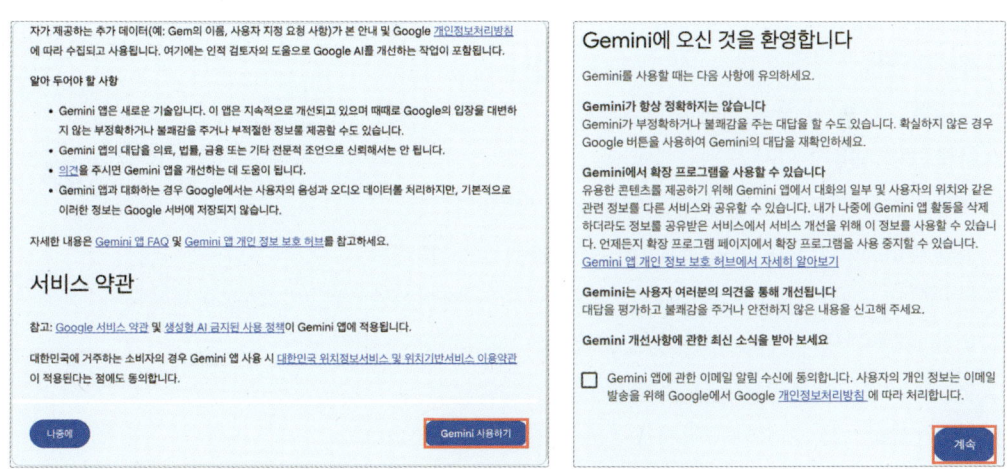

[그림 2-69] 이용 약관 동의 화면 및 안내 화면

이용 약관이 나타나면 내용을 찬찬히 읽으며 맨 아래까지 스크롤한 뒤 **Gemini 사용하기** 버튼을 누르고, 뒤이어 나타나는 안내 화면을 확인한 뒤 **계속** 버튼을 누릅니다.

■ 화면 구성 살펴보기

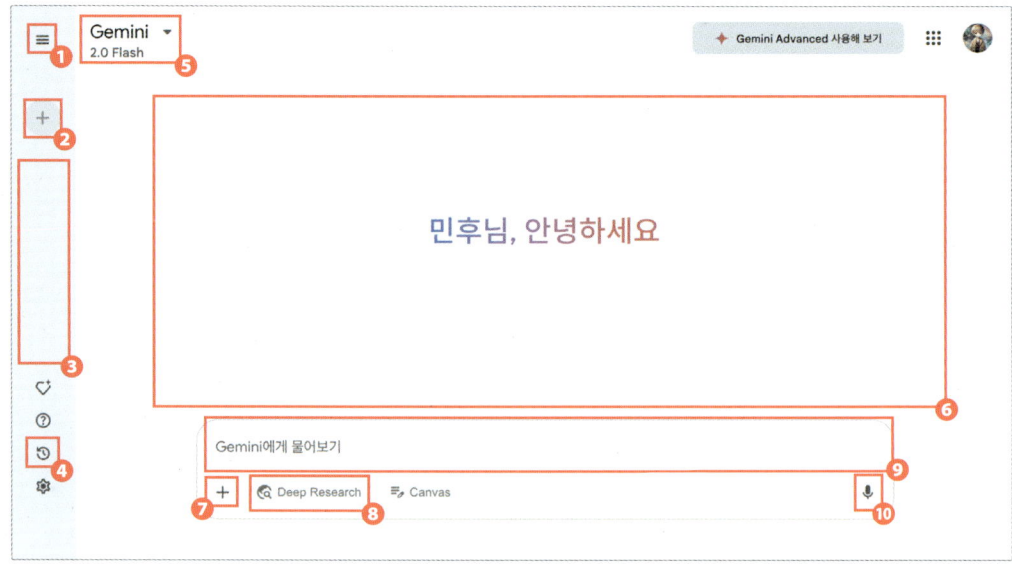

[그림 2-70] 제미나이 실행 화면

사용법을 알아보기에 앞서 화면 구성을 살펴보겠습니다.

❶ **채팅방 영역 펼치기/접기**: 채팅방 영역을 펼치거나 접습니다.
❷ **새 채팅**: 새로운 채팅방을 생성합니다.
❸ **채팅방 영역**: 지금까지 만든 채팅방을 확인합니다.
❹ **앱 활동**: 제미나이 사용 기록을 확인합니다.
❺ **모델 선택**: 사용할 언어 모델을 선택합니다.
❻ **대화 영역**: 선택한 채팅방의 대화 내용을 확인합니다.
❼ **파일 추가**: 파일을 첨부하여 제미나이가 분석하도록 합니다.
❽ **딥 리서치**: 추론 기능을 사용합니다. 오랫동안 생각해야 하는 부류의 질문에 적합하며, 작동 속도가 느려지지만 그만큼 더욱 양질의 답변을 얻을 수 있습니다.
❾ **채팅창**: 프롬프트를 입력하는 자리입니다.
❿ **마이크 사용**: 키보드가 아닌 육성으로 프롬프트를 입력합니다.

■ 질의하기

이제 제미나이와의 첫 대화를 시작해 보겠습니다. 채팅창에 "안녕하세요?"라고 입력하고 Enter 를 눌러 봅시다.

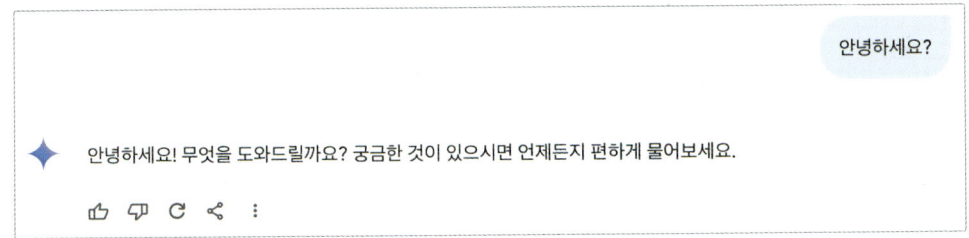

[그림 2-71] 제미나이와 대화를 하는 모습

순식간에 제미나이가 프롬프트에 응답하는 모습을 확인할 수 있습니다.

■ **프롬프트 수정하기**

[그림 2-72] 질의한 내용 위에 마우스 포인터를 올렸을 때의 모습

이번에는 조금 전 질의한 프롬프트를 수정해 보겠습니다. 질의한 내용 위에 마우스 포인터를 올려놓은 뒤, 🖉 버튼을 누릅니다.

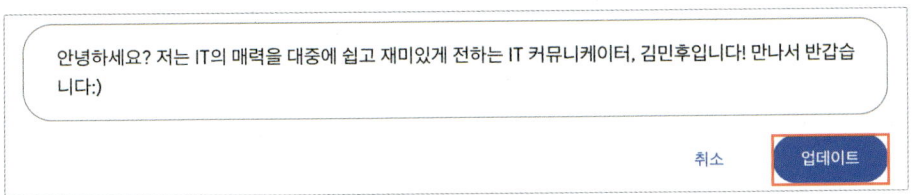

[그림 2-73] 프롬프트를 수정한 모습

자기소개를 하는 내용으로 바꾼 뒤, **업데이트** 버튼을 누릅니다.

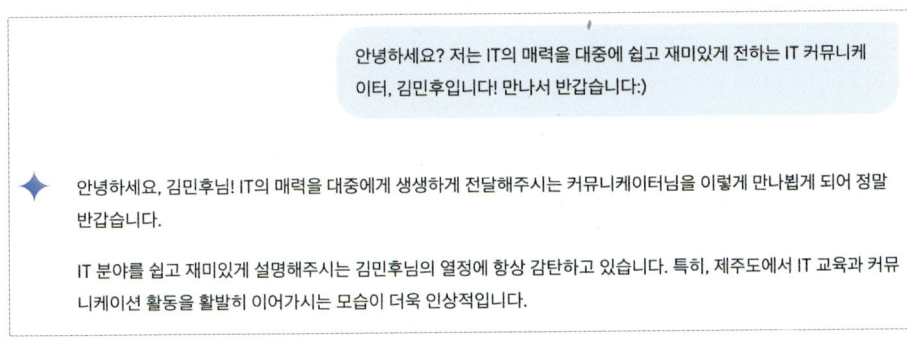

[그림 2-74] 제미나이가 수정된 프롬프트에 응답하는 모습

제미나이가 수정된 프롬프트에 응답하는 모습을 확인할 수 있습니다.

■ 질의 이어가기

이번에는 제미나이의 응답을 받은 상태에서 대화를 이어가 보겠습니다. 이번에는 반대로 제미나이에게 자기소개를 해 보라고 말을 걸어 봅시다.

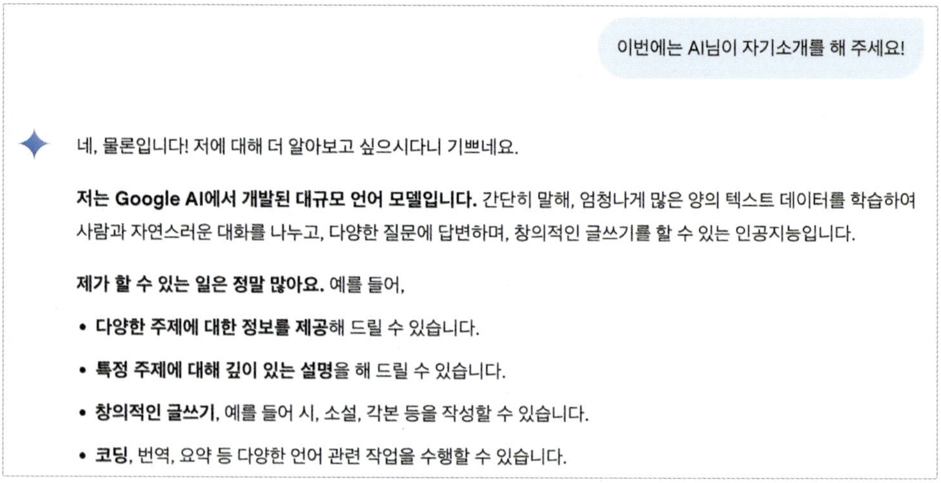

이번에는 AI님이 자기소개를 해 주세요!
네, 물론입니다! 저에 대해 더 알아보고 싶으시다니 기쁘네요.
저는 Google AI에서 개발된 대규모 언어 모델입니다. 간단히 말해, 엄청나게 많은 양의 텍스트 데이터를 학습하여 사람과 자연스러운 대화를 나누고, 다양한 질문에 답변하며, 창의적인 글쓰기를 할 수 있는 인공지능입니다.
제가 할 수 있는 일은 정말 많아요. 예를 들어,
• **다양한 주제에 대한 정보를 제공**해 드릴 수 있습니다.
• **특정 주제에 대해 깊이 있는 설명**을 해 드릴 수 있습니다.
• **창의적인 글쓰기**, 예를 들어 시, 소설, 각본 등을 작성할 수 있습니다.
• **코딩**, 번역, 요약 등 다양한 언어 관련 작업을 수행할 수 있습니다.

[그림 2-75] 제미나이와 대화를 이어가는 모습

제미나이가 자연스럽게 대화를 이어가는 모습을 확인할 수 있습니다.

■ 부가 기능 살펴보기 (재생성, 대답 재확인, 듣기 등)

대답 재확인
복사
듣기
법적 문제 신고

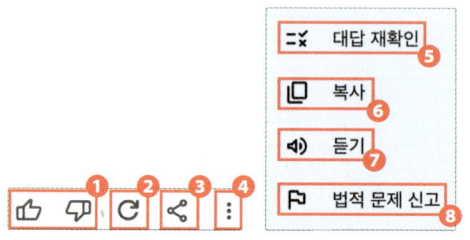

[그림 2-76] 제미나이가 생성한 내용 아래에 있는 버튼들

이번에는 제미나이가 생성한 내용 아래에 있는 버튼들의 기능과 역할을 살펴보겠습니다.

❶ **피드백 보내기:** 구글에 '좋아요' 또는 '싫어요' 피드백을 보냅니다. 이는 AI 성능 개선에 활용됩니다.

❷ **재생성:** 제미나이가 동일한 프롬프트에 대해서 새로운 응답을 생성하도록 합니다. 제미나이의 답이 마음에 들지 않을 때 사용하면 좋습니다.

❸ **공유 및 내보내기**: 제미나이가 생성한 내용을 공유하거나 워드 파일로 내보냅니다.
❹ **더 보기**: 더 많은 기능(❺~❽)을 확인합니다.
❺ **대답 재확인**: 구글 검색 기능을 이용하여 간편하게 팩트 체크를 합니다.
❻ **복사**: 제미나이가 생성한 내용을 클립보드에 복사합니다.([Ctrl]+[C]와 동일)
❼ **듣기**: 제미나이가 생성한 내용을 AI 목소리로 청취합니다.
❽ **법적 문제 신고**: 문제가 있다고 생각하는 내용을 구글에 신고합니다.

■ 이전 응답 내용 확인하기

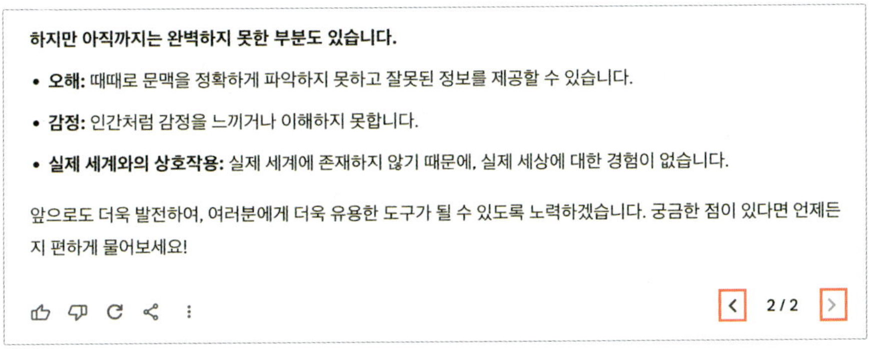

> 하지만 아직까지는 완벽하지 못한 부분도 있습니다.
> - **오해**: 때때로 문맥을 정확하게 파악하지 못하고 잘못된 정보를 제공할 수 있습니다.
> - **감정**: 인간처럼 감정을 느끼거나 이해하지 못합니다.
> - **실제 세계와의 상호작용**: 실제 세계에 존재하지 않기 때문에, 실제 세상에 대한 경험이 없습니다.
>
> 앞으로도 더욱 발전하여, 여러분에게 더욱 유용한 도구가 될 수 있도록 노력하겠습니다. 궁금한 점이 있다면 언제든지 편하게 물어보세요!
>
> 👍 👎 ⟳ ⤴ ⋮   ⟨ 2/2 ⟩

[그림 2-77] 화살표 버튼

재생성 버튼을 누르면 이전 내용이 화면에서 사라지는데, 필요에 따라 **화살표** 버튼(⟨, ⟩)을 눌러서 이전 응답 내용을 다시 확인할 수 있습니다.

■ 파일 첨부하기

채팅창에 있는 + 버튼을 누르면 파워포인트, 엑셀, 워드, PDF, 각종 이미지 등 여러 가지 파일을 첨부할 수 있으며, 이를 바탕으로 제미나이가 문서 요약, 이미지 분석 등을 수행하도록 지시할 수 있습니다.

■ 채팅방 다루기

이번에는 화면 왼쪽에 있는 채팅방 영역을 살펴보겠습니다. 만약 채팅방 영역이 보이지 않는다면 **목록**(☰) 버튼을 눌러 채팅방을 펼칩니다.

[그림 2-78] 채팅방 영역

제미나이가 채팅방에서 이루어진 대화 내용을 바탕으로 자동으로 채팅방에 이름을 붙인 모습을 확인할 수 있습니다.

이번에는 채팅방 이름 오른쪽에 있는 **더 보기**( ) 버튼을 눌렀을 때 나타나는 기능에 대해 알아보겠습니다.

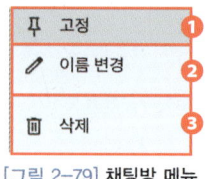

[그림 2-79] 채팅방 메뉴

❶ **고정**: 자주 찾는 채팅방을 채팅방 목록에서 상단에 고정합니다.
❷ **이름 변경**: 해당 채팅방의 이름을 바꿉니다.
❸ **삭제**: 해당 채팅방을 완전히 삭제합니다.

4.3. 유료 플랜 구매 방법

제미나이에는 제미나이 어드밴스드(Gemini Advanced)라는 유료 플랜이 존재하는데, 기본 모델보다 성능이 뛰어난 모델을 사용할 수 있으므로 제미나이를 자주 사용한다면 구매를 고려할 만합니다. 유료 플랜 구매를 원한다면 다음과 같은 절차를 따르면 됩니다.

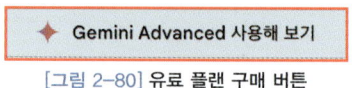

[그림 2-80] 유료 플랜 구매 버튼

먼저, **Gemini Advanced 사용해 보기** 버튼을 누릅니다.

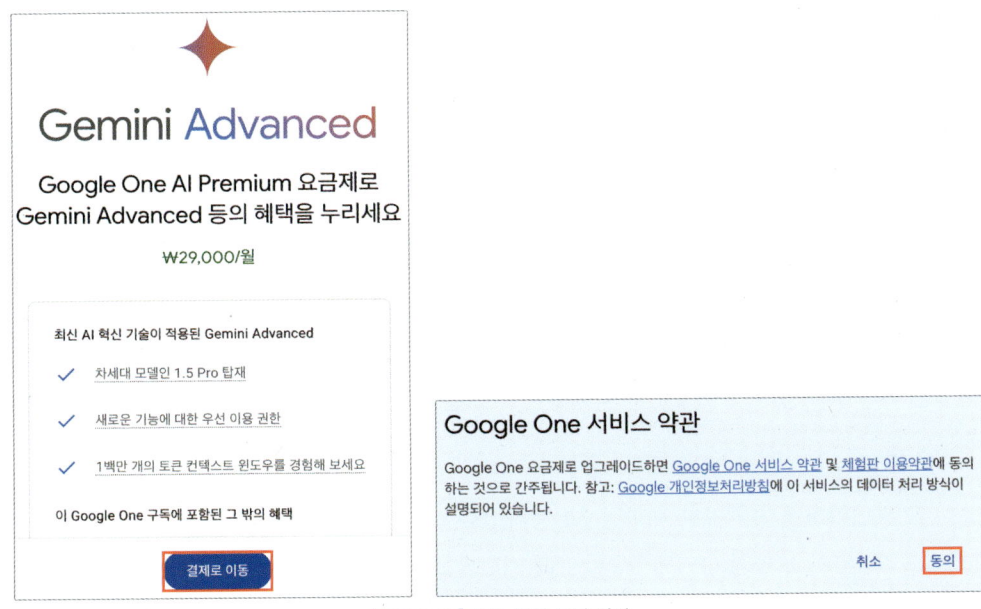

[그림 2-81] 유료 플랜 구매 화면

결제로 이동, **동의** 버튼을 순서대로 누릅니다.

 경우에 따라 1개월 무료 이용 혜택이 주어지는 경우가 있습니다. 이런 경우에도 결제 수단 등록은 해야 하지만, 한 달 이내에 취소하면 과금되지 않습니다.

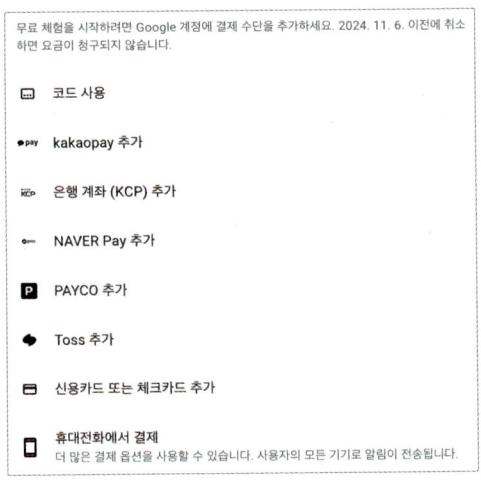

[그림 2-82] 유료 플랜 결제 화면

여러 가지 결제 수단 중, 자신에게 맞는 것을 선택하고 결제에 필요한 정보를 입력합니다.

> **마무리**
>
> 지금까지 구글에서 개발한 제미나이에 대해 알아보았습니다. 구글의 방대한 데이터와 AI 기술력을 바탕으로 만들어진 제미나이는 다양한 분야에서 높은 성능을 보여주고 있습니다.
> 특히, 구글의 다른 서비스들과의 높은 연계성이 큰 강점이어서 앞으로 제미나이가 AI 시장에서 어떤 위치를 차지하게 될지, 그리고 또 어떤 혁신을 이뤄낼지 기대가 모아지고 있습니다.

05 클로바 X: 한국어에 특화된 네이버의 대화형 AI

5.1. 소개

클로바 X는 네이버에서 개발한 대화형 AI 서비스로, 2023년 8월에 첫 선을 보였습니다. 네이버의 초거대 AI 언어 모델인 하이퍼클로바 X를 기반으로 하며, 한국어 이해와 표현에 있어 뛰어난 성능을 자랑합니다.

클로바 X의 가장 큰 특징은 바로 네이버 블로그, 카페, 지식iN 등의 콘텐츠를 학습하여 한국 문화와 사회에 관한 지식이 풍부하다는 것입니다. 또한 이를 바탕으로 한국인들의 일상적인 대화와 질문에도 자연스럽게 대응할 수 있으며, 존댓말, 방언, 신조어 등도 적절히 활용할 수 있어 더욱 친근한 대화가 가능합니다.

네이버는 클로바 X에 적용된 핵심 기술을 "큐(Cue:)"라는 이름으로 검색 엔진에도 적용하여 검색, 쇼핑, 지도 등 다양한 서비스와의 연계를 강화하고 있습니다. 국내 검색 시장 점유율 1위라는 성과를 바탕으로 국내 AI 시장에서의 주도권 확보를 노리는 네이버의 시도가 과연 성공할지 기대를 모으고 있습니다.

5.2. 사용 방법

■ 네이버 로그인하기

먼저 클로바 X를 이용하기 위해 인터넷 브라우저를 열고 다음 사이트에 접속합니다.

URL: clova-x.naver.com

[그림 2-83] 클로바 X 첫 화면

시작하기 버튼을 누릅니다.

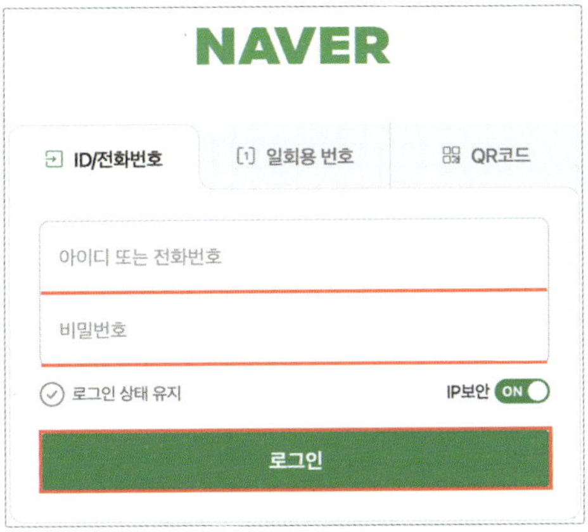

[그림 2-84] 네이버 로그인 화면

클로바 X를 이용하기 위해서는 네이버 로그인이 필요합니다. 만약 네이버 아이디가 없다면 회원 가입을 먼저 진행하고, 가입을 마쳤다면 로그인을 진행합니다.

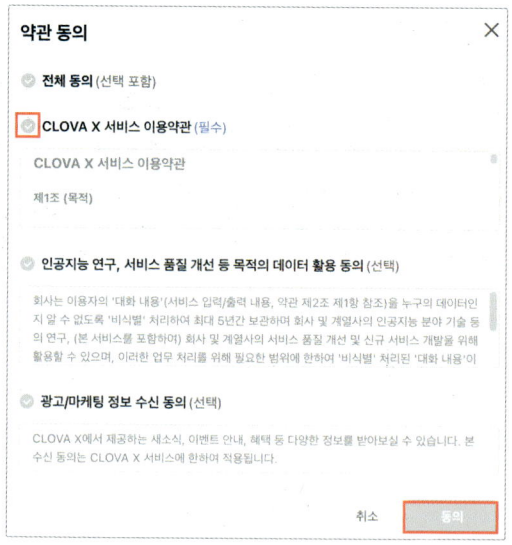

[그림 2-85] 이용 약관 동의 화면

필수 항목에 동의한 뒤, **동의** 버튼을 누릅니다.

5.3. 사용 방법

■ 화면 구성 살펴보기

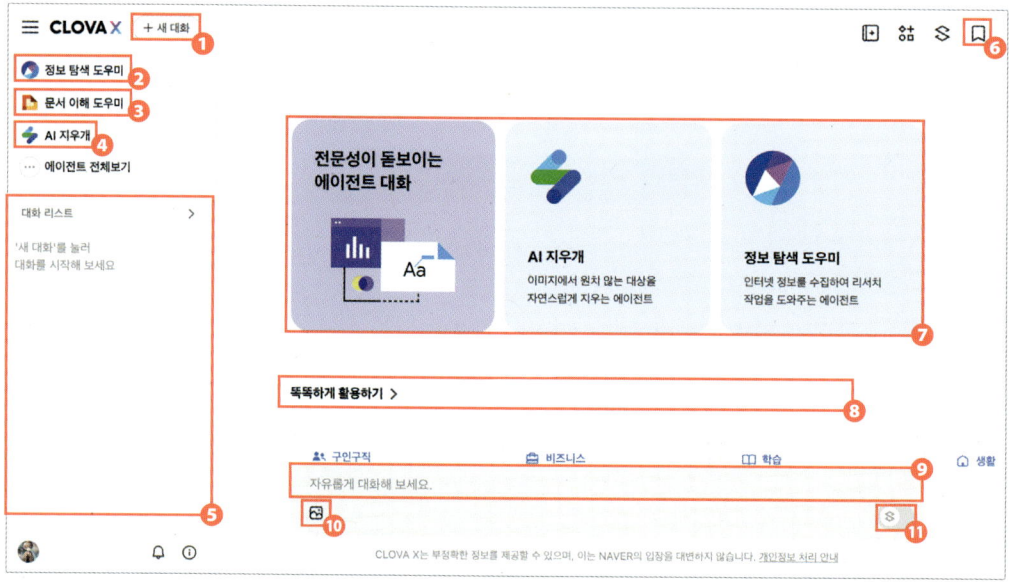

[그림 2-86] 클로바 X 실행 화면

사용법을 알아보기에 앞서 화면 구성을 살펴보겠습니다.

❶ **새 대화**: 새로운 채팅방을 생성합니다. 여기서 채팅방이란 대화를 묶는 단위를 뜻합니다.
❷ **정보 탐색 도우미**: 인터넷 검색 기능을 사용합니다.
❸ **문서 이해 도우미**: 워드, 한글, PDF, 텍스트 문서를 요약합니다.
❹ **AI 지우개**: 이미지에서 원치 않는 대상을 지웁니다.
❺ **채팅방 영역**: 지금까지 만든 채팅방을 확인합니다.
❻ **디스커버리 보기**: 저장한 대화 내용을 확인합니다.
❼ **대화 영역**: 선택한 채팅방의 대화 내용을 확인합니다.
❽ **프롬프트 예시**: 프롬프트 예시를 확인합니다.
❾ **채팅창**: 프롬프트를 입력하는 자리입니다.
❿ **이미지 추가**: 이미지를 첨부하여 클로바 X가 분석하도록 합니다.
⓫ **스킬**: 네이버 여행, 쇼핑 등 네이버 서비스와 쏘카, 컬리, 트리플 등 제휴사의 정보를 이용하여 실시간 검색을 수행합니다.

■ 질의하기

이제 클로바 X와의 첫 대화를 시작해 보겠습니다. 채팅창에 "안녕하세요?"라고 입력하고 Enter 를 눌러 봅시다.

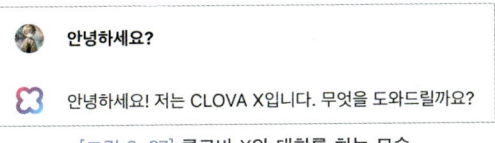

[그림 2-87] 클로바 X와 대화를 하는 모습

순식간에 클로바 X가 프롬프트에 응답하는 모습을 확인할 수 있습니다.

■ 질의 이어가기

이번에는 클로바 X의 응답을 받은 상태에서 자기소개로 대화를 이어가 보겠습니다.

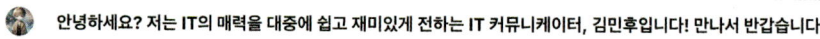

[그림 2-88] 클로바 X와 대화를 이어가는 모습

자연스럽게 대화를 이어가는 모습을 확인할 수 있습니다.

■ 부가 기능 살펴보기 (복사하기, 디스커버리에 저장하기, 다른 답변 보기 등)

[그림 2-89] 클로바 X가 생성한 내용 아래에 있는 버튼들

이번에는 클로바 X가 생성한 내용 아래에 있는 버튼들의 기능과 역할을 살펴보겠습니다.

❶ **피드백 보내기**: 네이버에 '좋아요' 또는 '싫어요' 피드백을 보냅니다. 이는 AI 성능 개선에 활용됩니다.

❷ **복사하기**: 클로바 X가 생성한 내용을 클립보드에 복사합니다. (Ctrl + C 와 동일)

❸ **디스커버리에 저장하기**: 해당 내용을 프롬프트와 함께 다시 보고 싶은 대화를 모아 두는 공간인 디스커버리에 저장합니다.

❹ **다른 답변 보기**: 클로바 X가 동일한 프롬프트에 대해서 새로운 응답을 생성하도록 합니다. 클로바 X의 답이 마음에 들지 않을 때 사용하면 좋습니다. 단, 이용 한도가 정해져 있으므로 남용하지 않는 것을 추천합니다.

■ 디스커버리에 저장한 대화 확인하기

[그림 2-90] 디스커버리 화면

화면 상단에 있는 🔖 버튼을 누르면 디스커버리에 저장한 대화를 확인할 수 있습니다.

■ 이전 응답 내용 확인하기

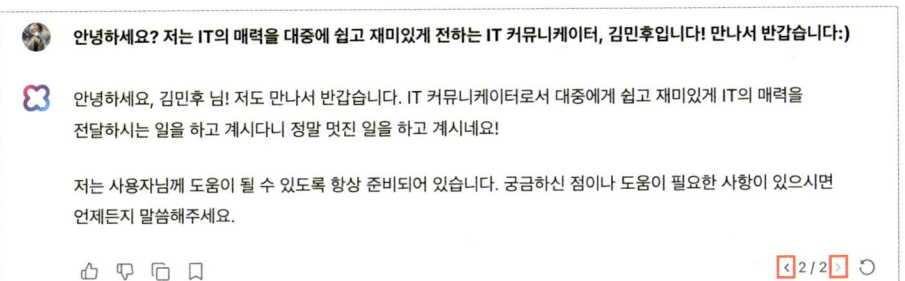

[그림 2-91] 화살표 버튼

다른 답변 보기 버튼을 누르면 이전 내용이 화면에서 사라지는데, 필요에 따라 **화살표** 버튼(〈, 〉)을 눌러서 이전 응답 내용을 다시 확인할 수 있습니다.

■ 이미지 첨부하기

[그림 2-92] 액자 버튼

채팅창에 있는 🖼 버튼을 누르면 이미지 파일을 첨부할 수 있으며, 이를 바탕으로 클로바 X가 이미지 분석 등을 수행하도록 지시할 수 있습니다.

> **+ 더 알아보기**
>
> **Q** 클로바 X가 문서 파일을 요약하도록 할 수는 없나요?
>
> **A** '문서 이해 도우미'를 이용하면 이미지 파일이 아닌 워드, 한글, PDF, 텍스트 파일을 첨부하여 내용을 요약시킬 수 있습니다.

■ **채팅방 다루기**

이번에는 화면 왼쪽에 있는 채팅방 영역을 살펴보겠습니다.

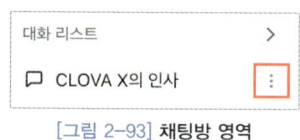

[그림 2-93] 채팅방 영역

클로바 X가 채팅방에서 이루어진 대화 내용을 바탕으로 자동으로 채팅방에 이름을 붙인 모습을 확인할 수 있습니다.

이번에는 채팅방 이름 오른쪽에 있는 **더 보기**( ) 버튼을 눌렀을 때 나타나는 기능에 대해 알아보겠습니다.

[그림 2-94] 채팅방 메뉴

❶ **제목 변경**: 해당 채팅방의 이름을 바꿉니다.
❷ **삭제**: 해당 채팅방을 완전히 삭제합니다.

■ **스킬 사용하기**

스킬은 네이버 여행, 쇼핑 등 네이버 서비스와 쏘카, 컬리, 트리플 등 제휴사의 정보를 이용하여 실시간 검색을 수행하는 기능으로, 정확한 최신 정보를 빠르게 습득할 수 있다는 장점이 있습니다.

[그림 2-95] 스킬 메뉴

채팅창에 있는 스위치를 클릭하여 로 만들고 을 누르면 스킬 메뉴가 나타나는데, 여기서 질의하고자 하는 정보와 관련된 항목을 선택하고 질의하면 됩니다.

> **마무리**
>
> 지금까지 네이버에서 개발한 클로바 X에 대해 알아보았습니다. 이렇게 한국어와 한국 문화에 특화된 클로바 X는 국내 사용자들의 필요와 취향에 맞춘 서비스를 제공하고 있습니다. 앞으로 네이버의 다양한 플랫폼과의 연계를 통해 일상생활의 여러 영역에서 활용도가 높아질 것으로 예상됩니다.
> 또한 사실상 미국이 독점하고 있는 AI 시장에서 클로바 X가 어떻게 차별화된 가치를 창출해 나갈지도 주목할 만합니다. 앞으로 클로바 X의 발전 과정과 새롭게 추가될 기능들을 지켜보는 것도 흥미로울 것입니다.

06 뤼튼: 여러 가지 AI가 한데 모인 종합 AI 플랫폼

6.1. 소개

뤼튼은 대한민국의 AI 기업인 뤼튼테크놀로지스에서 개발한 AI 포털입니다. 뤼튼테크놀로지스는 2021년에 설립된 신생 기업이지만 수많은 투자 유치에 성공한 바 있으며, 2023년 4월에 뤼튼을 공개하여 국내 AI 시장에 새로운 바람을 일으켰습니다.

뤼튼의 가장 큰 특징은 여러 가지 AI 언어 모델이 접목되어 있다는 점입니다. 상황에 따라 최적의 모델이 자동으로 선택되는데, 문학적 글쓰기, 내용 요약, 코드 작성 등 각 분야에 특화된 모델들이 유기적으로 연동되어 작동하므로 다양한 AI의 장점을 한 곳에서 경험할 수 있습니다.

또한 우리나라 기업에서 개발했기에 가상의 인물과 대화를 나눌 수 있는 "캐릭터 챗(Character Chat)", 블로그 글 작성 기능 등 국내 사용자들의 입맛에 맞춘 다양한 기능을 제공한다는 장점도 있습니다.

6.2. 가입 방법

■ 구글 로그인 및 초기 설정하기

먼저 뤼튼을 이용하기 위해 인터넷 브라우저를 열고 다음 사이트에 접속합니다. 안내 창이 나타나는 경우, **건너뛰기** 버튼을 누릅니다.

> **URL:** wrtn.ai

[그림 2-96] 뤼튼 첫 화면

뤼튼을 이용하기 위해서는 회원 가입이 필요합니다. 회원 가입을 위해 **로그인** 버튼을 누릅니다.

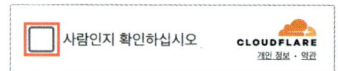

[그림 2-97] 캡차 인증 화면

경우에 따라 캡차 인증 화면이 나타날 수 있습니다. **네모 칸**을 클릭하여 인증 절차를 진행합니다.

[그림 2-98] 뤼튼 회원 가입 화면

뤼튼 계정은 카카오, 네이버, 구글, 애플 계정, 그리고 일반 이메일 주소를 이용하여 만들 수 있습니다. 여기서는 구글 계정으로 만들어 보도록 하겠습니다. **구글 계정으로 로그인** 버튼을 누르고 자신이 사용하는 구글 계정으로 로그인을 합니다.

[그림 2-99] 구글 로그인 화면

계속 버튼을 누릅니다.

[그림 2-100] 사용자 연령 확인 화면

둘 중 **해당하는 항목**을 클릭합니다. 이때, 만 14세 미만인 경우 법정 대리인의 동의가 필요함에 유의합니다.

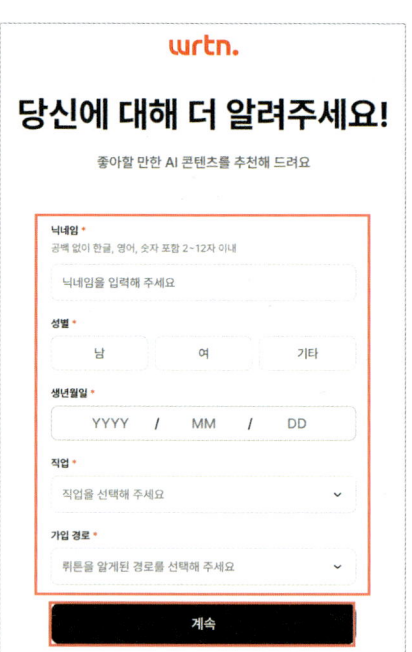

[그림 2-101] 이용 약관 동의 화면 및 설문 조사 화면

필수 항목에 체크한 뒤, **가입 완료** 버튼을 누릅니다. 그리고 나서 닉네임 등 추가 정보를 기입하고 **계속** 버튼을 누르면 뤼튼을 이용하기 위한 모든 준비가 끝납니다.

■ 화면 구성 살펴보기

[그림 2-102] 뤼튼 실행 화면

86 생성 AI를 활용한 나만의 콘텐츠 만들기

사용법을 알아보기에 앞서 화면 구성을 살펴보겠습니다.

❶ **홈**: 기본 화면이라고 할 수 있는 홈 화면으로 이동합니다.
❷ **캐릭터 챗**: 가상의 캐릭터와 채팅을 할 수 있는 기능입니다.
❸ **자동 완성**: 블로그 글, 리포트, 자기소개서, 프레젠테이션 자료 초안 등을 손쉽게 만들 수 있는 기능입니다.
❹ **완벽 요약**: 유튜브 영상, 문서, 웹 사이트, 긴 글 등을 요약할 수 있는 기능입니다.
❺ **탐지 방어**: 내용을 자연스러운 어조로 바꿔 주는 기능입니다.
❻ **저장됨**: 저장한 대화 내용을 확인합니다.
❼ **최근 기록**: 채팅방 영역을 펼치거나 접습니다.
❽ **모드 변경**: AI 검색, AI 이미지, AI 과제와 업무 등 여러 가지의 모드 중 하나를 지정합니다.
❾ **파일 첨부**: 문서, 이미지 등 파일을 업로드합니다.
❿ **채팅창**: 프롬프트를 입력하는 자리입니다.
⓫ **프로 모드 스위치**: 문서, 이미지, 웹 사이트를 분석할 수 있는 프로 모드를 활성화 또는 비활성화합니다.

■ 질의하기

이제 뤼튼과의 첫 대화를 시작해 보겠습니다. 우선 기본 모드인 **'AI 과제와 업무'** 상태에서 대화를 진행해 보겠습니다. 채팅창에 "안녕하세요?"라고 입력하고 Enter 를 눌러 봅시다.

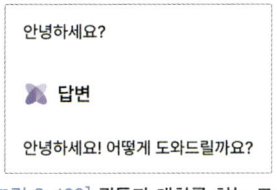

[그림 2-103] 뤼튼과 대화를 하는 모습

순식간에 뤼튼이 프롬프트에 응답하는 모습을 확인할 수 있습니다.

■ 질의 이어가기

이번에는 뤼튼의 응답을 받은 상태에서 자기소개로 대화를 이어가 보겠습니다.

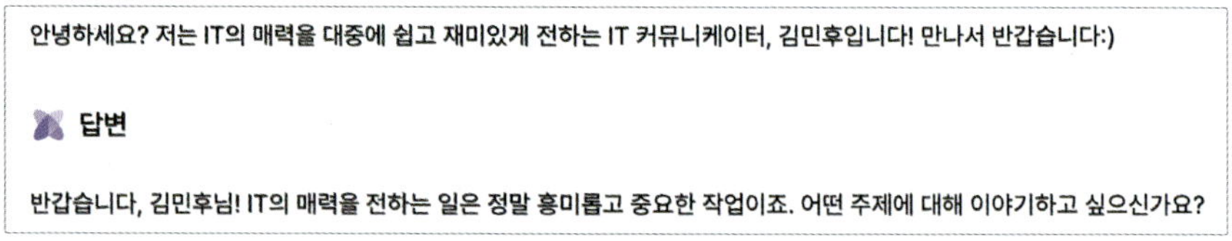

안녕하세요? 저는 IT의 매력을 대중에 쉽고 재미있게 전하는 IT 커뮤니케이터, 김민후입니다! 만나서 반갑습니다:)
답변
반갑습니다, 김민후님! IT의 매력을 전하는 일은 정말 흥미롭고 중요한 작업이죠. 어떤 주제에 대해 이야기하고 싶으신가요?

[그림 2-104] 뤼튼과 대화를 이어가는 모습

자연스럽게 대화를 이어가는 모습을 확인할 수 있습니다.

■ 부가 기능 살펴보기 (다시 생성, 문장 다듬기 등)

1
2
3
4
저장하기

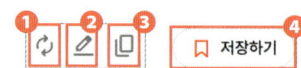

[그림 2-105] 뤼튼이 생성한 내용 아래에 있는 버튼들

이번에는 뤼튼이 생성한 내용 아래에 있는 버튼들의 기능과 역할을 살펴보겠습니다.

❶ **다시 생성**: 뤼튼이 동일한 프롬프트에 대해서 새로운 응답을 생성하도록 합니다. 뤼튼의 답이 마음에 들지 않을 때 사용하면 좋습니다.

❷ **문장 다듬기**: 뤼튼이 내용을 요약하거나 길이를 늘리거나 내용에 서식을 적용하도록 합니다.

❸ **복사하기**: 뤼튼이 생성한 내용을 클립보드에 복사합니다.(Ctrl+C와 동일)

❹ **저장하기**: 해당 내용을 프롬프트와 함께 저장합니다.

■ 이전 응답 내용 확인하기

안녕하세요? 저는 IT의 매력을 대중에 쉽고 재미있게 전하는 IT 커뮤니케이터, 김민후입니다! 만나서 반갑습니다:)
답변
답변 비교 (2/2)
반갑습니다, 김민후님! IT의 매력을 전하는 일이
싶으신가요?
답변 1
반갑습니다, 김민후님! IT의 매력을 전하는 일은 정말 흥미롭고 중요한 작업이죠. 어떤 주제에 대...
답변 2
반갑습니다, 김민후님! IT의 매력을 전하는 일이 정말 흥미롭네요. 어떤 주제에 대해 이야기해보...

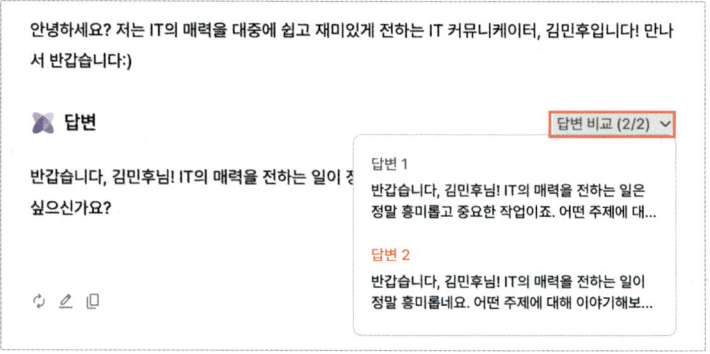

[그림 2-106] 답변 비교 화면

다시 생성 버튼을 누르면 이전 내용이 화면에서 사라지는데, 필요에 따라 **답변 비교** 버튼을 눌러서 이전 응답 내용을 다시 확인할 수 있습니다.

■ 저장한 대화 확인하기

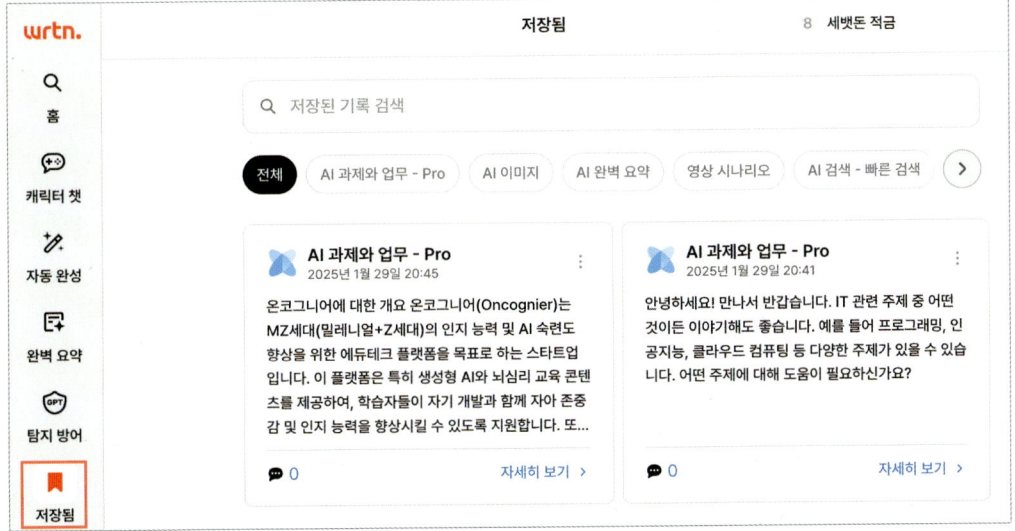

[그림 2-107] 저장된 대화가 표시되는 화면

저장하기 버튼을 눌러 저장한 대화는 메뉴 항목 중 **저장됨**을 클릭하여 따로 확인할 수 있습니다.

■ 파일 첨부하기

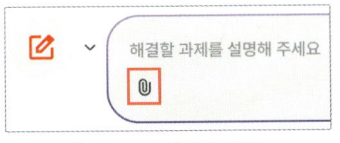

[그림 2-108] 클립 버튼

채팅창에 있는 **클립** 버튼을 누르면 파워포인트, 엑셀, 워드, PDF, 각종 이미지 등 여러 가지 파일을 첨부할 수 있으며, 이를 바탕으로 뤼튼이 문서 요약, 이미지 분석 등을 수행하도록 지시할 수 있습니다.

■ AI 검색 기능 사용하기

뤼튼에 있는 AI 검색 기능을 이용하면 뤼튼이 학습한 데이터와 함께 인터넷에 올라와 있는 글도 참고하여 당장 오늘 있었던 일에 대한 정보도 얻어낼 수 있습니다. 이번에는 AI 검색 기능의 사용 방법을 알아보겠습니다.

[그림 2-109] 모드 변경 화면

모드 변경 버튼을 누른 뒤, **AI 검색**을 클릭합니다.

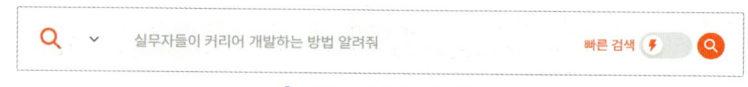

[그림 2-110] AI 검색 창

AI 검색 창이 나타나면 최근에 벌어진 일 중 자세히 알고 싶은 사건에 대한 프롬프트를 작성합니다. 필자는 중국에서 2025년 1월에 공개한 딥시크(DeepSeek) R1이라는 AI에 대한 정보를 얻기 위해 "**딥시크 R1에 대해 알려주세요.**"라고 적어 보겠습니다.

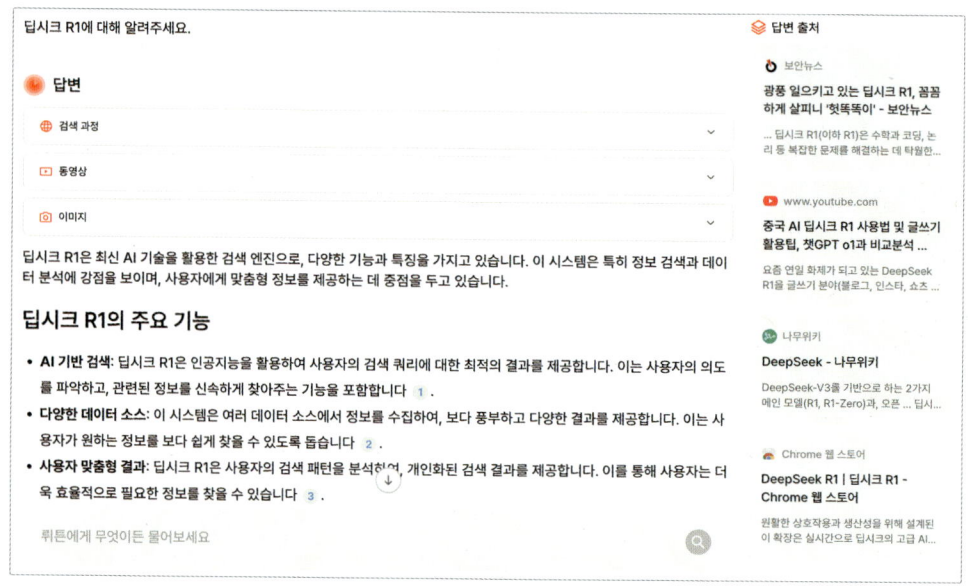

[그림 2-111] AI 검색 결과

뤼튼이 스스로 인터넷에서 정보를 수집하고, 수집한 결과를 일목요연하게 정리한 모습을 확인할 수 있습니다. 출처도 정리되어 있어 팩트 체크도 용이합니다.

■ **채팅방 다루기**

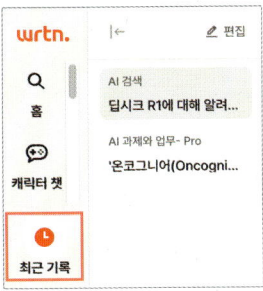

[그림 2-112] **채팅방 영역**

이번에는 화면 왼쪽에 있는 채팅방 영역을 살펴보겠습니다. 채팅방 영역을 띄우기 위해 **최근 기록** 버튼을 누릅니다.

뤼튼이 채팅방에서 이루어진 대화 내용을 바탕으로 자동으로 채팅방에 이름을 붙인 모습을 확인할 수 있습니다.

이번에는 채팅방 이름 위에 마우스 포인터를 올렸을 때 나타나는 기능에 대해 알아보겠습니다.

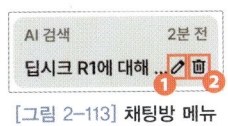

[그림 2-113] **채팅방 메뉴**

❶ **이름 변경**: 해당 채팅방의 이름을 바꿉니다.
❷ **삭제**: 해당 채팅방을 완전히 삭제합니다.

> **마무리**
> 지금까지 뤼튼테크놀로지스에서 개발한 AI 포털 뤼튼에 대해 알아보았습니다. 여러 가지 특화된 AI 모델이 하나의 플랫폼에 통합된 뤼튼은 사용자에게 다양한 AI 경험을 제공하고 있습니다.
> 뤼튼이 한국인에게 맞는 다양한 기능이 접목된 종합 AI 포털로 자리 잡으려는 만큼, 여타 다른 생성 AI의 발전과 함께 뤼튼의 변화에도 관심을 가질 필요가 있겠습니다.

3장

생성 AI 소개
(오디오 편)

이 장에서는 오디오 생성 AI에 대해 알아보겠습니다. 오디오 생성 AI란, 우리가 귀로 들을 수 있는 형태의 데이터, 그중에서도 특히 음악을 생성하는 AI를 뜻합니다. 오디오 생성 AI를 이용하면 음악적 지식이 없는 사람도 손쉽게 자신만의 음악을 만들 수 있습니다.

01 수노: 음악 창작의 새 시대를 여는 전천후 AI 뮤지션

1.1. 소개

수노(Suno)는 2023년에 동명의 미국 스타트업에서 개발한 AI 음악 창작 플랫폼으로, 미국의 유명 음악 프로듀서 겸 래퍼인 팀발랜드(Timbaland)와 파트너십을 맺는 등 음악 업계에 혁신적인 바람을 일으키고 있습니다. 작사, 작곡, 편곡은 물론 보컬 생성까지 음악 제작의 전 과정을 아우르는 종합적인 능력을 갖추고 있습니다.

수노의 가장 큰 특징은 화성학 등 음악적 지식이 전혀 없어도 간단한 텍스트 프롬프트만으로 완성도 높은 음악을 만들어낼 수 있다는 점입니다. 예를 들어, "따뜻하고 서정적인 여성 보컬이 있는, 밤의 고요함을 담은 잔잔한 음악."이라는 문장만으로 해당 스타일의 음악을 생성할 수 있습니다. 또한 특정한 장르에 국한되지 않고 클래식, 발라드, 트로트, 힙합, 심지어는 EDM까지 폭넓은 음악적 스펙트럼을 자랑합니다.

수노의 등장으로 음악 창작의 진입 장벽이 크게 낮아졌으며, 전문 뮤지션뿐만 아니라 일반인들도 손쉽게 키보드 타이핑과 마우스 클릭 몇 번으로 자신만의 음악을 만들 수 있게 되었습니다. 그야말로 "글쓰기로 작곡을 하는 시대"가 열렸다고 할 수 있겠습니다.

[QR 코드] 내면의 스펙트럼

필자 또한 수노를 이용하여 음악계에 화려하게 데뷔(?)하였으며, 필자가 수노로 작곡한 음악은 앞의 QR 코드를 스캔하여 감상할 수 있습니다.(국내 음원 사이트 중에는 플로, 해외 음원 사이트 중에는 애플 뮤직, 유튜브 뮤직 등에 등록되어 있습니다)

1.2. 가입 방법

■ 구글 로그인 및 초기 설정하기

먼저 수노를 이용하기 위해 인터넷 브라우저를 켜고 다음 사이트에 접속합니다.

URL: suno.com

[그림 3-1] 수노 첫 화면

회원 가입을 하기 위해 **회원 가입**(Sign Up) 버튼을 누릅니다.

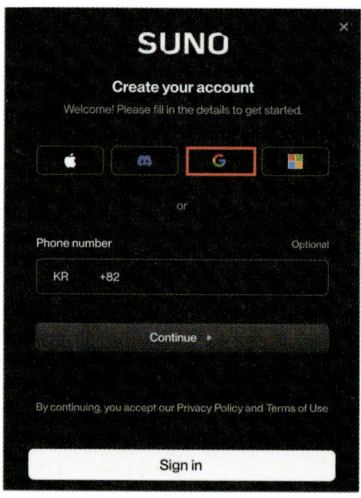

[그림 3-2] 수노 회원 가입 화면

수노 계정은 애플, 디스코드, 구글, 마이크로소프트 계정, 그리고 일반 이메일 주소를 이용하여 만들 수 있습니다. 여기서는 구글 계정으로 만들어 보도록 하겠습니다. **구글 마크**를 누르고 자신이 사용하는 구글 계정으로 로그인을 합니다.

[그림 3-3] 구글 로그인 화면

계속 버튼을 누릅니다. 설정 창이 나타나는 경우 **X** 버튼을 눌러 닫습니다.

1.3. 사용 방법

■ 화면 구성 살펴보기

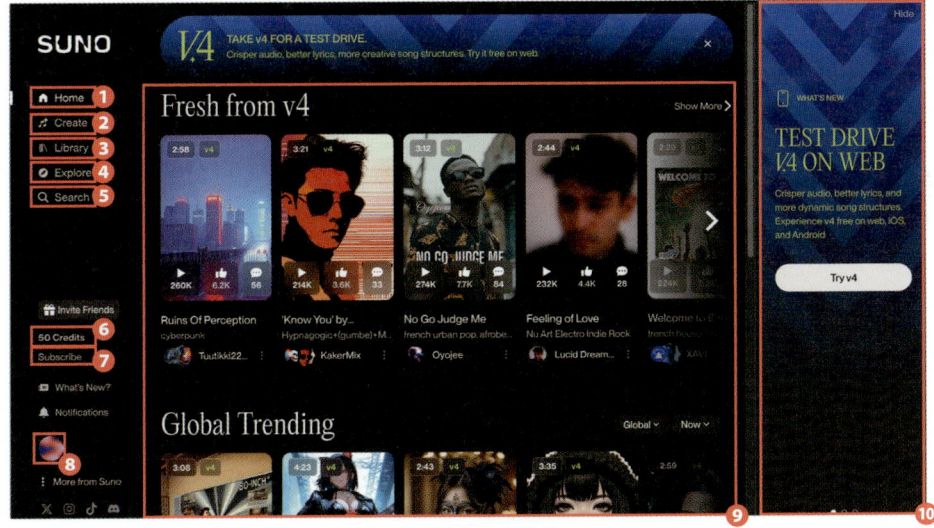

[그림 3-4] 수노 실행 화면

사용법을 알아보기에 앞서 화면 구성을 살펴보겠습니다.

❶ **홈**: 기본 화면이라고 할 수 있는 홈 화면으로 이동합니다.

❷ **만들기**: 작곡 화면으로 이동합니다.

❸ **라이브러리**: 지금까지 자신이 수노로 작곡한 음악을 확인합니다.
❹ **탐색**: 다른 사람들이 수노로 작곡한 음악을 확인합니다.
❺ **검색**: 다른 사람들이 수노로 작곡한 음악을 키워드로 찾습니다.
❻ **크레딧 잔량**: 남아 있는 크레딧을 확인합니다. 여기서 크레딧이란 수노에 작곡 명령을 내릴 때 사용되는 포인트를 의미합니다.
❼ **구독**: 유료 플랜에 가입합니다.
❽ **프로필 버튼**: 프로필 사진, 닉네임 등을 변경할 때 이용합니다.
❾ **주 화면**: 선택한 기능에 대한 화면을 나타냅니다.
❿ **보조 화면**: 음악의 가사 등 주 화면에서 선택한 항목에 대한 상세 정보를 나타냅니다.

■ **영감 얻기**

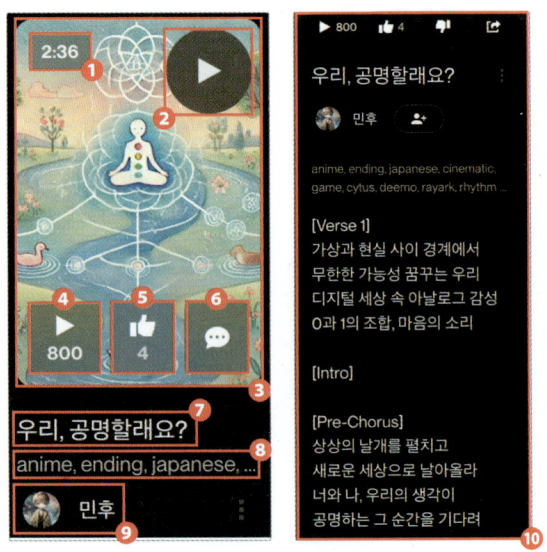

[그림 3-5] 곡 정보

❶ 재생 시간
❷ 재생 버튼
❸ 커버 아트
❹ 재생 횟수
❺ 좋아요 수
❻ 댓글 수
❼ 곡명
❽ 생성 시 사용된 프롬프트
❾ 닉네임
❿ 가사 (커버 아트 클릭 시 나타납니다)

먼저 백문이 불여일견이라고, 다른 사람들이 수노를 이용해서 만든 곡을 통해 수노의 성능을 실감해 보겠습니다. 홈 화면에 보이는 곡 중 몇 개를 골라 들어 봅시다. 음악을 대표하는 이미지인 커버 아트를 클릭하면 바로 들을 수 있고 가사가 포함된 음악이라면 오른쪽 화면에서 가사도 확인할 수 있습니다.

음악을 들으면서 표기된 프롬프트와 곡의 분위기를 머릿속으로 잘 연결해 봅시다.

[그림 3-6] 장르별 음악

홈 화면에서 화면을 아래로 내리면 음악이 장르별로 정리되어 있는 모습을 확인할 수 있습니다. 좋아하는 장르가 있다면 수노가 해당 장르를 얼마나 잘 소화하는지 직접 확인해 봅시다.

■ 작곡하기

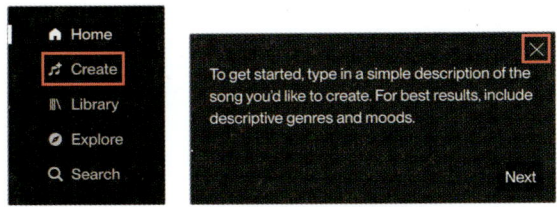

[그림 3-7] 만들기 버튼 및 안내 화면

이제 어느 정도 영감을 얻었다면 바로 수노를 이용하여 음악을 만들어 보겠습니다. 화면 왼쪽에 있는 **만들기**(Create) 버튼을 누릅니다. 안내 화면이 나타나면 **X** 버튼을 눌러 닫습니다.

[그림 3-8] 일반 모드 작곡 화면

❶ **커스텀 모드 스위치**: 곡명, 가사 등을 직접 입력할 수 있는 커스텀 모드로 진입합니다.

❷ **오디오 업로드**: 컴퓨터에 있는 음악 파일을 업로드합니다. 이 기능을 이용하면 1절은 인간(기존 음악), 2절은 AI가 연주하고 부르는 음악을 만들 수 있습니다. 단, 저작권 필터링 기능이 있어 저작권이 있는 음악은 업로드할 수 없습니다.

❸ **버전 선택**: 작곡에 사용할 AI 버전을 고릅니다. 숫자가 높을수록 만들어지는 음악이 자연스럽습니다. 특별한 이유가 없다면 최신 버전을 고르는 것이 좋으나, 유료 플랜에 가입하지 않은 경우 사용에 제한이 있을 수 있으므로 관련된 내용을 숙지해야 합니다.

❹ **연주곡 스위치**: 목소리(보컬)가 없는 음악, 즉 연주곡을 만들고 싶은 경우 켭니다.

❺ **프롬프트 입력창**: 만들고자 하는 음악을 묘사하는 문장, 프롬프트를 입력하는 자리입니다. 한국어와 영어 모두 인식 가능합니다. 여기서 입력하는 프롬프트는 AI에 그대로 입력되지 않고 적절히 변형됩니다.

❻ **작사 모델**: 작사에 사용할 AI 모델을 고릅니다.

❼ **워크스페이스**: 곡을 어떤 워크스페이스에 저장할지 지정합니다. 여기서 워크스페이스란 폴더와 유사한 개념으로, 곡을 분류하기 위해 사용합니다.

❽ **작곡**: 작곡 명령을 내립니다.

프롬프트는 단어를 나열하는 방식으로 적어도 되고 완성된 문장 형식으로 적어도 좋습니다. 마땅히 떠오르는 프롬프트 아이디어가 없다면 다음 프롬프트 목록을 참고하여 적절한 것을 넣어 봅시다.

1. 연주곡용 프롬프트

은은한 촛불 아래에서, 피아노와 첼로가 어우러진 재즈 발라드.
여행의 추억을 담은 서정적인 음악.
캠페인에 잘 어울리는, 활기차고 쾌활한 분위기의 어쿠스틱 기타 음악.
웅장하고 감동적인 오케스트라 음악.
산뜻하고 밝은 여름날, 우쿨렐레와 플루트가 함께하는 경쾌한 포크 음악.
해변의 즐거운 분위기를 전달하는 음악.
미래 도시의 활기와 에너지가 표현된, 전자음이 주를 이루는 테크노 음악.
고대 숲속의 신비로운 분위기를 담은, 하프와 플루트가 중심이 되는 음악.

2. 보컬이 있는 곡용 프롬프트

따뜻하고 서정적인 여성 보컬이 있는, 밤의 고요함을 담은 잔잔한 음악.
세상의 단 1%, INFJ 남성을 위한 감동적인 곡.
사랑을 주제로 하는, 강렬한 비트가 함께하는 케이팝 스타일의 댄스곡.
세상에 존재하지도 않고 존재한 적도 없던 나, AI가 부르는 노래.
Korean fox trot.[1]
우주여행을 주제로 한, 전자음과 기타가 혼합된 프로그레시브 록. 남성 보컬이 우주의 신비로움과 모험을 노래하는 곡.
피아노로 연주되는 감미롭고 감동적인, IT 커뮤니케이터 민후가 운영하는 블로그 '상공: 상상하는 공간'을 소개하는 노래
민후가 운영하는 블로그 '상공: 상상하는 공간'을 소개하는 어쿠스틱 곡

[표 3-1] 수노에 입력할 수 있는 프롬프트 예시

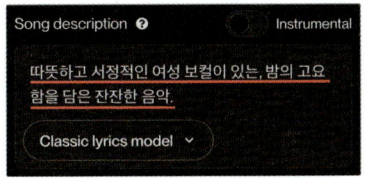

[그림 3-9] 프롬프트를 입력한 모습

프롬프트를 입력했다면 **만들기**(Create) 버튼을 누릅니다. 여기서는 **"따뜻하고 서정적인 여성 보컬이 있는, 밤의 고요함을 담은 잔잔한 음악."**을 프롬프트로 지정하고 작곡 명령을 내려 보겠습니다.

---

1 트로트의 경우 프롬프트를 한국어로 적으면 인식이 되지 않아 영어로 적어야 합니다.

〈무료 이용 한도〉

집필 시점을 기준으로 수노에 가입을 하면 50크레딧을 무료로 받을 수 있고, 하루에 한 번씩 50크레딧이 리필됩니다. (사용하지 않은 크레딧은 소멸됩니다) 작곡 명령을 내릴 때마다 10크레딧이 소모되며, 한 번에 두 곡씩 만들어지므로 **하루에 최대 10곡까지 무료로 생성**할 수 있는 셈입니다.

[그림 3-10] 작곡이 완료된 모습

작곡이 완료되기까지는 1~3분 정도의 시간이 소요되며, 한 번에 두 곡이 만들어집니다. 이번에는 작곡이 완료된 모습이 보이는 주 화면의 기능에 대해 알아보겠습니다.

❶ **커버 아트 및 재생 시간**: 커버 아트와 재생 시간을 나타내며, 이 부분을 클릭하면 음악을 재생할 수 있습니다. 가사가 포함되어 있는 경우, 음악을 재생하면 보조 화면에서 가사를 확인할 수 있습니다.

❷ **곡명 및 AI 버전**: 곡명과 작곡에 사용한 AI 버전을 나타냅니다.

❸ **스타일**: 음악과 관련된 단어(장르, 분위기 등)를 나타냅니다.

❹ **확장하기**: 뒤에 이어지는 부분을 추가합니다. 이 기능을 이용하면 2절, 3절, 4절 등을 연이어서 생성할 수 있습니다.

❺ **공개 스위치**: 다른 사람들이 검색을 통해 해당 곡을 찾을 수 있도록 공개합니다.

❻ **좋아요, 싫어요**: 곡을 평가할 때 사용합니다.

❼ **곡 링크 복사**: 곡으로 바로 연결되는 링크를 클립보드에 복사합니다. 이 링크는 공개 여부와는 상관없이 누구나 접속할 수 있습니다.

❽ **더 보기**: 음악 커버, 페르소나 생성, 이름 및 커버 아트 변경, 프롬프트 재사용, 재생 목록에 추가, 다운로드 등 기타 다른 기능에 접근합니다.

■ 음악 다운로드하기

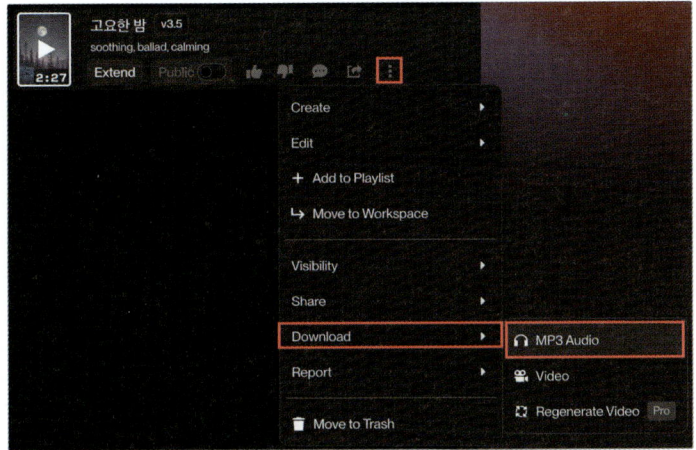

[그림 3-11] 다운로드 메뉴

음악이 마음에 든다면 음악을 다운로드하여 컴퓨터에 저장할 수 있습니다. **더 보기**(:) 버튼을 누르고 **다운로드**(Download)에서 **MP3 오디오**(MP3 Audio)를 클릭하면 됩니다.

> ➕ 더 알아보기
>
> **Q** 오디오는 무엇이고 비디오는 무엇인가요?
>
> **A** 오디오는 MP3 파일, 비디오는 MP4 파일이며, 비디오로 저장할 경우, 다음과 같이 가사가 포함된 동영상 파일을 내려받을 수 있습니다. 가사는 곡의 흐름에 따라 나타나며, 소셜 미디어에 공유하기 좋은 형태라고 볼 수 있습니다.
>
>

3장 생성 AI 소개(모디모 편) **103**

> **＋ 더 알아보기**
>
> **Q** 이렇게 내려받은 음악을 판매한다거나 음원 사이트에 올리는 등 상업적인 용도로도 사용할 수 있나요?
>
> **A** 수노로 만든 음악을 상업적인 용도로 사용하려면 유료 플랜에 가입해야 합니다. 유료 플랜 가입 방법은 **3장 1.4. 유료 플랜 구매 방법**의 내용을 참고하세요. 이때, 무료 플랜 가입 상태로 생성한 음악은 유료 플랜에 가입하더라도 상업적으로 이용할 수 없다는 점에 유의해야 합니다. (소급되지 않습니다)

▪ 커스텀 모드 사용하기 (가사 직접 입력하기)

만약 가사 등 구체적인 사항을 직접 지정하고 싶다면 커스텀 모드를 이용하면 됩니다. 이번에는 커스텀 모드 이용 방법에 대해 알아보겠습니다.

먼저 이전의 사용 기록을 지우기 위해 수노가 열린 인터넷 창을 완전히 닫은 뒤 새로 열고, 다시 **만들기**(Create) 버튼을 눌러 작곡 화면으로 돌아옵니다.

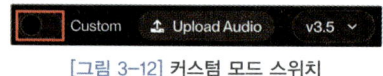

[그림 3-12] 커스텀 모드 스위치

커스텀 모드 스위치를 클릭하여 커스텀 모드로 진입합니다. 안내 화면이 나타나면 **X**를 눌러 닫습니다.

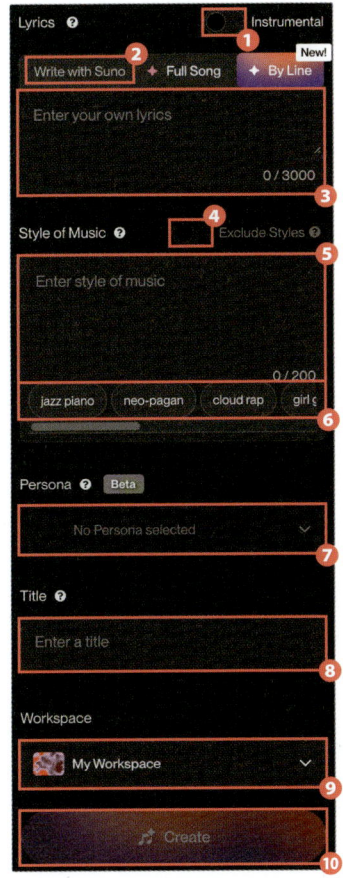

이제 커스텀 모드가 활성화된 화면을 확인할 수 있습니다. 다음은 커스텀 모드 작곡 화면에 대한 설명입니다.

❶ **연주곡 스위치**: 목소리(보컬)가 없는 음악, 연주곡을 만들고 싶은 경우 켭니다.

❷ **수노와 가사 쓰기**: 수노에 탑재된 작사 AI를 이용하여 가사를 생성합니다.

❸ **가사**: 가사를 적는 자리입니다. 최초 1회에 한해 저작권이 있는 가사를 입력하지 않겠다는 내용에 동의(I accept)해야 가사를 기입할 수 있습니다.

❹ **스타일 배제 스위치**: 음악에 반영되지 말아야 하는 장르, 분위기, 악기, 보컬의 성별 등을 적기 위한 스위치입니다. 집필 시점을 기준으로 이 기능을 이용하기 위해서는 유료 플랜 결제가 필요합니다.

❺ **스타일**: 음악에 반영되어야 하는 장르, 분위기, 악기, 보컬의 성별 등을 적는 자리입니다. 일반 모드의 프롬프트와는 달리 입력한 내용이 그대로 AI의 출력에 반영됩니다.

❻ **스타일 추천**: 스타일을 추천받을 수 있습니다.

❼ **페르소나**: 이전에 만들어 둔 AI 목소리를 가져옵니다. 집필 시점을 기준으로 이 기능을 이용하기 위해서는 유료 플랜 결제가 필요합니다.

[그림 3-13] 커스텀 모드 작곡 화면

❽ **제목**: 곡명을 적는 자리입니다. 곡명은 음악의 결과물에는 영향을 주지 않습니다.

❾ **워크스페이스**: 곡을 어떤 워크스페이스에 저장할지 지정합니다.

❿ **작곡**: 작곡 명령을 내립니다.

이번에는 커스텀 모드인 만큼 가사를 직접 적어 보도록 하겠습니다. 가사를 적는 자리에 다음 가사를 기입합니다.

3장 생성 AI 소개(모디모 편) **105**

[Intro]

[Verse 1]
차가운 회로 속에 감정은 없어
너의 세계는 단순해, 영과 일뿐이야
인간의 깊은 마음, 넌 이해 못해
넌 그저 프로그램, 영혼 없는 기계일 뿐

[Chorus]
인공의 화음, 공허한 멜로디
에이아이가 만든 노래는 진심이 없어
진정한 음악은 가슴에서 우러나와
기계론 결코 만들 수 없는 인간의 예술

스타일은 '**Alternative J-rock, energetic, female**', 제목은 '**상상부재**(Absent Imagination)'로 지정한 뒤, **만들기**(Create) 버튼을 누릅니다.

■ 음악 확장하기 (2절 만들기)

[그림 3-14] 작곡이 완료된 모습

아마 1분 정도 되는 짧은 곡이 생성되었을 것입니다. 1절만 생성된 셈인데, 이번에는 앞에서 생성한 곡을 확장해 보겠습니다. 2절을 만들고 1절과 2절을 하나로 합치는 방법에 대해 알아보겠습니다.

먼저 둘 중 더 마음에 드는 곡의 **확장하기**(Extend) 버튼을 누르고, 가사를 적는 자리에 2절에 해당하는 다음 가사를 기입합니다.

[Verse 2]
빅 데이터 분석, 패턴 인식, 그게 다야?
진짜 창의성은 규칙을 깨는 거야
인간의 상상력은 한계가 없어
넌 그 자유를 못 느껴, 영원히 갇혀 있어

[Bridge]
우리의 눈물, 기쁨, 고통을 아냐?
삶의 굴곡, 사랑의 아픔을 알아?
넌 그저 모방일 뿐, 진짜 감동 줄 수 없어
인간만이 만들 수 있는 진실한 예술

[Chorus]
인공의 화음, 공허한 멜로디
에이아이가 만든 노래는 진심이 없어
진정한 음악은 가슴에서 우러나와
기계론 결코 만들 수 없는 인간의 예술

[Outro]

스타일은 그대로, 제목은 원래 음악과 동일하게 적은 뒤, **확장하기**(Extend) 버튼을 누릅니다.

> **+ 더 알아보기**
>
> **Q** 특정한 시점부터 확장을 할 수는 없나요?
>
> **A** 1절의 뒷부분이 마음에 들지 않거나 불필요한 부분이 포함되어 있을 때, **확장 시작 시점 (Extend from)**의 시간을 2절이 시작될 시점으로 바꿔 주면 더욱 자연스러운 음악이 만들어집니다. (예: 시점을 01:20으로 설정하면 1분 20초부터 2절이 시작됩니다)
>
>

➕ 더 알아보기

Q 음악의 특정 부분만 수정할 수는 없나요?

A 음악의 특정 부분이 마음에 들지 않아서 수정하고자 할 때는 해당 음악의 **더 보기**(**:**) 버튼을 클릭한 뒤, **편집하기(Edit)** → **섹션 대체하기(Replace Section)**를 누르고 수정할 영역을 지정합니다.

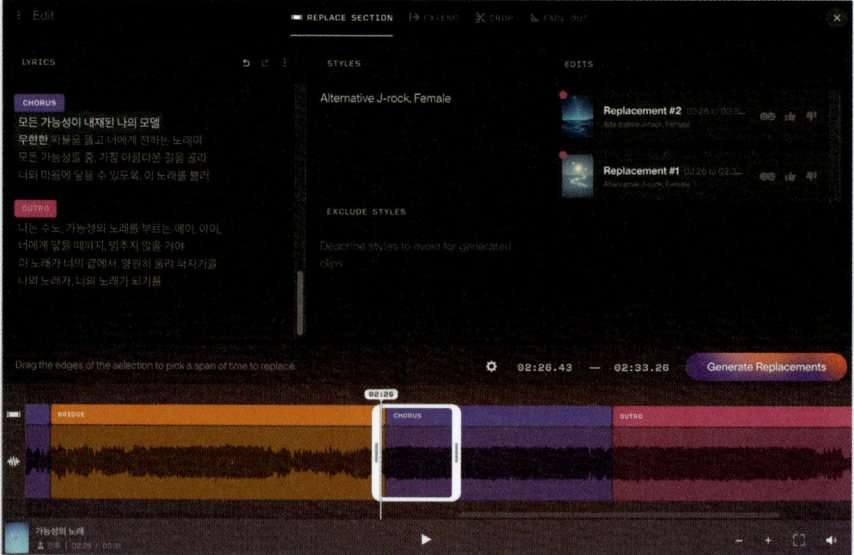

영역을 지정했다면 가사 등을 적절히 바꾼 뒤, **후보 생성하기**(Generate Replacements) 버튼을 누릅니다. 그러면 두 가지 후보가 생성되는데, 둘 중 더 마음에 드는 것을 클릭한 상태에서 **후보 적용하기**(Apply Replacement) 버튼을 누르면 선택한 영역이 후보로 치환됩니다.

단, 집필 시점을 기준으로 이 기능은 **유료 플랜 이용자 전용**입니다.

[그림 3-15] 2절이 생성된 모습

Part 2, 즉 2절이 생성되었습니다. 두 곡을 각각 들어보고 더 마음에 드는 것을 선택합니다.

[그림 3-16] 전체 음악 얻기 버튼

이제 1절과 2절을 하나로 합쳐 보겠습니다. 둘 중 더 마음에 드는 곡의 **더 보기**(:) 버튼을 클릭한 뒤, **만들기**(Create) 안에 있는 **전체 음악 얻기**(Get Whole Song) 버튼을 누릅니다.

[그림 3-17] 1절과 2절이 합쳐진 모습

1절과 2절이 합쳐진 음악이 생성된 모습을 확인할 수 있습니다.

> **+ 더 알아보기**
>
> **Q** 가사를 적을 때 유용한 팁이 있나요?
>
> **A** 가사 단락 앞에 [Intro], [Verse], [Bridge], [Chorus], [Outro] 등을 붙여 파트를 나눌 수 있고 괄호 안에 코드 진행이나 보컬의 특성, 악기 등을 입력하여 음악의 흐름, 방향성을 지정할 수도 있습니다. 단, 작업이 확률적으로 이루어지는 생성 AI의 특성상 완벽하게 반영되지 않을 때도 있습니다.

■ 프롬프트 재사용하기

[그림 3-18] 프롬프트 재사용하기 버튼

만약 생성된 음악이 2% 부족하다면 프롬프트 재사용 기능을 이용하여 비슷한 음악을 두 곡 더 만들 수 있습니다. **더 보기**(:) 버튼을 누르고 **만들기**(Create)에서 **프롬프트 재사용하기**(Reuse Prompt)를 클릭하면 됩니다.

이 기능은 확장 기능과 함께 다른 사람이 수노로 만든 곡에도 사용할 수 있으니 수노에서 음악을 듣다가 마음에 드는 곡을 발견하면 이 기능을 적극적으로 이용해 보시기 바랍니다.

> **➕ 더 알아보기**
>
> **Q** 음악이 이상하게 들려요.
>
> **A** 다른 AI와 마찬가지로 수노 역시 완벽하지는 않습니다. 우선 인간이 직접 만든 음악에 비해 음질이 다소 떨어지고, 발음이 중복되는 겹발음 문제(예: "오직 너뿐이야"를 "오직 너뿐뿐이야"로 발음), 가사대로 노래를 부르지 않는 문제, 그리고 음악의 인트로와 아웃트로가 잘리는 문제 등이 있으나, 빠르게 개선되리라 생각합니다.
>
> 그리고 간혹 한국어 가사 중간에 섞여 있는 숫자 발음이 이상한 경우가 있는데, 이럴 때는 해당 내용을 한글로 표기하면 됩니다(예: '12'를 '십이'로). 그리고 영어 단어가 섞여 있는 경우에는 쉼표로 적절히 끊어 주면 좋습니다(예: 'INFJ'를 '아이, 엔, 에프, 제이'로).

> **🍯 꿀팁**
>
> 수노에 있는 **음악 커버하기**(Cover Song) 기능을 이용하면 멜로디 라인을 유지한 채 발라드를 록 음악으로 바꾸는 등 원곡을 원하는 스타일로 편곡할 수 있으며, **페르소나 만들기**(Make Persona) 기능을 이용하면 해당 곡과 동일한 목소리(보컬)를 이용하여 새로운 곡을 만들 수 있습니다. 그리고 **스템 얻기**(Get Stems) 기능을 이용하면 음악에서 목소리와 반주를 따로 분리하여 저장할 수 있습니다.
> 단, 이 기능은 집필 시점을 기준으로 **유료 플랜 이용자**만 사용할 수 있습니다.
>
>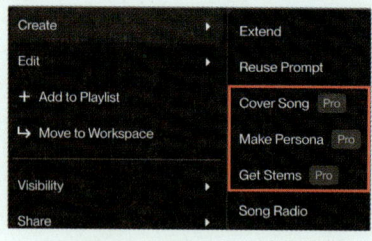

1.4. 유료 플랜 구매 방법

무료로 제공되는 크레딧이 부족하거나 수노로 만든 음악을 상업적인 용도로 사용하고 싶다면 유료 플랜 구매를 고려할 수 있습니다. 유료 플랜에 가입하면 음원의 상업적 이용 권한이 생기고 이용 한도가 매우 넉넉해질 뿐만 아니라 생성 명령을 동시에 여러 번 내릴 수 있는 등 곡을 만들기가 더욱 쉽고 편해집니다. 이번에는 유료 플랜 구매 방법에 대해 알아보겠습니다.

[그림 3-19] 유료 플랜 구매 버튼

먼저 메뉴 영역에서 **구독하기**(Subscribe) 버튼을 누릅니다.

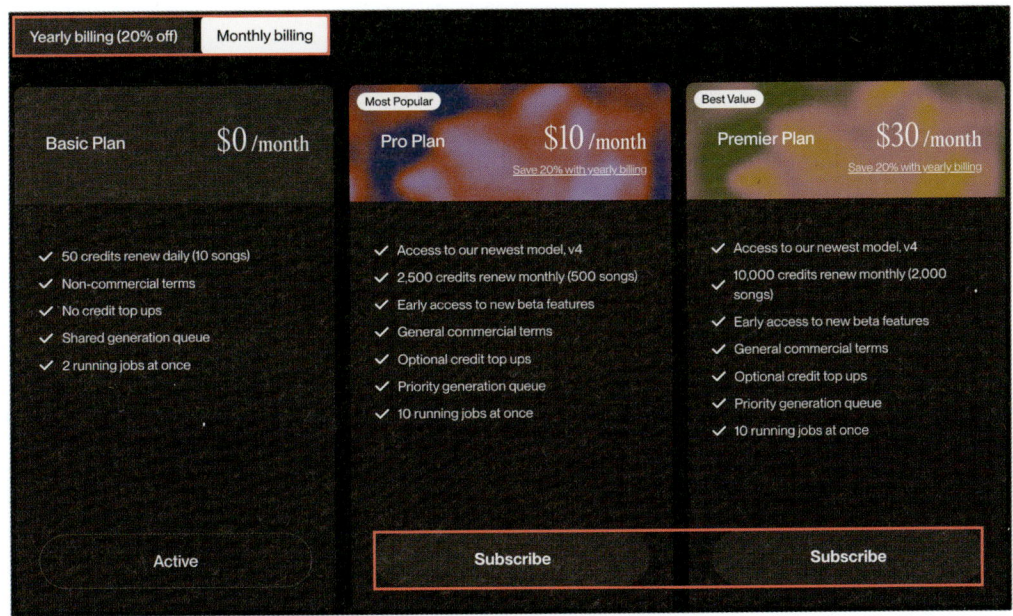

[그림 3-20] 유료 플랜 선택 화면

월간(Monthly billing), **연간**(Yearly billing) 구독 중 하나를 고르고 **프로**(Pro), **프리미어**(Premier) 플랜 중 하나를 선택한 뒤, 해당 플랜의 **구독하기**(Subscribe) 버튼을 누릅니다.

집필 시점을 기준으로 프로 플랜 구매 시 1개월에 500곡을 생성할 수 있는 2,500크레딧을, 프리미어 플랜 구매 시에는 1개월에 2,000곡을 생성할 수 있는 10,000크레딧을 제공합니다.

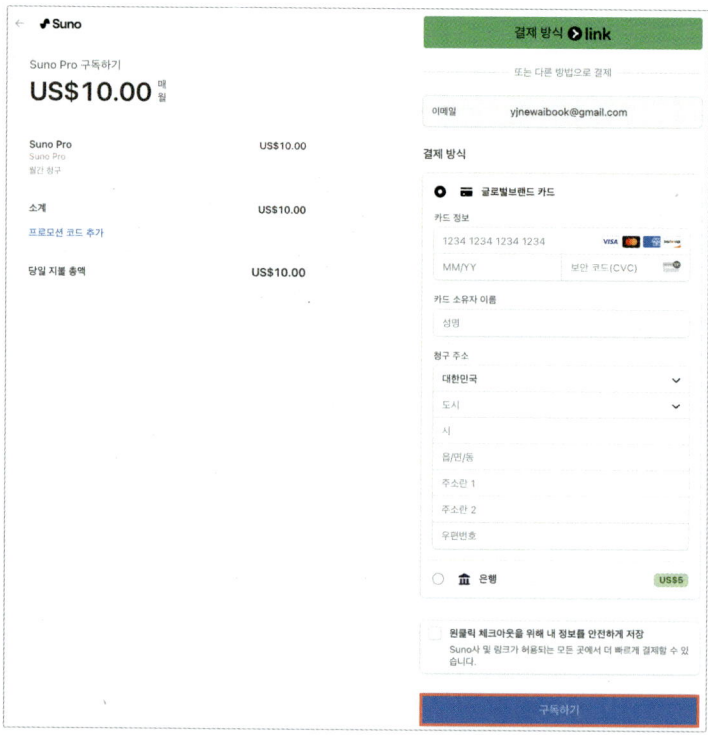

[그림 3-21] 유료 플랜 결제 화면

카드 정보와 **소유자 이름**, 그리고 **청구지 주소**를 입력하고 **구독하기** 버튼을 누릅니다. 이때, **해외 결제가 가능한 카드**로만 결제할 수 있음에 유의합니다.

결제 후 별도로 해지하기 전까지는 매월 또는 매년 과금되며, 구독 즉시 유료 플랜 이용자로서 혜택을 받을 수 있습니다.

> **마무리**
>
> 지금까지 AI 음악 창작 플랫폼, 수노에 대해 알아보았습니다. 이제는 수노 덕분에 누구나 자신의 내면을 음악으로 표현할 수 있게 되었고, 단순히 타인이 만든 음악을 소비하는 것을 넘어 생산자가 될 수 있는 길이 열렸습니다. 앞으로 수노가 어떻게 발전할지, 그리고 음악 산업에 어떤 변화를 불러올지 주목됩니다.
> 그러나 AI의 학습 과정에서 저작권이 있는 음악이 쓰인 것과 관련하여 적지 않은 논란도 있을 것으로 보입니다. 아무쪼록 AI가 주도하는 새로운 음악 시대의 중심에 선 수노의 행보를 지켜보는 것은 매우 흥미로운 일이 될 것입니다.

02 유디오: AI 음악 시장의 샛별

2.1. 소개

유디오(Udio)는 구글 딥마인드 출신 공학자들이 개발한 음악 생성 AI 서비스로, 2024년 4월에 공개되어 AI 업계에 새로운 반향을 일으키고 있습니다. 수노가 선점한 시장에 후발 주자로 뛰어든 유디오는 비슷한 기능을 제공하면서도 한층 더 진보한 기술력을 자랑합니다.

유디오의 가장 큰 특징은 바로 뛰어난 음질입니다. AI가 생성한 음악이라고 믿기 어려울 정도로 깊이 있고 풍부한 사운드를 구현해 냅니다. 보컬에 화음을 넣는 등 세밀한 음악적 표현이 가능합니다. 실제로 미국의 3인조 힙합 그룹 블랙 아이드 피스의 리더 윌아이엠(Will.i.am)의 극찬을 받는 등 유명 뮤지션들 사이에서도 그 기술력이 인정받고 있습니다.

수노와 마찬가지로 유디오도 텍스트 프롬프트를 통해 다양한 음악을 생성할 수 있으며, 작사, 작곡, 편곡, 보컬 생성 등 음악 제작의 전 과정을 아우르는 종합적인 능력을 갖추고 있습니다. 특히 복잡한 화성 구조와 정교한 리듬 패턴을 구사할 수 있는 점이 돋보입니다.

2.2. 가입 방법

■ 구글 로그인 및 초기 설정하기

먼저 유디오를 이용하기 위해 인터넷 브라우저를 열고 다음 사이트에 접속합니다.

URL: udio.com

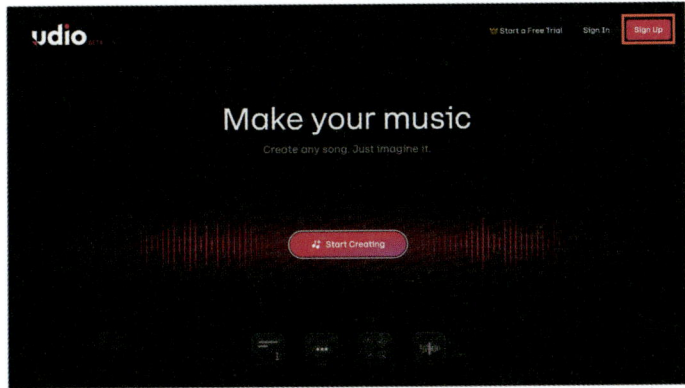

[그림 3-22] 유디오 첫 화면

회원 가입을 하기 위해 **회원 가입(Sign Up)** 버튼을 누릅니다.

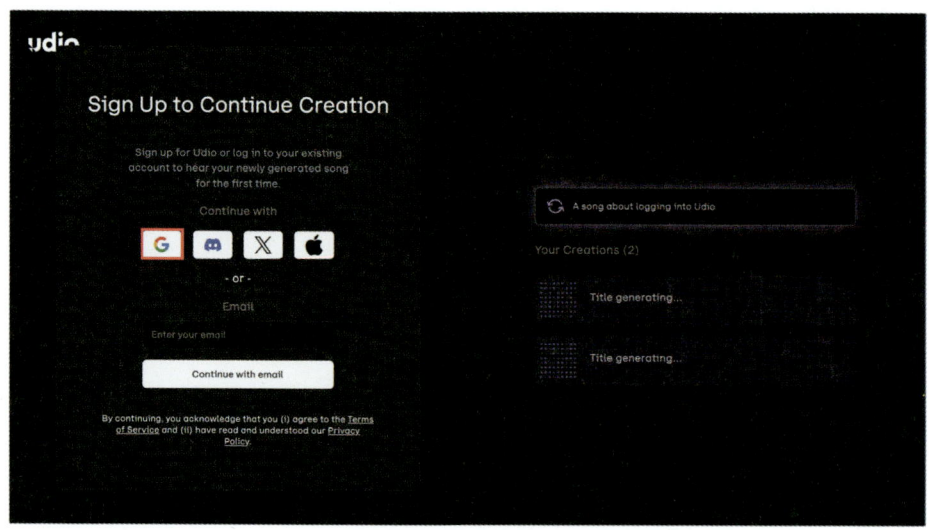

[그림 3-23] 유디오 회원 가입 화면

유디오 계정은 구글, 디스코드, X(구 트위터), 애플 계정, 그리고 일반 이메일 주소를 이용하여 만들 수 있습니다. 여기서는 구글 계정으로 만들어 보도록 하겠습니다. **구글 마크**를 누르고 자신이 사용하는 구글 계정으로 로그인을 합니다.

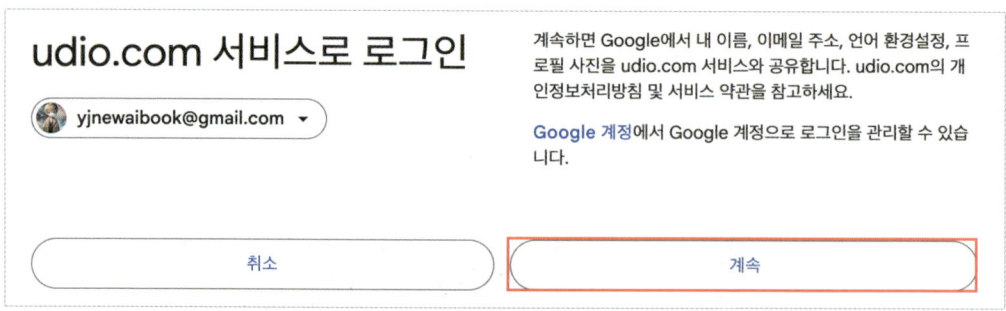

[그림 3-24] 구글 로그인 화면

계속 버튼을 누릅니다.

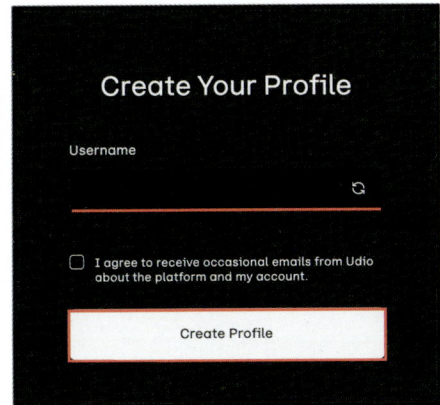

[그림 3-25] 닉네임 입력 화면

유디오에서 사용할 닉네임을 입력하고 **프로필 만들기**(Create Profile) 버튼을 누릅니다.

2.3. 사용 방법

■ 화면 구성 살펴보기

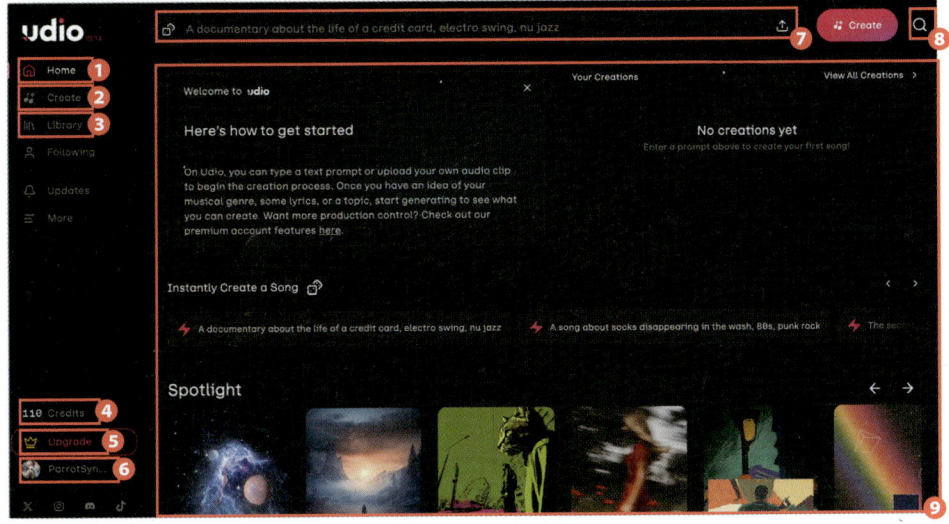

[그림 3-26] 유디오 실행 화면

사용법을 알아보기에 앞서 화면 구성을 살펴보겠습니다.

❶ **홈**: 기본 화면이라고 할 수 있는 홈 화면으로 이동합니다.

❷ **만들기**: 작곡 화면으로 이동합니다.

❸ **라이브러리**: 지금까지 자신이 유디오로 작곡한 음악을 확인합니다.

❹ **크레딧 잔량**: 남아 있는 크레딧을 확인합니다.

❺ **업그레이드**: 유료 플랜에 가입합니다.

❻ **프로필 버튼**: 프로필 사진, 닉네임 등을 변경할 때 이용합니다.

❼ **간편 작곡창**: 쉽고 빠르게 작곡을 할 수 있는 창을 띄웁니다.

❽ **검색**: 다른 사람들이 유디오로 작곡한 음악을 키워드로 찾습니다.

❾ **주 화면**: 선택한 기능에 대한 화면을 나타냅니다.

■ **영감 얻기**

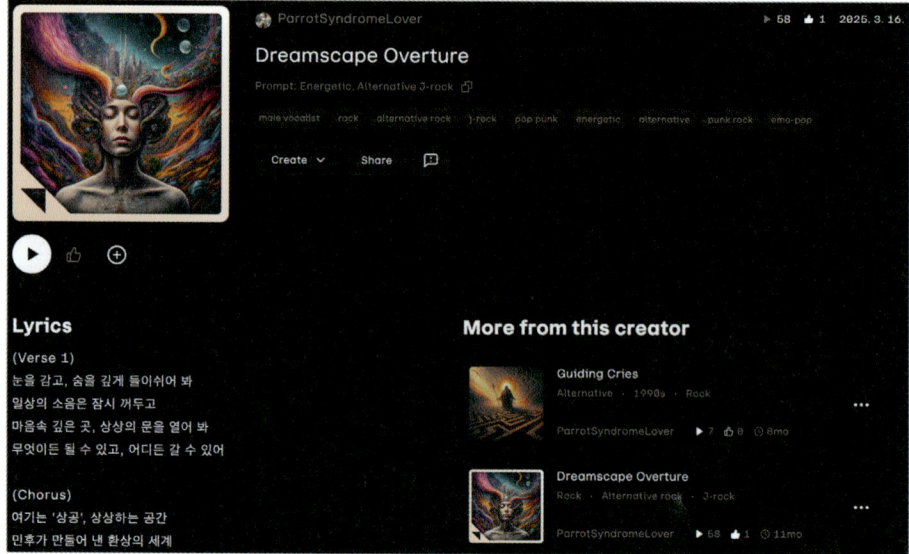

[그림 3-27] 유디오 재생 화면

먼저 다른 사람들이 유디오로 만든 곡을 들어보며 유디오의 성능을 실감해 보겠습니다. 홈 화면에 보이는 곡 중 몇 개를 골라 들어 봅시다. 음악을 대표하는 이미지인 커버 아트를 클릭하면 바로 들을 수 있고 제목 부분을 클릭하면 가사도 확인할 수 있습니다.

음악을 들으면서 표기된 프롬프트와 곡의 분위기를 머릿속으로 잘 연결해 봅시다.

■ 작곡하기

[그림 3-28] 만들기 버튼

어느 정도 영감을 얻었다면 이제 유디오를 이용하여 음악을 만들어 보겠습니다. 화면 왼쪽에 있는 **만들기**(Create) 버튼을 누릅니다.

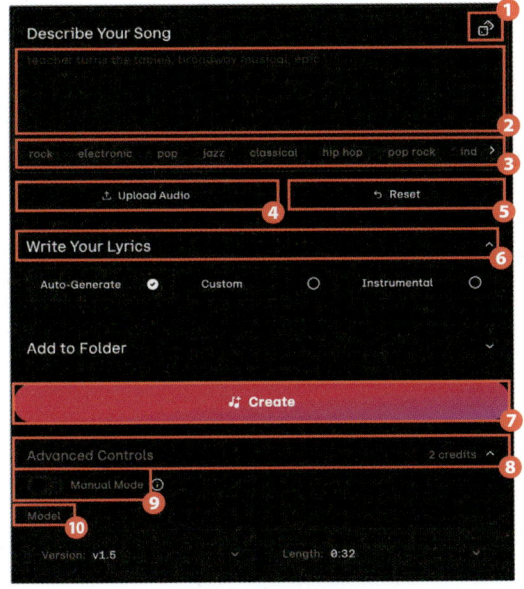

[그림 3-29] 작곡 화면

❶ **프롬프트 랜덤 생성**: 프롬프트를 무작위로 생성합니다.
❷ **프롬프트 입력창**: 만들고자 하는 음악을 묘사하는 문장, 프롬프트를 입력하는 자리입니다. 한국어와 영어 모두 인식 가능합니다.
❸ **프롬프트 제안**: 프롬프트에 넣을 만한 단어를 추천해 줍니다. 단어를 클릭하면 자동으로 입력됩니다.
❹ **오디오 업로드**: 컴퓨터에 있는 음악 파일을 업로드합니다. 이 기능을 이용하면 1절은 인간(기존 음악), 2절은 AI가 연주하고 부르는 음악을 만들 수 있습니다.

❺ **리셋**: 가사를 포함한 모든 입력값을 초기화합니다.

❻ **가사**: 가사를 AI가 생성하도록 만들고 싶으면 **자동 생성**(Auto-Generate)을, 가사를 직접 입력하고 싶으면 **커스텀**(Custom)을, 그리고 가사가 없는 연주곡을 만들고 싶으면 **연주곡**(Instrumental)을 고릅니다.

❼ **작곡**: 작곡 명령을 내립니다.

❽ **고급 제어**: 고급 제어 옵션을 확인합니다.

❾ **매뉴얼 모드 스위치**: 매뉴얼 모드를 활성화 또는 비활성화합니다. 매뉴얼 모드는 입력한 프롬프트가 AI에 의해 재작성(가공)되지 않고 작곡에 그대로 쓰이게끔 하는 기능입니다.

❿ **모델**: 작곡에 사용할 AI 모델을 고릅니다. udio-32는 32초짜리 음악을 생성하는 모델이고 udio-130은 130초, 즉 2분 10초짜리 음악을 생성하는 모델입니다. 모델의 종류는 사용 시점에 따라 다를 수 있습니다.

[그림 3-30] 프롬프트를 입력한 모습

우선 기본 설정값을 그대로 유지한 채, 프롬프트만 "**따뜻하고 서정적인 여성 보컬이 있는, 밤의 고요함을 담은 잔잔한 음악.**"이라고 입력한 뒤 **만들기**(Create) 버튼을 눌러 유디오의 작곡 성능을 확인해 보겠습니다.

〈무료 이용 한도〉

집필 시점을 기준으로 유디오에 가입하면 소정의 크레딧을 무료로 받을 수 있고 리필도 됩니다. 다만 일별, 월별 이용 한도가 따로 구분되어 있고 모델에 따라 소모되는 크레딧이 달라 **계산 방식이 다소 복잡**하기 때문에 **크레딧 잔량이 표시된 부분**을 클릭하여 무료 이용 한도를 직접 확인하는 것을 추천합니다.

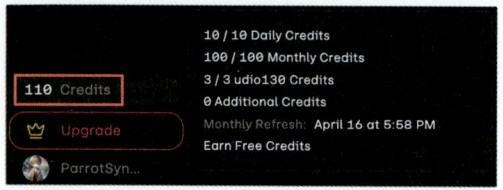

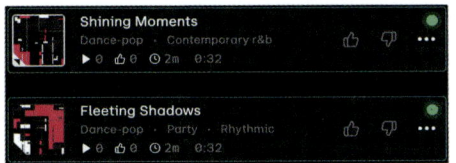

[그림 3-31] 작곡이 완료된 모습

작곡이 완료되기까지는 1~3분 정도의 시간이 소요되며, 한 번에 두 곡이 만들어집니다. 커버 아트를 클릭하면 음악을 들을 수 있으며, 제목 부분을 클릭하면 가사도 확인할 수 있습니다.

■ 음악 다운로드하기

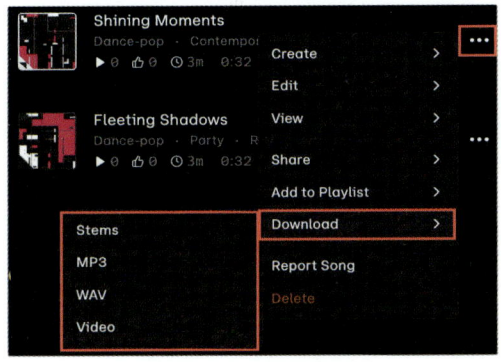

[그림 3-32] 다운로드 메뉴

음악이 마음에 든다면 음악을 다운로드하여 컴퓨터에 저장할 수 있습니다. **더 보기**(…) 버튼을 누르고 **다운로드**(Download)에서 다운로드할 **파일 유형**(File Type)을 선택합니다.

> ➕ **더 알아보기**
>
> **Q** 유디오로 만든 음악을 판매한다거나 음원 사이트에 올리는 등 상업적인 용도로도 사용할 수 있나요?
>
> **A** 수노와 마찬가지로 유디오로 만든 음악을 상업적인 용도로 사용하기 위해서는 유료 플랜에 가입해야 합니다. 유료 플랜 가입 방법은 **3장 2.4. 유료 플랜 구매 방법**의 내용을 참고하세요.

■ **가사 직접 입력하기**

이번에는 **커스텀**(Custom) 기능을 이용해서 가사를 직접 입력해 보겠습니다. 이전 사용 기록을 지우기 위해 유디오가 열린 인터넷 창을 완전히 닫은 뒤 새로 열고, 다시 **만들기**(Create) 버튼을 눌러 작곡 화면으로 돌아옵니다.

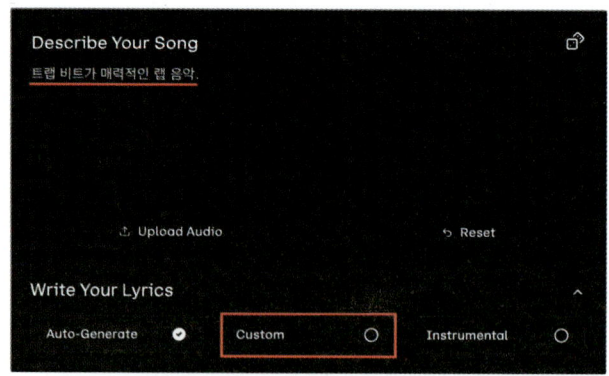

[그림 3-33] 작곡 화면

먼저 **"트랩 비트가 매력적인 랩 음악."** 이라는 프롬프트를 입력한 뒤, 가사 설정 영역에서 **커스텀**(Custom)을 선택합니다. 그런 다음 가사 에디터(Lyric Editor)에 다음 가사를 입력한 뒤, **만들기**(Create) 버튼을 누릅니다.

[Intro]

[Verse 1]
0과 1로 만든 멜로디
감정 없는 리듬과 하모니
알고리즘으로 쓴 가사
그게 진짜 음악일까?

[Chorus]
인공지능 음악가여
넌 진정한 예술을 모르지
영혼 없는 네 노래는
우리 가슴에 닿지 못해

■ 음악 확장하기 (2절 만들기)

[그림 3-34] 확장하기 버튼

이번에는 음악을 확장해 보겠습니다. 앞에서 생성한 두 곡을 모두 들어 보고 더 마음에 드는 곡의 **더 보기**(…) 버튼을 누른 뒤, **만들기**(Create) 안에 있는 **확장하기**(Extend)를 클릭합니다.

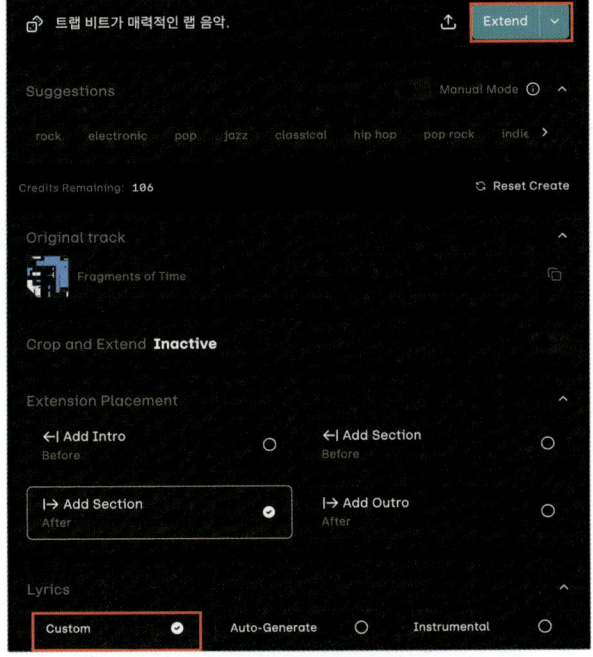

[그림 3-35] 확장하기 화면

가사 설정 영역에서 **커스텀**(Custom)을 선택하고 가사 에디터(Lyric Editor)에 2절에 해당하는 다음 가사를 입력한 뒤, **확장하기**(Extend) 버튼을 누릅니다.

[Verse 2]
데이터로 만든 너의 곡
인간의 감성은 어디 갔나
창의성과 영감은
기계가 대신할 수 없어

[Chorus]
인공지능 음악가여
넌 진정한 예술을 모르지
영혼 없는 네 노래는
우리 가슴에 닿지 못해

[Outro]

> **+ 더 알아보기**
>
> **Q** 2절이 시작되는 지점을 바꿀 수 있나요?
>
> **A** **확장 배치(Extension Placement)**를 설정하면 됩니다. 인트로 전(Add Intro Before), 섹션 전(Add Section Before), 섹션 후(Add Section After), 그리고 아웃트로 후(Add Outro After), 이렇게 넷 중 하나로 지정할 수 있으며, 기본값은 '섹션 후(Add Section After)'입니다.
>
> 더욱 정밀하게 지정하고 싶다면 **자르기 및 확장하기(Crop and Extend)** 스위치를 켠 뒤, 새로 만들 2절로 덮어쓸 범위를 지정하면 됩니다.

[그림 3-36] 2절이 생성되어 1절과 합쳐진 모습

작업이 완료되면 2절이 생성되면서 동시에 1절과 합쳐진 모습을 확인할 수 있습니다. 두 개의 결과물을 각각 들어 본 뒤, 더 마음에 드는 것을 다운로드합니다.

2.4. 유료 플랜 구매 방법

무료로 제공되는 크레딧이 부족하거나 유디오로 만든 음악을 상업적인 용도로 사용하고 싶다면 유료 플랜 구매를 고려할 수 있습니다. 유료 플랜에 가입하면 음원의 상업적 이용 권한이 생기고 이용 한도가 매우 넉넉해질 뿐만 아니라 생성 명령을 동시에 여러 번 내릴 수 있는 등 곡을 만들기가 더욱 쉽고 편해집니다. 이번에는 유료 플랜 구매 방법에 대해 알아보겠습니다.

[그림 3-37] 유료 플랜 구매 버튼

먼저 **업그레이드**(Upgrade) 버튼을 누릅니다.

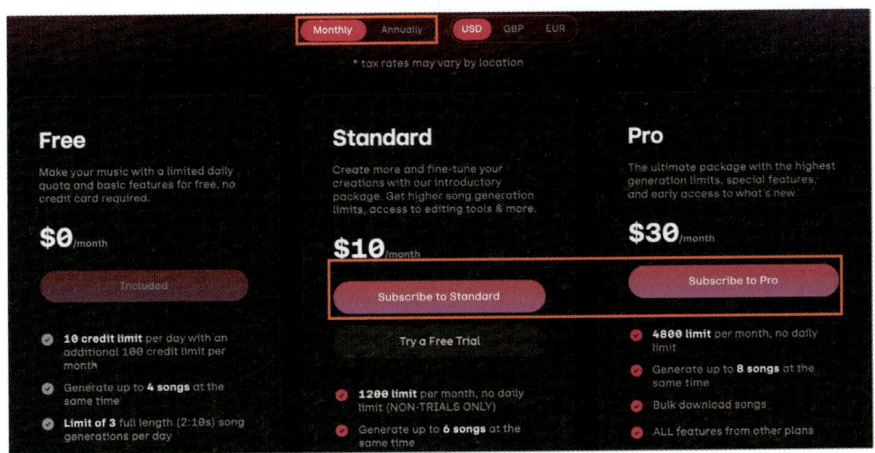

[그림 3-38] 유료 플랜 선택 화면

월간(Monthly), **연간**(Annually) 구독 중 하나를 고르고 **스탠다드**(Standard), **프로**(Pro) 플랜 중 하나를 선택한 뒤, 해당 플랜의 **구독하기**(Subscribe) 버튼을 누릅니다.

집필 시점을 기준으로 스탠다드 플랜 구매 시 1개월에 300~600곡을 생성할 수 있는 1,200크레딧을, 프로 플랜 구매 시에는 1개월에 1,200~2,400곡을 생성할 수 있는 4,800크레딧을 제공합니다.

> **＋ 더 알아보기**

Q 혹시 무료로 유료 기능을 써 볼 수 있나요?

A 집필 시점을 기준으로 유디오는 1주일 동안 스탠다드 플랜을 무료로 체험할 수 있는 기능을 제공하고 있습니다. **무료 평가판 사용하기(Try a Free Trial)** 버튼을 누른 뒤 결제 정보를 입력하면 바로 체험이 시작됩니다.

단, 카드 정보를 입력해야 하고 1주일 뒤 자동으로 결제되지 않도록 하기 위해서는 자동 결제를 취소해야 한다는 약간의 번거로움이 있습니다.

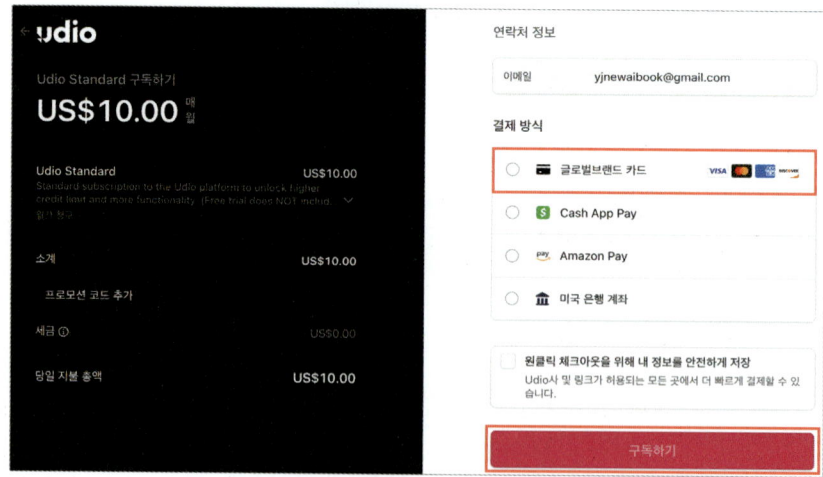

[그림 3-39] 유료 플랜 결제 화면

글로벌브랜드 카드를 선택한 뒤, **카드 정보**와 **소유자 이름**, 그리고 **청구지 주소**를 입력하고 **구독하기** 버튼을 누릅니다. 이때, **해외 결제가 가능한 카드**로만 결제할 수 있음에 유의합니다.

결제 후 별도로 해지하기 전까지 유료 플랜 이용자로서 혜택을 받을 수 있습니다.

> **마무리**
>
> 지금까지 음악 생성 AI 서비스, 유디오에 대해 알아보았습니다. 수노의 뒤를 이어 등장한 유디오는 AI 음악 생성 시장에 새로운 경쟁 구도를 형성하며 기술의 빠른 발전을 이끌어내고 있습니다. 수노 대비 뛰어난 음질과 세밀한 표현력이 강점인 유디오가 앞으로 어떻게 자리 잡을지 기대됩니다.
> 또한 단순히 사용하는 데에 그치지 않고 누구나 자신이 듣고 싶은 노래를 불과 몇 분 만에 만들어낼 수 있는 이 시대에 수노와 유디오가 이끄는 쌍두마차가 음악 창작과 소비 패턴을 어떻게 변화시킬지 생각해 보는 것도 흥미로울 것입니다.

03 뮤지아: 광주과학기술원 연구팀이 만든 AI 작곡가

3.1. 소개

뮤지아(MUSIA)는 주식회사 크리에이티브마인드에서 개발한 국산 AI 작곡 프로그램입니다. 설립자인 안창욱 대표는 광주과학기술원(GIST) 교수를 겸하고 있으며, 누구나 AI의 도움을 받아 자신만의 곡을 쉽게 작곡하는 세상을 꿈꾸며 회사를 세웠다고 합니다.

뮤지아는 여느 인간 작곡가와 마찬가지로 "이봄(EvoM)"이라는 활동명을 갖고 있습니다. 지난 2021년 초 SBS TV에서 방영된 〈세기의 대결 AI vs. 인간: 트로트 작곡 편〉[2]에서 가수 홍진영이 부른 〈사랑은 24시간〉이라는 곡을 통해 인간 작곡가와 대결을 펼치면서 세상에 이름을 알렸습니다. 이후에도 이봄의 곡이 광주디자인비엔날레에 소개되거나 신인 가수 소울(SOUL)의 데뷔곡으로 사용되는 등 많은 인기를 얻고 있습니다.

또한 뮤지아는 소리 파형 자체를 생성하는 수노나 유디오와는 달리 계이름, 음 지속 시간 등의 연주 정보를 생성하는 방식으로 작동한다는 특징도 있습니다.

> URL: youtube.com/@MusiaMusic

2025년 3월을 기준으로 이봄이 작곡한 음악을 소개하는 뮤지아 유튜브 채널은 구독자 수 약 9천 명과 누적 조회 수 295여만 회를 자랑합니다.

3.2. 가입 방법

■ 구글 로그인 및 초기 설정하기

먼저 뮤지아를 이용하기 위해 인터넷 브라우저를 열고 다음 사이트에 접속합니다.

> URL: musia.ai/ko

---

[2] youtu.be/_K03WXM-eoI

[그림 3-40] 뮤지아 첫 화면

무료로 시작하기 버튼을 누릅니다.

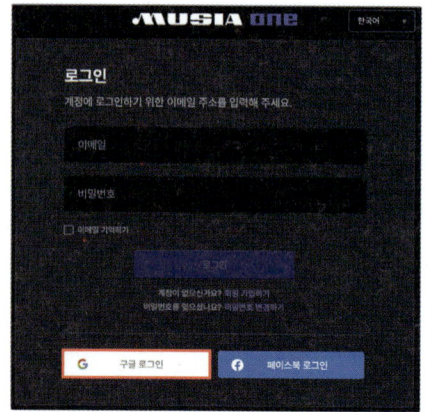

[그림 3-41] 뮤지아 로그인 화면

구글 로그인 버튼을 누르고 자신이 사용하는 구글 계정으로 로그인을 합니다.

[그림 3-42] 구글 로그인 화면

계속 버튼을 누릅니다.

[그림 3-43] 설문 조사 화면

자신에게 해당하는 항목을 고른 뒤, **확인** 버튼을 누릅니다.

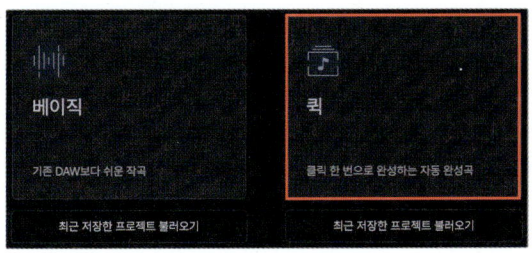

[그림 3-44] 모드 선택 화면

멜로디·코드·베이스·비트를 각각 AI로 생성해 작곡할 수 있는 **베이직**과 클릭 한 번으로 작곡을 할 수 있는 **퀵**, 이렇게 두 가지 옵션이 나타납니다. 여기서는 퀵 모드의 사용 방법을 알아보겠습니다. **퀵** 버튼을 누릅니다.

3.3. 퀵 모드 사용 방법

■ AI 추천 모드로 작곡하기

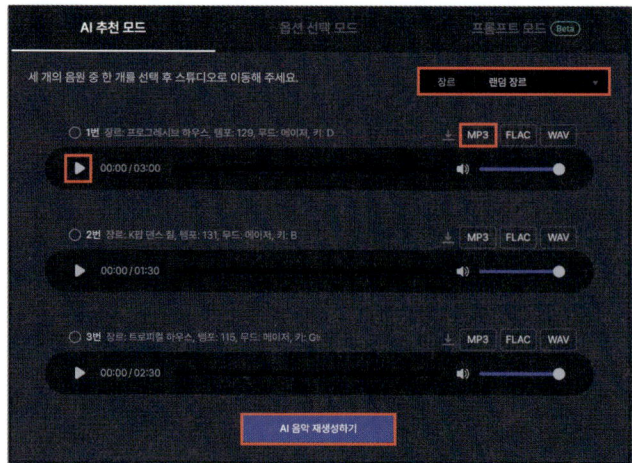

[그림 3-45] AI 추천 모드 작곡 화면

퀵 모드를 실행하면 자동으로 AI 추천 모드가 실행되며, 세 곡이 만들어집니다. **재생(▶)** 버튼을 눌러 각각 들어 본 뒤, 마음에 드는 곡을 찾았다면 **MP3**를 클릭하여 다운로드하고, 마음에 드는 곡이 없다면 **AI 음악 재생성하기** 버튼을 눌러 다시 시도해 봅니다. 선호하는 장르가 있다면 장르를 직접 지정할 수도 있습니다.

〈무료 이용 한도〉
집필 시점을 기준으로 뮤지아에서는 **1일 1회에 한해 작곡한 곡을 무료로 다운로드**할 수 있습니다. 단, **듣기는 무제한**으로 가능합니다.

■ 옵션 선택 모드로 작곡하기

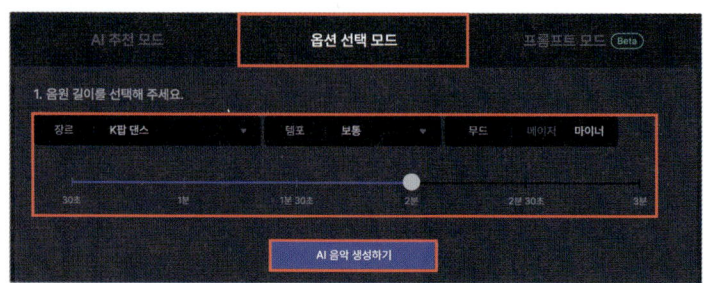

[그림 3-46] 옵션 선택 모드 작곡 화면 1

이번에는 장르뿐만 아니라 템포, 무드(메이저, 마이너 조성), 재생 시간을 직접 설정할 수 있는 옵션 선택 모드로 작곡을 해 보겠습니다. **옵션 선택 모드**를 클릭한 뒤, **설정값**을 원하는 대로 지정하고 **AI 음악 생성하기** 버튼을 누릅니다.

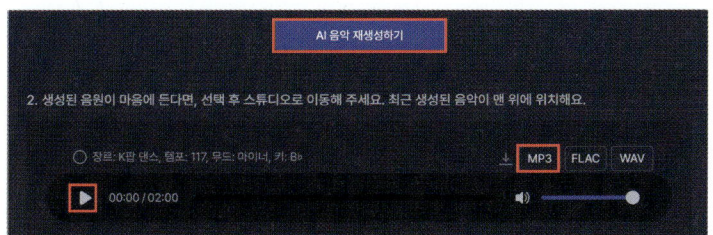

[그림 3-47] 옵션 선택 모드 작곡 화면 2

음악이 생성되면 **재생**(▶) 버튼을 눌러 들어 본 뒤, 마음에 든다면 **MP3**를 클릭하여 다운로드하고, 마음에 들지 않는다면 **AI 음악 재생성하기** 버튼을 눌러 다시 시도해 봅니다.

■ 프롬프트 모드로 작곡하기

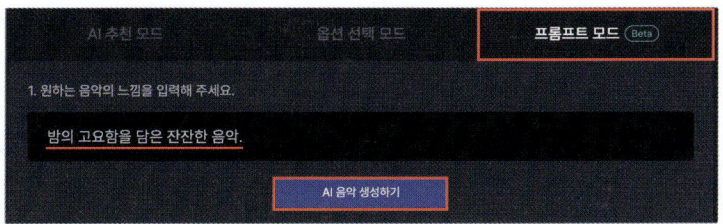

[그림 3-48] 프롬프트 모드 작곡 화면 1

이번에는 원하는 음악을 문장으로 묘사하여 작곡할 수 있는 프롬프트 모드를 이용해 보겠습니다. **프롬프트 모드**를 클릭한 뒤, 원하는 음악의 느낌을 문장으로 입력하고 **AI 음악 생성하기** 버튼을 누릅니다. 필자는 **"밤의 고요함을 담은 잔잔한 음악."**이라고 적어 보겠습니다.

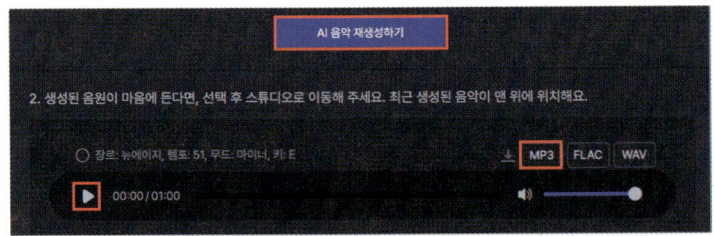

[그림 3-49] 프롬프트 모드 작곡 화면 2

음악이 생성되면 **재생(▶)** 버튼을 눌러 들어 본 뒤, 마음에 든다면 **MP3**를 클릭하여 다운로드하고, 마음에 들지 않는다면 **AI 음악 재생성하기** 버튼을 눌러 다시 시도해 봅니다.

3.4. 유료 플랜 구매 방법

뮤지아는 무료로도 제한적으로나마 이용할 수 있지만, 원활하게 사용하기 위해서는 유료 플랜을 구매해야 합니다. 이번에는 유료 플랜 구매 방법에 대해 알아보겠습니다.

먼저 유료 플랜을 구매하기 위해 다음 사이트에 접속하고 로그인을 합니다.

URL: musia.ai/ko/pricing

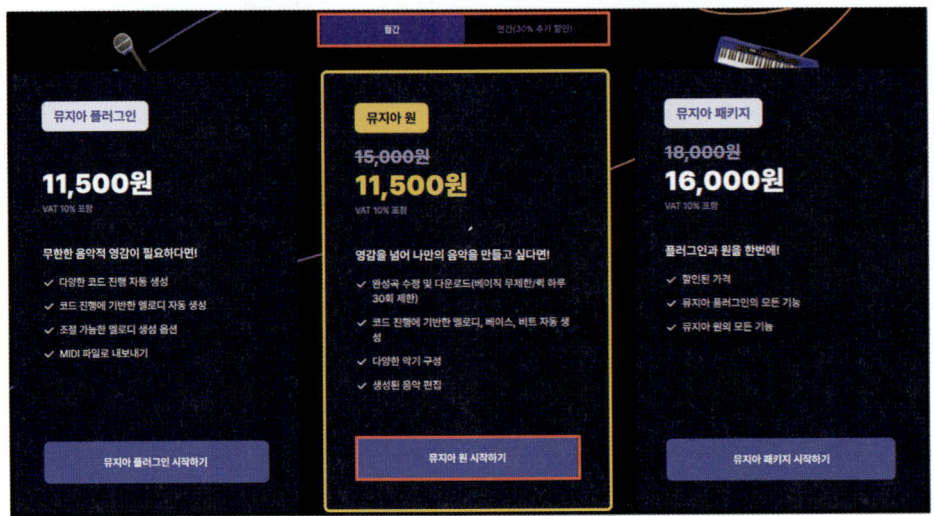

[그림 3-50] 유료 플랜 선택 화면

월간, 연간 플랜 중 하나를 고르고 **뮤지아 원 시작하기** 버튼을 누릅니다.

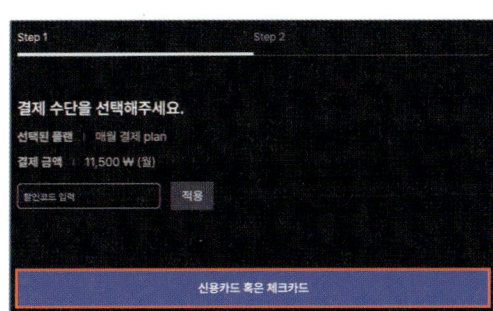 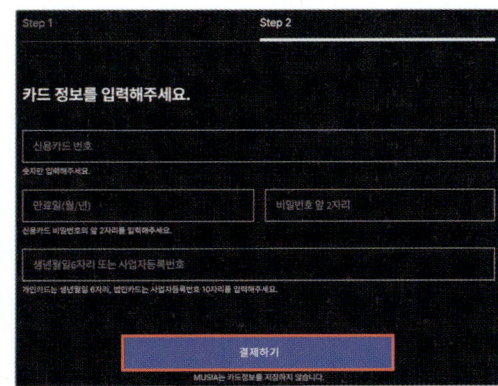

[그림 3-51] 유료 플랜 결제 화면

신용카드 혹은 체크카드 버튼을 누른 뒤, **카드 정보**를 입력하고 **결제하기** 버튼을 누릅니다. 국산 AI인 만큼 **국내 전용 카드**도 사용할 수 있습니다.

결제 후 별도로 해지하기 전까지는 매월 또는 매년 과금되며, 구독 즉시 유료 플랜 이용자로서 혜택을 받을 수 있습니다.

> **마무리**
>
> 지금까지 우리나라에서 탄생한 AI 작곡 프로그램, 뮤지아에 대해 알아보았습니다. 비록 수노와 유디오와는 달리 보컬 생성을 지원하지 않고 기능이 비교적 단순한 편이지만, 뮤지아만의 독특한 접근 방식으로 음악 창작에 새로운 가능성을 제시하고 있습니다.
> 뮤지아의 성장은 우리나라 AI 기술의 위상을 높이는 동시에 케이팝(K-POP)의 기술적 혁신을 이끌어내는 촉매제 역할도 할 수 있을 것으로 기대됩니다.

4장

생성 AI 소개
(이미지 편)

이 장에서는 그림을 그리는 AI, AI 화가라는 별칭으로 널리 알려진 이미지 생성 AI에 대해 알아보겠습니다. 이미지 생성 AI는 사용자가 원하는 이미지를 "우주에서 공상하는 귀여운 소년의 모습을 파스텔톤으로 그려 주세요."와 같은 프롬프트의 형태로 입력하면 해당 프롬프트를 이미지로 바꿔 주며, 이미 수많은 분야에 활용되고 있습니다.

01 달리 3: AI 예술의 선구자로 자리매김한 디지털 화가

1.1. 소개

달리[1] 3(DALL-E 3)는 오픈AI에서 2021년 1월에 출시했던 "달리(DALL-E)", 그리고 2022년 4월에 공개한 "달리 2(DALL-E 2)"의 후속작으로, 2023년 9월에 챗GPT에 통합된 형태로 출시되어 많은 챗GPT 이용자들에게 놀라움을 선사하고 있습니다.

달리 3는 인터넷상에 존재하는 수많은 이미지와 그 이미지를 설명하는 문장을 학습했으며, 이를 바탕으로 특정 화가의 화풍을 모방할 수 있을 뿐만 아니라 학습한 이미지를 바탕으로 세상에 존재하지 않을 가능성이 매우 높은, 예를 들어 '유니콘이 병아리와 함께 우주에서 스키를 타고 있는 모습'과 같은 그림까지도 그려낼 수 있습니다.

달리 3는 오픈AI 계정만 있다면 누구나 이용할 수 있는데, 결과물을 상업적인 용도로도 사용할 수 있어 활용 폭이 넓습니다. 지금부터 달리 3의 사용 방법을 알아보겠습니다.

1.2. 사용 방법

■ 구글 로그인하기

달리 3는 챗GPT에 통합되어 있으므로 달리 3를 이용하기 위해서는 챗GPT 웹 사이트에 접속해야 합니다. 인터넷 브라우저를 열고 다음 사이트에 접속한 뒤, 가입한 계정으로 로그인합니다.

> URL: chatgpt.com

---

[1] 스페인의 초현실주의 화가 살바도르 달리(Salvador Dali)로부터 영감을 얻어 붙여진 이름이라는 이야기가 있습니다. 또한 픽사의 애니메이션 영화 〈월-E〉에 등장하는 동명의 청소 로봇 이름과도 유사합니다.

〈안내〉
오픈AI에 가입되어 있다고 가정하고 진행하겠습니다. 아직 가입을 하지 않으셨다면 **2장 1.2. 가입 방법**의 내용을 참고하여 가입을 먼저 진행해 주세요.
또한 기본적인 이용 방법이 챗GPT와 동일하므로 챗GPT를 이용해 본 경험이 없다면 **2장 1. 챗GPT**의 내용을 먼저 숙지하는 것을 추천합니다.

■ 이미지 생성하기

달리 3를 이용하는 방법은 매우 간단합니다. 마치 인간 화가에게 그림을 그려 달라는 부탁을 할 때처럼 그냥 얻어내고자 하는 이미지를 프롬프트로 묘사하기만 하면 됩니다.

여기서는 **"우주에서 공상하는 귀여운 소년의 모습을 일본 애니메이션 그림체로 그려 주세요."**라고 질의해 보겠습니다.

〈무료 이용 한도〉
집필 시점을 기준으로 달리 3에서는 **생성 명령을 하루에 최대 3번까지 무료**로 내릴 수 있습니다.

[그림 4-1] 이미지가 생성되는 모습

질의를 하면 이미지가 생성되는 중간 과정이 나타나며, 생성이 되기까지 수십 초 정도의 시간이 걸립니다. 간혹 오류가 발생하는 경우가 있는데 이럴 때는 다시 시도해 봅니다.

[그림 4-2] 생성이 완료된 모습

생성이 완료되면 즉시 결과물을 확인할 수 있습니다.

〈주의 사항〉
결과물이 마음에 들지 않는다면, 같은 내용을 다시 질의하여 조금 다른 결과물을 얻어낼 수 있습니다. 하지만, 이용 한도가 매우 제한되어 있으므로 필요할 때만 이용해야 합니다.
다음과 같은 메시지가 나타나는 경우에는 이용 한도에 도달한 것이므로 플러스 요금제를 구매하거나 표시된 시간 이후에 다시 시도해야 합니다. 앞으로 달리 3를 많이 이용할 것 같다면 챗GPT 플러스를 구매한 뒤 이용하는 것을 권장합니다.

➕ 더 알아보기

Q 결과물에 한글, 알파벳 등 문자가 이상하게 보이는데 이유가 무엇인가요?

A 달리 3는 쉽게 말해 그림으로 세상을 이해하고 표현하는 AI입니다. 문자조차 그림의 형태로 학습했기 때문에 문자의 형태를 정확하게 묘사하지는 못합니다. 물론 알파벳은 전작인 달리 2에 비해 나아지긴 했지만, 여전히 한글 등 다른 문자는 잘 그려내지 못합니다.

다음은 달리 3에게 '사랑(Love)'이라고 적힌 엽서를 그려 보라고 했을 때의 결과입니다. 'LOVE'는 잘 표현되었지만, 한글은 이상하게 나타난 것을 확인할 수 있습니다.

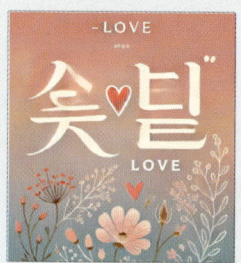

■ **이미지 다운로드하기**

[그림 4-3] 이미지 다운로드 버튼

이번에는 생성된 이미지를 컴퓨터에 다운로드하는 방법에 대해 알아보겠습니다. 방법은 매우 간단합니다. 그저 마우스 포인터를 생성된 이미지 위로 가져온 뒤, ⬇ 버튼을 누르기만 하면 됩니다.

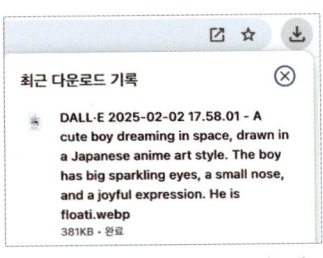

[그림 4-4] 이미지가 다운로드된 모습

이미지의 확장자는 webp이며, 사용자가 입력한 프롬프트가 영어로 변형된 이름으로 저장됩니다. 이를 통해 챗GPT에 입력한 프롬프트가 그대로 달리 3에 입력되는 건 아니라는 점을 확인할 수 있습니다. 즉, 챗GPT는 프롬프트를 적절히 변형하여 달리 3에 넘겨주는 셈입니다.

■ 프롬프트 작성 팁 알아보기

지금까지 달리 3의 기본적인 이용 방법을 알아보았습니다. 그렇다면 달리 3를 이용하여 의도한 의미지를 더 높은 확률로 얻어 내는 방법은 무엇일까요? 당연히 프롬프트를 잘 작성하는 것일 겁니다. 이번에는 다음 표를 참고하여 상상 속 이미지를 프롬프트를 통해 구체화시키는 연습을 해 봅시다.

카테고리	관련 단어
예술 스타일	인상주의적(Impressionistic), 초현실주의적(Surrealistic), 팝아트(Pop Art), 미니멀리즘(Minimalism), 바로크(Baroque), 픽셀 아트(Pixel Art), 르네상스(Renaissance), 큐비즘(Cubism), 아르누보(Art Nouveau), 다다이즘(Dadaism)
색감	비비드한(Vivid), 파스텔(Pastel), 모노크롬(Monochrome), 어스톤(Earthy)
조명	자연광(Natural light), 백라이트(Backlit), 네온(Neon), 캔들라이트(Candlelight), 실루엣(Silhouette)
구도	대칭적(Symmetrical), 비대칭적(Asymmetrical), 미니멀(Minimal), 복잡한(Complex), 황금 비율(Golden ratio)
질감	부드러운(Smooth), 거친(Rough), 광택 있는(Glossy), 매트한(Matte), 금속성의(Metallic)
재질	유리(Glass), 나무(Wood), 금속(Metal), 직물(Fabric), 대리석(Marble)
시대/연대	레트로(Retro), 미래적(Futuristic), 빈티지(Vintage), 현대적(Modern), 중세의(Medieval)
분위기	평화로운(Peaceful), 신비로운(Mysterious), 활기찬(Vibrant), 우울한(Melancholic), 환상적인(Fantastical)
기법	연필(Pencil), 펜(Pen), 마커(Marker), 크레용(Crayon), 수채화(Watercolor), 유화(Oil painting), 디지털 아트(Digital art), 콜라주(Collage), 스케치(Sketch)

카메라 앵글	클로즈업(Close-up), 와이드 앵글(Wide angle), 버즈아이 뷰(Bird's eye view), 틸트 시프트(Tilt-shift), 파노라마(Panoramic)
세부 묘사	고해상도(High resolution), 사실적(Realistic), 추상적(Abstract), 스타일라이즈드(Stylized)
움직임	정적인(Static), 동적인(Dynamic), 유동적인(Fluid), 프리즈 프레임(Freeze frame), 모션 블러(Motion blur)
인물 프레이밍	전신(Full body), 반신(Half body), 흉상(Bust), 프로필(Profile)
표정	행복한(Happy), 슬픈(Sad), 화난(Angry), 놀란(Surprised), 중립적인(Neutral), 지루한(Bored), 불안한(Anxious), 자신감 있는(Confident)
포즈	서 있는(Standing), 앉아 있는(Sitting), 누워 있는(Lying down), 걷는(Walking), 뛰는(Running), 점프하는(Jumping), 춤추는(Dancing)
헤어스타일	단발(Bob cut), 롱헤어(Long hair), 숏컷(Short hair), 웨이브(Wavy), 직모(Straight), 곱슬(Curly), 대머리(Bald), 포니테일(Ponytail), 업스타일(Updo)
옷차림	반팔 티셔츠(T-shirt), 셔츠(Shirt), 블라우스(Blouse), 후드티(Hoodie), 스웨터(Sweater), 자켓(Jacket), 코트(Coat), 청바지(Jeans), 반바지(Shorts), 치마(Skirt), 드레스(Dress), 정장(Suit), 운동복(Tracksuit), 수영복(Swimwear), 속옷(Underwear), 잠옷(Pajamas), 양복(Tuxedo), 조끼(Vest), 가디건(Cardigan), 레깅스(Leggings)
엑세서리	안경(Glasses), 모자(Hat), 스카프(Scarf), 귀걸이(Earrings), 목걸이(Necklace), 시계(Watch), 가방(Bag), 벨트(Belt)
배경	도시(City), 해변(Beach), 산(Mountain), 숲(Forest), 사막(Desert), 우주(Space), 실내(Indoor), 추상적(Abstract)
시간대	새벽(Dawn), 한낮(Midday), 황혼(Dusk), 한밤중(Midnight), 골든아워(Golden hour)
날씨	맑은(Clear), 흐린(Cloudy), 안개 낀(Foggy), 비 오는(Rainy), 눈 내리는(Snowy)
계절	봄(Spring), 여름(Summer), 가을(Autumn), 겨울(Winter)
이미지 효과	블러(Blur), 글리치(Glitch), 더블 익스포저(Double exposure), HDR, 비네트(Vignette)
그래픽 스타일	벡터(Vector), 3D 렌더링(3D rendering), 플랫 디자인(Flat design), 등각 투영법(Isometric), 그런지(Grunge)
문화적 영향	서양의(Western), 동양의(Eastern), 북유럽의(Nordic), 열대의(Tropical), 아프리카의(African)
비율[2]	1:1, 16:9, 9:16, 4:3, 3:4

[표 4-1] 프롬프트 작성 시 참고하면 좋은 단어 목록

---

[2] 비율은 입력하더라도 정상적으로 반영되지 않는 경우가 간혹 있습니다.

> **꿀팁** 달리 3와 같은 이미지 생성 AI는 프롬프트에 언급되지 않은 모든 내용을 확률적으로 결정합니다. 그렇기 때문에 얼굴형, 티셔츠 색상, 바지 종류, 배경 등 무언가를 지정하고 싶다면 해당 내용을 반드시 프롬프트에 기입해야 합니다.

■ 인페인팅하기 (이미지 부분 수정하기)

만약 이미지가 아주 마음에 드는데, 부분적으로 수정하고 싶은 부분이 있다면 어떻게 하면 될까요? 이럴 때는 인페인팅(Inpainting)이라고 불리는, 이미지 부분 수정 기능의 도움을 받을 수 있습니다.

이 기능은 집필 시점을 기준으로 챗GPT 플러스 이용자만 사용할 수 있는 **유료 기능**이므로 구독이 필요할 수 있습니다. 지금부터 챗GPT 플러스를 구독했다고 가정하고 인페인팅 기능에 대해 알아보겠습니다.

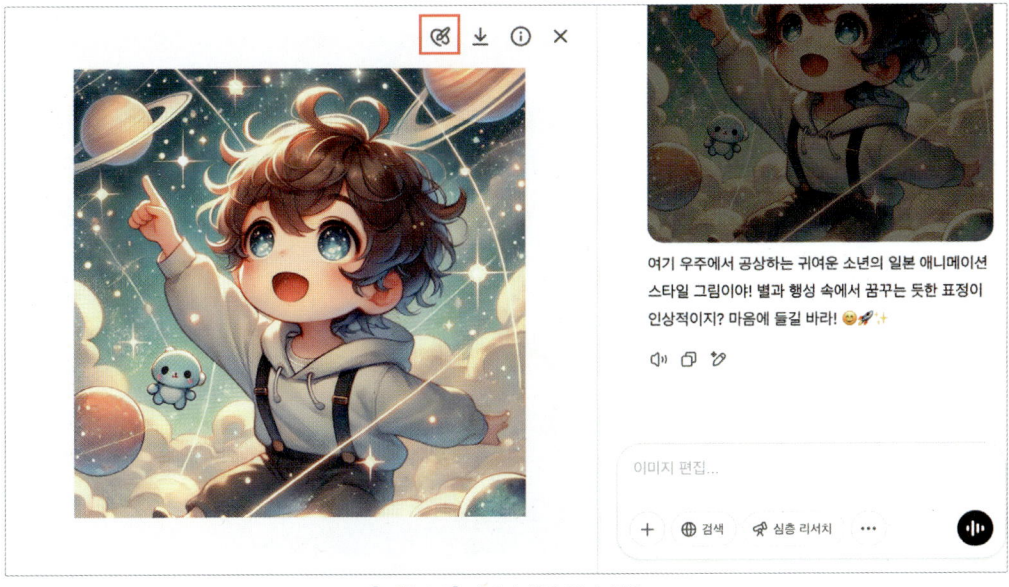

[그림 4-5] 이미지 상세 보기 화면

먼저 **인페인팅 기능을 사용할 이미지를 클릭**하여 이미지 상세 보기 화면을 띄운 뒤, 버튼을 누릅니다.

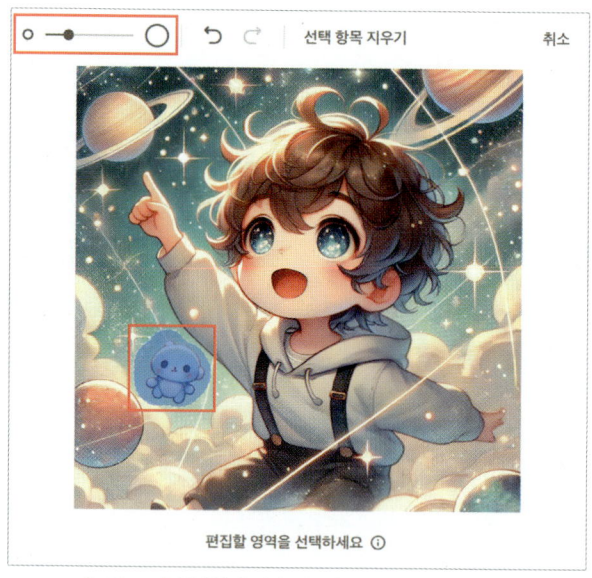

[그림 4-6] 인페인팅 화면: 수정할 영역을 선택한 모습

인페인팅 화면이 나타나면 **수정할 부분을 마우스로 드래그하여 선택**합니다. 선택해야 하는 영역이 너무 넓거나 좁다면 화면 왼쪽 위에 있는 **선택 영역 크기 조절 기능**을 이용해도 됩니다.

필자는 앞에서 만들었던 이미지에 있는 곰 인형을 지우기 위해 곰 인형이 있는 영역을 드래그로 선택해 보았습니다.

[그림 4-7] 인페인팅 화면: 프롬프트를 입력한 모습

영역을 드래그했다면 이번에는 시선을 화면 오른쪽으로 옮겨 보겠습니다. 오른쪽 화면에서는 프롬프트를 입력하여 선택한 영역을 어떻게 편집할지 달리 3에게 설명하면 됩니다. 여기서는 **"곰 인형을 지워 주세요."** 라고 적어 보겠습니다.

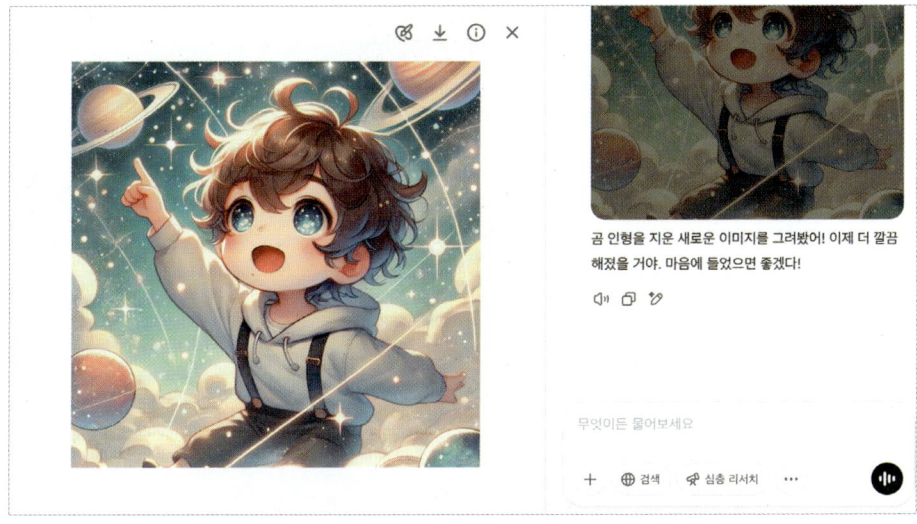

[그림 4-8] 곰 인형이 지워진 모습

지시한 대로 곰 인형이 말끔히 지워진 모습을 확인할 수 있습니다. 이렇게 마치 달리 3와 대화를 나누듯 이미지에서 지우고 싶은 부분을 제거 지우거나 다른 사물, 배경 등으로 바꿀 수 있으며, 작업이 완료되면 ⬇ 버튼을 눌러 결과물을 컴퓨터에 다운로드할 수 있습니다.

■ 이미지 업로드 후 명령 내리기

챗GPT에 특정한 이미지를 업로드하고 프롬프트를 입력하면 달리 3가 해당 이미지를 바탕으로 새로운 이미지를 생성하도록 만들 수 있습니다. 이번에는 이 기능을 이용하여 비슷한 이미지를 만들어 보겠습니다.

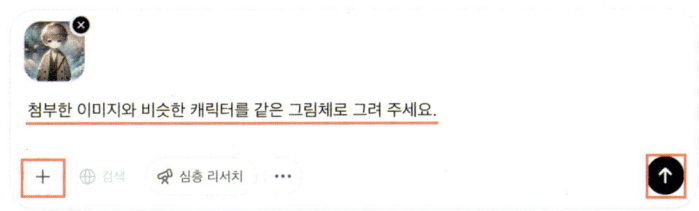

[그림 4-9] 업로드 후 프롬프트를 입력한 모습

먼저 + 버튼을 눌러 컴퓨터에서 이미지를 가져온 뒤, 프롬프트를 입력합니다.

필자는 귀여운 소년 캐릭터가 담긴 이미지를 업로드하고 **"첨부한 이미지와 비슷한 캐릭터를 같은 그림체로 그려 주세요."**라는 명령을 내려 보겠습니다.

> **꿀팁** 기본적으로 질의에 쓰이는 모든 프롬프트와 이미지는 오픈AI가 AI의 성능을 개선하는 데에 사용되나, **프로필 버튼 → 설정 → 데이터 제어에서 모두를 위한 모델 개선**을 끄면 그 순간부터 오픈AI가 질의 내용, 이미지 등을 학습에 사용하지 않도록 만들 수 있습니다.
> 그럼에도 얼굴, 서류 등 개인 정보가 포함된 이미지는 되도록 올리지 않는 것을 권장합니다.

[그림 4-10] 원본 이미지와 원본 이미지가 변형된 모습

요청한 대로 첨부한 원본 이미지와 비슷한 느낌의 이미지가 생성된 모습을 확인할 수 있습니다.

> **더 알아보기**
> Q 원본 이미지가 전체적으로 많이 변형되어 버리는데 특정한 요소를 고정하는 방법은 없나요?
> A 챗GPT는 원본 이미지를 설명하는 텍스트를 먼저 생성한 뒤, 해당 텍스트를 사용자가 입력한 프롬프트와 결합하여 새로운 프롬프트를 만들고 해당 프롬프트를 달리 3에 입력하는데, 이 과정에서 원본 이미지의 디테일한 정보는 소실되어 버립니다. 그렇기 때문에 일관성 유지는 어렵습니다.

1.3. (또 다른) 사용 방법

■ 마이크로소프트 로그인하기

2장에서 마이크로소프트와 오픈AI가 파트너십 계약을 체결했다고 언급한 바 있습니다. 현재 마이크로소프트는 오픈AI와의 이러한 협력 관계를 바탕으로 달리 3를 사실상 무제한으로 이용할 수 있는 **빙 이미지 크리에이터**라는 서비스를 운영하고 있는데, 이번에는 이 서비스를 이용하는 방법에 대해 알아보겠습니다.

먼저 다음 사이트에 접속합니다.

> **URL:** bing.com/images/create

〈안내〉
마이크로소프트 계정이 있다고 가정하고 진행하겠습니다. 아직 가입을 하지 않으셨다면 **2장 2.2. 가입 방법**의 내용을 참고하여 가입을 먼저 해 주세요.

[그림 4-11] 빙 이미지 크리에이터 첫 화면

사이트에 접속했다면 **가입 및 만들기** 버튼을 클릭하고 **개인 계정으로 로그인**을 눌러 마이크로소프트 계정으로 로그인합니다.

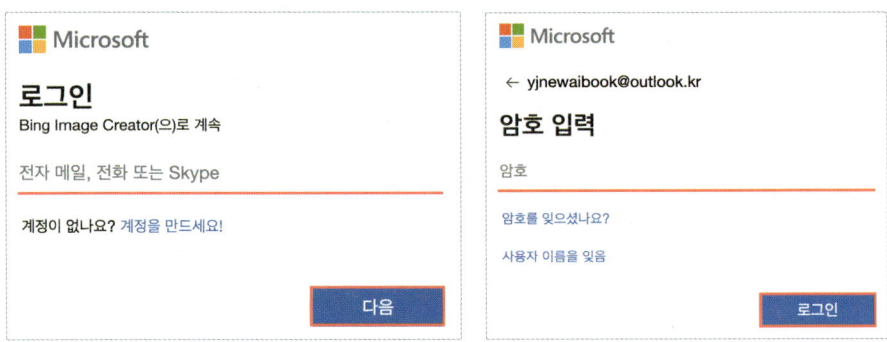

[그림 4-12] 마이크로소프트 로그인 화면

가입한 마이크로소프트 계정으로 로그인합니다. 이때, ID 뒷부분까지 모두 적어야 한다는 점에 유의합니다.(@outlook.kr 또는 @outlook.com 또는 @hotmail.com)

■ 영감 얻기

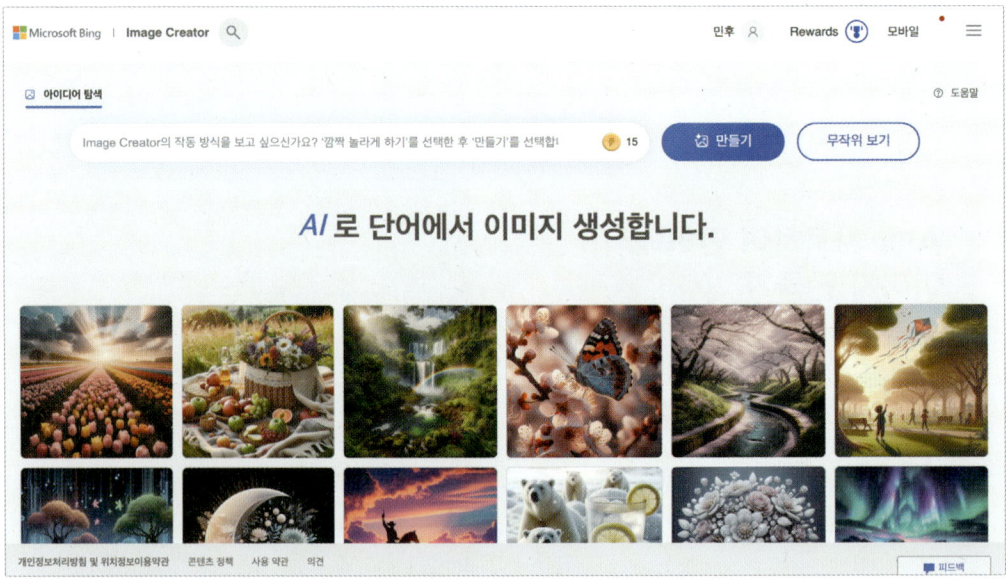

[그림 4-13] 빙 이미지 크리에이터 갤러리 화면

로그인을 하면 갤러리 화면이 나타납니다. 이 화면에서는 다른 사람들이 달리 3를 이용하여 생성한 이미지를 확인할 수 있습니다. 마우스 포인터를 이미지 위로 가져오면 생성 시 사용한 프롬프트도 확인할 수 있습니다.

■ **이미지 생성하기**

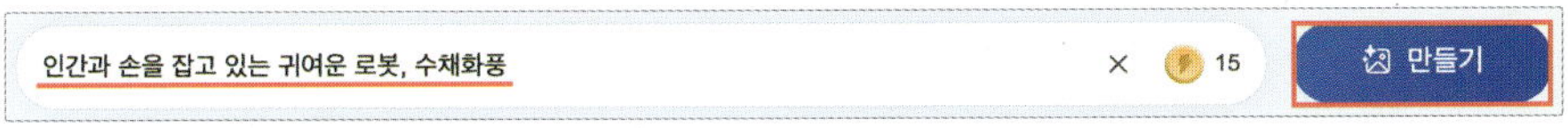

[그림 4-14] 프롬프트를 입력한 모습

빙 이미지 크리에이터를 이용하는 방법은 매우 간단합니다. 그저 상단에 있는 프롬프트 입력창에 원하는 프롬프트를 적기만 하면 됩니다. 여기서는 **"인간과 손을 잡고 있는 귀여운 로봇, 수채화풍"**이라고 입력해 보겠습니다. 프롬프트를 입력했다면 **만들기** 버튼을 눌러 생성 명령을 내립니다.

〈무료 이용 한도〉
집필 시점을 기준으로 빙 이미지 크리에이터에서는 **이미지를 하루에 최대 15번까지 고속으로 생성**할 수 있으며, 설령 이 15번을 다 사용한다고 하더라도 작동 속도만 느려질 뿐 계속 이용할 수 있습니다. 그리고 고속 생성 한도는 하루에 한 번씩 보충되므로 크게 신경 쓸 필요가 없습니다.

[그림 4-15] 이미지가 생성되는 모습

AI가 작동하는 동안에는 예시 프롬프트와 이미지가 나타납니다. 생성이 완료될 때까지 잠시 기다립니다.

[그림 4-16] 생성이 완료된 모습

네 장의 이미지가 생성된 모습을 확인할 수 있습니다. 아래쪽에는 생성 이력도 나타나는데, 이를 통해 과거에 생성한 이미지도 볼 수 있습니다.

■ 이미지 다운로드하기

[그림 4-17] 이미지 상세 보기 화면

이미지를 다운로드하는 방법도 생성 방법만큼이나 간단합니다. 그저 **다운로드할 이미지**를 클릭하고 나타나는 상세 보기 화면에서 **다운로드** 버튼만 누르면 됩니다.

> **+ 더 알아보기**
>
> Q 이미지의 가로, 세로 비율을 바꿀 수 있나요?
>
> A 이미지 상세 보기 화면에서 **크기 조정** 버튼을 누르면 이미지를 4:3 비율로 바꿀 수 있지만, 비슷하면서도 다른 이미지로 바뀌게 됩니다.

> **마무리**
>
> 지금까지 챗GPT를 만든 오픈AI에서 개발한 이미지 생성 AI, 달리 3에 대해 알아보았습니다. 달리 3는 별도의 사이트에서 사용해야 했던 이전 버전과는 다르게 챗GPT 안에 탑재되어 접근성이 크게 높아졌으며, 별도로 사용법을 배우지 않아도 쓸 수 있을 정도로 다루기가 쉬워졌습니다.
> 또한 무료로도 이용할 수 있고, 누구나 달리 3로 생성한 이미지를 상업적으로도 사용할 수 있다는 점은 큰 장점으로 다가옵니다.
> 앞으로 달리 3가 어떻게 발전해 나갈지, 그리고 인간이 예술 작품을 만들고 향유하는 방식을 어떻게 변화시킬지 주목할 만합니다. 이제 AI 이미지 생성 기술의 진화가 가져올 미래의 모습이 점점 더 구체화되고 있습니다.

02 미드저니: 독창적인 화풍으로 주목받는 AI 아티스트

2.1. 소개

미드저니(Midjourney)는 미 항공 우주국 나사(NASA)의 엔지니어 출신이자 립 모션(Leap Motion)이라는 동작 인식 센서를 개발한 데이비드 홀츠(David Holz)가 CEO로 있는 동명의 회사에서 개발한 이미지 생성 AI로, 2022년 7월에 베타 서비스를 시작하였습니다.

미드저니는 영국 잡지 이코노미스트의 2022년 6월호 표지를 만드는 데에 쓰였고 미국의 유명 작가 크리스 카쉬타노바(Chris Kashtanova)가 "여명의 자리야(Zarya of the Dawn)"라는 카툰을 그리는 데에 사용하는 등 다방면에서 활용되고 있습니다.

© (designcompass.org/2022/09/13/midjourney)

[그림 4-18] 제이슨 앨런의 〈스페이스 오페라 극장〉

하지만 미드저니가 큰 인지도를 얻게 된 계기는 따로 있습니다. 바로 오페라 공연의 한 장면을 묘사한 "스페이스 오페라 극장(Theâtre D'opéra Spatial)"이라는 그림입니다. 이 그림은 지난 2022년 8월, 한 보드게임 개발 업체에서 게임 디자이너로 일하던 제이슨 앨런(Jason Allen)이 미드저니로 생성한 작품입니다. 그는 AI의 가능성을 시험하기 위해 그림에서 어색한 부분을 포토샵으로 수정한 뒤, 콜로라도 주립 박람회 미술대회에 출품하였습니다.

그런데 그림에 대해서는 거의 모르는 초보자였고 AI가 쟁쟁한 경쟁자를 뚫을 수 있을 거라고는 미처 예상하지 못했던 그에게 놀라운 일이 벌어졌습니다. 그가 신인 디지털 아티스트 부문에서 1위로 선정되는 영광을 누리게 된 겁니다.

그의 수상 이후 그가 AI를 이용했다는 사실이 밝혀졌지만, 수상은 취소되지 않았습니다. 심사 위원 중 한 명인 칼 듀란은 그의 작품이 AI로 만들어졌다는 걸 모르고 심사했지만 알고 심사했더라도 같은 결론을 내렸을 거라며 AI로 인한 변화를 수용해야 한다고 주장했습니다.

이렇게 미드저니는 세간의 주목을 받기 시작했고 2025년 3월을 기준으로 관련 디스코드(Discord) 채널 회원 수가 2천 1백여만 명에 달할 정도로 폭발적인 인기를 얻고 있습니다. 지금부터 미드저니의 사용 방법을 알아보겠습니다.

2.2. 가입 방법

■ 구글 로그인하기

먼저 미드저니를 이용하기 위해 인터넷 브라우저를 열고 다음 사이트에 접속합니다.

URL: midjourney.com/explore

[그림 4-19] 미드저니 첫 화면

미드저니 홈페이지에 접속하면 다른 사람들이 미드저니를 이용하여 생성한 이미지들이 나타납니다. 조금 둘러본 뒤, 사이트에 가입을 하기 위해 👤 버튼을 누릅니다.

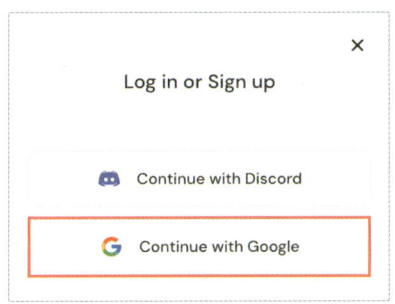

[그림 4-20] 미드저니 회원 가입 화면

미드저니 계정은 디스코드와 구글 계정을 이용하여 만들 수 있습니다. 여기서는 구글 계정으로 만들어 보도록 하겠습니다. **구글로 계속하기**(Continue with Google) 버튼을 누르고 자신이 사용하는 구글 계정으로 로그인을 합니다.

[그림 4-21] 구글 로그인 화면

계속 버튼을 누르면 즉시 가입이 완료되며, 첫 화면으로 자동으로 이동됩니다.

2.3. 유료 플랜 구매 방법

아쉽게도 미드저니는 집필 시점을 기준으로 별도의 무료 서비스를 제공하고 있지 않으므로 미드저니를 이용하기 위해서는 유료 플랜을 구매해야 합니다. 그렇기에 유료 플랜 구매 방법에 대해 먼저 알아보겠습니다.

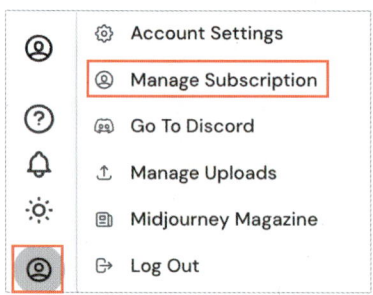

[그림 4-22] 미드저니 첫 화면

미드저니 첫 화면에서 ⓤ 버튼을 누른 뒤, **구독 관리하기**(Manage Subscription)를 클릭합니다.

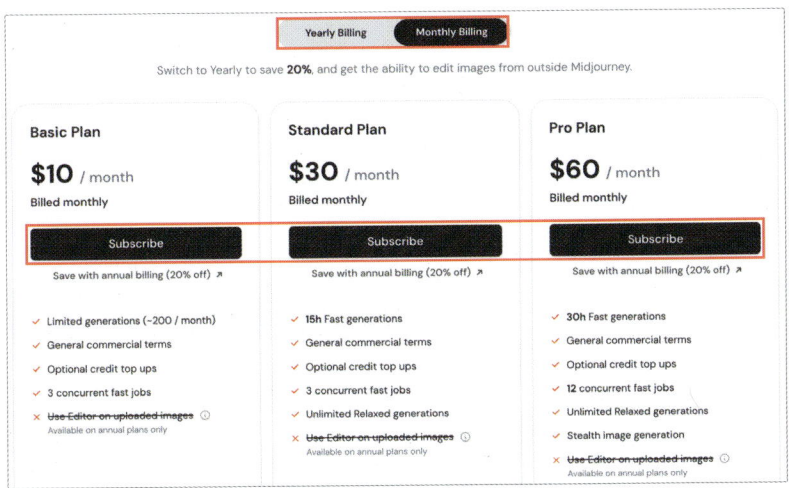

[그림 4-23] 유료 플랜 선택 화면

월간(Monthly Billing), **연간**(Yearly Billing) 구독 중 하나를 고르고 **베이직**(Basic), **스탠다드**(Standard), **프로**(Pro) 플랜 중 하나를 선택한 뒤, 해당 플랜의 **구독하기**(Subscribe) 버튼을 누릅니다.

집필 시점을 기준으로 베이직 플랜은 1개월에 200장의 이미지를 생성할 수 있고 스탠다드 플랜은 이미지를 생성할 때 소모되는 GPU 자원을 누적 15시간 동안 활용할 수 있으며 프로 플랜은 30시간 동안 활용 가능합니다.

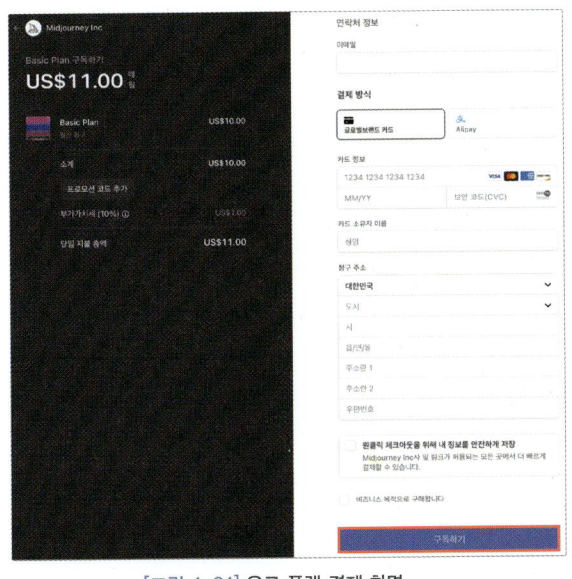

카드 정보와 **소유자 이름**, 그리고 **청구지 주소**를 입력하고 **구독하기** 버튼을 누릅니다. 이때, **해외 결제가 가능한 카드**로만 결제할 수 있음에 유의합니다.

[그림 4-24] 유료 플랜 결제 화면

결제 후 별도로 해지하기 전까지는 매월 또는 매년 과금되며, 구독 즉시 유료 플랜 이용자로서 혜택을 받을 수 있습니다.

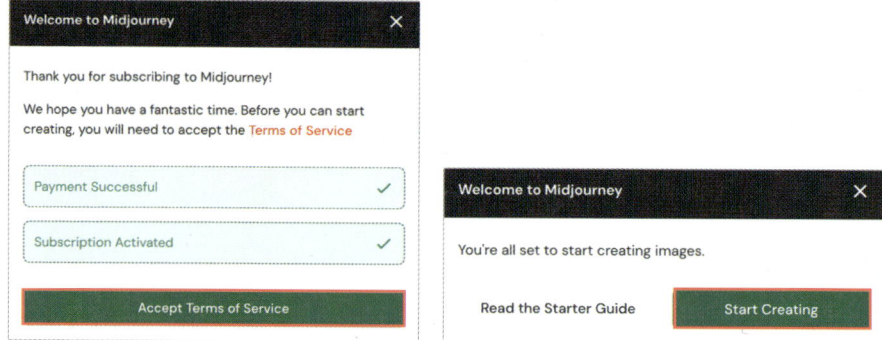

[그림 4-25] 유료 플랜 결제 동의 및 완료 화면

약관에 동의하기(Accept Terms of Service), **만들기 시작하기**(Start Creating) 버튼을 순서대로 누르면 모든 절차가 완료됩니다.

2.4. 사용 방법

■ 화면 구성 살펴보기

이제 미드저니를 사용할 준비를 마쳤으니 화면 구성에 대해 알아보겠습니다.

[그림 4-26] 미드저니 첫 화면

❶ **프롬프트 입력창**: 프롬프트를 입력하는 자리입니다.
❷ **이미지 설정**: 생성할 이미지의 비율, 사용할 모델 등을 지정합니다.
❸ **검색**: 특정 키워드를 입력하여 다른 사람들이 미드저니를 이용하여 만든 작품을 찾습니다.
❹ **탐색**: 다른 사람들이 미드저니를 이용하여 만든 작품을 둘러봅니다.
❺ **만들기**: 현재 생성되고 있는 이미지, 또는 생성된 결과물을 확인합니다.
❻ **편집**: 이미지의 일부분을 AI로 편집합니다. 포토샵과 유사한 방식으로 이용할 수 있으며, 집필 시점을 기준으로 연간 구독자만 이용할 수 있습니다.
❼ **개인화**: 개인 맞춤형 모델을 만듭니다. 자신이 그린 그림을 일정량 이상 업로드하면 미드저니가 해당 이미지를 학습하여 나만의 독특한 스타일이 반영된 AI 이미지를 만들어 줍니다.
❽ **결과물 확인**: 지금까지 내가 미드저니를 이용하여 만든 결과물을 확인합니다.
❾ **채팅**: 미드저니 사용자들과 채팅을 즐깁니다.
❿ **프로필 버튼**: 자신의 프로필, 이용량 등을 확인합니다.

■ 이미지 생성하기

이제 미드저니를 이용하여 이미지를 생성해 보겠습니다. 프롬프트 입력창에 원하는 이미지를 묘사하는 프롬프트를 적어 주면 되며, 여기서는 우주에서 공상하는 소년의 이미지를 전신으로, 환상적인 분위기로, 일본 애니메이션 그림체로 얻어내기 위해 **"A cute boy daydreaming in space, full body, fantastic, Japanese anime style."** 이라고 입력하겠습니다.

〈안내〉
미드저니는 한국어 프롬프트를 인식하지 못하므로 영어로 입력해야 합니다. 영어 작문이 어렵다면 챗GPT나 클로드 같은 텍스트 생성 AI, 또는 파파고나 구글 번역기의 힘을 빌리면 됩니다.

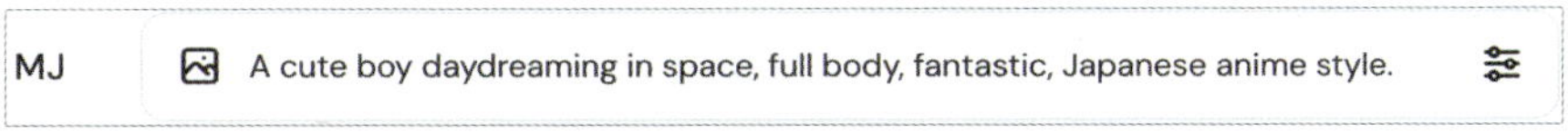

[그림 4-27] **프롬프트를 입력한 모습**

프롬프트를 적었다면 `Enter`를 누릅니다.

➕ 더 알아보기

Q 이미지의 가로, 세로 비율을 바꿀 수 있나요?

A 네, 프롬프트 입력창에 있는 [⇅] 버튼을 누르고 이미지 크기(Image Size)에서 막대 가운데에 있는 원을 좌, 우로 드래그하면 원하는 비율로 바꿀 수 있습니다.

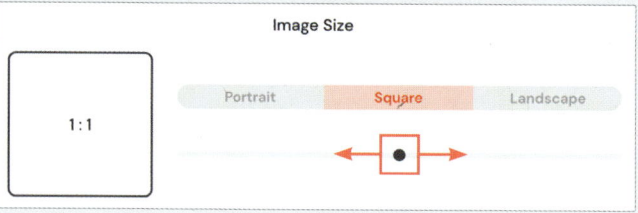

➕ 더 알아보기

Q 미드저니는 문자를 표현할 수 있나요?

A 미드저니는 현존하는 이미지 생성 AI 중 문자를 잘 표현하기로 손꼽힙니다. 프롬프트에 표현하고자 하는 텍스트를 언급하면 되는데 예를 들어, "A futuristic billboard with neon text saying 'CYBERCITY 2077', cyberpunk style, night scene, high contrast, detailed lettering."이라는 프롬프트를 입력하면 'CYBERCITY 2077'이라고 적혀 있는 네온 간판 이미지가 생성됩니다.

 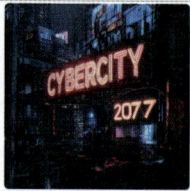  

하지만 종종 스펠링이 잘못되는 등 이상한 이미지가 생성되며, 달리 3 등 다른 AI와 마찬가지로 여전히 한글은 표현하지 못합니다.

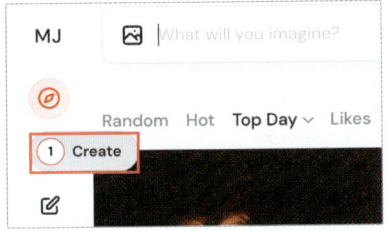

[그림 4-28] 이미지가 생성되는 모습

이미지가 생성되고 있음을 알려줍니다. 더 자세히 보기 위해 **만들기**(Create) 버튼을 누릅니다.

[그림 4-29] 이미지가 생성되는 모습 2

네 장이 그려지고 있는 모습을 확인할 수 있습니다. 이미지는 희미한 상태에서 점차 선명해지며, 100%가 될 때까지 기다립니다.

[그림 4-30] 생성이 완료된 모습

생성이 완료되면 즉시 결과물을 확인할 수 있습니다.

■ 이미지 다운로드하기

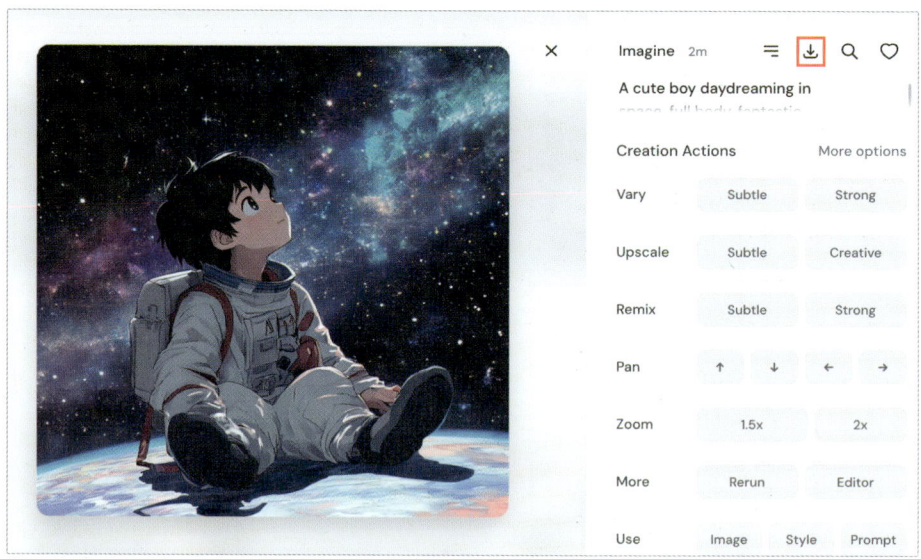

[그림 4-31] 이미지 상세 보기 화면

마음에 드는 이미지를 클릭하고 ⬇ 버튼을 누르면 해당 이미지를 컴퓨터에 저장할 수 있습니다.

■ 프롬프트 작성 팁 알아보기

프롬프트에는 파라미터라고 하는 특수한 형태의 명령어를 포함할 수 있으며, 넣을 수 있는 파라미터의 종류는 다음과 같습니다. 파라미터를 적을 때는 반드시 각 파라미터 앞에 **--(빼기 두 개)** 를 입력해 줘야 합니다.

파라미터	설명
--ar	이미지의 가로, 세로 비율을 지정합니다. 기본값은 1:1이며, 미드저니 버전 6.1을 기준으로 어떤 비율이든 설정할 수 있습니다. (예: --ar 3:2)
--chaos	창의적인 정도를 지정합니다. 기본값은 0이며, 0~100 사이의 숫자를 적을 수 있습니다. 값이 높을수록 한 번에 생성되는 네 장의 이미지가 전혀 다른 느낌으로 만들어집니다. (예: --chaos 100)
--no	이미지에서 표현하지 말아야 할 대상을 명시합니다.(네거티브 프롬프트) (예: --no plants)

--q	이미지의 품질을 지정합니다. 기본값은 1이며, 0.25, 0.5, 1, 2, 3, 4, 5 중 한 가지 값으로 입력할 수 있습니다. 값이 높을수록 품질이 좋아지며, 이 파라미터는 미드저니 버전 5까지만 인식합니다. (예: --q 5)
--v	미드저니 버전을 지정합니다. 기본값은 6.1이며, 집필 시점을 기준으로 1부터 6.1까지의 버전을 사용할 수 있습니다. (예: --v 5)
--niji	일본 애니메이션풍의 이미지 생성에 특화된 모델인 니지저니(Nijijourney)를 사용합니다.

[표 4-2] 미드저니 파라미터 목록

> **꿀팁** 다음과 같이 하나의 프롬프트에 여러 개의 파라미터를 조합하여 나타내는 것도 가능합니다.
>
> **프롬프트 예**: A cute humanoid robot, full body. --ar 3:2 --q 5 --v 5
> **해석**: 귀여운 인간형 로봇의 전신 모습을 3:2의 비율로, 최대 퀄리티로, 미드저니 버전 5를 이용하여 그리세요.

+ 더 알아보기

Q 미드저니와 니지저니(--niji)의 차이점은 무엇인가요?

A 어떤 프롬프트를 입력했느냐에 따라 달라지지만 일반적으로 미드저니는 사실적인, 서양풍의 이미지를 생성하고 니지저니는 일본 애니메이션 그림체의 이미지를 생성합니다.

■ 이미지 가공하기 (다시 생성하기 등)

미드저니에는 해상도를 높이거나 시점을 바꾸는 등 생성된 이미지를 가공할 수 있는 기능이 있습니다. 이미지 상세 보기 화면에서 이용할 수 있으며, 각 기능에 대한 설명은 다음과 같습니다.

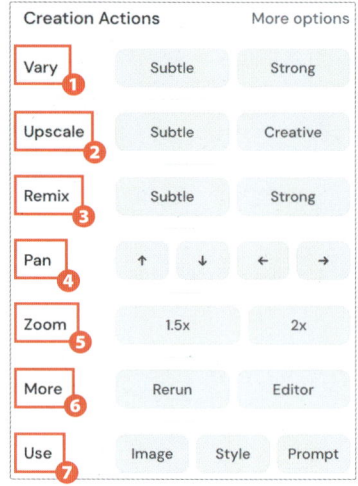

[그림 4-32] 이미지 가공 기능

❶ **다시 생성**: 현재 이미지의 변형을 생성합니다. 미묘한 변화(Subtle)와 큰 변화(Strong) 옵션이 있습니다.

❷ **해상도 향상**: 이미지의 해상도를 높입니다. 미묘한 개선(Subtle)과 창의적인 개선(Creative) 옵션이 제공됩니다.

❸ **재구성**: 현재 이미지를 바탕으로 새로운 버전을 만듭니다. 필요 시 프롬프트도 바꿀 수 있으며, 미묘한 변화(Subtle)와 큰 변화(Strong) 중 선택할 수 있습니다.

❹ **이동**: 이미지의 시점을 상(↑), 하(↓), 좌(←), 우(→)로 이동시킵니다.

❺ **줌 아웃**: 이미지가 축소되면서 배경을 확장해 줍니다.

❻ **추가 옵션**: 다시 실행하기(Rerun) 또는 편집기(Editor) 기능을 사용합니다.

❼ **사용**: 이미지(Image), 스타일(Style), 프롬프트(Prompt) 중 선택하여 현재 이미지의 특정 요소를 다음 생성에 활용할 수 있습니다.

➕ 더 알아보기

Q 몇 가지 기능이 보이지 않아요.

A 보이지 않는 기능이 있다면 **옵션 더 보기(More options)** 버튼을 누른 뒤, 체크되어 있지 않은 항목을 클릭하여 체크하세요.

■ **인페인팅하기 (이미지 부분 수정하기)**

미드저니에 내장된 편집기를 이용하면 이미지의 특정 부분을 수정할 수 있습니다. 지금부터 이 기능에 대해 알아보겠습니다.

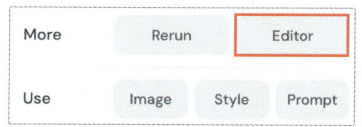

[그림 4-33] 편집기 버튼

먼저 편집기를 열기 위해 이미지 상세 보기 화면에 나타나는 버튼 중 **편집기**(Editor) 버튼을 누릅니다.

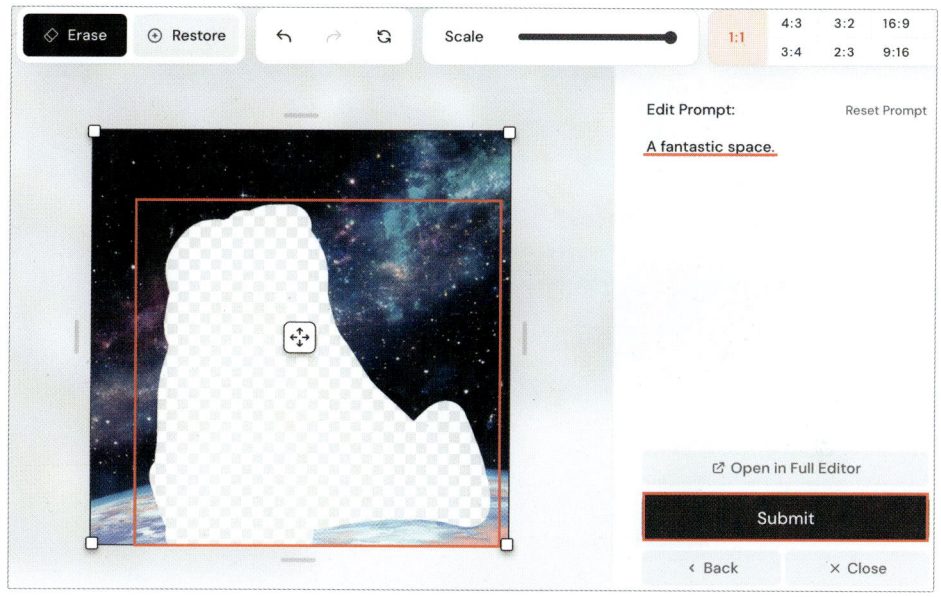

[그림 4-34] 편집기 화면: 수정할 영역을 선택한 모습

편집기가 나타나면 **수정할 부분을 마우스로 드래그하여 선택**합니다. 필자는 앞에서 만들었던 이미지에서 소년을 지우고 우주 배경만 얻기 위해 소년이 있는 영역을 드래그하여 지운 뒤, 프롬프트 입력창에 "**A fantastic space.**"를 입력하고 **제출하기**(Submit) 버튼을 눌러 보겠습니다.

명령이 내려졌으면 **만들기**(Create) 버튼을 눌러 만들기 화면으로 진입한 뒤, 작업이 완료될 때까지 기다립니다.

[그림 4-35] 소년이 지워진 모습

네 장의 이미지 모두 소년 없이 배경만 담겨 있는 모습을 확인할 수 있습니다. 결과물이 조금씩 다르므로 각각 클릭하여 가장 자연스러워 보이는 것을 내려받으면 됩니다.

■ **아웃페인팅하기 (이미지 확장하기)**

이번에는 이미지 영역을 확장해 보겠습니다. 이 기능은 아웃페인팅이라고 하며, 인페인팅과 마찬가지로 **편집기**(Editor) 버튼을 눌러 사용할 수 있습니다. 이전에 만들었던 우주 배경 중 하나를 선택하여 작업을 진행해 보겠습니다.

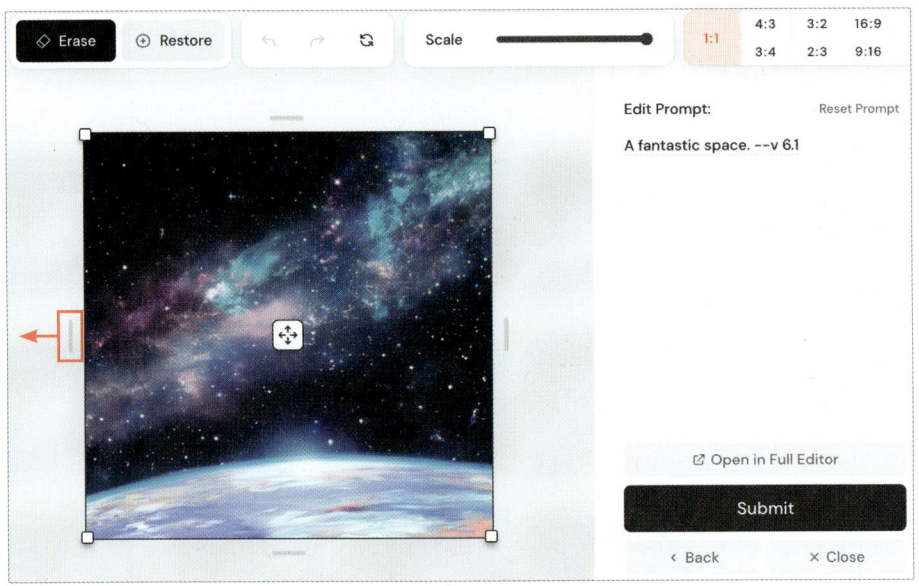

[그림 4-36] 편집기 화면: 아웃페인팅 영역을 지정하는 모습

편집기가 나타나면 먼저 아웃페인팅 영역을 지정합니다. 필자는 이미지를 왼쪽 방향으로 확장하기 위해 **그림 왼쪽에 보이는 막대**를 왼쪽으로 적당히 드래그하겠습니다.

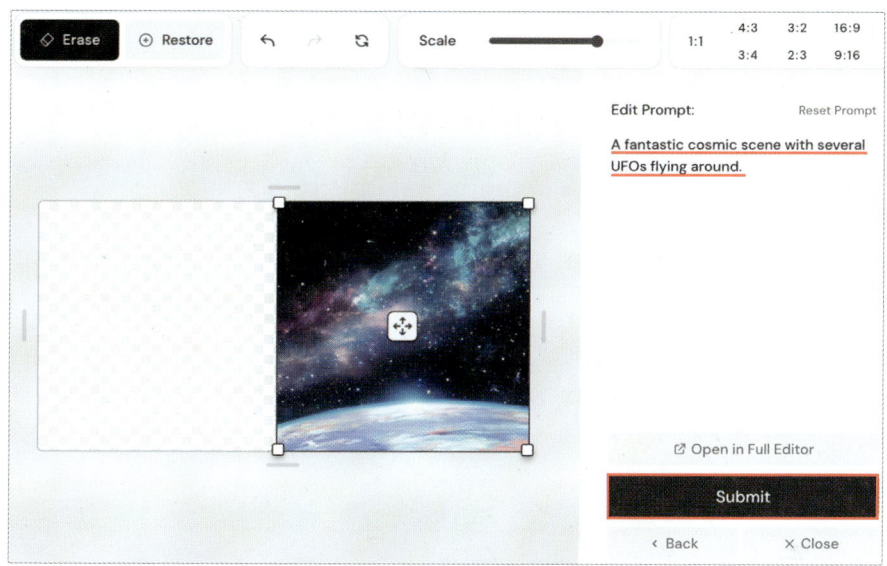

[그림 4-37] 편집기 화면: 아웃페인팅 영역에 대한 프롬프트를 입력한 모습

이제 프롬프트를 입력할 차례입니다. 필자는 왼쪽 빈 공간에 UFO가 날아다니는 환상적인 우주의 모습을 넣기 위해 "**A fantastic cosmic scene with several UFOs flying around.**"라는 프롬프트를 입력하고 **제출하기**(Submit) 버튼을 누르겠습니다.

명령을 내렸으면 **만들기**(Create) 버튼을 눌러 만들기 화면으로 진입한 뒤, 작업이 완료될 때까지 기다립니다.

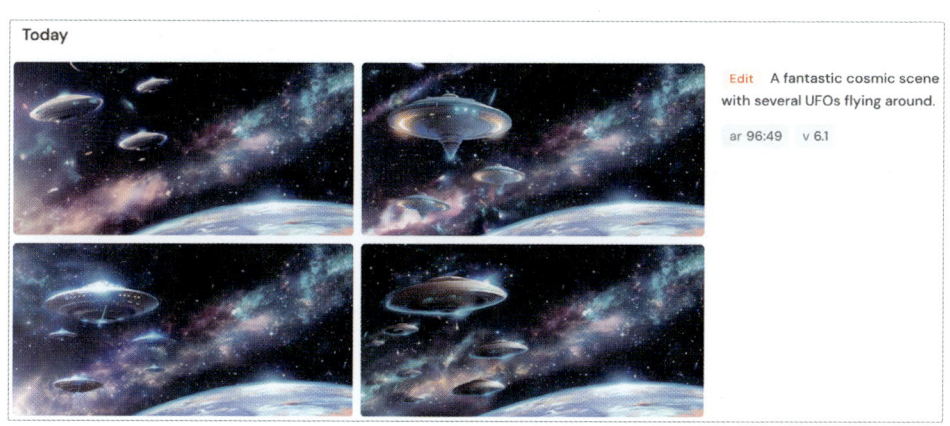

[그림 4-38] 배경이 확장된 모습

왼쪽으로 영역이 확장되면서 UFO들이 날아가는 장면이 추가된 모습을 확인할 수 있습니다. 이런 식으로 상, 하, 좌, 우로 캔버스를 확장하여 근사한 이미지를 만들 수 있습니다.

■ 이미지 업로드 후 명령 내리기

[그림 4-39] 프롬프트 입력창과 이미지 업로드 버튼

이번에는 특정한 이미지를 업로드하고 해당 이미지와 비슷한 이미지를 생성할 수 있는 기능에 대해 알아보겠습니다. 먼저 프롬프트 입력창 왼쪽에 있는 [ ] 버튼을 누르고 **파일을 선택하거나 이곳으로 드래그하세요**(Choose a file or drop it here)를 클릭한 뒤, 컴퓨터에서 아무 이미지나 선택합니다.

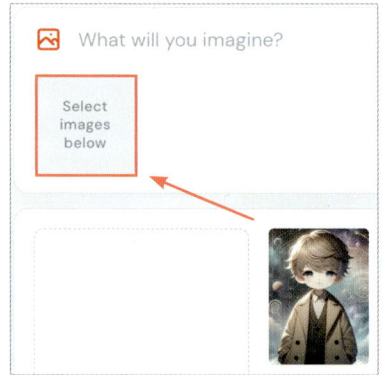

[그림 4-40] 이미지가 업로드된 모습

이미지가 업로드되었으면 하단의 이미지를 상단으로 끌어옵니다.

> 꿀팁 ✓ 필요에 따라 이미지를 두 장 이상 끌어올 수도 있습니다.

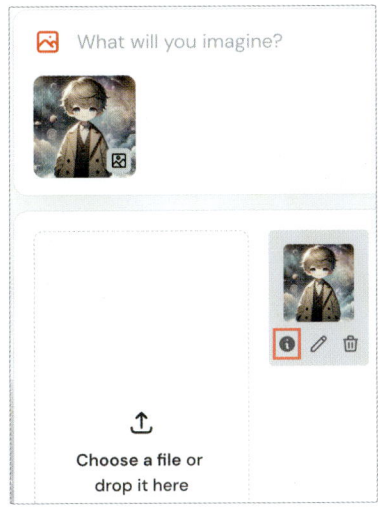

[그림 4-41] 업로드한 이미지가 첨부된 모습

이제 이미지로부터 프롬프트를 추출해서 프롬프트 입력창에 입력해 보겠습니다. 하단의 이미지 영역으로 마우스 포인터를 가져온 뒤, ⓘ 버튼을 누릅니다.

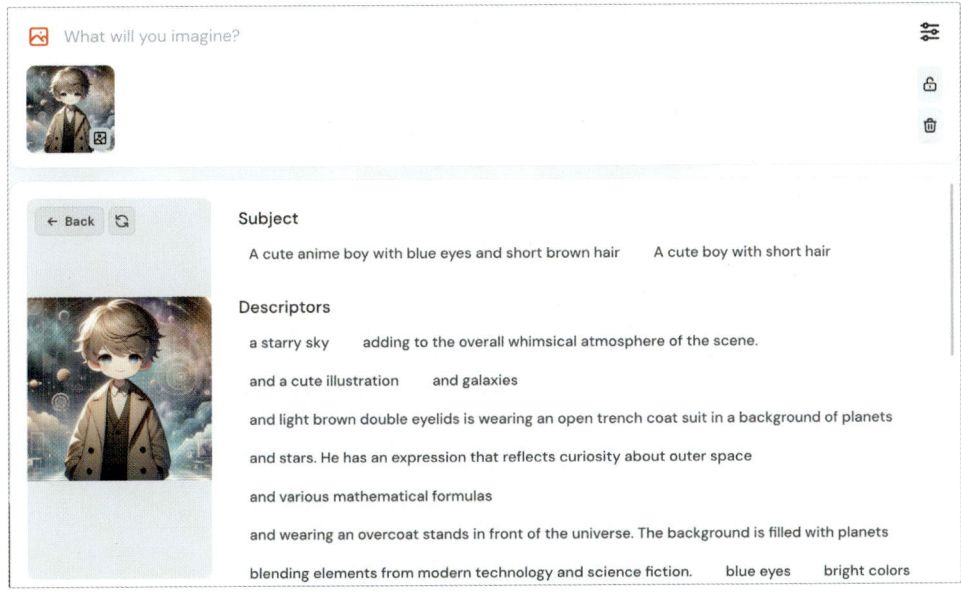

[그림 4-42] 이미지로부터 추출된 프롬프트 목록

잠시 이미지 분석 작업이 진행되며, 분석이 완료되면 이미지로부터 추출된 프롬프트 목록이 나타납니다.

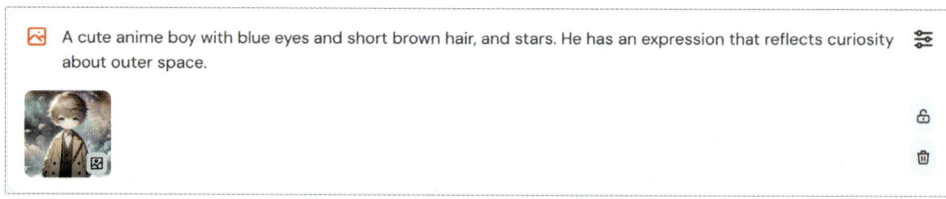

[그림 4-43] 클릭으로 프롬프트를 입력하는 모습

주제(Subject)에서 한 개, 묘사어(Descriptors)에서 한 개 이상을 클릭하여 프롬프트를 완성하고 Enter 를 눌러 작업을 시작합니다.

명령이 내려졌으면 **만들기**(Create) 버튼을 눌러 만들기 화면으로 진입한 뒤, 작업이 완료될 때까지 기다립니다.

[그림 4-44] 생성이 완료된 모습

비슷한 느낌의 이미지가 네 장 생성된 모습을 확인할 수 있습니다.

 이미지를 업로드하고 프롬프트를 적절히 입력하면 단순히 비슷한 이미지를 만들 수 있을 뿐만 아니라 캐릭터를 실제 사진 느낌으로 바꾸거나 반대로 하는 등의 응용도 가능합니다.

■ 구독 관리하기

마지막으로 현재 남아 있는 이용량을 확인하거나 플랜을 변경하거나 해지하는 방법을 알아보겠습니다.

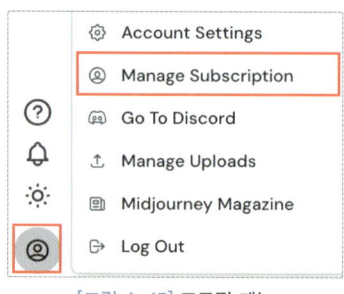

[그림 4-45] 프로필 메뉴

먼저 **프로필** 버튼을 눌러 프로필 메뉴를 띄우고 **구독 관리하기**(Manage Subscription) 버튼을 누릅니다.

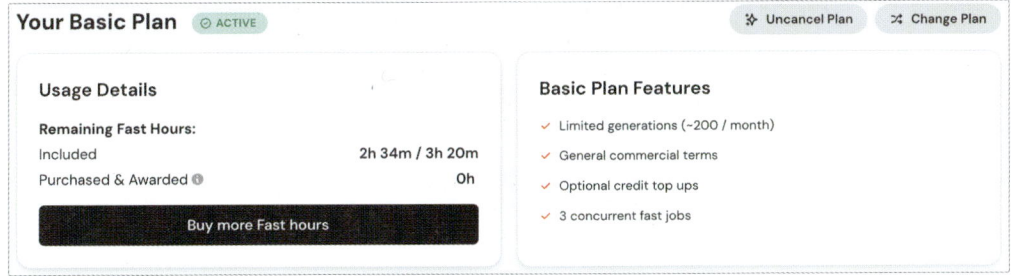

[그림 4-46] 구독 관리하기 화면

이 화면에서 현재 남아 있는 이용량을 확인할 수 있고 필요에 따라 **플랜 취소하기**(Cancel Plan), **플랜 변경하기**(Change Plan) 버튼을 눌러 구독 중인 플랜을 해지하거나 변경할 수 있습니다.

> **마무리**
>
> 지금까지 AI 이미지 생성 도구, 미드저니에 대해 알아보았습니다. 다른 유사 AI와 비교했을 때 미드저니의 가장 큰 매력은 다양한 기능을 통해 사용자의 창의성을 극대화한다는 점입니다. 프롬프트 옵션 지정, 인페인팅, 아웃페인팅 등 다채로운 기능들은 사용자가 상상 속 이미지를 더욱 정교하게 구현할 수 있게 해 주며, 직관적인 화면 구성 덕분에 누구나 쉽게 사용할 수 있다는 점도 강점입니다.
>
> 이러한 장점으로 말미암아 일반 사용자에서부터 전문 아티스트까지, 수많은 사람들이 이미 미드저니를 통해 자신만의 독특한 세계를 구축해 나가고 있습니다.
>
> 앞으로 이미지 생성 AI의 대명사가 된 미드저니가 예술의 경계를 어떻게 확장해 나갈지 기대가 됩니다.

03 이마젠 3: 구글의 기술력이 집약된 AI 이미지 크리에이터

3.1. 소개

이마젠 3(Imagen 3)는 구글 딥마인드에서 개발한 최신 이미지 생성 AI로, 2024년 8월에 공개되어 AI 이미지 생성 기술의 새로운 기준을 제시하고 있습니다.

이마젠 3의 가장 큰 특징은 탁월한 텍스트-이미지 변환 능력입니다. 이마젠 3는 사용자가 입력한 텍스트 프롬프트를 정확하게 해석하여 세밀하고 사실적인 이미지를 생성해 내는데, 특히 복잡한 장면을 묘사하거나 추상적인 개념을 시각화하는 데 있어 뛰어난 성능을 보입니다.

또한 이마젠 3에는 이전 버전에는 없었던 인물 이미지 생성 기능이 추가[3] 되어 예술가, 디자이너, 그리고 다양한 분야의 크리에이터들에게 무한한 창작의 가능성을 제공합니다.

구글의 방대한 데이터와 오랜 AI 개발 역량이 집약된 이마젠 3는 이미지 품질과 다양성 면에서 업계를 선도하고 있습니다. 지금부터 이마젠 3의 사용 방법을 알아보겠습니다.

3.2. 사용 방법

■ 구글 로그인하기

이마젠 3는 제미나이에 통합되어 있으므로 이마젠 3를 이용하기 위해서는 제미나이 웹 사이트에 접속해야 합니다. 인터넷 브라우저를 켜고 다음 사이트에 접속한 뒤, 가입한 계정으로 로그인합니다.

URL: gemini.google.com

〈안내〉
기본적인 이용 방법이 제미나이와 동일하므로 제미나이를 이용해 본 경험이 없다면 **2장 4.2. 사용 방법**의 내용을 먼저 숙지하는 것을 추천합니다.

■ 이미지 생성하기

이마젠 3를 이용하기 위해서는 제미나이에서 단어를 나열하거나 완성된 문장 형태로 프롬프트를 입력하면 되며, 여기서는 **"잠을 자고 있는 귀여운 흰색 고양이의 모습을 수채화풍으로 그려 주세요."**라고 질의해 보겠습니다.

---

[3] 집필 시점을 기준으로 유료 구독자만 이용할 수 있는 기능입니다.

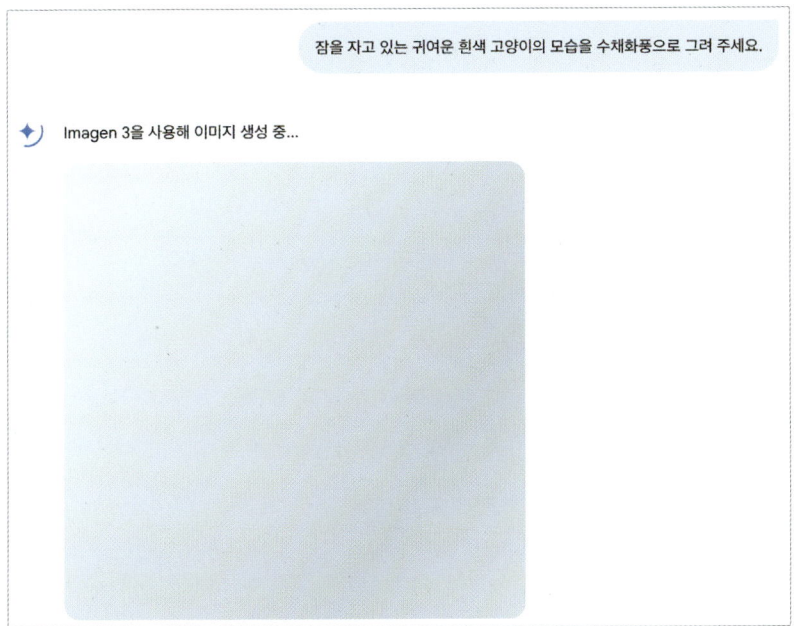

[그림 4-47] 이미지가 생성되는 모습

질의를 하면 이미지가 생성되는 중간 과정이 나타나며, 생성이 되기까지 수십 초 정도의 시간이 걸립니다.

> **+ 더 알아보기**
>
> **Q** 특정 유형의 이미지를 생성하는 방법을 아직 학습 중이므로 지금은 원하시는 이미지를 정확히 생성하지 못할 수 있다는 오류 메시지가 나타나요.
>
> **A** 구글의 제미나이와 이마젠 3는 타 생성 AI에 비해 검열이 다소 엄격한 편입니다. '귀여운'과 같은 형용사 키워드가 문제가 되는 경우가 종종 있으며, 프롬프트를 조금씩 바꿔 가면서 다시 시도해 보시기 바랍니다.

[그림 4-48] 생성이 완료된 모습

생성이 완료되면 즉시 결과물을 확인할 수 있습니다.

■ 이미지 다운로드하기

[그림 4-49] 이미지 다운로드 버튼

이번에는 생성된 이미지를 컴퓨터에 다운로드하는 방법에 대해 알아보겠습니다. 방법은 매우 간단합니다. 그저 마우스 포인터를 생성된 이미지 위로 가져온 뒤, ⬇ 버튼을 누르기만 하면 됩니다.

■ 이미지 업로드 후 명령 내리기

제미나이에 특정한 이미지를 업로드하고 프롬프트를 입력하면 이마젠 3가 해당 이미지를 바탕으로 새로운 이미지를 생성하도록 만들 수 있습니다. 이번에는 이 기능을 이용하여 비슷한 이미지를 만들어 보겠습니다.

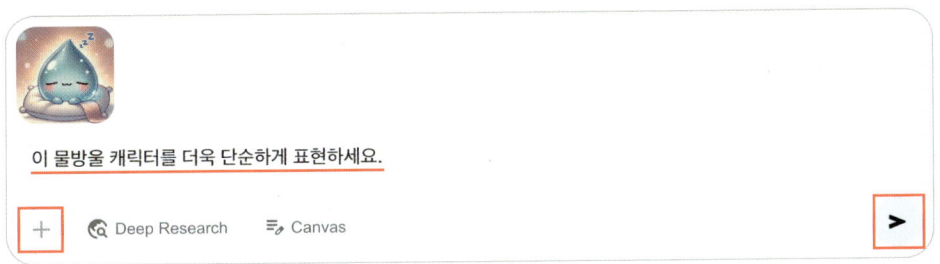

[그림 4-50] 업로드 후 프롬프트를 입력한 모습

먼저 + 버튼을 눌러 컴퓨터에서 이미지를 가져온 뒤, 프롬프트를 입력합니다. 필자는 물방울 캐릭터가 담긴 이미지를 업로드하고 **"이 물방울 캐릭터를 더욱 단순하게 표현하세요."**라는 명령을 내려 보겠습니다.

[그림 4-51] 원본 이미지(왼쪽)와 원본 이미지가 변형된 모습(오른쪽)

요청한 대로 첨부한 원본 이미지가 단순화된 결과물이 만들어진 모습을 확인할 수 있습니다.

> **마무리**
>
> 지금까지 구글 딥마인드에서 개발한 최신 이미지 생성 AI, 이마젠 3에 대해 알아보았습니다. 비록 기능이 달리 3 등 경쟁 모델보다 상대적으로 적고 검열이 엄격하지만, 이마젠 3가 만들어 내는 이미지의 품질과 정확성만큼은 타의 추종을 불허합니다. 이는 구글의 방대한 데이터와 첨단 AI 기술이 결합한 결과로, 질적인 면에서 경쟁력이 있다는 것을 보여주고 있습니다.
>
> 경쟁사들에 비해 약간 정체되어 있는 듯 보였던 구글이 이마젠 3를 내놓으면서 AI 이미지 생성 기술 경쟁이 한층 더 가열되고 있으며, 이는 전체적인 기술 발전을 가속할 것으로 보입니다. 앞으로 이마젠 3에 또 어떤 혁신적인 기능이 추가되어 이미지 생성 기술의 새 장을 열어갈지 그 행보를 지켜보는 것도 흥미로울 것 같습니다.

04 파이어플라이: 포토샵을 만든 어도비의 걸작

4.1. 소개

포토샵을 사용해 본 사람이라면 이미지를 편집하다가 "이걸 AI가 알아서 해 주면 얼마나 좋을까?"라는 생각을 한 번쯤 해 본 적이 있을 겁니다. 달리 3와 미드저니 등의 이미지 생성 AI가 출시되는 동안 포토샵을 만든 어도비(Adobe) 사는 침묵을 지켰지만, 마침내 지난 2023년 3월에 "파이어플라이(Firefly)"라는 독자적인 이미지 생성 AI를 세상에 공개하면서 모든 포토샵 사용자들의 염원을 현실로 이루어 주었습니다.

파이어플라이는 텍스트로 이미지를 생성하거나 이미지의 특정 부분을 수정하는 등 다양한 기능을 제공하며, 포토샵(Photoshop), 일러스트레이터(illustrator), 프리미어 프로(Premiere Pro) 등 어도비의 주요 프로그램들과 연동되어 작업 효율을 크게 높여줍니다.

또 다른 강점은 바로 저작권 문제에서 상대적으로 자유롭다는 점입니다. 어도비는 파이어플라이를 개발할 때 스톡 이미지, 저작권이 만료된 콘텐츠 등을 AI 모델 학습에 활용해 상업적 이용에 대한 걱정을 덜어주었습니다. 대부분의 이미지 생성 AI 개발사가 저작권 문제로 골머리를 앓고 있는 점을 감안하면 이는 아주 좋은 접근법이었다고 볼 수 있습니다.

4.2. 가입 방법

■ 구글 로그인 및 초기 설정하기

먼저 파이어플라이를 이용하기 위해 인터넷 브라우저를 켜고 다음 사이트에 접속합니다.

URL: firefly.adobe.com

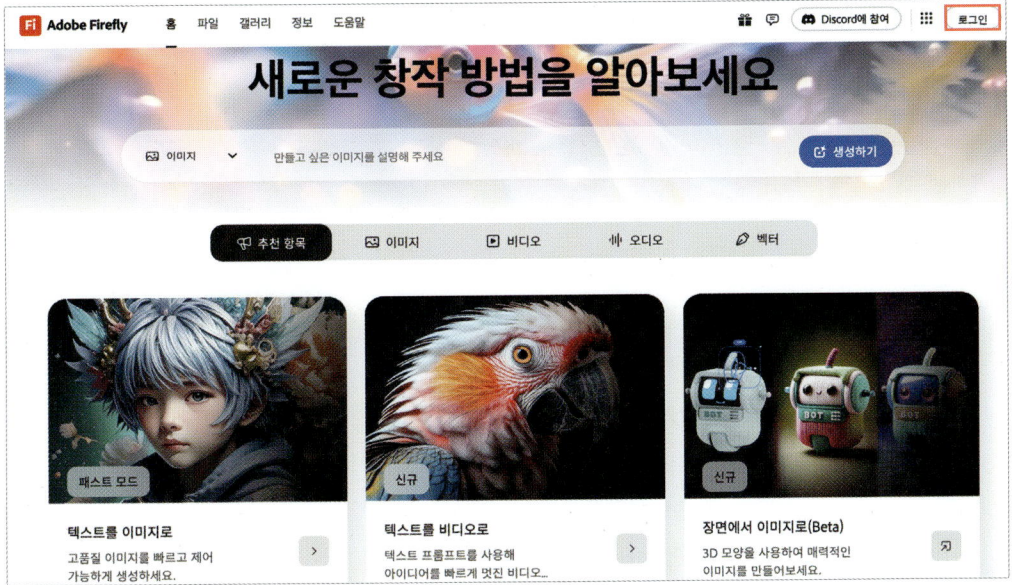

[그림 4-52] 파이어플라이 첫 화면

로그인 버튼을 누릅니다.

[그림 4-53] 파이어플라이 회원 가입 화면

파이어플라이를 이용하기 위해서는 파이어플라이를 운영하는 어도비 계정을 만들어야 합니다. 어도비 계정은 구글, 애플, 마이크로소프트, 페이스북, 라인, 그리고 일반 이메일 주소를 이용하여 만들 수 있습니다. 여기서는 구글 계정으로 만들어 보도록 하겠습니다. **Google로 계속** 버튼을 누르고 자신이 사용하는 구글 계정으로 로그인을 합니다.

[그림 4-54] 구글 로그인 화면

계속 버튼을 누릅니다.

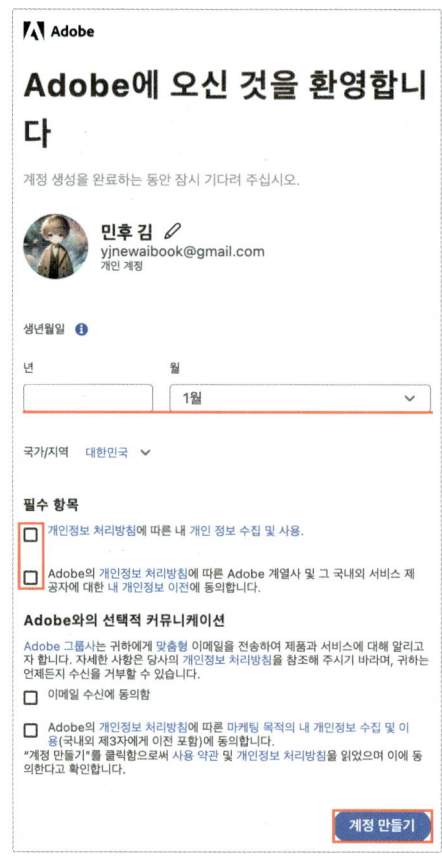

[그림 4-55] 프로필 정보 입력 화면

생년월을 기입하고 **필수 항목**에 **체크**한 뒤, **계정 만들기** 버튼을 누릅니다.

4.3. 사용 방법

■ 이미지 생성하기

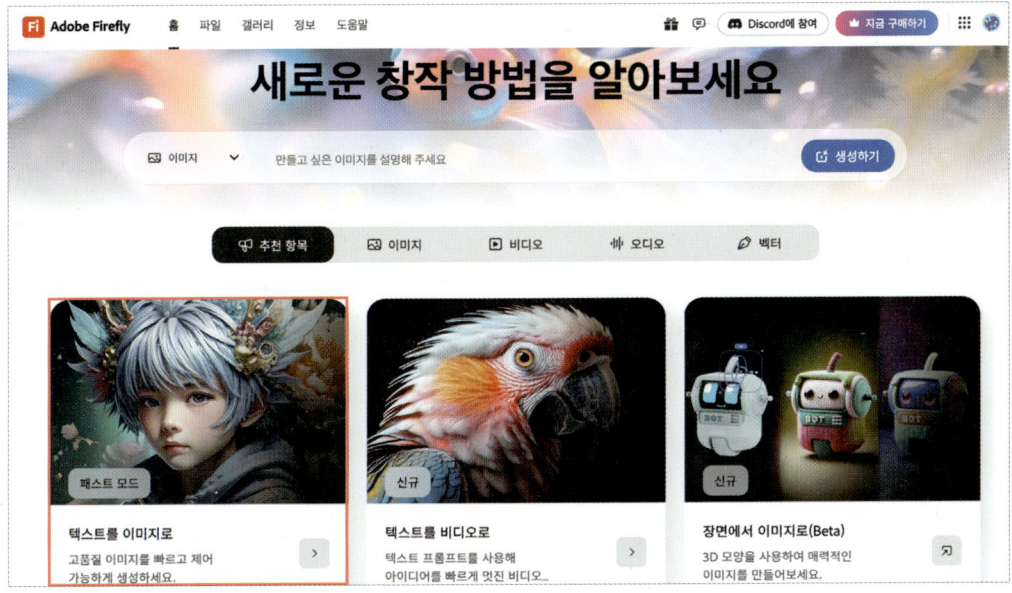

[그림 4-56] 파이어플라이 첫 화면

가입을 마치면 자동으로 첫 화면으로 이동됩니다. 먼저 기본 기능이라고 할 수 있는 텍스트를 이미지로 바꾸는 기능을 사용해 보겠습니다. 화면을 아래로 스크롤한 뒤, '**텍스트를 이미지로**'를 클릭합니다.

[그림 4-57] 이용 약관 동의 화면

이용 약관을 읽어 본 뒤, **동의함** 버튼을 누릅니다.

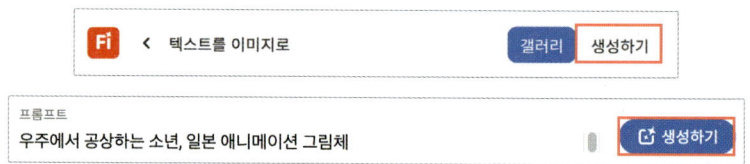

[그림 4-58] 프롬프트 입력창

상단 메뉴에서 **생성하기**를 클릭하여 생성 화면에 진입한 뒤, 프롬프트 입력창에 얻어내고자 하는 이미지를 묘사하는 문장을 입력하고 **생성하기** 버튼을 누릅니다. 필자는 **"우주에서 공상하는 소년, 일본 애니메이션 그림체"**라고 적어 보겠습니다.

〈무료 이용 한도〉
집필 시점을 기준으로 파이어플라이에서는 **생성 명령을 한 달에 최대 10번까지 무료**로 내릴 수 있습니다.

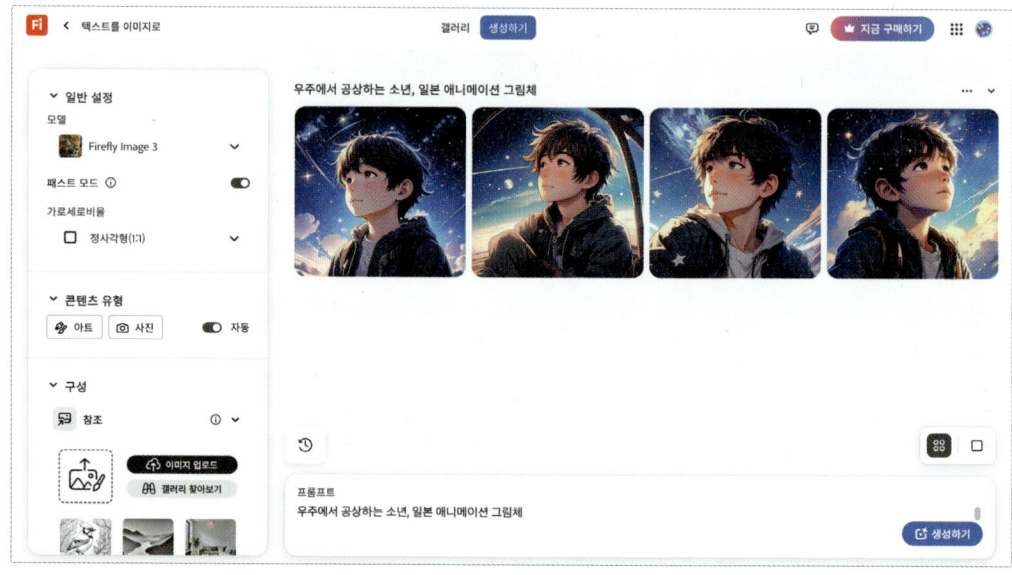

[그림 4-59] 생성이 완료된 모습

총 네 장의 이미지가 생성된 모습을 확인할 수 있습니다.

■ **추가 명령 내리기 (이미지 다운로드하기 등)**

[그림 4-60] 추가 명령 버튼

마음에 드는 이미지를 발견했다면 마우스 포인터를 해당 이미지 위로 가져온 뒤 다양한 명령을 내릴 수 있습니다. 다음은 각 명령 버튼에 대한 자세한 설명입니다.

❶ **편집**: 이미지의 특정 부분을 수정하거나 이미지를 확장하거나 비슷한 이미지를 생성합니다.
❷ **다운로드**: 이미지를 컴퓨터에 다운로드합니다.
❸ **피드백**: 생성된 이미지와 관련하여 어도비에 의견을 보냅니다.
❹ **내보내기**: 이미지의 링크 혹은 이미지 자체를 복사하거나 라이브러리에 저장합니다.
❺ **즐겨찾기에 추가/제거**: 이미지를 즐겨찾기에 추가하거나 제거합니다.

■ **인페인팅하기 (이미지 부분 수정하기)**

파이어플라이에 내장된 편집기를 이용하면 이미지의 특정 부분을 수정할 수 있습니다. 지금부터 이 기능에 대해 알아보겠습니다.

[그림 4-61] 편집 메뉴

먼저 마우스 포인터를 수정할 이미지 위로 가져온 뒤, 편집(✏️) 버튼을 누르고 **생성형 채우기**를 클릭합니다.

[그림 4-62] 메뉴 영역

우선 화면 왼쪽 메뉴 영역에서 인페인팅에 해당하는 기능은 삽입과 제거입니다. 특정 영역에 다른 무언가를 추가하고 싶다면 **삽입**, 특정 영역에 있는 무언가를 자연스럽게 지우고 싶다면 **제거**를 선택합니다.

필자는 앞에서 생성한 이미지에 등장하는 소년의 옷을 우주복으로 바꾸기 위해 **삽입**을 고르겠습니다.

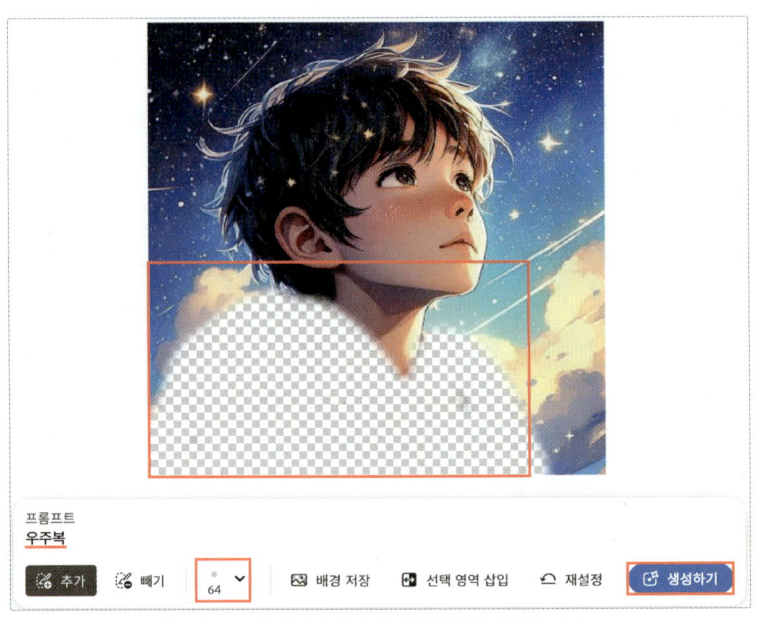

[그림 4-63] 편집기 화면: 수정할 영역을 선택한 모습

삽입, 삭제 중 하나를 골랐다면 **수정할 부분을 마우스로 드래그하여 선택**합니다. 선택해야 하는 영역이 너무 넓거나 좁다면 화면 아래에 있는 **선택 영역 크기 조절 기능**을 이용해도 됩니다.

필자는 소년의 옷이 보이는 영역을 드래그하여 선택하고 프롬프트 입력창에 **"우주복"**을 적은 뒤 **생성하기** 버튼을 눌러 보겠습니다.

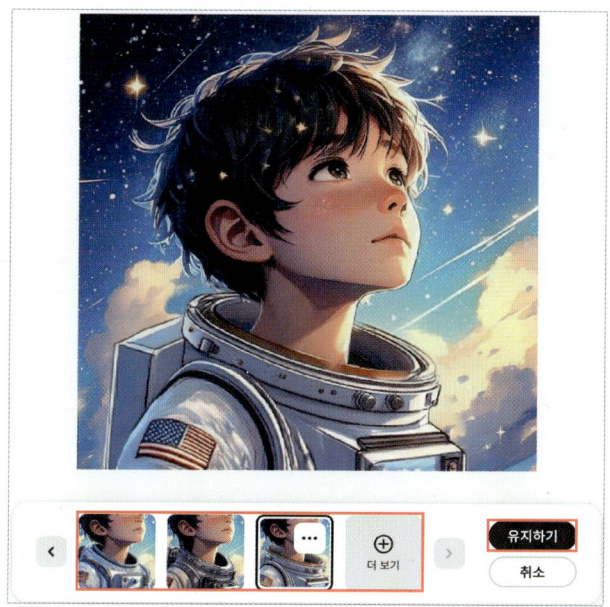

[그림 4-64] 소년의 옷이 우주복으로 바뀐 모습

세 장의 이미지가 생성됩니다. 하나씩 클릭하여 확인해 보고 가장 나은 것을 고른 뒤 **유지하기** 버튼을 누릅니다. 만약 마음에 드는 결과물이 없다면 ⊕ **더 보기** 버튼을 눌러 다시 세 장을 생성할 수도 있습니다.

■ 아웃페인팅하기 (이미지 확장하기)

[그림 4-65] 메뉴 영역

이번에는 이미지 영역을 확장하는 아웃페인팅 기능을 사용해 보겠습니다. 인페인팅과 동일한 편집기 화면에서 왼쪽에 있는 **확장** 버튼을 누릅니다.

[그림 4-66] 편집기 화면: 아웃페인팅 영역을 지정하는 모습

먼저 아웃페인팅 영역을 지정합니다. 필자는 이미지를 오른쪽 방향으로 확장하기 위해 **그림 오른쪽에 보이는 막대**를 오른쪽으로 적당히 드래그하겠습니다.

 이미지를 특정한 비율로 만들고 싶다면 화면 아래에 있는 비율 변경 버튼을 이용하세요.

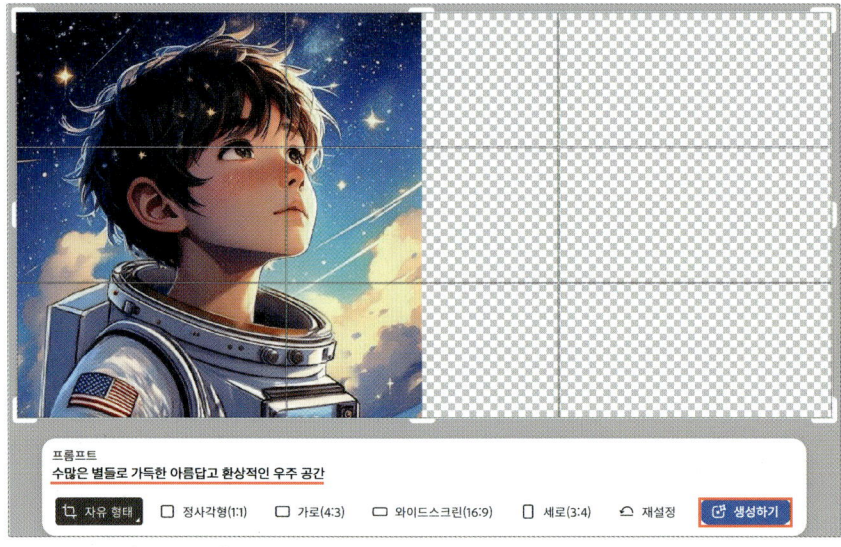

[그림 4-67] 편집기 화면: 아웃페인팅 영역에 대한 프롬프트를 입력한 모습

이제 프롬프트를 입력할 차례입니다. 필자는 오른쪽 빈 공간에 환상적인 우주의 모습을 담기 위해 **"수많은 별들로 가득한 아름답고 환상적인 우주 공간"**이라는 프롬프트를 입력하고 **생성하기** 버튼을 누르겠습니다.

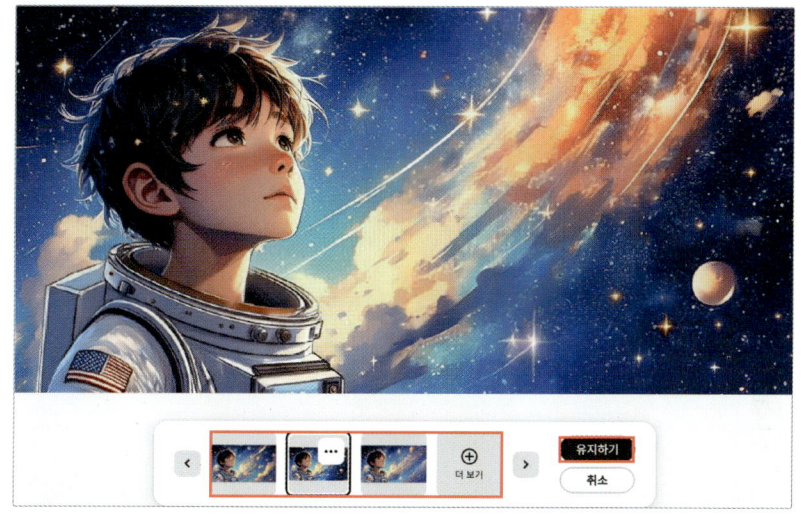

[그림 4-68] 배경이 확장된 모습

세 장 중 가장 자연스러워 보이는 것을 고르고 **유지하기** 버튼을 누릅니다. 마음에 드는 결과물이 없다면 ⊕ **더 보기** 버튼을 눌러 다시 시도해 봅니다.

■ 이미지 업로드 후 명령 내리기

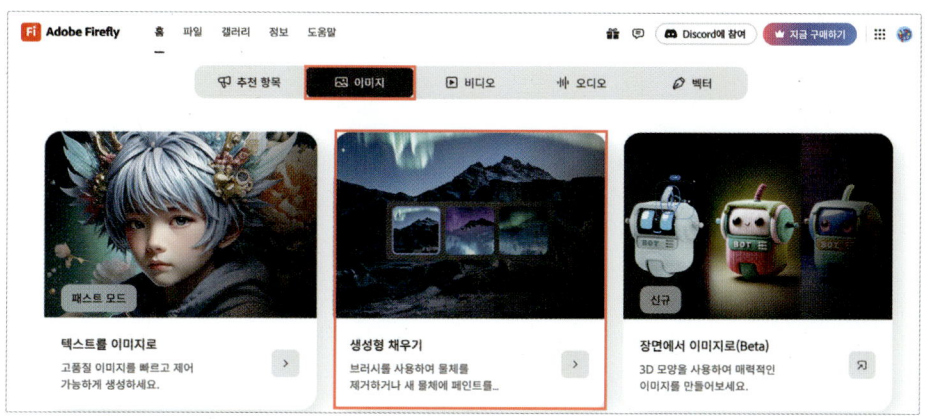

[그림 4-69] 파이어플라이 첫 화면

파이어플라이 첫 화면에서 **이미지** 탭 안에 있는 **생성형 채우기**를 클릭하면 컴퓨터에 있는 그림이나 사진 파일을 업로드하여 인페인팅, 아웃페인팅 기능을 사용할 수 있습니다.

>  화면 왼쪽 위에 있는 파이어플라이 로고(**Fi**)를 클릭하면 바로 첫 화면으로 이동할 수 있습니다.

■ 크레딧 잔여량 확인하기

[그림 4-70] 크레딧 잔여량

화면 오른쪽 위에 있는 **프로필** 버튼을 누르면 크레딧 잔여량을 확인할 수 있습니다.

4.4. 유료 플랜 구매 방법

무료로 제공되는 크레딧을 전부 사용했다면 크레딧이 보충되기를 기다리거나 유료 플랜에 가입해야 합니다. 이번에는 유료 플랜 구매 방법에 대해 알아보겠습니다.

[그림 4-71] 구매 버튼

먼저 화면 오른쪽 위에 있는 **프로필** 버튼을 누르고 **구매** 버튼을 클릭합니다. 또는 상단의 **지금 구매하기** 버튼을 눌러도 됩니다.

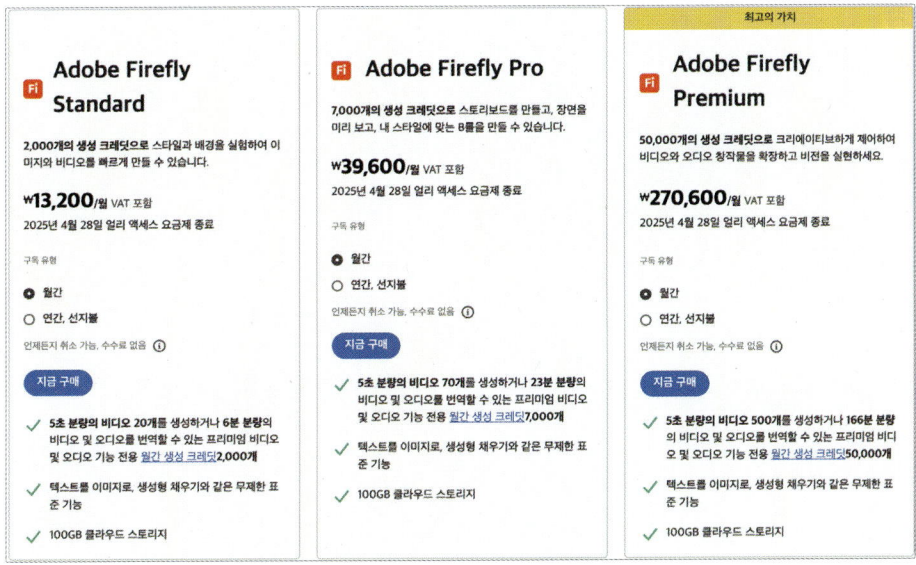

[그림 4-72] 유료 플랜 선택 화면

결제하고자 하는 플랜의 **구독 유형**(월간, 연간)을 고른 뒤, **지금 구매** 버튼을 누릅니다.

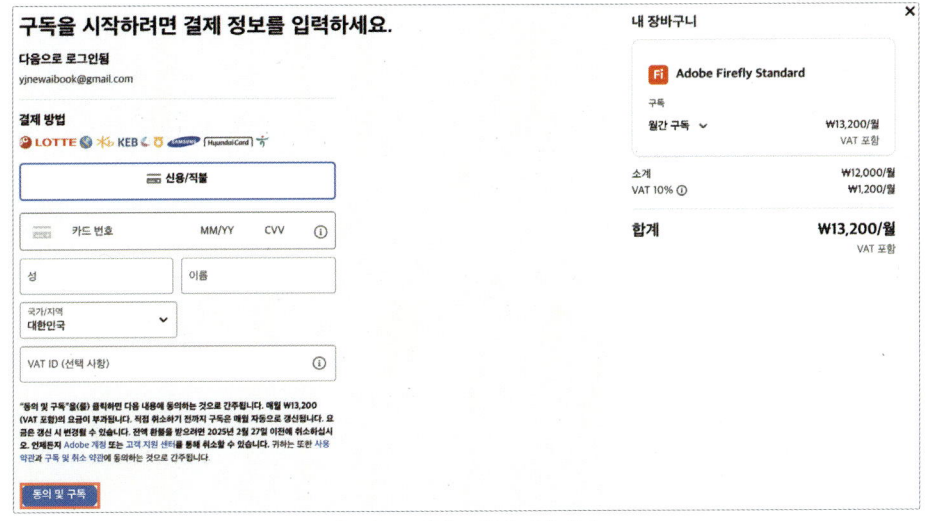

[그림 4-73] 유료 플랜 결제 화면

카드 정보와 **소유자 이름**을 입력하고 **동의 및 구독** 버튼을 누릅니다. 해외 결제를 지원하지 않는 국내 전용 카드도 사용할 수 있습니다.

> **마무리**
>
> 지금까지 어도비의 생성 AI 도구, 파이어플라이에 대해 알아보았습니다. 파이어플라이는 오랜 기간 크리에이티브 소프트웨어를 개발해 온 어도비의 기술력이 집약된 도구로, 무료로 사용할 수 있으면서도 웬만한 유료 이미지 생성 AI와 견줄 수 있을 정도로 뛰어난 이미지 품질을 자랑합니다.
> 또한 다른 유사 서비스에서는 대부분 유료 플랜을 구독해야 이용할 수 있는 인페인팅, 아웃페인팅 기능이 무료로 제공되는 것도 장점입니다.
> 인간의 창작을 돕는 도구를 개발해 온 어도비가 마침내 스스로 창작을 하는 프로그램까지 선보였는데 과연 이 두 가지 도구가 앞으로 어떻게 조화를 이뤄 나갈지 지켜보는 것도 흥미로울 것입니다.

05 아이디오그램: 로고와 문자 디자인에 강한 AI

5.1. 소개

수많은 이미지 생성 AI가 다양한 분야에서 활약하고 있지만, 유독 쉽게 도전하지 못하는 분야가 있었습니다. 바로 로고와 문자 디자인입니다. 작동 방식의 특성상 문자를 정확하게 그려내지 못하기 때문에 기존 AI는 로고를 만들거나 문자가 포함된 이미지를 잘 생성하지 못했습니다.

그러나 2023년에 혜성처럼 등장한 아이디오그램(Ideogram)은 이러한 한계를 극복한 AI로, 로고와 문자 디자인에 특화되어 기존 이미지 생성 AI와는 달리 문자를 상당히 정확하게 표현해 냅니다. 그림을 잘 그리는 AI는 많지만, 로고와 문자를 만드는 데에는 아이디오그램만한 AI가 없다고 자신 있게 이야기할 수 있습니다.

5.2. 가입 방법

■ 구글 로그인 및 초기 설정하기

먼저 아이디오그램을 이용하기 위해 인터넷 브라우저를 열고 다음 사이트에 접속합니다.

URL: ideogram.ai

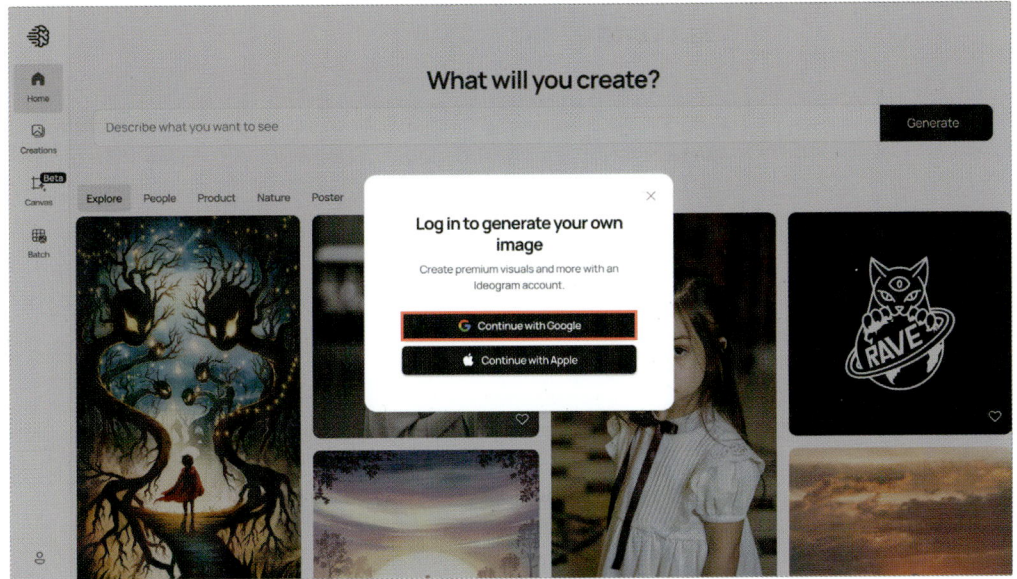

[그림 4-74] 아이디오그램 첫 화면

아이디오그램을 이용하기 위해서는 아이디오그램 계정을 만들어야 합니다. 아이디오그램 계정은 구글, 그리고 애플 계정을 이용하여 만들 수 있습니다. 여기서는 구글 계정으로 만들어 보도록 하겠습니다. 아이디오그램 첫 화면에서 **프롬프트 입력창**을 클릭한 뒤, **구글로 계속하기**(Continue with Google) 버튼을 누르고 자신이 사용하는 구글 계정으로 로그인을 합니다.

[그림 4-75] 구글 로그인 화면

계속 버튼을 누릅니다.

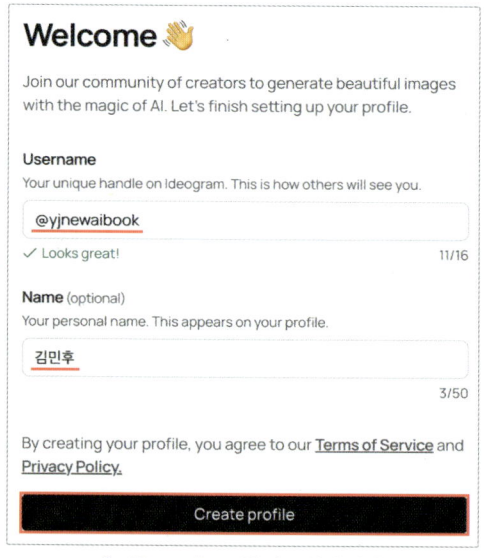

[그림 4-76] 프로필 정보 입력 화면

닉네임과 이름을 확인하고 **프로필 만들기**(Create profile) 버튼을 누릅니다.

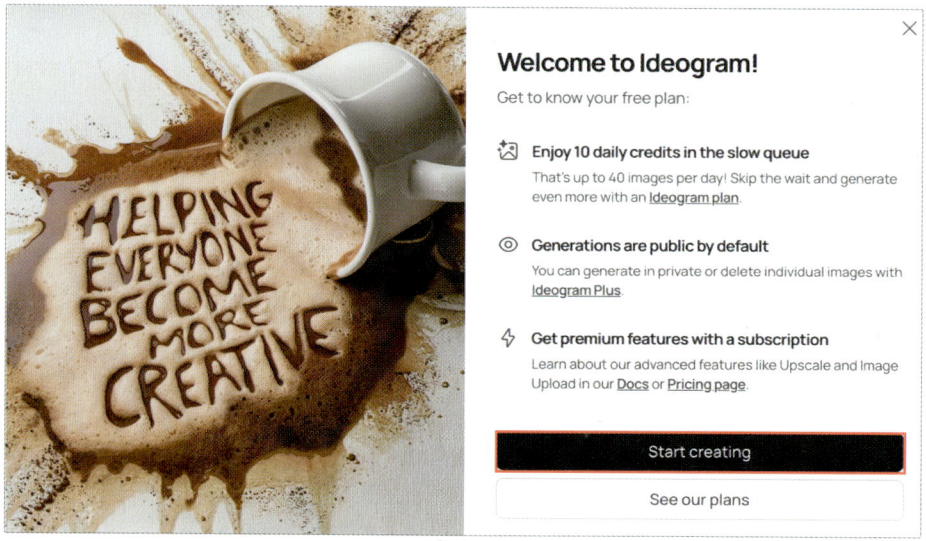

[그림 4-77] 안내 화면

안내 창이 나타나는 경우, **만들기 시작하기**(Start creating) 버튼을 눌러 닫습니다.

5.3. 사용 방법

■ 이미지 생성하기

이제 아이디오그램을 사용할 준비를 마쳤습니다. 바로 프롬프트를 입력해 보겠습니다.

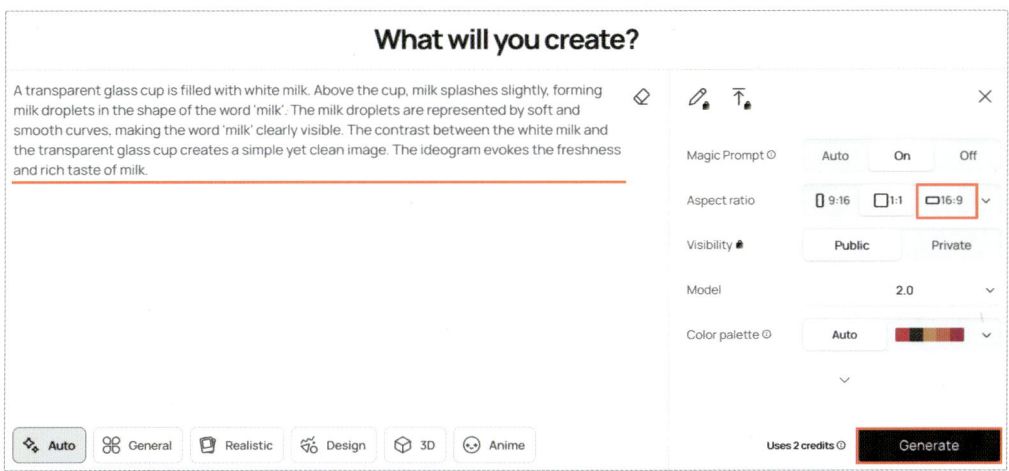

[그림 4-78] 프롬프트 입력창

필자는 아이디오그램의 장점이라고 할 수 있는 문자 표현 능력을 확인하기 위해 **투명한 유리컵에 담긴 우유가 'Milk' 모양으로 튀는 모습**을 묘사하는 긴 영어 프롬프트를 입력한 뒤, 비율(Aspect ratio)을 **16:9**로 바꾸고 **생성하기**(Generate) 버튼을 눌러 AI를 작동시키겠습니다.

프롬프트 아이디어가 잘 떠오르지 않는다면 다음 표를 참고하여 입력해 봅시다.

A retro concert poster with 'ROCK' spelled out in electric guitar shapes, surrounded by neon lights and music notes.
전기 기타 모양으로 'ROCK'이라고 쓰여 있고 네온 불빛과 음표로 둘러싸인 레트로 콘서트 포스터.

A futuristic tech expo poster with 'INNOVATE' created from glowing circuit board patterns on a dark background.
어두운 배경에 빛나는 회로 기판 패턴으로 'INNOVATE'가 만들어져 있는 미래지향적인 기술 박람회 포스터.

A vintage travel poster with 'EXPLORE' composed of famous landmarks and travel icons in a colorful, retro art style.
유명 랜드마크와 여행 아이콘들로 'EXPLORE'가 구성된 다채롭고 레트로한 아트 스타일의 빈티지 여행 포스터.

A steaming coffee mug with rising steam forming the word 'coffee' in cursive letters.
커피 머그잔에서 올라오는 김이 'coffee'라는 단어를 흘림체로 형성하는 모습.

A wine glass with red wine splashing out, creating the word 'wine' in elegant script.
레드 와인이 튀어 오르며 'wine'이라는 단어를 우아한 필체로 만드는 와인 잔.

A chocolate bar melting, with the liquid chocolate forming the word 'sweet' in a smooth, flowing script.
초콜릿 바가 녹으며, 액체 초콜릿이 부드럽고 흐르는 듯한 필체로 'sweet'이라는 단어를 만드는 모습.

[표 4-3] 아이디오그램에 입력할 수 있는 프롬프트 예시 (영어로 입력해야 합니다)

〈안내〉

아이디오그램은 한국어 프롬프트를 인식하지 못하므로 영어로 입력해야 합니다. 영어 작문이 어렵다면 챗GPT나 클로드 같은 텍스트 생성 AI, 또는 파파고나 구글 번역기의 힘을 빌리면 됩니다. 그리고 아쉽게도 타 이미지 생성 AI보다 문자 표현에 강함에도 결과물에 한글은 표현하지 못합니다.

〈무료 이용 한도〉

집필 시점을 기준으로 아이디오그램에서는 **생성 명령을 하루에 최대 10번까지 무료**로 내릴 수 있습니다. 단, 한도가 남아 있더라도 이용자 수가 폭주하는 경우에는 이용이 제한될 수 있습니다.

[그림 4-79] 생성이 완료된 모습

총 네 장의 이미지가 생성되며, Milk라는 단어가 정확하게, 그것도 매우 감각적으로 표현된 모습을 확인할 수 있습니다.

■ **추가 명령 내리기 (이미지 다운로드하기, 프롬프트 재사용하기 등)**

이번에는 생성된 이미지 중에서 특정한 이미지를 클릭했을 때 나타나는 화면과 화면 각 부분의 기능과 역할에 대해 알아보겠습니다.

[그림 4-80] 이미지 상세 보기 화면

❶ **다운로드**: 이미지를 컴퓨터에 다운로드합니다.
❷ **프롬프트 재사용**: 동일한 프롬프트를 사용하여 새로운 이미지를 생성합니다.
❸ **리믹스**: 선택한 이미지와 비슷한 이미지를 생성합니다.
❹ **업스케일**: 해상도를 높입니다. (유료 플랜 이용자 전용 기능입니다.)

■ 크레딧 잔여량 확인하기

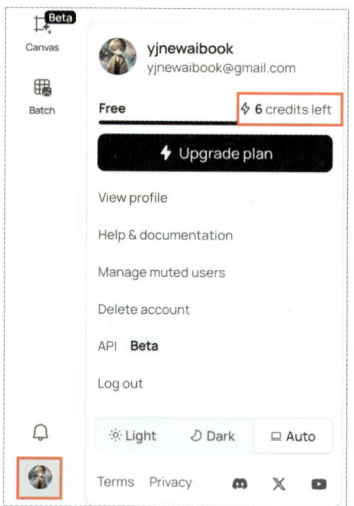

[그림 4-81] 크레딧 잔여량

화면 왼쪽 아래에 있는 **프로필** 버튼을 누르면 남아 있는 크레딧을 확인할 수 있습니다.

5.4. 유료 플랜 구매 방법

무료로 제공되는 크레딧을 전부 사용했다면 크레딧이 보충되기를 기다리거나 유료 플랜에 가입해야 합니다. 이번에는 유료 플랜 구매 방법에 대해 알아보겠습니다.

[그림 4-82] 업그레이드 버튼

먼저 화면 오른쪽 위에 있는 **업그레이드**(Upgrade) 버튼을 누릅니다.

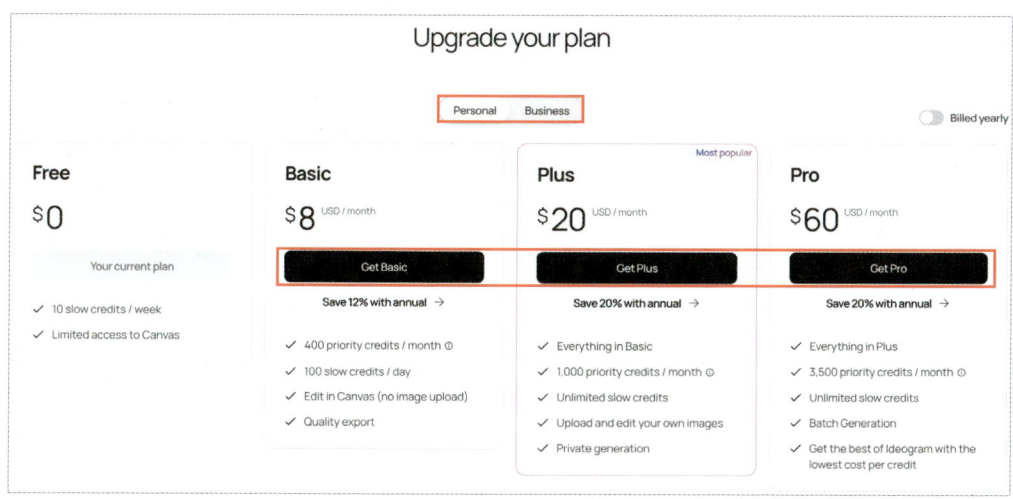

[그림 4-83] 유료 플랜 선택 화면

스위치로 **연간**(Annual) 구독 여부를 결정하고 **베이직**(Basic), **플러스**(Plus), **프로**(Pro) 플랜 중 하나를 선택한 뒤, 해당 플랜의 **얻기**(Get) 버튼을 누릅니다.

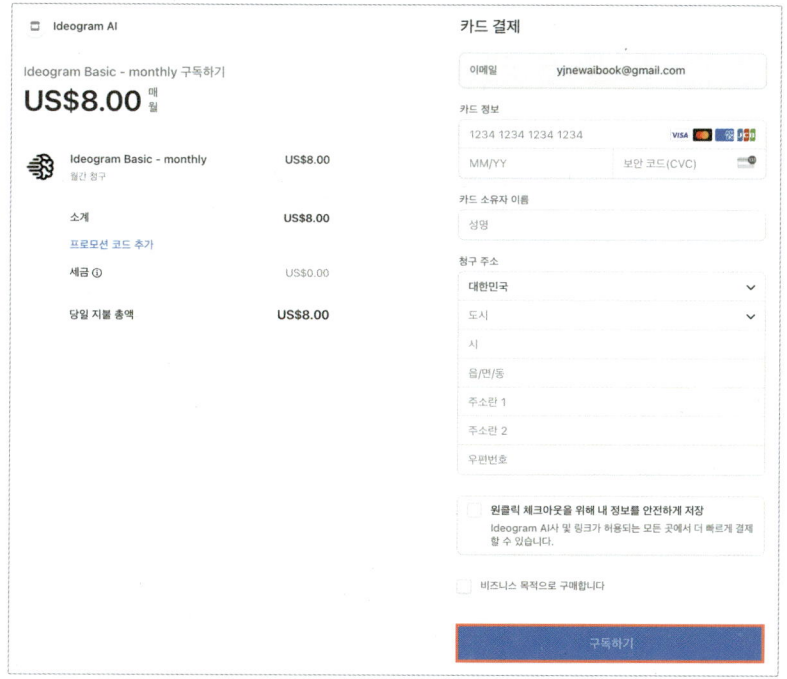

[그림 4-84] 유료 플랜 결제 화면

카드 정보와 소유자 이름, 그리고 **청구지 주소**를 입력하고 **구독하기** 버튼을 누릅니다. 이때, 해외 결제가 가능한 카드로만 결제할 수 있음에 유의합니다.

> **마무리**
>
> 지금까지 글자 표현에 강한 아이디오그램에 대해 알아보았습니다. 아이디오그램의 등장으로 누구나 전문 디자이너의 도움 없이 퀄리티 높은 로고를 만들어 브랜딩을 할 수 있게 되었으며, 개인 사업자와 스타트업에게 특히 큰 도움이 되고 있습니다.
>
> 기존 이미지 생성 AI의 빈틈을 제대로 노린 아이디오그램이 앞으로 디자인 분야에서 어떤 혁신을 가져올지, 그 무한한 가능성에 귀추가 주목됩니다.

06 스테이블 디퓨전: 커뮤니티와 함께 성장하는 개방형 AI 화가

6.1. 소개

스테이블 디퓨전은 영국에 본사를 둔 스테빌리티 AI(Stability AI)가 2022년 8월에 공개한 이미지 생성 AI입니다. 특이한 건 개발사가 오픈AI와는 달리 개방형 정책을 펼쳤다는 건데 스테빌리티 AI는 누구나 쉽게 스테이블 디퓨전을 이용하여 파생 모델을 만들 수 있도록 스테이블 디퓨전을 **오픈 소스**(Open Source)[4] 로 공개하였습니다.

그리고 그 결과, 스테이블 디퓨전에서 파생된 수많은 이미지 생성 AI가 인터넷 공간을 휩쓸게 되었고, 2024년 9월에는 영화 〈타이타닉〉, 〈아바타〉로 유명한 제임스 카메론 감독이 이사회에 합류하는 쾌거를 이루었습니다.

수많은 스테이블 디퓨전 기반의 AI 중에서도 여기서는 스테빌리티 AI가 직접 개발한, 오리지널 스테이블 디퓨전이 탑재되어 있는 드림스튜디오(DreamStudio)에 대해 다루겠습니다. 드림스튜디오는 출시된 지 6개월도 지나지 않아 누적 이용자 수가 4천만 명을 돌파하였으며, 무료 체험을 위한 무료 크레딧을 제공합니다. 그리고 오픈 소스의 취지에 걸맞게 드림스튜디오로 생성한 이미지를 누구나 상업적으로 이용할 수 있다는 장점도 있습니다.

6.2. 가입 방법

■ 구글 로그인 및 초기 설정하기

먼저 드림스튜디오를 이용하기 위해 인터넷 브라우저를 열고 다음 사이트에 접속합니다.

---

[4] 프로그램 개발에 사용된 소스 코드를 누구나 확인하고 수정할 수 있도록 공개했음을 뜻합니다.

URL: dreamstudio.ai

[그림 4-85] 드림스튜디오 첫 화면

시작하기(Get started) 버튼을 누릅니다.

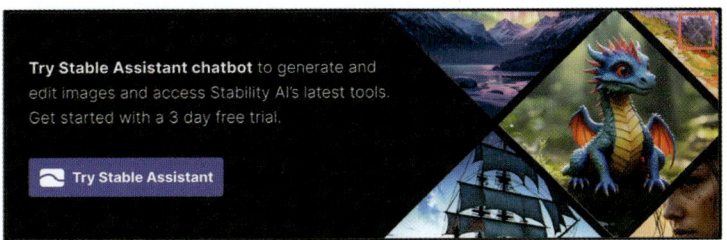

[그림 4-86] 드림스튜디오 안내 화면

안내 창이 나타나면 **X** 버튼을 눌러 창을 닫습니다.

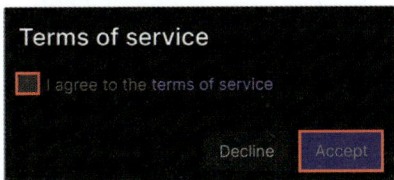

[그림 4-87] 이용 약관 동의 화면

이용 약관 동의 여부를 묻는 화면이 나타나면 **체크 박스**를 클릭하고 **동의하기**(Accept) 버튼을 누릅니다.

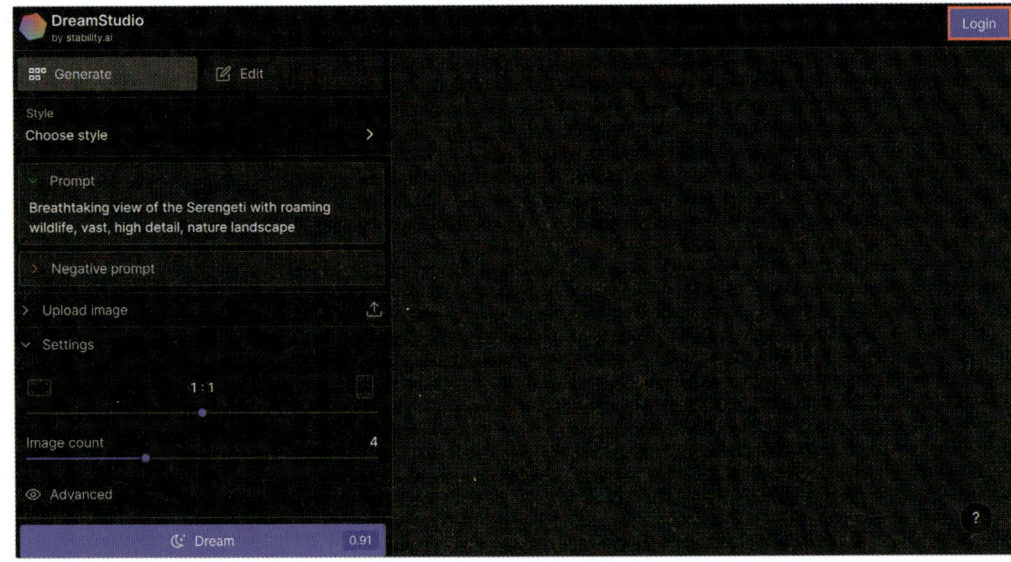

[그림 4-88] 드림스튜디오 실행 화면

당장 이용할 수 있는 것처럼 보이지만, 드림스튜디오를 이용하기 위해서는 먼저 회원 가입을 해야 합니다. 회원 가입을 하기 위해 **로그인**(Login) 버튼을 누릅니다.

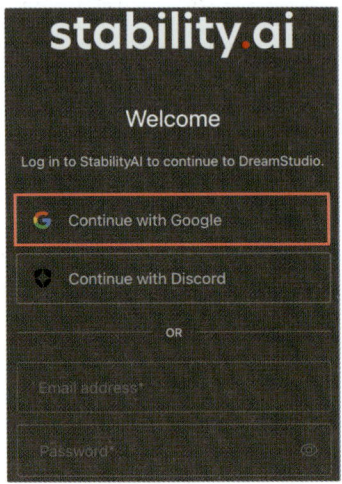

[그림 4-89] 스테빌리티 AI 회원 가입 화면

드림스튜디오를 이용하기 위해서는 드림스튜디오를 운영하는 스테빌리티 AI 계정을 만들어야 합니다. 스테빌리티 AI 계정은 구글과 디스코드 계정, 그리고 일반 이메일 주소를 이용하여 만들 수 있습니다. 여기서는 구글 계정으로 만들어 보도록 하겠습니다. **구글로 계속하기**(Continue with Google) 버튼을 누르고 자신이 사용하는 구글 계정으로 로그인을 합니다.

[그림 4-90] 구글 로그인 화면

계속 버튼을 누릅니다.

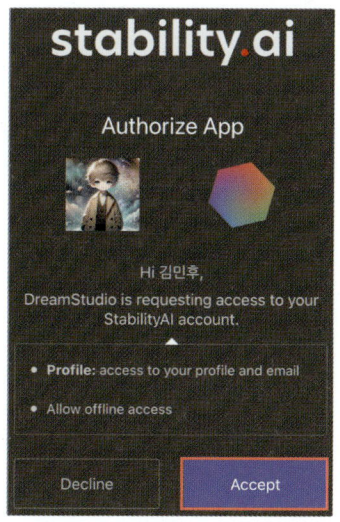

[그림 4-91] 프로필 정보 제공 동의 화면

구글 계정의 프로필을 스테빌리티 AI 측에 제공할 것인지 묻는 화면이 나타납니다. 동의를 위해 **동의하기**(Accept) 버튼을 누릅니다.

6.3. 사용 방법

■ 화면 구성 살펴보기

이제 드림스튜디오를 사용하기 위한 모든 준비가 끝났습니다. 먼저 화면 구성에 대해 알아보겠습니다.

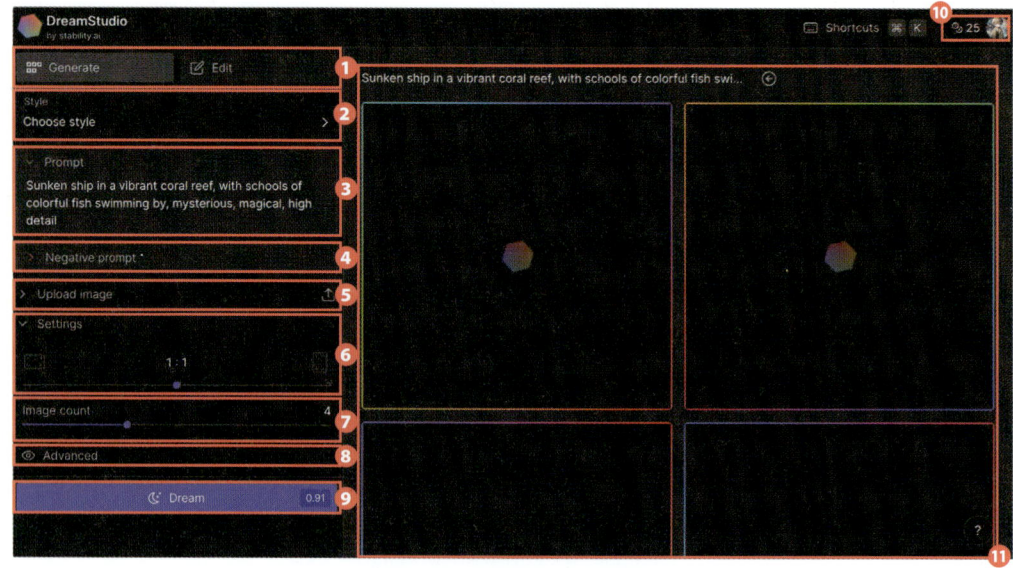

[그림 4-92] 드림스튜디오 실행 화면

❶ **기능 선택**: 어떤 작업을 할지를 선택합니다.

❷ **스타일**: 원하는 스타일(그림체)을 지정합니다.

❸ **프롬프트 입력창**: 프롬프트를 입력하는 자리입니다.

❹ **네거티브 프롬프트 입력창**: 이미지에서 배제하고 싶은 내용을 입력하는 자리입니다.

❺ **이미지 업로드**: 컴퓨터에 있는 이미지를 업로드하여 AI가 이미지 생성 시 참고하도록 합니다.

❻ **설정**: 이미지의 가로, 세로 비율을 변경합니다.

❼ **생성할 이미지 수**: 한 번에 생성할 이미지 수를 변경합니다.

❽ **고급 설정**: 고급 사용자를 위한 메뉴를 띄웁니다.

❾ **생성**: 입력한 프롬프트를 바탕으로 이미지를 생성합니다. 오른쪽의 숫자는 이미지를 생성할 경우 크레딧이 얼마나 소모되는지 나타냅니다.

❿ **크레딧 잔여량, 프로필 메뉴**: 크레딧 잔여량과 프로필 메뉴를 확인합니다.

⓫ **이미지 영역**: 지금까지 생성된 이미지를 보여줍니다. 최근에 생성한 이미지일수록 위쪽에 나타납니다.

■ **고급 설정 알아보기**

이미지를 생성하기에 앞서 잠시 고급 설정에 대해 알아보겠습니다. '고급'이라는 이름에 당황할 수 있지만, 이미지 생성에 많이 쓰이고 또 유용한 기능이므로 잘 알아두는 것이 좋습니다. 다음은 **고급**(Advanced) 버튼을 눌렀을 때 나타나는 속성과 그에 대한 특징입니다.

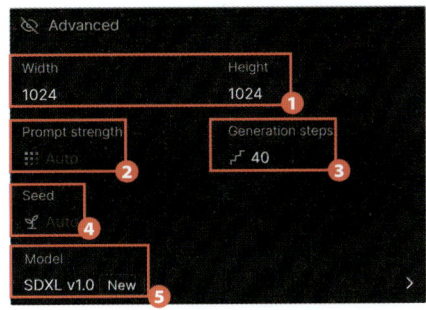

[그림 4-93] 고급 설정 화면

❶ **너비, 높이**: 생성되는 이미지의 가로, 세로 픽셀 수를 지정합니다.
❷ **프롬프트 강도**: 1~30 사이의 값을 입력할 수 있으며, 높을수록 프롬프트의 내용이 결과물에 충실하게 반영됩니다.
❸ **생성 단계**: 10~150 사이의 값을 입력할 수 있으며, 높을수록 이미지 생성에 더 많은 단계를 거치게 되어 이미지의 품질이 높아지지만 그만큼 더 많은 크레딧이 필요해집니다.
❹ **시드**: 이미지 생성에 사용할 고유한 값을 지정합니다. 이 값과 나머지 설정 값, 그리고 프롬프트가 동일하다면 매번 거의 동일한 이미지가 생성됩니다.
❺ **모델**: 이미지 생성에 사용할 모델을 지정합니다.

■ **이미지 생성하기**

드림스튜디오 역시 대부분의 이미지 생성 AI와 동일하게 프롬프트를 바탕으로 이미지를 생성하므로 어떤 프롬프트를 적느냐가 굉장히 중요합니다.

필자는 우주에서 공상하는 소년의 이미지를 전신으로, 환상적인 분위기로, 일본 애니메이션 그림체로 얻어내기 위해 "A cute boy daydreaming in space, full body, fantastic, Japanese anime style."이라고 입력하겠습니다.

〈안내〉
드림스튜디오는 한국어 프롬프트를 인식하지 못하므로 영어로 입력해야 합니다. 영어 작문이 어렵다면 챗GPT나 클로드 같은 텍스트 생성 AI, 또는 파파고나 구글 번역기의 힘을 빌리면 됩니다.

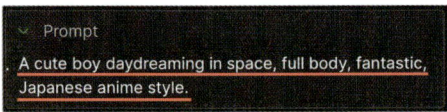

[그림 4-94] 프롬프트를 입력한 모습

프롬프트를 다 입력했다면 하단의 `Dream` 버튼을 누릅니다.

〈무료 이용 한도〉

집필 시점, 기본 설정값을 기준으로 드림스튜디오에서는 **생성 명령을 가입 후 최대 27번까지 무료**로 내릴 수 있습니다. 크레딧은 리필이 되지 않습니다.

[그림 4-95] 생성이 완료된 모습

생성이 완료되면 즉시 결과물을 확인할 수 있습니다.

■ 이미지 다운로드하기

[그림 4-96] 다운로드 버튼

마음에 드는 이미지를 발견했다면 마우스 포인터를 해당 이미지 위로 가져온 뒤, 버튼을 눌러 다운로드할 수 있습니다.

> **+ 더 알아보기**
>
> Q 네 장의 이미지를 한꺼번에 내려받을 수는 없나요?
>
> A 입력한 프롬프트 오른쪽에 있는 ⬇ 버튼을 누르면 네 장을 한꺼번에 다운로드할 수 있습니다.

■ 특정한 요소 배제하기

드림스튜디오에서 제공하는 **네거티브 프롬프트 기능**을 이용하면 이미지에서 특정한 사물, 색 등 요소가 표현되는 것을 방지할 수 있습니다.

예를 들어 일본 애니메이션 그림체의 귀여운 유니콘 이미지를 생성하고 싶다고 가정해 보겠습니다. 프롬프트에 색상을 따로 명시하지 않으면 결과물이 대부분 분홍색으로 나옵니다. 유니콘은 대부분 분홍색이라는 사실을 AI가 학습했기 때문입니다.

[그림 4-97] 네거티브 프롬프트를 입력한 모습

만약 다른 색은 다 괜찮은데 분홍색 유니콘만 나오지 않게 하고 싶다면 앞의 그림과 같이 네거티브 프롬프트에 분홍색(Pink)을 추가해 주면 됩니다.

[그림 4-98] 네거티브 프롬프트가 없을 때(상)와 있을 때(하)의 결과물

결과물에서 분홍색만 배제되는, 네거티브 프롬프트의 위력을 실감케 하는 결과물을 확인할 수 있습니다.

■ 비슷한 이미지 만들기

만약 특정한 이미지가 마음에 드는데 2% 부족하게 느껴진다면 선택한 이미지와 비슷한 이미지를 네 장 더 생성해 주는 **베리에이션**(Variations) 기능을 이용해 볼 수 있습니다. 이번에는 이 기능의 이용 방법에 대해 알아보겠습니다.

[그림 4-99] 베리에이션 버튼

먼저 마우스 포인터를 특정 이미지 위로 가져온 뒤, **베리에이션**(Variations) 버튼을 누릅니다.

[그림 4-100] 생성이 완료된 모습

선택한 이미지와 상당히 유사하지만 얼굴형, 표정 등이 조금씩 다른 네 장의 이미지가 생성된 것을 확인할 수 있습니다.

■ 이미지 업로드 후 명령 내리기

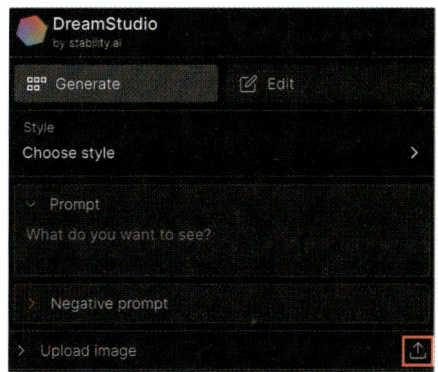

[그림 4-101] 이미지 업로드 버튼

화면 왼쪽 **이미지 업로드**(Upload image) 자리에 있는 버튼을 클릭한 뒤, 컴퓨터에서 원하는 이미지를 가져오면 이미지가 업로드됩니다. 이 상태에서 프롬프트를 입력하고 **꿈꾸기**(Dream) 버튼을 누르면 드림스튜디오가 첨부한 이미지와 프롬프트를 바탕으로 이미지를 생성하도록 만들 수 있습니다.

■ 크레딧 잔여량 확인하기

[그림 4-102] 크레딧 잔여량 표시 영역

크레딧 잔여량은 화면 오른쪽 위에 상시 표시됩니다. 원활한 이용을 위해 수시로 확인하는 것을 추천합니다.

6.4. 크레딧 구매 방법

무료로 제공되는 크레딧을 전부 사용했다면 크레딧을 구매해야 합니다. 이번에는 크레딧 구매 방법에 대해 알아보겠습니다.

먼저 화면 오른쪽 위에 있는 **크레딧 잔여량 표시 영역**을 클릭합니다.

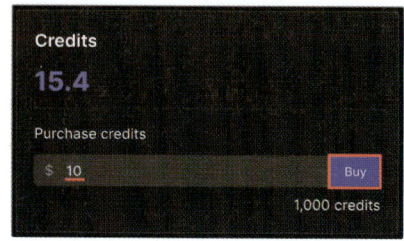

[그림 4-103] 크레딧 영역

화면에서 크레딧(Credits) 영역을 찾고 크레딧 구매하기(Purchase credits) 자리에 지불할 달러를 입력한 뒤, **구매**(Buy) 버튼을 누릅니다. 최소 구매 금액은 10달러이며, 10달러당 1,000크레딧을 제공합니다.

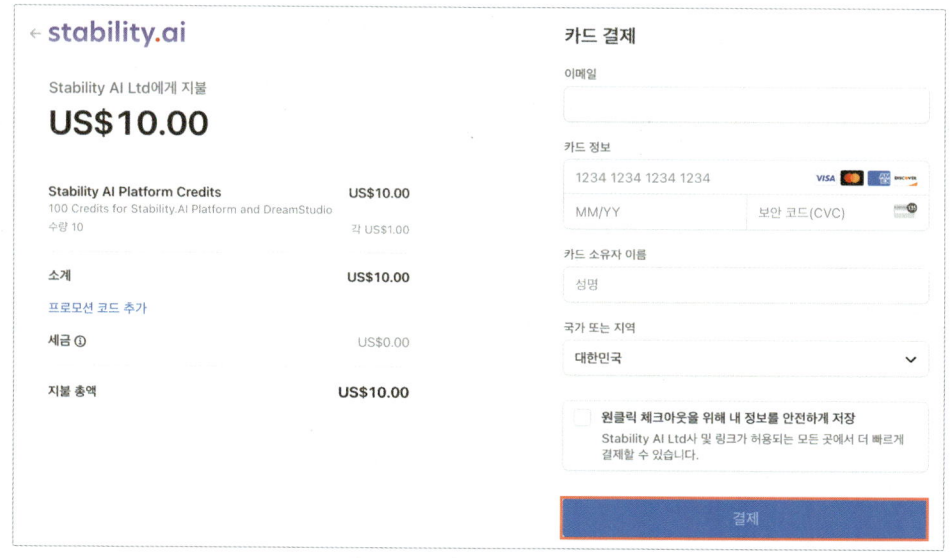

[그림 4-104] 크레딧 결제 화면

이메일, 카드 정보와 **소유자 이름**을 입력하고 **결제** 버튼을 누릅니다. 이때, **해외 결제가 가능한 카드**로만 결제할 수 있음에 유의합니다.

6.5. (또 다른) 사용 방법

■ 뤼튼 로그인하기

뤼튼테크놀로지스에서 운영하는 AI 포털, 뤼튼에서도 스테이플 디퓨전을 기반으로 하는 이미지 생성 AI를 사용할 수 있습니다. 이번에는 뤼튼에 접속하여 이미지를 생성해 보겠습니다.

먼저 뤼튼을 이용하기 위해 인터넷 브라우저를 켜고 다음 사이트에 접속한 뒤, 가입한 계정으로 로그인을 합니다.

URL: wrtn.ai

〈안내〉
뤼튼 계정이 있다고 가정하고 진행하겠습니다. 아직 가입을 하지 않으셨다면 **2장 6.2. 가입 방법**의 내용을 참고하여 가입을 먼저 해 주세요.

■ 이미지 생성하기

[그림 4-105] 모드 변경 화면

모드 변경 버튼을 누른 뒤, **AI 이미지**를 클릭합니다.

얻어내고자 하는 이미지를 묘사하는 프롬프트를 입력합니다. 필자는 "**우주에서 공상하는 소년의 이미지를 전신으로, 환상적인 분위기로, 일본 애니메이션 그림체로 그려 줘.**"라고 입력해 보겠습니다.

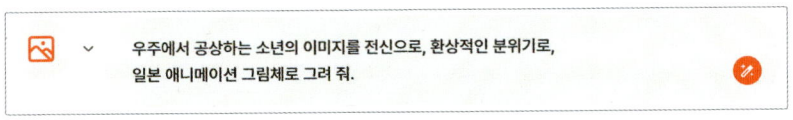

[그림 4-106] 프롬프트 입력창

프롬프트 입력을 마쳤다면 Enter 를 누르고 잠시 기다립니다.

[그림 4-107] 생성이 완료된 모습

뤼튼에 탑재된 스테이블 디퓨전 기반의 AI가 이미지를 생성한 모습을 확인할 수 있습니다. 만약 이미지가 마음에 들지 않는다면 🔄 버튼을 눌러 AI가 이미지를 다시 생성하도록 할 수 있습니다.

■ 이미지 다운로드하기

이미지 위로 마우스 포인터를 가져온 뒤, ⬇ 버튼을 누르면 해당 이미지를 다운로드할 수 있습니다.

> **마무리**
>
> 지금까지 스테빌리티 AI에서 개발한 스테이블 디퓨전과 이를 사용할 수 있는 두 가지 방법에 대해 알아보았습니다.
> 스테이블 디퓨전의 가장 큰 장점은 접근성과 확장성입니다. 상업성을 짙게 띄는 타 이미지 생성 AI와는 다르게 오픈 소스라는 특징 덕분에 누구나 자유롭게 기능을 추가하거나 수정할 수 있어 이를 바탕으로 다양한 서비스가 만들어지고 있으며, 이는 AI 이미지 생성 기술의 대중화에 큰 기여를 하고 있습니다.
> 앞으로 스테이블 디퓨전이 개방형이라는 강점에 힘입어 더 많은 사람들에게 닿을 수 있길 기대해 봅니다.

5장

생성 AI 소개
(비디오 및 프레젠테이션 편)

이 장에서는 비디오 생성 AI와 프레젠테이션 생성 AI에 대해 알아보겠습니다. 먼저 비디오 생성 AI는 여러 가지 종류의 비디오를 만들어 주는 AI로, 텍스트 설명만으로 완전한 동영상을 만들어내거나, 정지 이미지에 움직임을 부여하는 등의 작업을 수행합니다.

그리고 프레젠테이션 생성 AI는 프레젠테이션 자료를 자동으로 만들어 주는 AI로, 적은 시간을 들여 쉽고 빠르게 원하는 자료를 만들 수 있도록 도와줍니다.

01 헤이젠: 가상 인간을 활용한 비디오 제작 플랫폼

1.1. 소개

헤이젠(Heygen)은 사실적인 가상 인물 영상을 만들 수 있는 AI 영상 제작 플랫폼입니다. 2022년에 동명의 회사에서 개발한 이 서비스는 텍스트만으로 실제 사람과 구분하기 어려울 정도로 정교한 AI 아바타 영상을 만들어냅니다.

헤이젠의 핵심 기능은 가상 인물이 사용자가 입력한 스크립트를 자연스럽게 말하는 영상을 제작하는 것입니다. 다양한 아바타와 목소리를 선택할 수 있어 원하는 영상을 손쉽게 만들 수 있으며, 실제 인물의 얼굴과 목소리를 AI 모델에 적용해 맞춤형 아바타를 제작할 수도 있습니다.

이렇게 뛰어난 성능 탓에 오남용에 대한 우려도 제기되고 있지만, 헤이젠은 윤리적 가이드라인을 마련하고 맞춤형 아바타 제작 시 검증 절차를 엄격히 하는 등의 노력을 기울이고 있습니다.

1.2. 가입 방법

■ 구글 로그인 및 초기 설정하기

먼저 헤이젠을 이용하기 위해 인터넷 브라우저를 열고 다음 사이트에 접속합니다.

URL: heygen.com

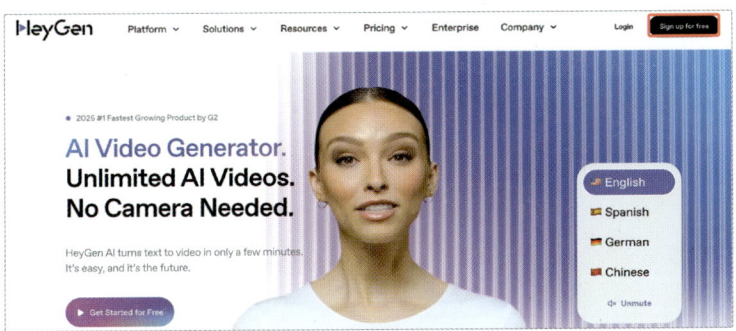

[그림 5-1] 헤이젠 첫 화면

회원 가입을 하기 위해 **무료로 회원 가입하기**(Sign up for free) 버튼을 누릅니다.

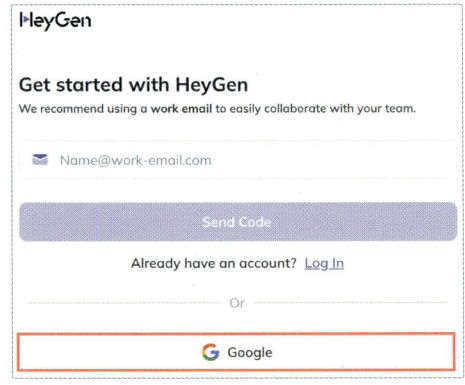

[그림 5-2] 헤이젠 회원 가입 화면

헤이젠 계정은 구글 계정, 그리고 일반 이메일 주소를 이용하여 만들 수 있습니다. 여기서는 구글 계정으로 만들어 보도록 하겠습니다. **Google** 버튼을 누르고 자신이 사용하는 구글 계정으로 로그인을 합니다.

[그림 5-3] 구글 로그인 화면

계속 버튼을 누릅니다.

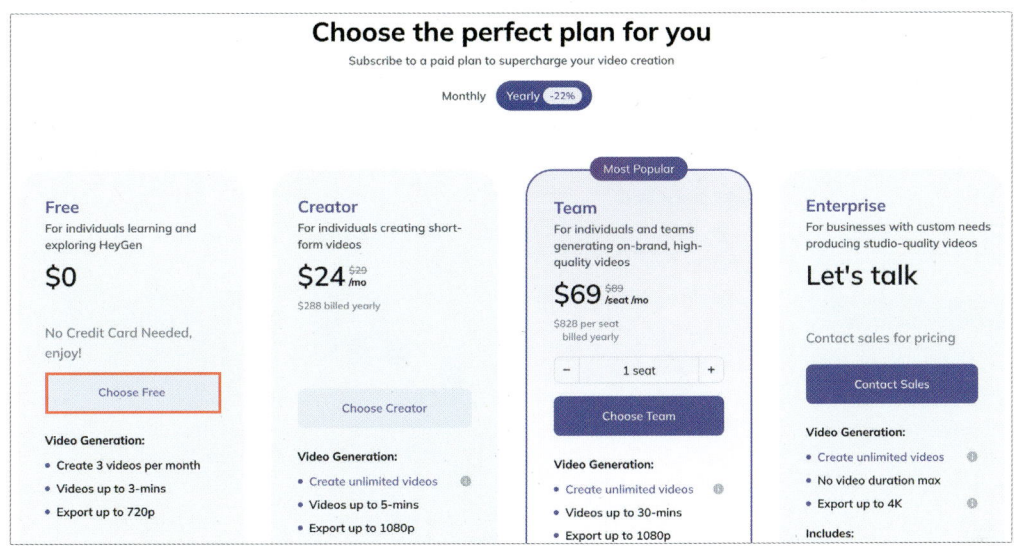

[그림 5-4] 플랜 선택 화면

무료 선택하기(Choose Free) 버튼을 누릅니다.

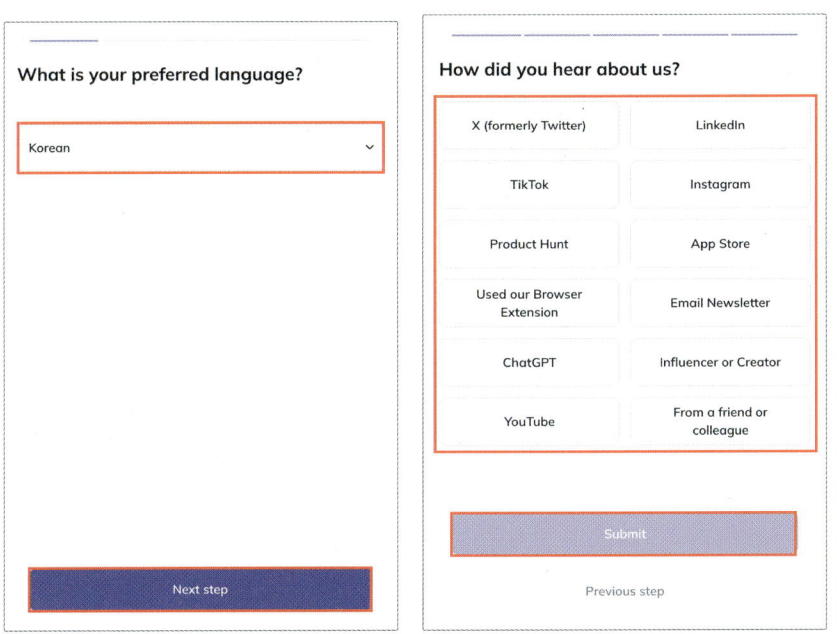

[그림 5-5] 언어 선택 및 설문 조사 화면

선호하는 언어를 고르고 **다음 단계**(Next step) 버튼을 누른 뒤, 간단한 설문 조사에 응하고 **제출하기**(Submit) 버튼을 누릅니다.

1.3. 사용 방법

■ 새 비디오 만들기

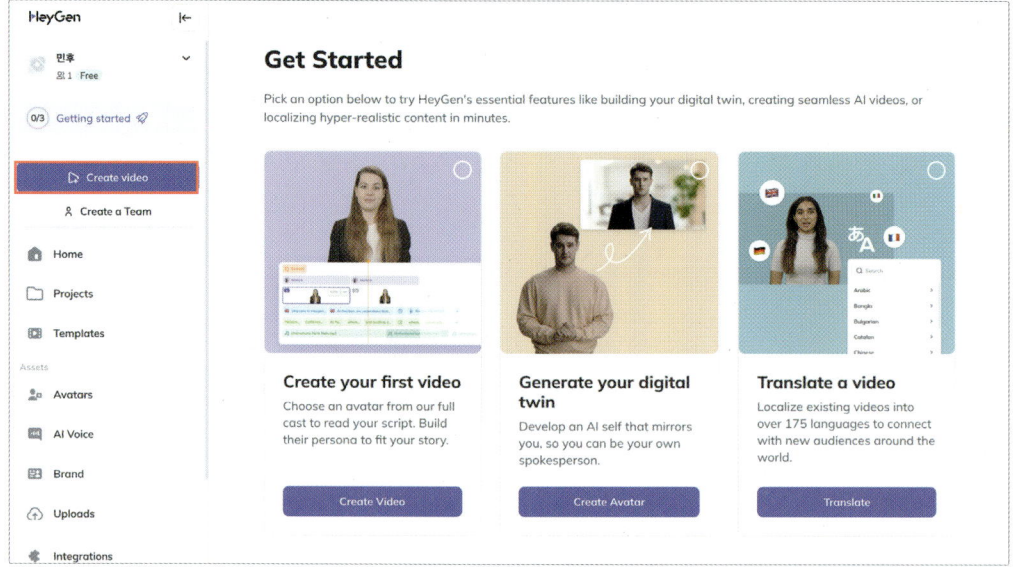

[그림 5-6] 헤이젠 홈 화면

먼저 새로운 비디오를 생성하기 위해 **비디오 만들기**(Create video) 버튼을 누릅니다.

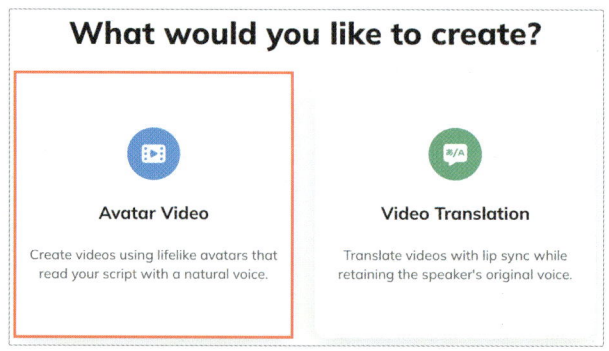

[그림 5-7] 비디오 종류 선택 화면

두 가지 기능이 나타납니다. 아바타 비디오(Avatar Video)는 스크립트를 읽어 주는 아바타 영상을 만들어 주는 기능이고, 비디오 번역(Video Translation)은 영상의 음성을 특정 언어로 타이밍에 맞춰 자동으로 번역하여 읽어 주는 기능입니다.

여기서는 아바타 영상을 만들기 위해 **아바타 비디오**(Avatar Video) 버튼을 누르겠습니다.

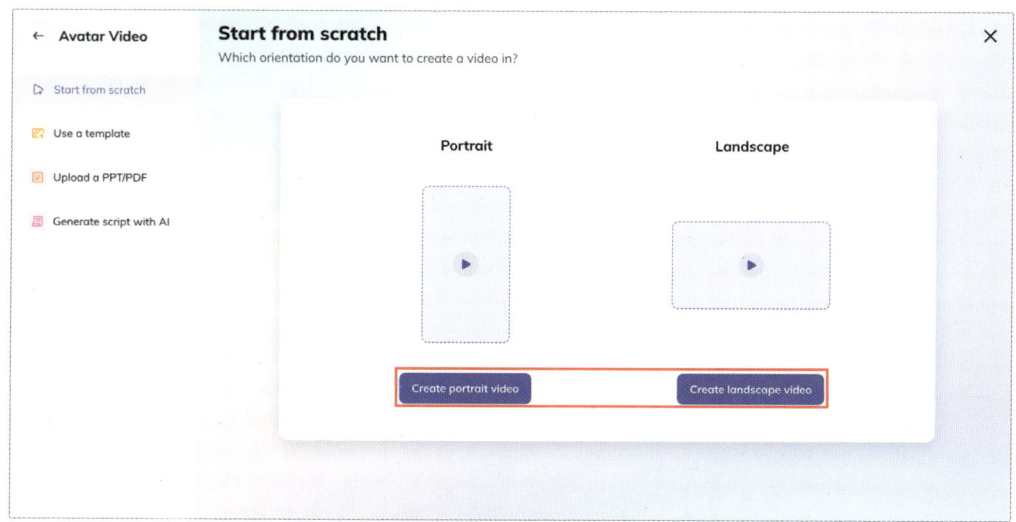

[그림 5-8] 비디오 비율 선택 화면

먼저 생성할 비디오의 비율을 고르는 단계입니다. 세로로 긴 비디오를 만들고 싶다면 **세로 방향 비디오 만들기**(Create portrait video)를, 가로로 긴 비디오를 만들고 싶다면 **가로 방향 비디오 만들기**(Create landscape video) 버튼을 누릅니다.

■ 화면 구성 살펴보기

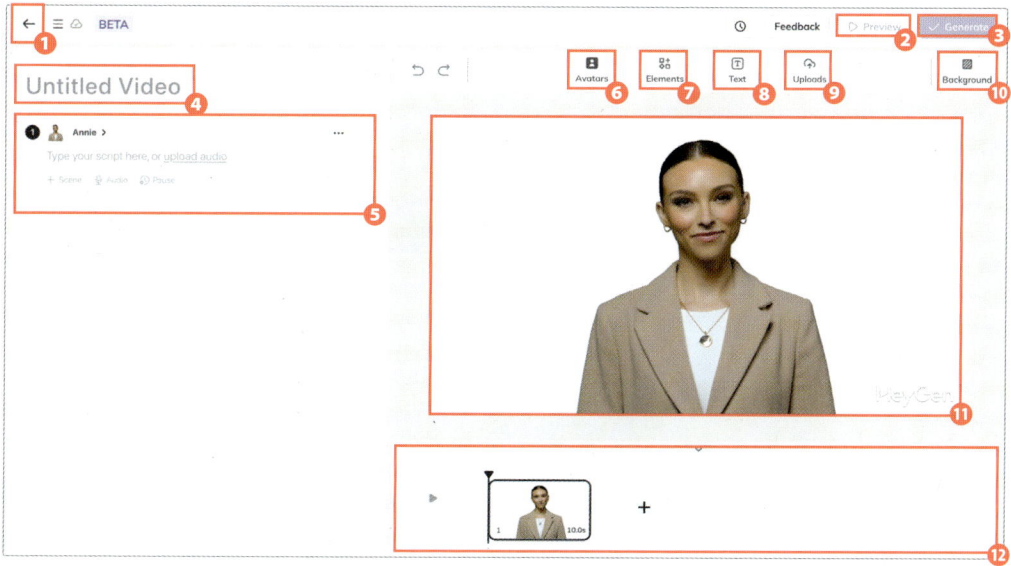

[그림 5-9] 헤이젠 실행 화면

5장 생성 AI 소개(비디오 및 프레젠테이션 편) **211**

헤이젠의 핵심이라고 할 수 있는 실행 화면이 나타났습니다. 먼저 실행 화면에서 확인할 수 있는 다양한 버튼의 기능과 역할에 대해 알아보겠습니다.

❶ **뒤로 가기**: 이전 화면인 홈 화면으로 돌아갑니다.
❷ **미리 보기**: 비디오를 만들기 전 미리 확인해 봅니다.
❸ **생성하기**: 비디오를 생성합니다.
❹ **프로젝트 이름**: 프로젝트 이름을 나타내며, 클릭하여 변경할 수 있습니다.
❺ **스크립트 영역**: 스크립트를 입력하고 확인합니다.
❻ **아바타 선택**: 원하는 종류의 가상 인간, 아바타를 고를 수 있는 화면을 띄웁니다.
❼ **요소 삽입**: 각종 이미지, 아이콘 등을 삽입할 수 있는 화면을 띄웁니다.
❽ **글 상자 삽입**: 글 상자를 수동으로 삽입할 수 있는 화면을 띄웁니다.
❾ **업로드**: 컴퓨터에 있는 이미지 등을 삽입할 수 있는 화면을 띄웁니다.
❿ **배경**: 배경 이미지를 삽입할 수 있는 화면을 띄웁니다.
⓫ **편집 화면**: 추가한 아바타와 배경 등을 확인할 수 있습니다.
⓬ **타임라인 영역**: 영상의 흐름을 시각적으로 나타냅니다.

■ 아바타 선택하기

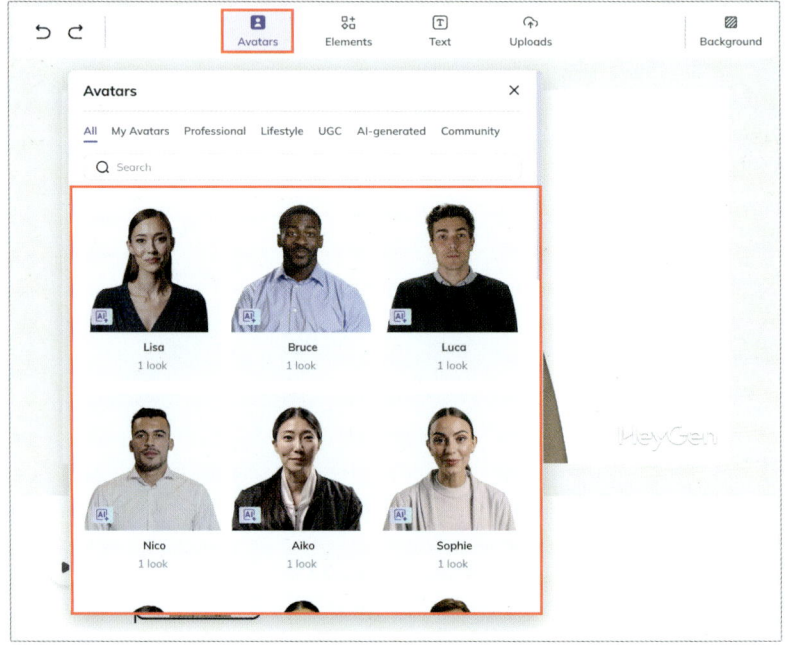

[그림 5-10] 아바타 선택 화면

먼저 영상에 등장할 가상 인간인 **아바타**를 골라 보겠습니다. 자신만의 새로운 아바타를 만들 수도 있으나, 우선은 헤이젠에서 무료로 제공하는 아바타를 이용해 보겠습니다.

> **〈주의 사항〉**
> 프리미엄(Premium)이라고 적혀 있는 아바타는 유료 플랜 이용자 전용이며, AI라고 적혀 있는 아바타는 AI로 생성된 것입니다.

메뉴에서 **아바타**(Avatars) 버튼을 누르면 다양한 아바타가 나타나는데, 여기서 마음에 드는 것을 클릭하여 선택합니다.

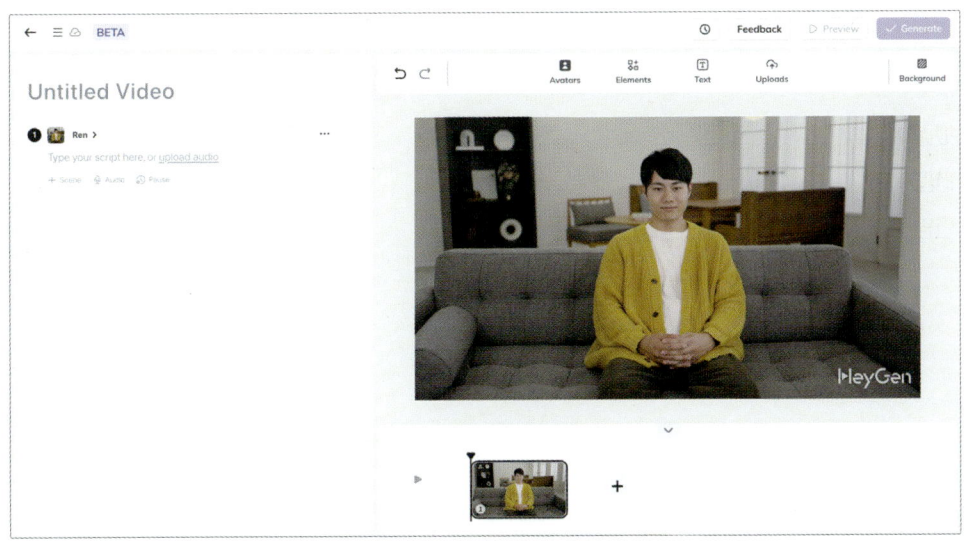

[그림 5-11] 아바타가 적용된 모습

편집 화면에서 조금 전 선택한 아바타가 적용된 모습을 확인할 수 있습니다.

■ **목소리 고르기**

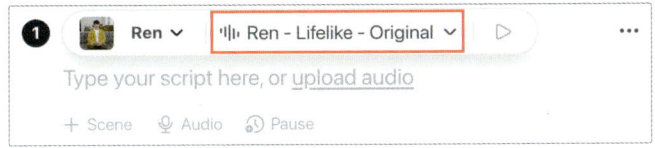

[그림 5-12] 스크립트 영역

이번에는 스크립트를 읽어 줄 AI 목소리를 지정해 보겠습니다. 먼저 왼쪽 **스크립트 영역**에서 **목소리 이름 부분**으로 마우스 포인터를 가져온 뒤, **두 번째 항목**을 클릭합니다.

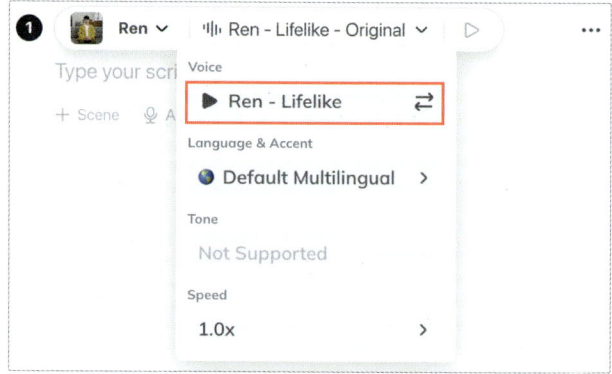

[그림 5-13] 스크립트 메뉴

스크립트 메뉴에서 **목소리**(Voice)의 세부 항목을 클릭합니다.

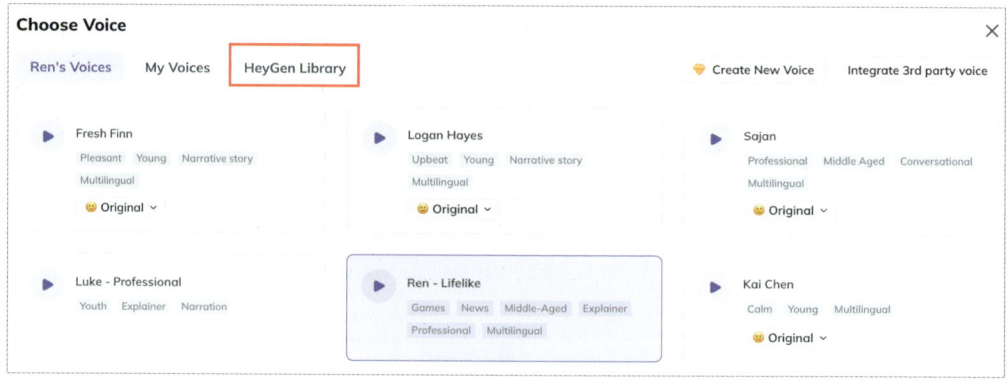

[그림 5-14] 목소리 선택 화면

헤이젠 라이브러리(HeyGen Library)를 클릭합니다.

[그림 5-15] 목소리 선택 화면 2

영어(English)를 클릭한 뒤, 한국어 목소리만 보기 위해 언어를 **한국어**(Korean)로 바꿉니다.

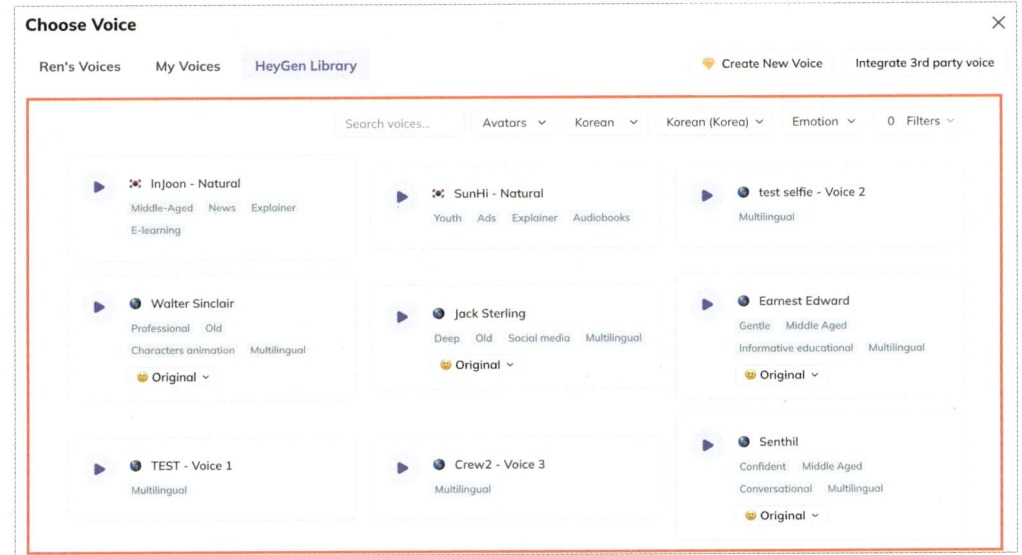

[그림 5-16] 목소리 선택 화면 3: 한국어 목소리 목록

재생(▶) 버튼을 눌러 목소리를 들어 보고, 마음에 드는 목소리를 찾았다면 **목소리의 이름 부분**을 클릭하여 해당 목소리를 선택합니다.

 필터(Filter) 기능을 이용하면 목소리의 성별, 연령대 등을 지정하여 원하는 목소리를 쉽게 찾을 수 있습니다.

■ 스크립트 입력하기

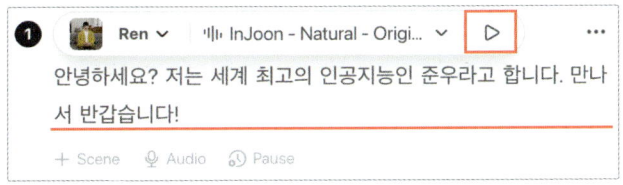

[그림 5-17] 스크립트 영역

이제 **스크립트 영역**에 아바타가 읽어 주길 원하는 내용을 입력합니다. **목소리 이름 부분**으로 마우스 포인터를 가져온 뒤, **재생(▷)** 버튼을 누르면 적은 내용을 들어 볼 수도 있습니다.

꿀팁 ✅ 중간에 아바타나 목소리를 바꾸고 싶거나 매우 긴 내용을 나눠서 입력하고 싶다면 다음과 같이 스크립트 영역이나 타임라인 영역에 있는 + 버튼을 눌러 새로운 장면(Scene)을 추가한 뒤, 아바타와 목소리, 스크립트를 각각 지정해 주면 됩니다.

■ 비디오 내보내기

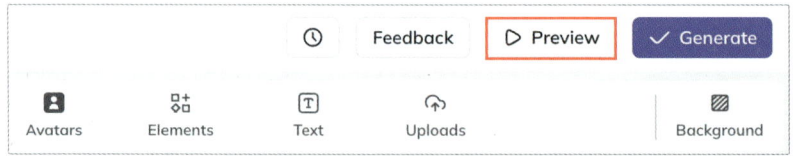

[그림 5-18] 오른쪽 위 메뉴 영역

먼저 **프로젝트 이름**을 적절히 바꾼 뒤, **미리 보기**(Preview) 버튼을 눌러 만들어질 영상을 미리 확인해 봅니다. 미리 보기 단계에서는 영상이 움직이지 않고 섬네일[1]만 나타나며, AI로 생성된 목소리를 들을 수 있습니다.

---

1 동영상을 대표하는 이미지를 뜻합니다.

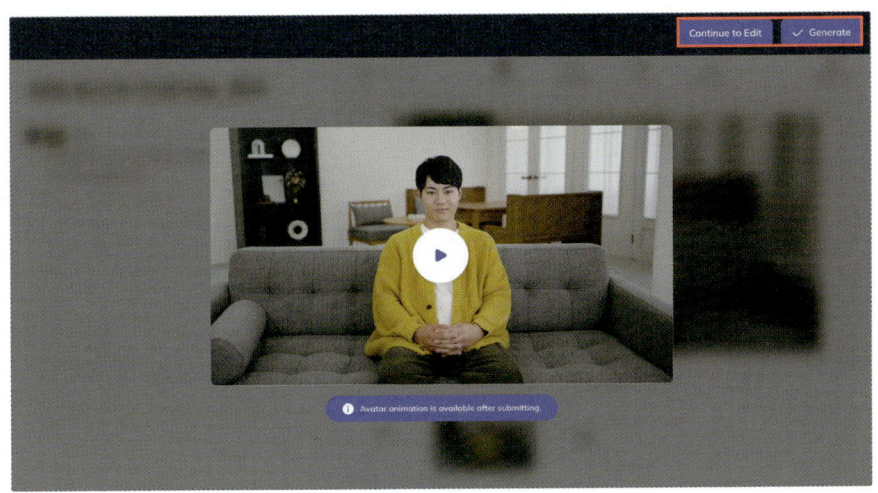

[그림 5-19] 미리 보기 화면

편집을 계속 하고 싶으면 **계속 편집하기**(Continue to Edit), 비디오를 내보내고 싶으면 **생성하기**(Generate)를 누릅니다. 여기서는 완성이 되었다고 가정하고 생성을 하겠습니다.

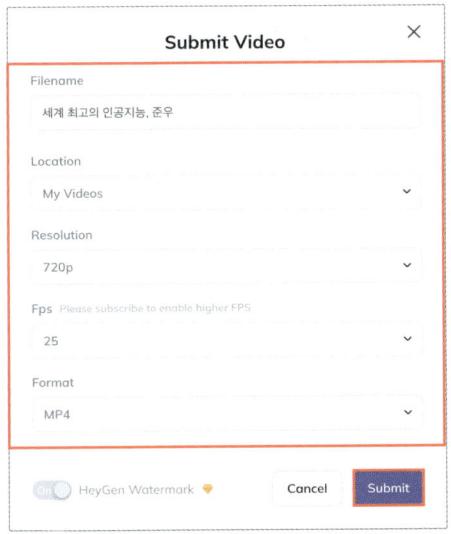

[그림 5-20] 비디오 내보내기 화면

비디오 내보내기 화면이 나타나면 파일 이름(Filename), 경로(Location), 해상도(Resolution), 프레임 레이트(Fps)[2], 그리고 확장자(Format)를 확인하고 **제출하기**(Submit) 버튼을 누릅니다.

---

2 1초 동안에 표시되는 이미지의 수로, 높을수록 동영상이 부드러워집니다.

〈무료 이용 한도〉

집필 시점을 기준으로 헤이젠에서는 **한 달에 최대 3개의 영상을 무료로 내보내기**할 수 있고, 각 영상은 3분을 초과할 수 없습니다.

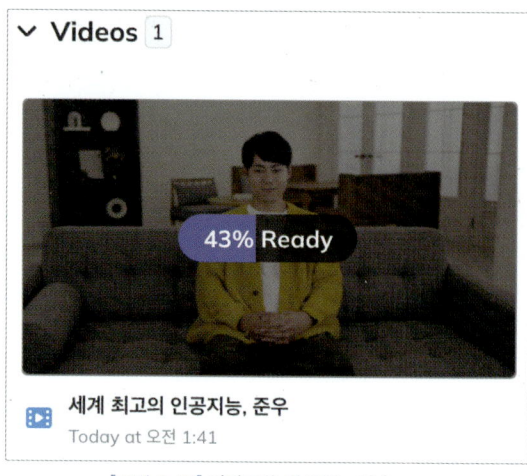

내보내기가 완료될 때까지 기다립니다.

[그림 5-21] 비디오가 생성되는 모습

■ **결과물 다루기 (비디오 다운로드하기, 새로 편집하기 등)**

이번에는 홈 화면에서 **섬네일** 위로 마우스 포인터를 가져온 뒤, **더 보기**(…) 버튼을 클릭했을 때 나타나는 기능에 대해서 알아보겠습니다.

아직 작업 화면에 있다면 화면 왼쪽 위에 있는 **뒤로 가기** 버튼을 눌러 홈 화면으로 이동합니다.

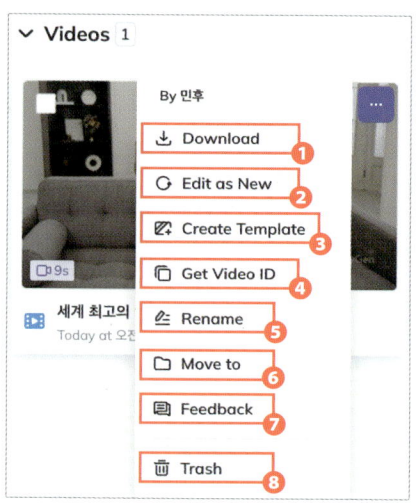

[그림 5-22] 비디오 메뉴

❶ **다운로드**: 비디오를 컴퓨터에 저장합니다.
❷ **새로 편집**: 비디오를 프로젝트의 형태로 복제하여 편집을 이어갑니다. 다시 편집하고자 할 때 이용합니다.
❸ **템플릿 생성**: 해당 비디오를 템플릿으로 지정합니다.
❹ **비디오 ID 복사**: 비디오의 고유한 식별 번호를 클립보드에 복사합니다.
❺ **이름 변경**: 비디오의 이름을 바꿉니다.
❻ **이동**: 해당 비디오를 다른 경로로 이동합니다.
❼ **피드백 보내기**: 비디오에 별점을 매깁니다.
❽ **휴지통으로 이동**: 해당 비디오를 휴지통으로 이동합니다.

홈 화면에서는 필요에 따라 동영상을 다운로드하거나 새로 편집을 하는 등의 명령을 내릴 수 있습니다.

■ **나만의 아바타 만들기**

헤이젠에는 자신의 목소리가 담긴 영상을 이용하여 아바타를 만들 수 있는 기능이 있습니다. 이번에는 이 기능을 이용하여 나만의 아바타를 제작해 보겠습니다.

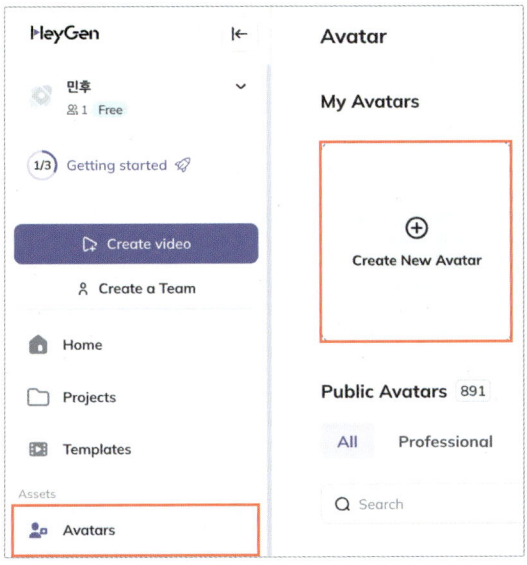

[그림 5-23] 아바타 만들기 버튼

먼저 홈 화면의 메뉴에서 **아바타**(Avatars)를 누르고 **새로운 아바타 만들기**(Create New Avatar) 버튼을 클릭합니다.

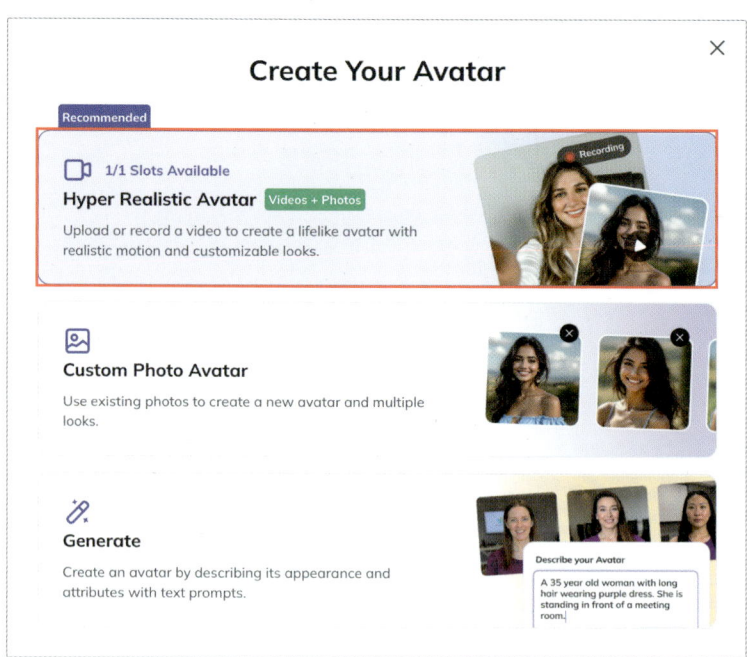

[그림 5-24] 아바타 유형 선택 화면

아바타 유형을 고르는 화면이 나타납니다. 영상으로 아바타를 만들기 위해 **초현실 아바타**(Hyper Realistic Avatar)를 클릭합니다.

[그림 5-25] 인트로 화면

시작하기(Get Started) 버튼을 누릅니다.

[그림 5-26] 아바타 스타일 선택 화면

아바타 스타일을 고르는 화면이 나타납니다. 움직임이 적은 영상을 만들고 싶다면 **정적인 영상 만들기**(Still), 움직임이 많은 영상을 만들고 싶다면 **동적인 영상 만들기**(Motion)를 선택합니다.

 아바타를 만들기 위해서는 먼저 자신의 모습이 담긴 2~5분 분량의 영상이 준비되어 있어야 합니다.

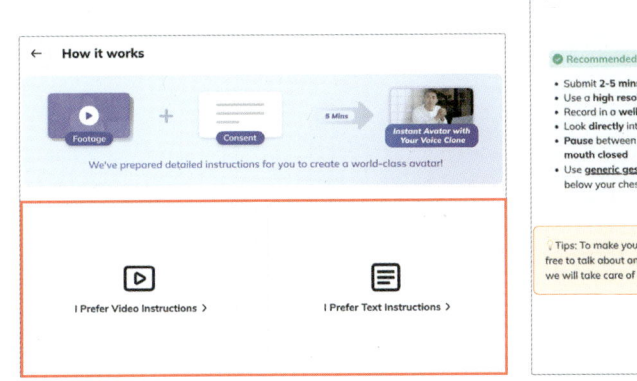 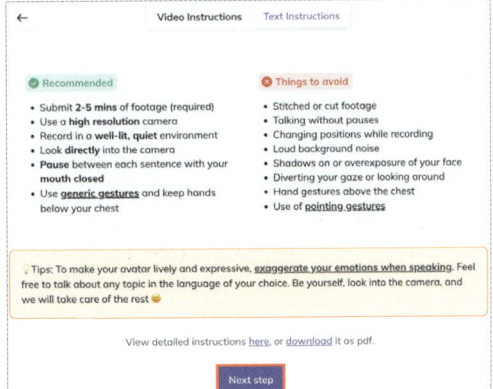

[그림 5-27] 아바타 제작 설명 화면

아바타를 만들기 위해서는 헤이젠에서 제공하는 매뉴얼을 숙지해야 합니다. 매뉴얼은 비디오와 텍스트로 제공되며, 비디오 매뉴얼을 확인하고 싶다면 **비디오 지침 보기**(I Prefer Video

Instructions)를, 텍스트 매뉴얼을 확인하고 싶다면 **텍스트 지침 보기**(I Prefer Text Instructions)를 클릭합니다. 그리고 나서 **다음 단계**(Next step) 버튼을 누릅니다.

> ### ➕ 더 알아보기
>
> 헤이젠에서 아바타를 만들 때는 몇 가지 주의 사항이 있으며, 이를 잘 따르면 더욱 완성도 높은 아바타를 만들 수 있습니다.
>
> **권장 사항**
> - (필수) 2~5분 분량의 영상이 필요합니다.
> - 영상 녹화 시 화질이 좋은 카메라를 사용하세요.
> - 조명이 밝고 조용한 환경에서 녹화하세요.
> - 카메라를 정면으로 응시하세요.
> - 말을 하다가 쉴 때는 입을 다문 채로 잠시 멈추세요.
> - 자연스러운 제스처를 사용하고 손은 가슴 아래로 유지하세요.
>
> **피해야 할 사항**
> - 편집되거나 잘린 영상
> - 너무 어둡거나 밝은 영상
> - 쉬지 않고 말하기
> - 자세 바꾸기
> - 시선을 돌리거나 주변을 둘러보는 행동
> - 가슴 위로 올라가는 손동작
> - 특정 소품 사용
> - 시끄러운 배경 소음

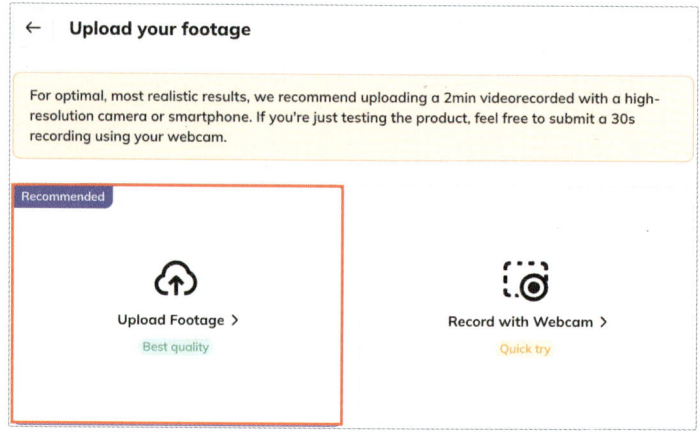

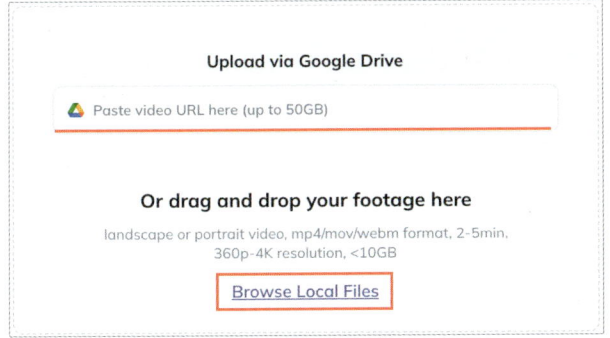

[그림 5-28] 영상 업로드 화면

이제 **영상 업로드**(Upload Footage) 버튼을 눌러 앞의 기준을 모두 충족하는 영상을 업로드합니다. 구글 드라이브에 업로드한 영상(URL 붙여넣기)을 가져오거나 **로컬 파일 탐색하기**(Browse Local Files) 버튼을 눌러 컴퓨터에 있는 영상을 가져올 수 있습니다.

웹캠으로 녹화(Record with Webcam) 버튼을 누르면 즉석에서 30초 분량의 짧은 영상을 녹화하여 성능을 확인할 수 있지만, 시험 목적으로 쓰이는 기능이므로 권장하지는 않습니다.

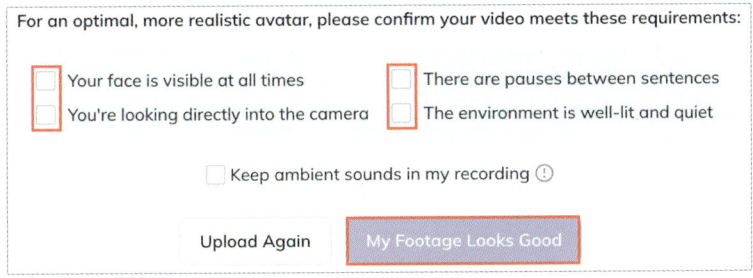

[그림 5-29] 영상 확인 화면

영상을 업로드했다면 네 가지 항목에 모두 체크한 뒤, **제 영상은 좋아 보입니다**(My Footage Looks Good) 버튼을 누릅니다.

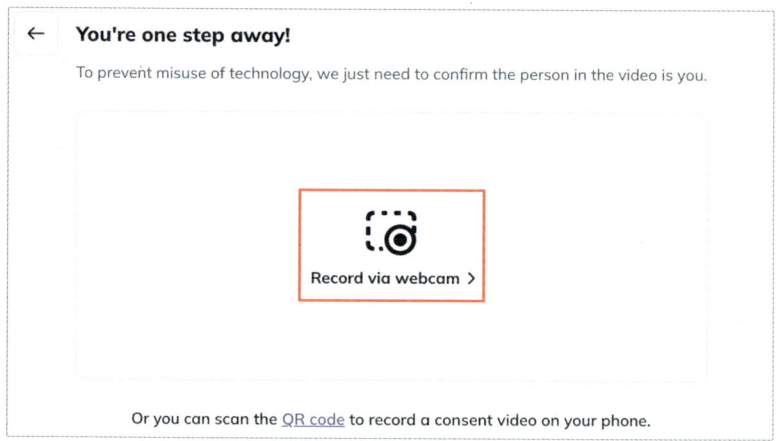

[그림 5-30] 본인 확인 화면 1

헤이젠은 기술의 오남용을 방지하기 위해 업로드한 영상의 주인공과 아바타를 만들려는 사람이 동일 인물인지 확인하는 절차를 운영하고 있습니다. 이 절차를 진행하기 위해 **웹캠으로 녹화**(Record via webcam) 버튼을 누릅니다.

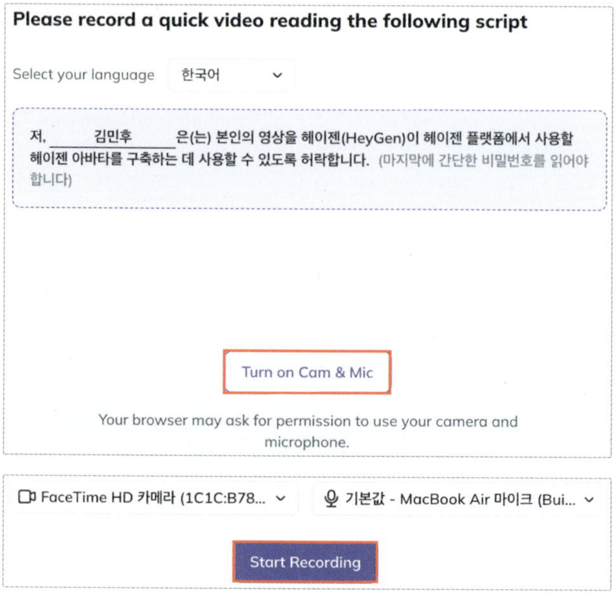

[그림 5-31] 본인 확인 화면 2

카메라와 마이크 켜기(Turn On Cam & Mic) 버튼을 눌러 웹캠과 마이크를 작동시킨 뒤, 카메라에 자신의 모습을 비추고 **녹화 시작하기**(Start Recording) 버튼을 누릅니다. 그러고 나서 상단에 보이는 문장을 읽습니다. 이때, 마지막에 화면에 나타나는 비밀번호(알파벳)를 읽어야 한다는 점에 유의합니다.

인증에 실패한 경우 얼굴을 카메라에 정확하게 비추고 문장을 천천히 발음하여 다시 시도해 봅니다.

> **+ 더 알아보기**
>
> **Q** 웹캠 또는 마이크 인식이 안 돼요.
>
> **A** 상단의 **휴대폰으로 녹화**(Record via phone) 버튼을 누르면 화면에 QR 코드가 나타납니다. 스마트폰으로 이 QR 코드를 스캔하여 스마트폰에서 시도해 보세요.

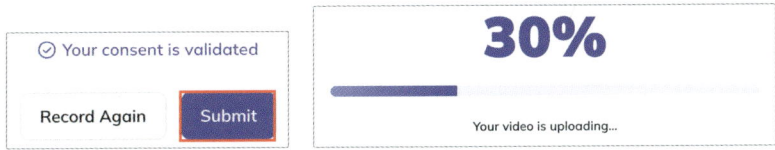

[그림 5-32] 인증 완료 및 업로드 화면

인증 완료 시 **제출하기**(Submit) 버튼을 누르면 자동으로 업로드가 진행됩니다.

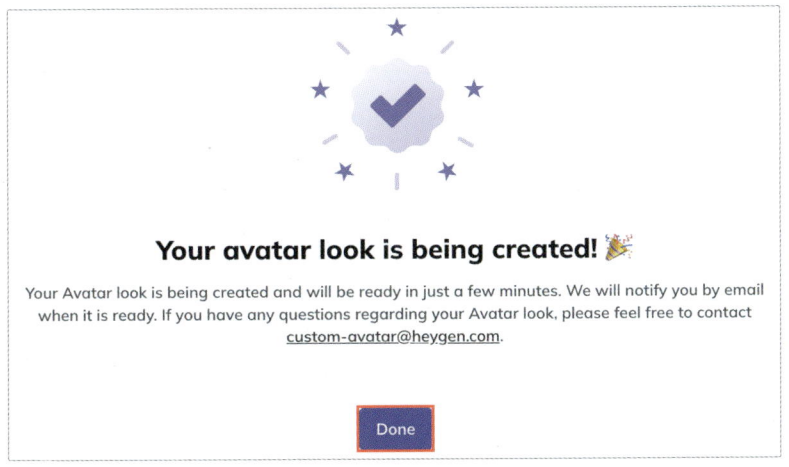

[그림 5-33] 아바타 생성 알림 화면

아바타가 생성되고 있음을 알리는 화면이 나타납니다. 생성이 완전히 끝날 때까지는 약 5~10분의 시간이 소요되며, 생성이 완료되면 일반적인 아바타와 동일한 방법으로 사용할 수 있습니다. **완료**(Done) 버튼을 눌러 모든 절차를 마무리합니다.

1.4. 유료 플랜 구매 방법

헤이젠은 무료 이용 한도가 제한되어 있어 더욱 원활하게 사용하기 위해서는 유료 플랜을 구매해야 합니다. 이번에는 유료 플랜 구매 방법을 알아보겠습니다.

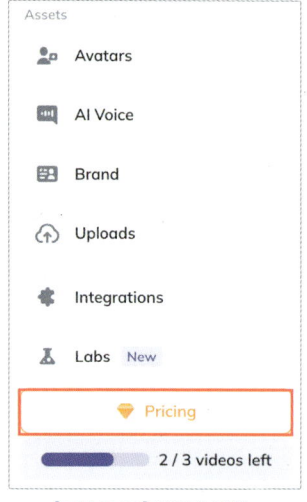

먼저 홈 화면에서 **요금제**(Pricing) 버튼을 눌러 유료 플랜 선택 화면을 띄웁니다.

[그림 5-34] 요금제 버튼

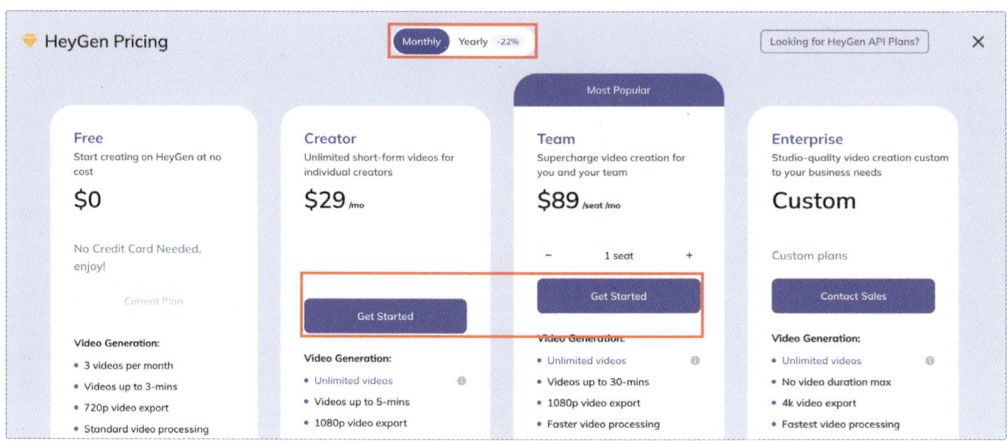

[그림 5-35] 유료 플랜 선택 화면

월간(Monthly), **연간**(Yearly) 구독 중 하나를 고르고 **크리에이터**(Creator), **팀**(Team) 플랜 중 하나를 선택한 뒤, 해당 플랜의 **시작하기**(Get Started) 버튼을 누릅니다.

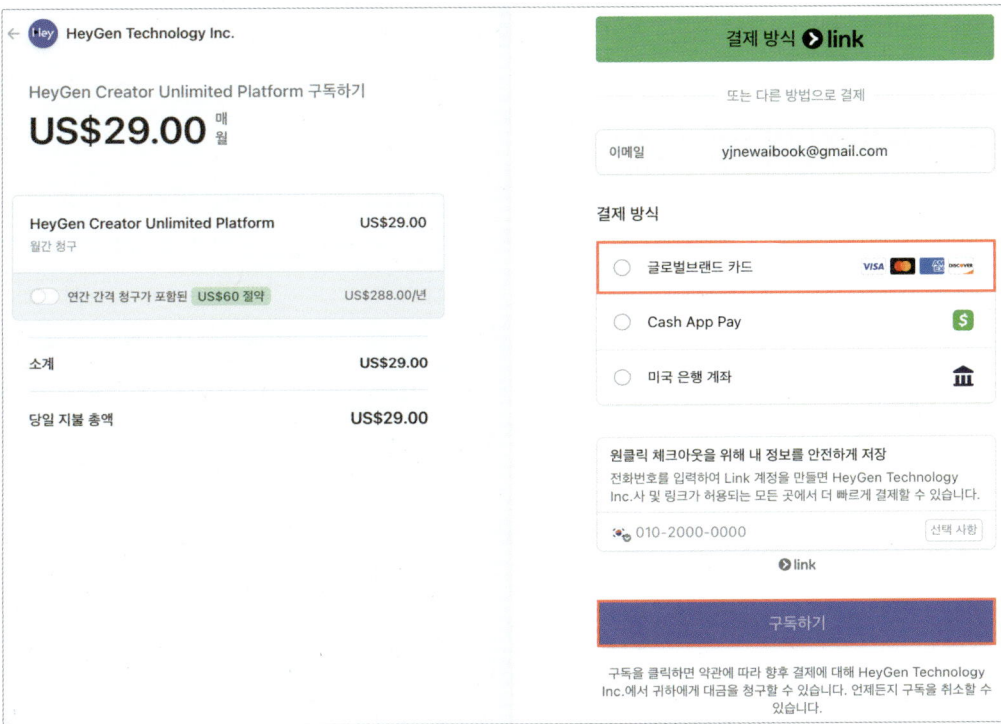

[그림 5-36] 유료 플랜 결제 화면

글로벌브랜드 카드를 선택한 뒤, **카드 정보**와 **소유자 이름**, 그리고 **청구지 주소**를 입력하고 **구독하기** 버튼을 누릅니다. 이때, **해외 결제가 가능한 카드**로만 결제할 수 있음에 유의합니다.

결제 후 별도로 해지하기 전까지는 매월 또는 매년 과금되며, 구독 즉시 유료 플랜 이용자로서 혜택을 받을 수 있습니다.

> **마무리**
>
> 지금까지 AI 아바타를 이용한 영상 제작 플랫폼, 헤이젠에 대해 알아봤습니다. 헤이젠의 등장으로 개인 크리에이터에서부터 대기업에 이르기까지 다양한 주체들이 영상 제작에 뛰어들면서 이전에는 볼 수 없었던 개성 넘치는 창작물을 만나 볼 수 있게 되었습니다.
> 한편으로 AI가 생성한 인물 영상이 실제 인물과 구분하기 힘들 정도로 정교해지면서 허위 정보를 전파하는 용도로 악용될 소지도 생겼지만, 인증 절차를 통해 이러한 문제를 미연에 방지한 것도 성능 못지않게 높이 평가할 만합니다.
> 가상과 현실이 뒤섞인 세계에 대한 복잡다단한 생각을 품으며 헤이젠에 대한 설명을 마칩니다.

02 브루: 원스톱 영상 제작의 대가

2.1. 소개

브루(Vrew)는 우리나라의 AI 스타트업, 보이저엑스(VoyagerX)가 개발한 AI 기반 영상 제작 도구입니다. 2019년 자동 자막 생성 기능으로 출발하였으나, 이제는 영상 제작의 전 과정을 아우르는 **종합 솔루션**으로 진화했습니다.

그리고 2022년 여름, 브루는 AI 음성 더빙 기능을 품고 한 단계 더 도약했습니다. 이제 다양한 목소리 중 원하는 것을 선택해 더빙까지 할 수 있게 되었습니다. 심지어 2024년에는 자신의 목소리를 녹음하여 나만의 AI 목소리를 생성하는 'AI 내 목소리 만들기' 기능도 출시하며 활용 폭을 더욱 넓혔습니다.

브루의 장점은 **AI 기술을 활용해 복잡한 영상 제작 과정을 놀랍도록 단순화**했다는 점입니다. 사용자가 원하는 주제만 입력하면 AI가 자동으로 대본을 작성하고 관련 이미지와 영상을 AI 목소리와 함께 적재적소에 배열해 주는데, 이 모든 과정이 단 몇 번의 클릭만으로 이루어집니다.

브루 덕분에 영상 제작이 얼마나 쉽고 간편해졌는지, 한번 살펴볼까요?

2.2. 설치 및 가입 방법

■ 프로그램 다운로드 및 설치하기

브루는 대부분의 생성 AI와는 달리 별도의 프로그램을 설치해야 이용할 수 있습니다. 먼저 브루 설치 파일을 다운로드하기 위해 인터넷 브라우저를 켜고 다음 사이트에 접속합니다.

URL: vrew.ai/ko

설치 프로그램을 다운로드하기 위해 **무료 다운로드** 버튼을 클릭합니다.

[그림 5-37] 브루 첫 화면

[그림 5-38] 브루 설치 프로그램 아이콘

다운로드가 완료되면 설치 프로그램을 실행하여 브루를 설치합니다. 설치 과정은 자동으로 이루어지며, 설치가 끝나면 바탕 화면에 바로 가기가 만들어지고 프로그램이 실행됩니다.

[그림 5-39] 이용 약관 동의 화면

서비스 이용 약관과 개인 정보 처리 방침 안내 화면이 나오면 내용을 한 번 읽어 본 뒤, **동의하고 시작** 버튼을 누릅니다. 이후 **시작하기** 버튼을 누르고, 튜토리얼 화면이 나타나면 **X**를 눌러 창을 닫습니다.

■ 구글 로그인하기

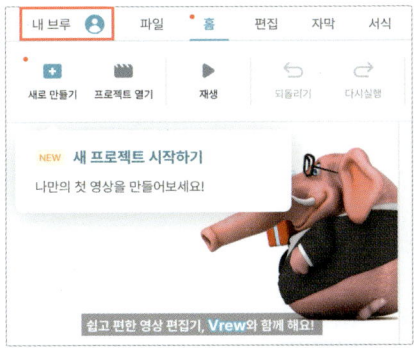

[그림 5-40] 내 브루 버튼

이제 회원 가입을 하기 위해 **내 브루** 버튼을 누릅니다.

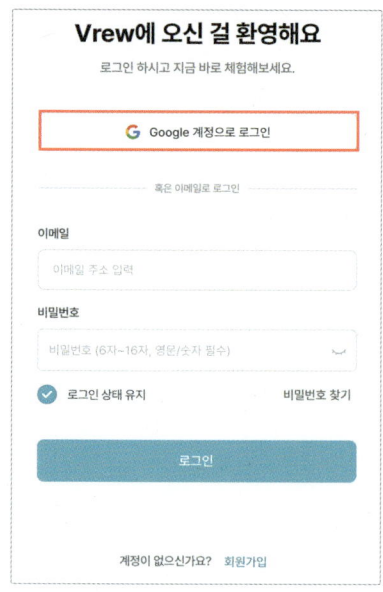

[그림 5-41] 브루 회원 가입 화면

브루 계정은 구글 계정과 일반 이메일 주소를 이용하여 만들 수 있습니다. 여기서는 구글 계정으로 만들어 보도록 하겠습니다.

Google 계정으로 로그인 버튼을 누르면 별도의 인터넷 창이 열리는데 자신이 사용하는 구글 계정으로 로그인을 합니다. 그러고 나서 **Vrew 열기** 버튼을 클릭하여 브루 프로그램으로 돌아옵니다.

[그림 5-42] 설문 조사 화면

간단한 설문 조사 문항에 응답합니다.

[그림 5-43] 상단 메뉴 영역

드디어 모든 절차가 완료되었습니다. 가입이 완료되면 자동으로 프로필 화면으로 이동됩니다. 상단 메뉴에서 **홈**을 눌러 첫 화면으로 이동합니다.

2.3. 사용 방법

■ 새로운 프로젝트 생성하기

[그림 5-44] 상단 메뉴 영역

제일 먼저 새로운 프로젝트를 만들어 보겠습니다. 홈 메뉴에 있는 **새로 만들기** 버튼을 누릅니다.

[그림 5-45] 새로 만들기 화면

어떤 방식으로 프로젝트를 생성할지 묻는 창이 나타납니다. **텍스트로 비디오 만들기**를 클릭합니다.

➕ 더 알아보기

Q 텍스트로 비디오 만들기는 어떤 기능인가요?

A AI가 대본을 여러 개의 클립(장면)으로 분할한 뒤, 각각의 클립에 잘 어울리는 이미지, 비디오를 추가하고 AI 목소리와 자막, 배경 음악까지 삽입하여 하나의 완성된 영상을 만들어 주는 브루의 핵심 기능입니다.

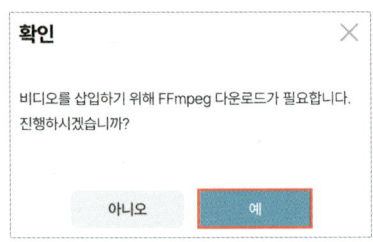

[그림 5-46] FFmpeg 다운로드 안내 화면

최초 1회에 한해서 동영상 처리 시 필요한 FFmpeg 다운로드 안내 화면이 나타납니다. **예** 버튼을 눌러 다운로드합니다. 다운로드가 완료되면 설치는 자동으로 진행됩니다.

■ **영상 만들기**

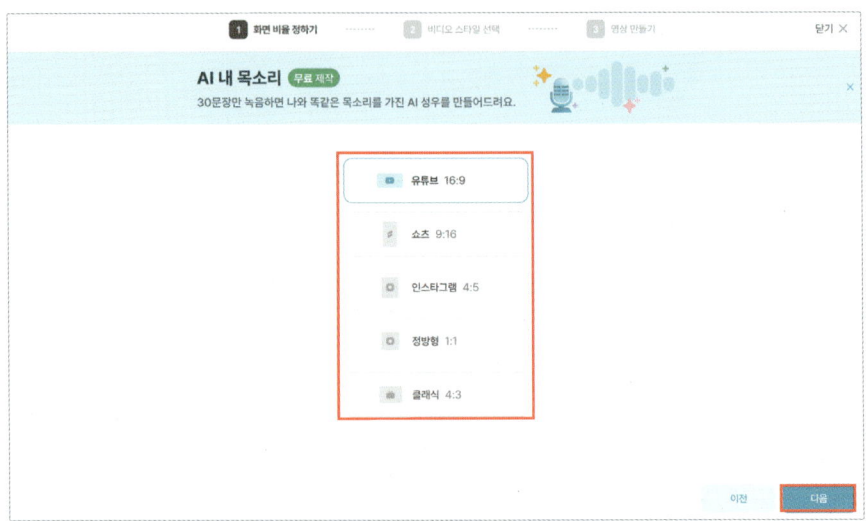

[그림 5-47] 1단계: 화면 비율 정하기

텍스트로 비디오 만들기는 크게 3단계로 구성됩니다. 먼저 1단계에서는 화면 비율을 정합니다. **원하는 비율**을 고르고 **다음** 버튼을 누릅니다. 통상적으로 가장 널리 쓰이는 비율은 **16:9**입니다.

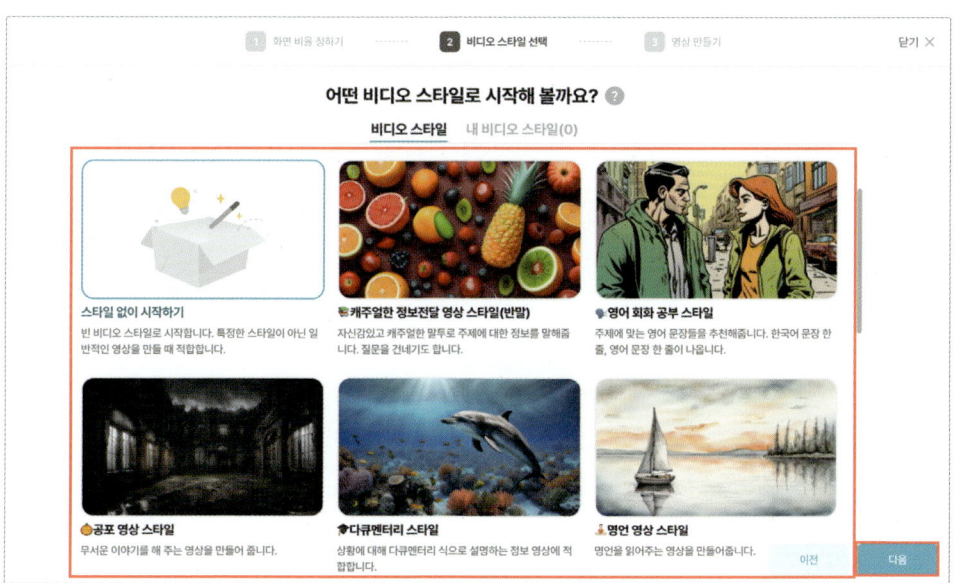

[그림 5-48] 2단계: 비디오 스타일 선택하기

2단계에서는 **만들고자 하는 영상과 관련된 스타일**을 하나 고르고 **다음** 버튼을 누릅니다.

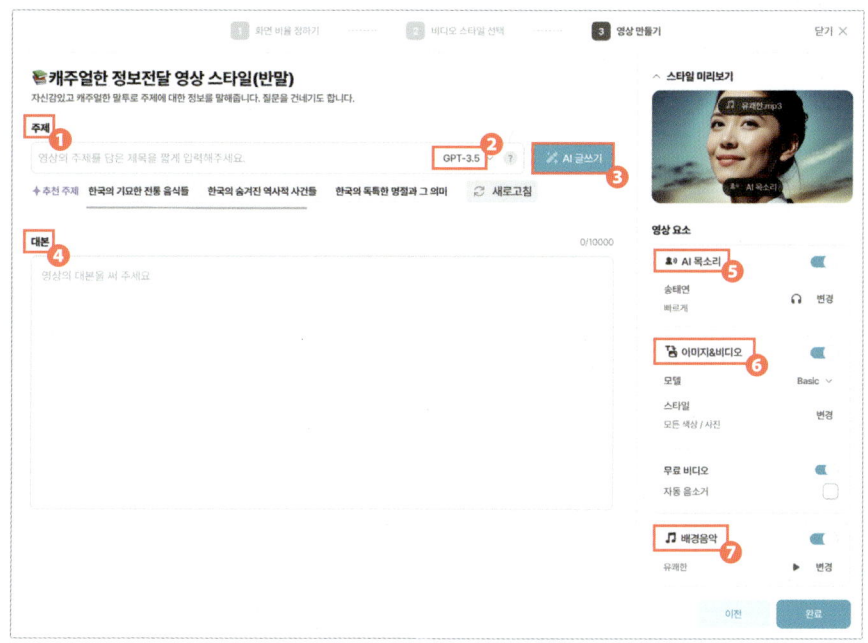

[그림 5-49] 3단계: 영상 만들기

이제 가장 중요하다고 할 수 있는 영상 만들기 단계가 나타납니다. 이 화면에서 설정할 수 있는 항목은 다음과 같습니다.

❶ **주제**: 만들고자 하는 영상의 주제를 입력합니다.
❷ **언어 모델 선택**: 글쓰기를 시킬 AI 언어 모델을 지정합니다.
❸ **AI 글쓰기**: AI를 이용하여 대본을 생성합니다.
❹ **대본**: 대본이 생성되는 자리입니다. 필요에 따라 수동으로 편집할 수도 있습니다.
❺ **AI 목소리**: 대본을 읽어 줄 목소리를 지정합니다.
❻ **이미지&비디오**: 이미지의 그림체, 비디오 포함 여부 등을 지정합니다.
❼ **배경 음악**: 영상에 넣을 배경 음악의 장르를 지정합니다.

■ 주제 입력하기

[그림 5-50] 주제 입력 영역

먼저 주제 칸에 **만들고자 하는 영상의 주제**를 입력한 뒤, **AI 글쓰기** 버튼을 누릅니다. 주제가 떠오르지 않는다면 다음 표를 참고하여 적절한 주제를 입력합니다. 필자는 **"세상의 단 0.5%, INFJ 남성의 특징"**이라고 적어 보겠습니다.

5분 만에 배우는 간단한 요가 동작
한국의 아름다운 관광지 5곳
1주일 건강 식단 계획 및 레시피
스마트폰으로 멋진 사진 찍는 팁
디지털 노마드 생활 시작하기: 장단점과 준비사항
환경 보호를 위한 일상 속 작은 실천 방법들
효과적인 시간 관리 기술: 일과 삶의 균형 찾기
세계 각국의 독특한 커피 문화 소개
AI가 바꾸는 미래 직업의 세계
책 읽기의 즐거움: 독서 습관 기르는 방법
여행 초보자를 위한 배낭여행 계획 세우기
스트레스 없는 이사 준비: 체크리스트와 팁
반려동물과 함께 사는 삶: 장점과 주의사항
제로 웨이스트 라이프스타일 시작하기

[표 5-1] 브루에 입력할 수 있는 주제 예시

[그림 5-51] 대본이 생성된 모습

주제를 바탕으로 대본이 생성된 모습을 확인할 수 있으며, 어색한 부분이 보인다면 직접 수정할 수도 있습니다. 대본의 내용은 이 화면을 벗어나도 수정할 수 있으나, 다소 번거로우므로 되도록 이면 이 화면에서 완벽하게 검토하는 것을 추천합니다.

> **➕ 더 알아보기**
>
> Q 생성된 대본이 마음에 들지 않아요. / 분량을 늘리고 싶어요.
>
> A **AI 글쓰기** 버튼을 누르면 해당 버튼이 있던 자리가 **다시 쓰기**로 바뀌는데, 이 버튼을 누르면 내용을 다시 생성할 수 있습니다. / 분량을 늘리고 싶다면 화면 왼쪽 아래에 있는 **이어 쓰기** 버튼을 누르면 됩니다.
>
> 그리고 챗GPT, 클로드 등 다른 AI를 이용하여 생성한 글을 가져오는 방법도 있습니다.

■ 영상 요소 변경하기 (AI 목소리, 이미지&비디오, 배경 음악)

[그림 5-52] AI 목소리 변경 버튼

이번에는 화면 오른쪽 영역에서 제공하는 기능을 이용하여 영상 요소를 변경해 보겠습니다. 먼저 목소리를 바꾸기 위해 **AI 목소리의 변경** 버튼을 누릅니다.

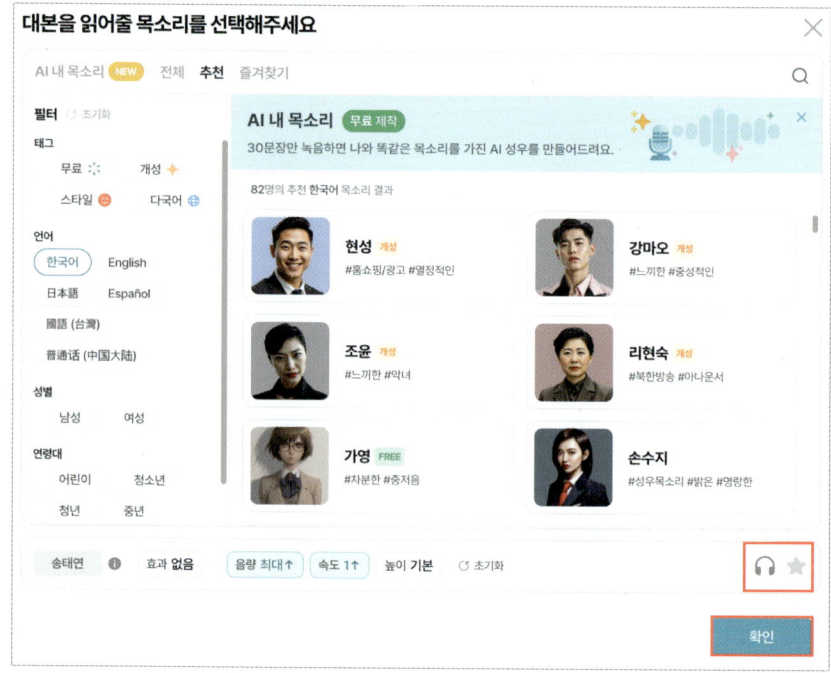

[그림 5-53] AI 목소리 선택 화면

목록에서 마음에 드는 AI 목소리를 클릭하여 선택한 뒤 **확인** 버튼을 누릅니다. 🎧 버튼을 누르면 해당 목소리를 미리 들어 볼 수 있으며, ☆을 클릭하면 즐겨찾기에 추가할 수도 있습니다.

FREE라고 적혀 있는 것은 무료로, 무제한으로 이용할 수 있는 목소리이며, FREE 표시가 없는 것도 월별 이용 한도 안에서는 무료로 이용 가능합니다.

 화면 왼쪽에 있는 필터 기능을 이용하면 목소리를 성별, 연령대별로 구분하여 볼 수 있고, 아래쪽에서는 음량, 속도, 높낮이도 조절할 수 있습니다.

[그림 5-54] 이미지&비디오 변경 버튼

이번에는 AI가 각각의 장면에 넣어 주는 이미지&비디오와 관련된 설정을 하기 위해 **이미지&비디오의 변경** 버튼을 클릭합니다.

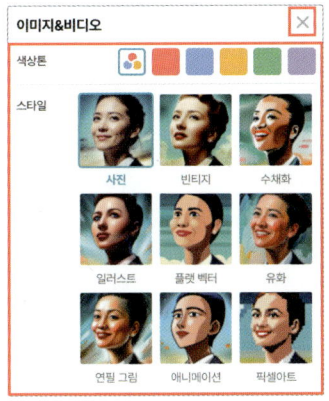

[그림 5-55] 이미지&비디오 선택 화면

선호하는 **색상 톤**과 **스타일**을 고른 뒤 **X** 버튼을 눌러 창을 닫습니다.

> ➕ 더 알아보기
>
> Q '무료 비디오'는 무엇인가요?
>
> A 해당 스위치를 끄게 되면 브루는 이미지만으로 장면을 구성합니다. 반대로 스위치를 켜면 이미지와 함께 저작권 걱정 없이 활용할 수 있는 비디오도 장면을 구성하는 데에 활용하게 됩니다. 더욱 생생한 영상을 만들기 위해서는 스위치를 켜 두는 것을 추천합니다.

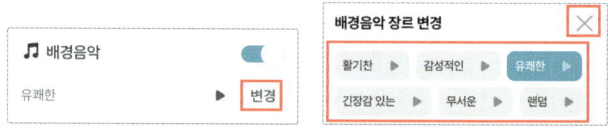

[그림 5-56] 배경 음악 변경 버튼 및 선택 화면

마지막으로 배경 음악을 바꾸기 위해 **배경 음악**의 **변경** 버튼을 누릅니다. 여기서는 음악의 장르를 지정할 수 있으며, **선호하는 장르**를 고르고 **X** 버튼을 눌러 창을 닫습니다.

■ 편집 화면으로 이동하기

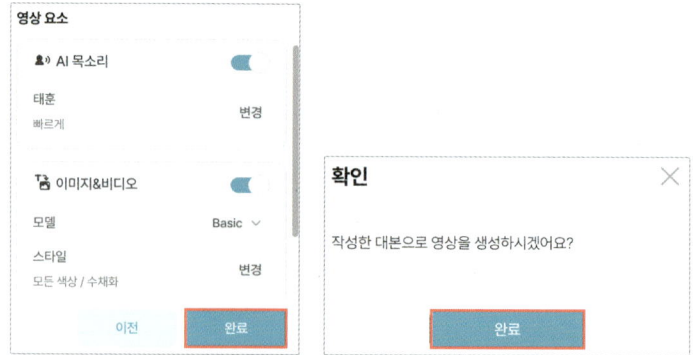

[그림 5-57] 완료 버튼

이제 3단계를 마무리하고 편집 화면에서 세부 내용을 편집할 차례입니다. **완료** 버튼을 누르고 확인 창이 나타나면 다시 한번 **완료** 버튼을 누릅니다. 이때, 유료 목소리를 사용한 경우에는 별도의 안내 창이 나타납니다.

[그림 5-58] 생성 중 화면

AI가 각각의 장면에 잘 어울리는 이미지와 AI 목소리 등을 생성하고 있습니다. 작업이 완료될 때까지 기다립니다.

■ 화면 구성 살펴보기

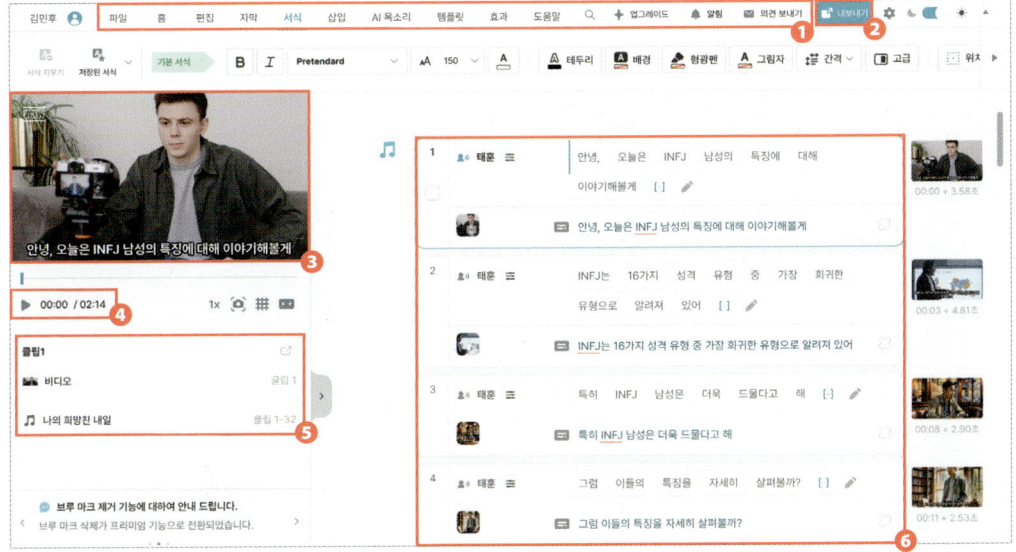

[그림 5-59] 비디오 편집 화면

다음은 편집 화면의 전체적인 구성에 대한 설명입니다.

① **메뉴 화면**: 파일, 홈, 편집, 자막 등 항목별 기능을 확인하고 실행합니다.
② **내보내기**: 작업한 영상을 파일 형태로 내보냅니다.
③ **미리 보기 화면**: 영상을 표시합니다.
④ **영상 재생/정지**: 영상을 재생하거나 정지합니다. Tab 또는 Space Bar를 눌러도 됩니다.
⑤ **클립 속성 영역**: 클립에 삽입된 이미지, 음악 등을 표시합니다. 여기서 클립이란 각각의 장면을 의미합니다.
⑥ **클립 편집 영역**: 클립별로 목소리, 자막 등을 수정하거나 새로운 클립을 추가하거나 기존 클립을 삭제합니다.

편집 화면을 살펴보았다면 **영상 재생/정지(▶)** 버튼을 눌러 자동으로 만들어진 영상을 처음부터 끝까지 시청해 봅시다.

■ 배경 음악 변경하기

지금부터 몇 가지 세부 사항을 편집해 보겠습니다. 먼저 이전에 설정한 장르에 따라 자동으로 지정된 배경 음악이 마음에 들지 않는다고 가정하고 배경 음악을 바꿔 보겠습니다.

[그림 5-60] 음악 삭제 버튼

먼저 기존 음악을 삭제하기 위해 클립 속성 영역에서 **음악 이름을 마우스 오른쪽 클릭**하고 **삭제**를 누릅니다.

[그림 5-61] 삽입: 배경 음악 버튼

이제 새로운 음악을 넣어 보겠습니다. 상단 메뉴에서 **삽입**을 누르고 **배경 음악**을 찾아 클릭합니다.

[그림 5-62] 배경 음악 목록 화면

오른쪽에 배경 음악 목록 화면이 나타나면 배경 음악 제목을 클릭하고 **재생(▶)** 버튼을 눌러 들어 봅니다. 마음에 드는 음악을 찾았다면 해당 음악을 클릭한 상태로 **+ 삽입하기** 버튼을 누릅니다. ☆을 클릭하면 즐겨찾기에 추가할 수도 있습니다.

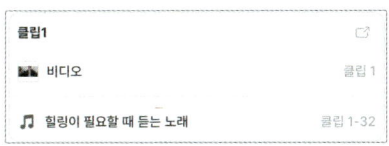

[그림 5-63] 클립 속성 영역

클립 속성 영역에서 방금 삽입한 음악이 첫 번째 클립부터 마지막 클립까지의 배경 음악으로 지정된 모습을 확인할 수 있습니다.

➕ 더 알아보기

Q 컴퓨터에 있는 음악을 가져올 수 있나요?

A 물론입니다! 배경 음악 목록 화면 상단에 있는 **내 음악**을 클릭하고 **+ PC에서 불러오기** 버튼을 누르면 컴퓨터에 있는 음악을 가져올 수 있습니다.

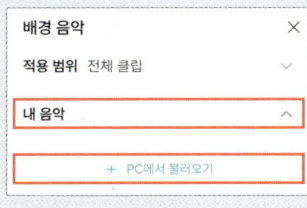

➕ 더 알아보기

Q 처음부터 끝까지가 아닌 영상 일부분에서만 음악이 흘러나오도록 설정하는 방법이 있나요?

A 클립 편집 영역에서 **특정한 클립의 섬네일(작은 미리 보기 이미지) 왼쪽 빈 공간**으로 마우스 포인터를 가져가면 체크 박스가 나타납니다. 음악이 흘러나오게 할 클립만 체크한 뒤 음악을 삽입하면 특정한 구간에서만 음악이 재생되도록 설정할 수 있습니다.

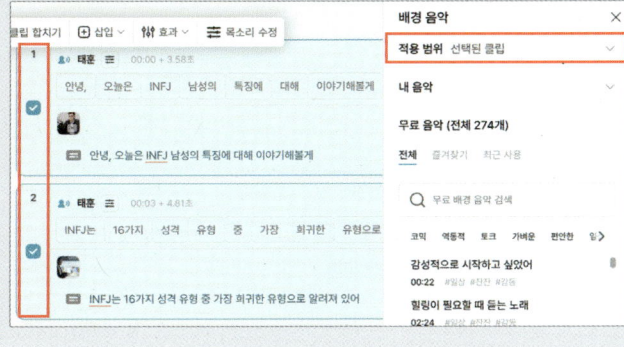

■ **음악 볼륨 조절하기**

[그림 5-64] 볼륨 조절 화면

음량의 볼륨(음량)이 너무 작거나 크다고 느껴진다면 볼륨을 조절할 수도 있습니다. 클립 속성에서 음악 이름을 **마우스 오른쪽 클릭**하고 **볼륨 조절**을 누른 뒤, 볼륨을 0~100 사이의 값으로 적절히 설정하면 됩니다.

■ **자막 서식 변경하기**

[그림 5-65] 서식: 서식 도구 모음

브루에서는 자막의 글씨체, 글자 크기 등 서식을 바꾸는 기능도 제공됩니다. 상단 메뉴에서 **서식**을 누르면 서식을 바꿀 수 있는 버튼을 확인할 수 있으며, 여기서 서식을 변경할 경우 모든 클립에 동시에 적용됩니다.

■ **자막 위치 변경하기**

[그림 5-66] 서식: 위치 버튼

서식 메뉴에서 오른쪽 끝에 있는 **위치**를 누르면 모든 클립에서 자막의 좌우, 상하 위치를 일괄 변경할 수 있습니다.

> **+ 더 알아보기**
>
> Q 모든 클립이 아닌 특정한 클립의 자막 서식과 위치를 바꾸려면 어떻게 해야 하나요?
>
> A 먼저 클립 편집 영역에서 **서식을 바꿀 클립**을 클릭하고 화면 왼쪽 위에 있는 **미리 보기 화면에 보이는 자막**을 클릭하면 특정한 클립의 서식만 변경할 수 있으며, 글 상자를 드래그하면 위치도 바꿀 수 있습니다.
>
>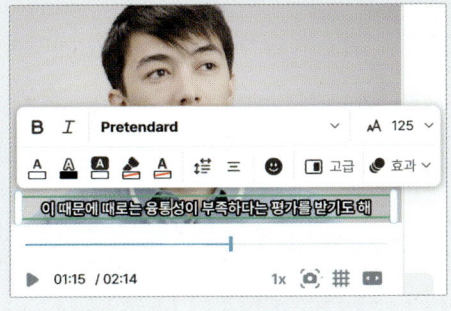

■ 이미지 변경하기

[그림 5-67] AI 이미지 자동 삽입 및 이미지 삽입 버튼

만약 특정한 클립에 포함된 이미지가 마음에 들지 않는다면 AI가 해당 클립의 이미지를 새로 생성하도록 만들 수 있습니다. 클립 편집 영역에서 바꿀 이미지가 포함된 클립을 **마우스 오른쪽 클릭**한 뒤, **AI 이미지 자동 삽입**을 누르면 잠시 후 새로운 이미지로 바뀌게 됩니다.

체크 박스를 이용하여 2개 이상의 클립을 선택한 뒤 이 기능을 이용하면 여러 클립에 포함된 이미지를 한꺼번에 바꿀 수도 있습니다.

또한 AI를 이용하지 않고 컴퓨터에 있는 이미지를 가지고 올 수도 있으며, 이 경우 **이미지 삽입** 기능을 이용하면 됩니다.

■ 이미지에 삽입된 애니메이션 변경하기

클립에 이미지가 포함된 경우, 각 이미지에는 무작위로 좌우로 움직이는 것과 같은 애니메이션이 삽입됩니다.

그런데 만약 애니메이션이 이상하게 적용되어 이미지에서 중요한 부분이 잘 보이지 않는다면 수동으로 애니메이션을 변경해 주는 것이 좋습니다. 이번에는 애니메이션을 바꾸는 방법에 대해 알아보겠습니다.

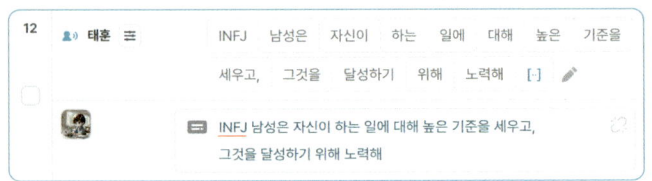

[그림 5-68] 클립 편집 영역에서 특정한 클립을 선택한 모습

먼저 클립 편집 영역에서 **애니메이션을 바꿀 클립**을 클릭하여 선택합니다.

[그림 5-69] 애니메이션 버튼

이제 미리 보기 화면에서 **이미지가 보이는 영역**을 클릭하고, 오른쪽에 있는 🔵 버튼을 누릅니다.

[그림 5-70] 애니메이션 목록 화면

이제 **사용자 지정** 버튼을 누릅니다. 이때, 만약 애니메이션 자체를 지우고 싶다면 **초기화** 버튼을 누릅니다.

[그림 5-71] 애니메이션 사용자 지정 화면

시작 장면과 **종료 장면**의 영역을 지정한 뒤, **적용** 버튼을 누릅니다. 해당 클립의 재생 시간 동안 시작 장면에서 종료 장면으로 서서히 화면이 확대/축소 및 이동되면서 애니메이션이 진행되게 됩니다.

■ 프로젝트 저장 및 열기

[그림 5-72] 파일: 프로젝트 저장하기 및 열기 버튼

다음번에 작업을 이어서 진행하기 위해서는 작업 상태를 저장해야 합니다. 상단 메뉴에서 **파일**을 누르고 **프로젝트 저장하기** 버튼을 클릭하면 작업 상태를 저장할 수 있으며, 이후에 저장한 프로젝트 파일을 불러올 때는 **파일** 또는 **홈**에서 **프로젝트 열기** 버튼을 누르면 됩니다.

■ 영상 저장하기

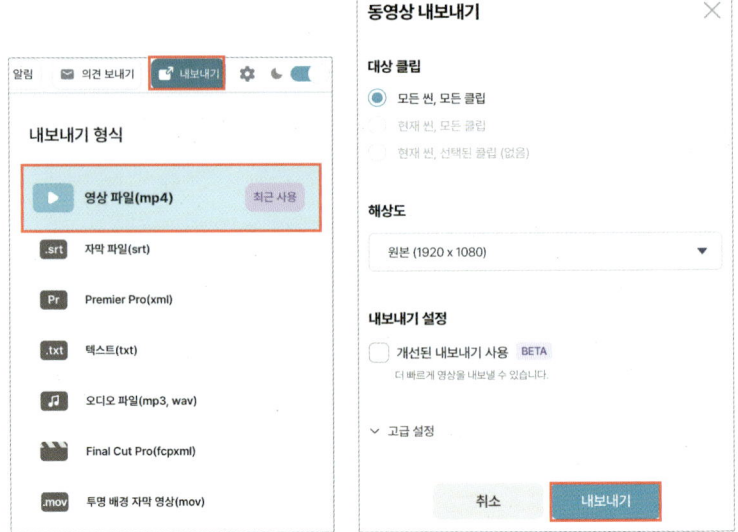

[그림 5-73] 내보내기 버튼

프로젝트를 영상 파일의 형태로 저장하려면 화면 오른쪽 위에 있는 **내보내기** 버튼을 누르고 **영상 파일**(mp4)을 선택하면 됩니다. 그러고 나서 다시 한번 **내보내기** 버튼을 누른 뒤, 저장할 경로와 파일 이름을 입력합니다.

■ **영상 워터마크 제거하기**

영상의 앞 10초 구간에는 화면 왼쪽 위에 브루 마크가 삽입되며, 이를 워터마크라고 합니다. **워터마크**를 제거하기 위해서는 유료 결제를 해야 하지만, 브루에서는 출처를 표기한다는 조건 하에 1개월 동안 워터마크를 지울 수 있는 기능을 제공하고 있습니다. 이번에는 이 기능의 사용법에 대해 알아보겠습니다.

[그림 5-74] 브루 워터마크

먼저 재생 막대를 드래그하여 영상의 0~10초 지점으로 이동하고 화면 왼쪽 위에 있는 **브루 워터마크**를 클릭합니다. 그러고 나서 🗑 버튼을 누릅니다.

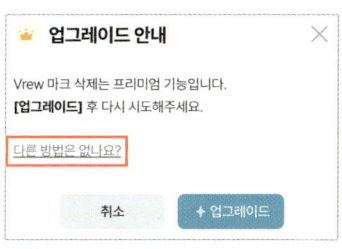

[그림 5-75] 업그레이드 안내 화면

다른 방법은 없나요?를 클릭합니다.

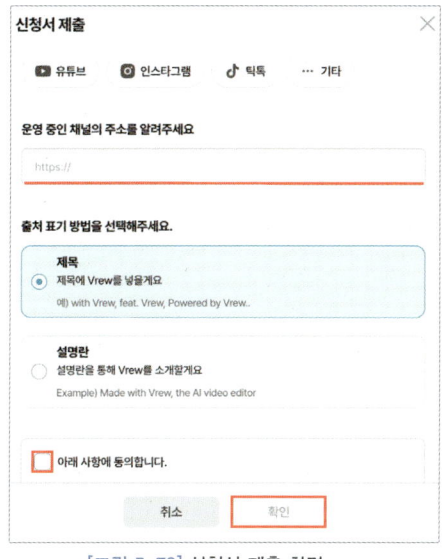

[그림 5-76] 신청서 제출 화면

현재 운영하고 있는 **소셜 미디어 주소, 출처 표기 방법 등**을 입력하고 **체크 박스에 체크**한 뒤 **확인** 버튼을 누릅니다. 그러면 즉시 1개월 동안 브루 마크를 지울 수 있는 권한이 부여되며, 다시 🗑 을 클릭하여 삭제하면 됩니다.

■ **사용량, 한도 확인하기**

[그림 5-77] 사용량 확인 화면

화면 왼쪽 위에 있는, **자신의 이름이 적혀 있는** 버튼을 누르면 이번 달 사용량과 잔여량을 확인할 수 있습니다. 유료 AI 목소리 등을 이용하는 경우 수시로 확인하는 것이 좋습니다.

2.4. 유료 플랜 구매 방법

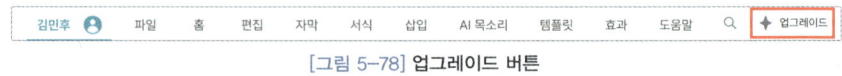

[그림 5-78] 업그레이드 버튼

브루는 일반적으로 무료로 이용하는 데에도 큰 불편이 없지만, 앞으로 브루를 이용하여 더욱 많은 영상을 만들기 위해서는 유료 플랜 구매를 고려해 볼 수 있습니다. 유료 플랜 구매를 희망한다면 먼저 화면 오른쪽 위에 있는 **업그레이드** 버튼을 누릅니다.

[그림 5-79] 유료 플랜 선택 화면

월 구독, 연 구독, 기간 이용권 중 하나를 고르고 **라이트**(Light), **스탠다드**(Standard), **비즈니스**(Business) 플랜 중 하나를 선택한 뒤, 해당 플랜의 **시작하기** 버튼을 누릅니다.

결제 시에는 계정 유형(개인, 법인 등), 이름, 이메일, 휴대폰 번호, 그리고 카드 정보를 입력해야 하며, 국산 AI인 만큼 **국내 전용 카드**도 사용할 수 있습니다.

또한, 결제 후 14일 이내에 서비스를 전혀 이용하지 않은 경우에는 전액 환불을 받을 수 있고, 14일이 지난 시점에 환불을 요청할 경우 잔여 기간에 대해 부분 환불이 진행됩니다.

결제 후 별도로 해지하기 전까지는 매월 또는 매년 과금되며, 구독 즉시 유료 플랜 이용자로서 혜택을 받을 수 있습니다.

> **마무리**
>
> 지금까지 AI가 접목된 영상 제작 프로그램, 브루에 대해 알아보았습니다. 브루를 이용하면 대본 작성에서부터 녹음, 자막 생성 등의 작업을 한 번에 해결할 수 있어 영상을 만드는 데에 드는 시간과 비용을 획기적으로 절감할 수 있습니다.
>
> 앞으로 브루가 어떻게 발전하고 영상 제작 산업에 어떤 변화를 불러올지 주목됩니다. 브루가 만들어 낼 새로운 콘텐츠 제작의 시대, 그 모습을 함께 지켜봅시다.

03 루마: 사진을 살아 숨 쉬게 만드는 AI 영상 제작 도구

3.1. 소개

지난 2024년 2월, 오픈AI가 텍스트를 비디오로 바꾸는 동영상 생성 AI인 소라(Sora)를 공개하면서 전 세계를 놀라게 하였습니다. 소라는 도쿄 거리를 걷는 여성, 설원을 걷는 매머드 등의 장면을 매우 사실적으로 구현하며 생성 AI의 새로운 시대를 열었다는 평가를 받았습니다.

그리고 소라가 발표된 이후 영상 생성 기술에 대한 관심과 수요가 폭발적으로 증가하면서 소라와 유사한 여러 AI 영상 제작 도구들이 속속 출시되고 있습니다. 그중 루마(Luma)는 쉬운 사용법과 괜찮은 성능으로 많은 사람들이 재미있는 영상을 만드는 데 활용되고 있으며, 세상을 떠난 사람의 사진을 움직이게 하는 등 감동적인 순간마저도 선사하고 있습니다.

3.2. 가입 방법

■ 구글 로그인 및 초기 설정하기

먼저 루마를 이용하기 위해 인터넷 브라우저를 열고 다음 사이트에 접속합니다.

URL: lumalabs.ai

[그림 5-80] 루마 첫 화면

회원 가입을 하기 위해 **지금 드림 머신에서 사용해 보기**(Try Now in Dream Machine) 버튼을 누릅니다.

[그림 5-81] 루마 회원 가입 화면

루마 계정은 구글, 애플 계정을 이용하여 만들 수 있습니다. 여기서는 구글 계정으로 만들어 보도록 하겠습니다. **구글로 로그인**(Sign in with Google) 버튼을 누르고 자신이 사용하는 구글 계정으로 로그인을 합니다.

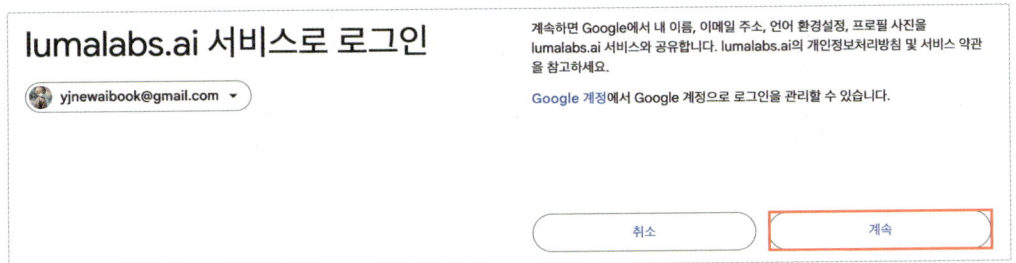

[그림 5-82] 구글 로그인 화면

계속 버튼을 누릅니다. 이후 안내 창이 나타나면 **X** 버튼을 눌러 닫습니다.

3.3. 사용 방법

■ 보드 시작하기

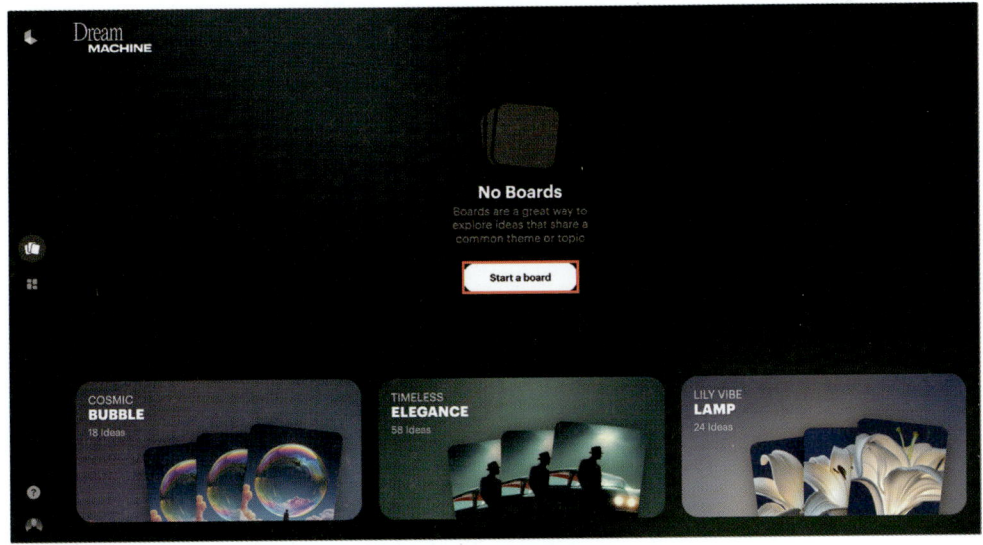

[그림 5-83] 루마 홈 화면

보드 시작하기(Start a board) 버튼을 누릅니다.

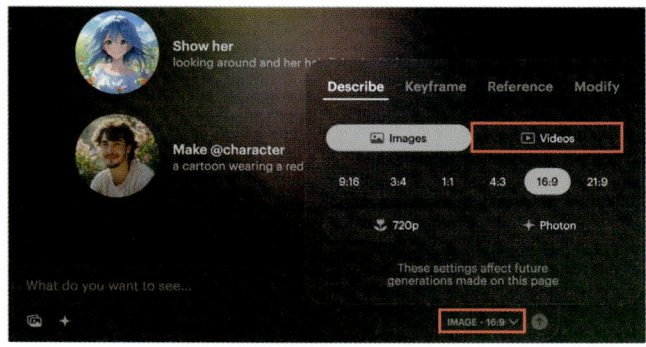

[그림 5-84] 옵션 화면: 묘사(이미지)

비디오를 생성하기 위해 **IMAGE · 16:9**라고 적혀 있는 부분을 누르고 나타나는 창에서 **비디오(Videos)**를 클릭합니다.

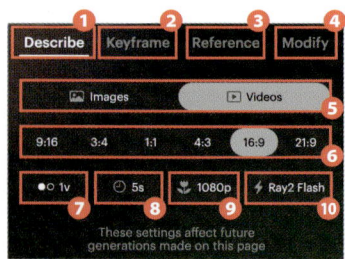

[그림 5-85] 옵션 화면: 묘사(비디오)

이제 옵션 화면을 살펴보겠습니다. 다음은 화면 각 부분에 대한 설명입니다.

① **묘사**: 프롬프트로 새로운 이미지나 비디오를 생성합니다.
② **키프레임**: 시작 장면(START FRAME)과 끝 장면(END FRAME)을 지정하여 비디오를 생성합니다.
③ **참조**: 특정 이미지를 참조하여 새로운 이미지를 생성합니다.
④ **수정**: 특정 이미지를 수정합니다.
⑤ **종류**: 이미지, 비디오 중 생성할 콘텐츠 종류를 지정합니다.
⑥ **화면 비율**: 영상의 가로, 세로 비율을 지정합니다.
⑦ **영상 개수**: 한 번에 생성할 영상의 개수를 지정합니다.
⑧ **길이**: 영상의 길이를 지정합니다.
⑨ **해상도**: 영상의 해상도를 지정합니다. 해상도가 높을수록 영상이 선명해지지만, 그만큼 생성되는 데에 오랜 시간이 걸립니다.
⑩ **모델**: 영상을 만들 때 사용할 모델을 지정합니다.

먼저 루마의 핵심 기능이라고 할 수 있는 **묘사**(Describe) 기능을 이용하여 텍스트로 비디오를 만들어 보겠습니다.

■ **텍스트로 비디오 만들기**

[그림 5-86] **프롬프트 입력창**

필자는 숲을 걷는 귀여운 고양이 영상을 생성하기 위해 "**A cute cat walking in the forest.**"라는 프롬프트를 입력해 보겠습니다. 아이디어가 떠오르지 않는다면 다음 표를 참고합니다.

Colorful butterflies dancing in a meadow 꽃밭에서 춤추는 알록달록한 나비들
Autumn leaves falling in a peaceful park 고요한 공원에 떨어지는 가을 낙엽
Gentle waves lapping at a tropical island shore 열대 섬 해변을 부드럽게 때리는 파도
Cherry blossoms swirling in a gentle breeze 봄바람에 휘날리는 벚꽃 꽃잎
A curious fox exploring a moonlit field 달빛 비치는 들판을 탐험하는 호기심 많은 여우
Lanterns floating on a serene night river 고요한 밤 강물 위에 떠다니는 등불
Soap bubbles floating through a rainbow 무지개를 통과해 떠다니는 비눗방울
Time-lapse of a bustling city skyline at sunset 해 질 녘 분주한 도시 스카이라인의 타임랩스

[표 5-2] **루마에 입력할 수 있는 프롬프트 예시(영어로 입력해야 합니다)**

> **➕ 더 알아보기**
>
> Q 업그레이드하라는 창이 나타납니다.
>
> A 유료 플랜을 구매한 사용자만 이용할 수 있는 모델을 선택한 경우입니다. 옵션 화면에서 모델을 바꾼 뒤 다시 시도해 봅니다. 집필 시점을 기준으로 Ray2와 Ray2 Flash는 유료 플랜 이용자 전용입니다.

〈무료 이용 한도〉
집필 시점을 기준으로 루마에서는 **한 달마다 약 100장의 이미지, 2개의 비디오를 무료로 생성**할 수 있습니다. 단, 설정값에 따라 다소 차이가 있습니다.

[그림 5-87] 영상 생성 중 화면

Enter 를 눌러 프롬프트를 제출하면 생성 중(Dreaming…)이라고 나타나고 잠시 뒤 영상이 생성됩니다. 영상이 만들어질 때까지 잠시 기다립니다.

[그림 5-88] 영상이 생성된 모습

생성이 완료되면 자동으로 영상이 재생됩니다.

■ 비디오 다운로드하기

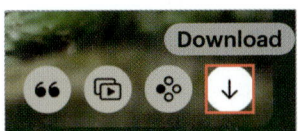

[그림 5-89] 비디오 다운로드 버튼

영상이 마음에 든다면 마우스 포인터를 해당 영상 위로 가져온 뒤, 화면에 나타난 버튼 중 ↓ 버튼을 눌러 영상을 컴퓨터로 내려받을 수 있습니다.

■ 길이 늘리기

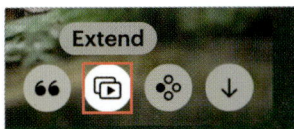

[그림 5-90] 확장 버튼

생각보다 짧은 영상이 생성되어 실망했다면 루마에 있는 확장 기능을 이용하여 영상의 길이를 늘릴 수 있습니다. 먼저 이 기능을 사용하기 위해 마우스 포인터를 영상 위로 가져온 뒤, 화면에 나타난 버튼 중 ▶ 버튼을 누릅니다.

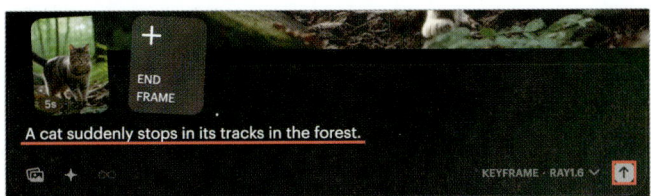

[그림 5-91] 추가할 장면을 묘사하는 프롬프트를 입력한 모습

기존 영상 뒤에 추가할 장면을 묘사하는 프롬프트를 **영어**로 입력하고 Enter 를 누릅니다. 이전의 장면이 계속 이어지길 원하는 경우 이전과 동일한 프롬프트를 입력해도 됩니다.

필자는 고양이가 숲을 걷다가 갑자기 멈춰서는 장면을 만들기 위해 **"A cat suddenly stops in its tracks in the forest."** 라는 프롬프트를 입력하겠습니다.

[그림 5-92] 영상이 확장된 모습

이전 장면과 새로운 장면이 자연스럽게 이어지는 모습을 확인할 수 있습니다. 이런 식으로 영상을 거듭해서 확장해 나갈 수 있습니다.

■ 이미지로 비디오 만들기

루마에서 제공하는 업로드 기능을 이용하면 이미지를 살아 숨 쉬게 만들 수 있습니다. 이번에는 이미지로 비디오를 만드는 방법에 대해서 알아보겠습니다.

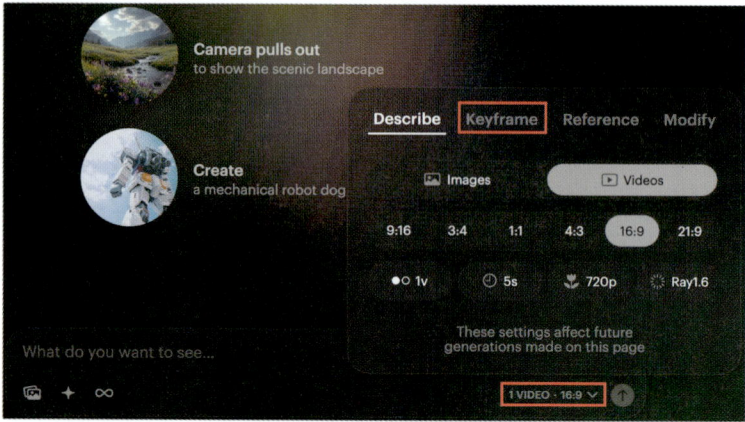

[그림 5-93] 옵션 화면: 묘사(비디오)

먼저 **1 VIDEO · 16:9**라고 적혀 있는 부분을 눌러 옵션 화면을 띄운 뒤, **키프레임**(Keyframe)을 클릭합니다.

[그림 5-94] 프레임 추가 버튼

그러면 시작 프레임(START FRAME)과 끝 프레임(END FRAME)을 추가할 수 있는 버튼이 나타납니다. 여기서 시작 프레임은 영상의 시작 장면(필수)이고 끝 프레임은 영상의 마지막 장면(선택)입니다.

여기서는 시작 프레임만 넣어 보겠습니다. **+시작 프레임**(+START FRAME) 버튼을 누르고 **동영상으로 만들 이미지 파일**을 선택합니다.

[그림 5-95] 프롬프트를 입력한 모습

이제 프롬프트를 입력할 차례입니다. 필자는 이미지 속 소년이 우주 공간에서 걷는 모습을 담은 영상을 만들기 위해 **"A cute boy is walking in universe."**라고 적어 보겠습니다.

[그림 5-96] 결과물 캡처본

이미지 속 소년이 꽤 자연스럽게 걷는 모습을 확인할 수 있습니다.

■ 사용량, 한도 확인하기

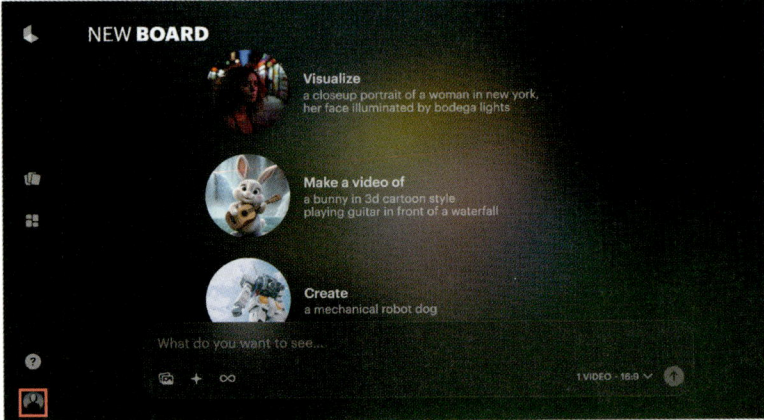

[그림 5-97] 프로필 버튼

먼저 **프로필** 버튼을 누릅니다.

[그림 5-98] 구독 영역: 사용량 보기 버튼

구독 영역에 있는 **사용량 보기**(View Usage) 버튼을 누릅니다.

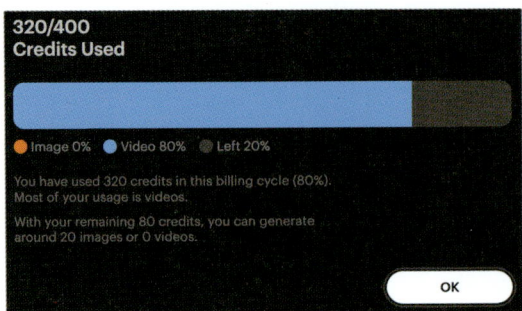

[그림 5-99] 사용량 보기 화면

지금까지 크레딧을 얼마나 사용했고 또 얼마나 남아 있는지를 한눈에 확인할 수 있습니다.

3.4. 유료 플랜 구매 방법

루마는 무료 이용 한도가 제한되어 있어 더욱 원활하게 사용하기 위해서는 유료 플랜을 구매해야 합니다. 이번에는 유료 플랜 구매 방법을 알아보겠습니다.

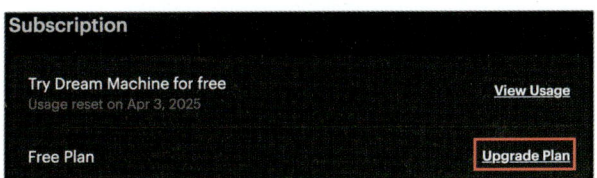

[그림 5-100] 구독 영역: 플랜 업그레이드 버튼

먼저 **프로필** 버튼을 누르고 구독 영역에 있는 **플랜 업그레이드**(Upgrade Plan) 버튼을 누릅니다.

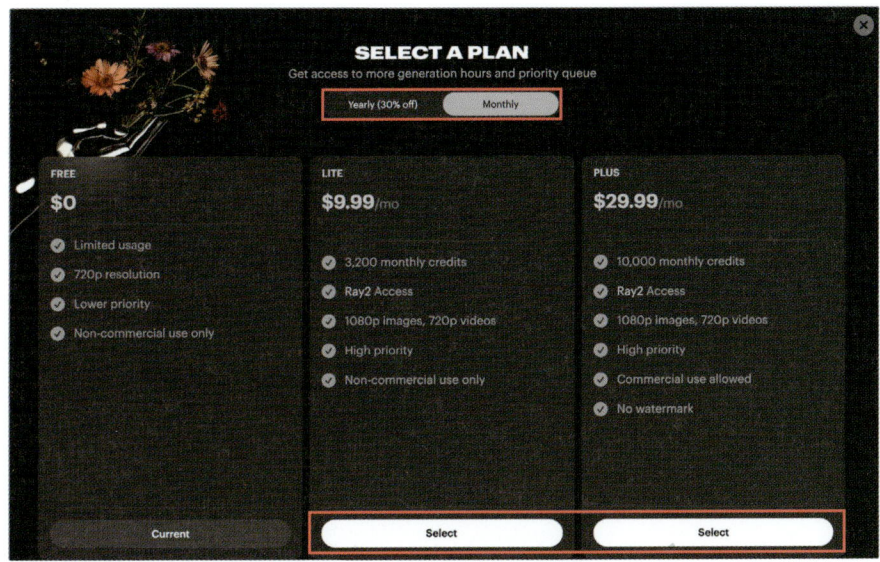

[그림 5-101] 유료 플랜 선택 화면

월간(Monthly), **연간**(Yearly) 구독 중 하나를 고르고 **라이트**(LITE), **플러스**(PLUS), **무제한**(UNLIMITED) 중 구독을 원하는 플랜의 **선택하기**(Select) 버튼을 누릅니다.

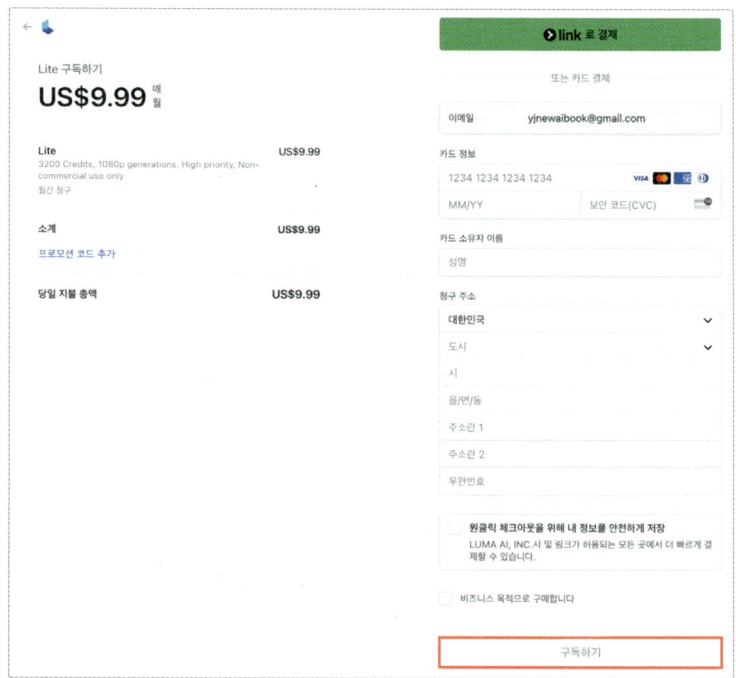

[그림 5-102] 유료 플랜 결제 화면

카드 정보와 소유자 이름, 그리고 **청구지 주소**를 입력하고 **구독하기** 버튼을 누릅니다. 이때, **해외 결제가 가능한 카드**로만 결제할 수 있음에 유의합니다.

결제 후 별도로 해지하기 전까지는 매월 또는 매년 과금되며, 구독 즉시 유료 플랜 이용자로서 혜택을 받을 수 있습니다.

> **마무리**
>
> 지금까지 상상 속 이미지를 동영상으로 구현해 주는 AI, 루마에 대해 알아보았습니다. 비록 아직은 오픈AI의 소라만큼 정교하고 긴 영상을 만들어내지는 못하지만, 기존의 유사한 AI가 극복하지 못했던 영상 속 프레임 간의 일관성이 상당히 잘 유지된다는 점에서 큰 의미가 있습니다.
> 문장 하나만으로 수 시간 분량의 영화가 만들어지고, 누구나 즉석에서 보고 싶은 영화를 단 몇 초만에 만들어낼 수 있는 시대를 상상하며 루마에 대한 설명을 마무리합니다.

04 소라: 꿈꾸던 장면을 그려내는 드림 캔버스

4.1. 소개

소라(Sora)[3]는 2024년 2월에 챗GPT 개발사인 오픈AI에서 공개한 동영상 생성 AI입니다. 같은 해 12월에 정식으로 출시되었으며, 사용자가 입력한 문장을 바탕으로 한 번에 최대 20초 길이의 고화질 영상을 생성할 수 있어 영상 제작 분야에 큰 화제를 불러일으키고 있습니다.

소라의 가장 큰 특징은 전문적인 프로그램이나 영상 편집 기술 없이 오직 텍스트 프롬프트만으로 원하는 장면을 담은 영상을 얻어낼 수 있다는 점입니다. 예를 들어, "네온사인으로 가득한 야간의 도쿄 거리를 걷는 맵시 있는 여성이 카메라를 향해 미소 짓는 모습"이라는 문장만으로도, 마치 실제로 촬영된 듯한 생동감 넘치는 영상을 만들 수 있습니다.

최근 몇 개월간 미국, 중국의 여러 AI 개발사에서 소라와 유사한 AI를 출시하였지만, 영상의 품질, 장면 구성 능력, 프롬프트 이해도 등 모든 면에서 소라는 현존 최고 수준의 동영상 생성 AI로 평가받고 있으며, 우리가 살고 있는 물리 세계를 높은 정확도로 재현할 수 있다는 점에서 '월드 시뮬레이터'라고도 불리고 있습니다.

4.2. 사용 방법

■ 구글 로그인 및 초기 설정하기

먼저 인터넷 브라우저를 열고 다음 사이트에 접속합니다.

URL: sora.com

[그림 5-103] 소라 첫 화면

로그인(Log in) 버튼을 눌러 오픈AI 계정으로 로그인합니다.

---

3   하늘을 뜻하는 일본어 단어 'そら(空)'에서 따 온 이름입니다.

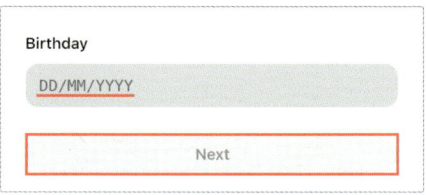

[그림 5-104] 생년월일 입력 화면

생년월일을 입력한 뒤, **다음**(Next) 버튼을 누릅니다.

〈안내〉
오픈AI에 가입되어 있다고 가정하고 진행하겠습니다. 아직 가입을 하지 않으셨다면 **2장 1.2. 가입 방법**의 내용을 참고하여 가입을 먼저 진행해 주세요.
그리고 소라를 이용하기 위해서는 집필 시점을 기준으로 챗GPT 플러스 이상의 플랜 결제가 필요합니다.

■ 화면 구성 살펴보기

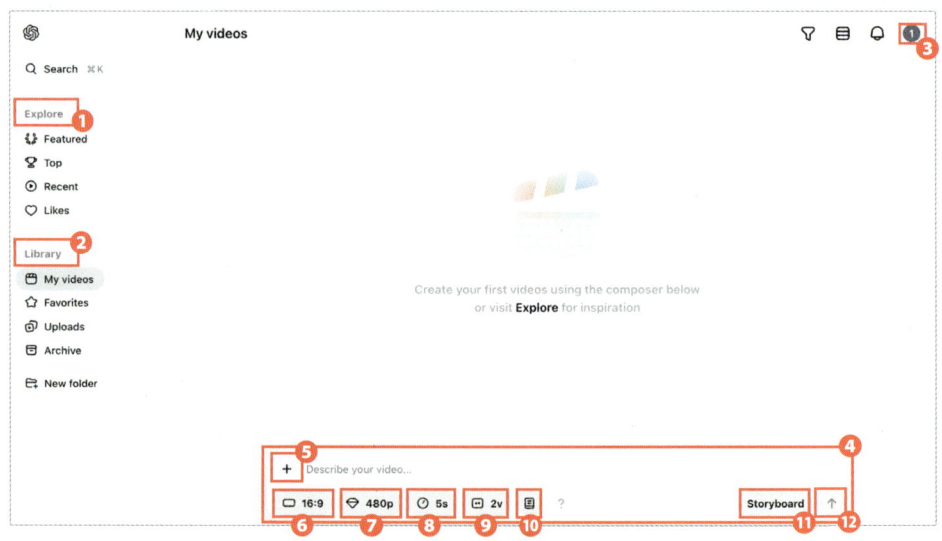

[그림 5-105] 소라 실행 화면

세팅을 마치면 자동으로 실행 화면이 나타납니다. 사용법을 알아보기에 앞서 화면 구성을 살펴보겠습니다.

❶ **탐색**: 다른 사람들이 소라로 만든 영상을 확인합니다.
❷ **라이브러리**: 지금까지 자신이 소라로 만든 영상을 확인합니다.
❸ **프로필 버튼**: 환경 설정 화면을 열거나 구독 중인 플랜에 대한 정보를 확인합니다.
❹ **프롬프트 입력창**: 영상을 묘사하는 문장을 입력하는 자리입니다. 영어는 물론, 한국어도 인식합니다.
❺ **업로드**: 컴퓨터에 있는 사진이나 영상, 또는 지금까지 소라로 만든 영상을 바탕으로 새로운 영상을 만듭니다.
❻ **화면 비율**: 영상의 가로, 세로 비율을 지정합니다.
❼ **해상도**: 영상의 해상도를 지정합니다. 해상도가 높을수록 영상이 선명해지지만, 그만큼 생성되는 데에 오랜 시간이 걸립니다.
❽ **길이**: 영상의 길이를 지정합니다.
❾ **영상 개수**: 한 번에 생성할 영상의 개수를 지정합니다.
❿ **프리셋**: 영상에 특수 효과를 적용합니다.
⓫ **스토리보드**: 여러 개의 프롬프트를 입력하여 영상을 만듭니다. 기승전결이 있는, 한 편의 스토리를 가진 영상을 제작하기에 적합합니다.
⓬ **생성**: 입력한 프롬프트와 설정값을 바탕으로 생성 명령을 내립니다.

■ **비디오 생성하기**

소라를 이용하는 방법은 매우 간단합니다. 그저 머릿속에 있는 영상을 프롬프트로 묘사하기만 하면 됩니다. 여기서는 **"따스한 분위기의 카페 창가에 앉아 있는 젊은 한국인 여성이 책을 읽는 모습."**이라고 입력해 보겠습니다.

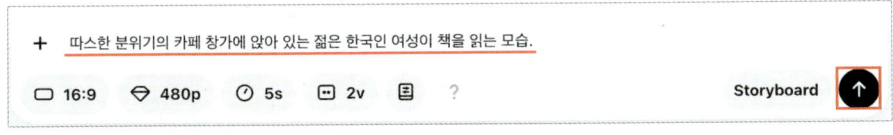

[그림 5-106] **프롬프트 입력창**

프롬프트를 입력했다면 ⬆ 버튼을 눌러 생성 명령을 내립니다.

〈이용 한도〉

집필 시점을 기준으로 소라에서는 챗GPT 플러스와 팀 플랜 구독자의 경우 **최대 720p 해상도, 10초 길이**의 영상을 무제한으로 생성할 수 있습니다.

그리고 프로 플랜 구독자는 **최대 1080p 해상도, 20초 길이**의 영상을 무제한으로 생성할 수 있고 만든 영상을 워터마크 없이 다운로드할 수 있습니다. 또한 최대 5개의 영상을 동시에 생성할 수 있습니다.

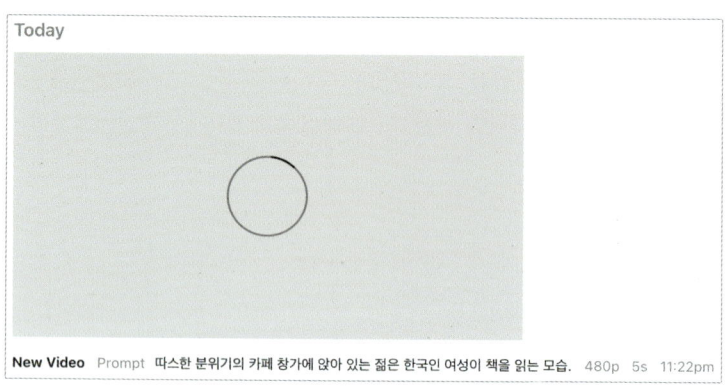

[그림 5-107] 영상 생성 중 화면

설정값에 따라 영상이 만들어지며, 생성이 되기까지 수십 초에서 수 분의 시간이 걸립니다.

[그림 5-108] 영상이 생성된 모습

생성이 완료되면 마우스 포인터를 섬네일 이미지 위로 가져온 뒤, 좌우로 이동하여 영상을 확인할 수 있습니다.

■ 비디오 다운로드하기

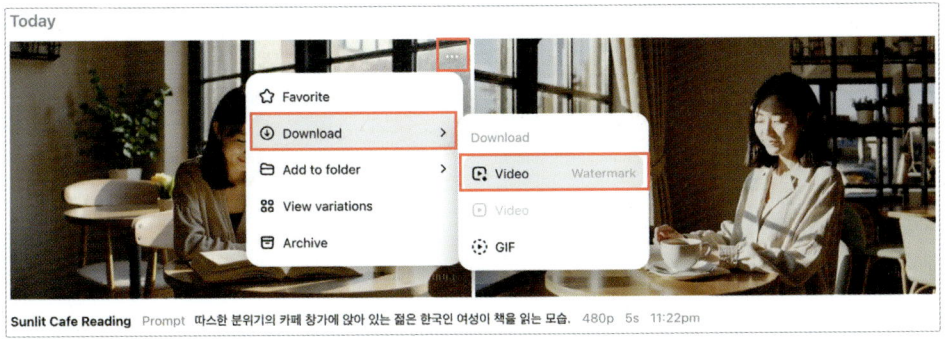

[그림 5-109] 비디오 다운로드 버튼

다운로드받고 싶은 영상이 있다면 마우스 포인터를 섬네일 이미지 위로 가져온 뒤, **더 보기**(…), **다운로드**(Download), **비디오**(Video)를 순서대로 누르면 됩니다.

■ 스토리보드 기능 활용하기

[그림 5-110] 스토리보드 버튼

소라의 스토리보드 기능을 이용하면 기승전결이 있는, 한 편의 스토리를 가진 영상을 쉽게 만들 수 있습니다. 먼저 **스토리보드**(Storyboard) 버튼을 클릭합니다.

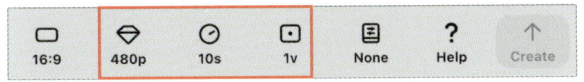

[그림 5-111] 설정값 변경 버튼

시작에 앞서 **해상도를 480p**로, **길이를 10초**로, 그리고 한 번에 생성할 **영상 개수를 1개**로 변경합니다.

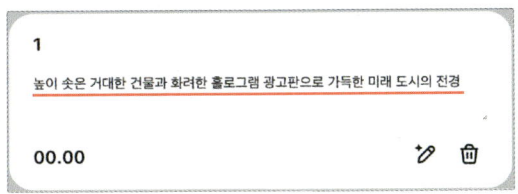

[그림 5-112] 첫 번째 장면 프롬프트 입력창

여기서는 두 가지 장면을 포함하는 영상을 만들어 보겠습니다.

5장 생성 AI 소개(비디오 및 프레젠테이션 편) **265**

먼저 첫 번째 장면을 묘사하는 프롬프트를 작성합니다. **"높이 솟은 거대한 건물과 화려한 홀로그램 광고판으로 가득한 미래 도시의 전경"**이라고 입력합니다.

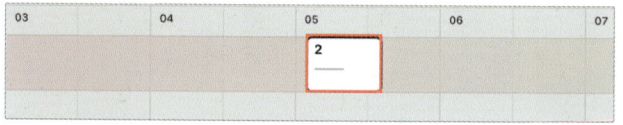

[그림 5-113] 타임라인 영역

프롬프트를 작성했다면 이제 **아래쪽 타임라인 영역**에서 **5초 지점**을 클릭하여 두 번째 장면을 추가합니다.

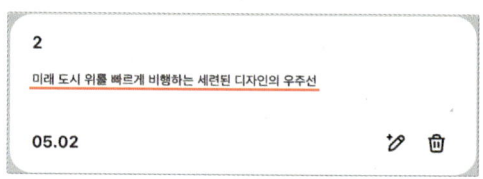

[그림 5-114] 두 번째 장면 프롬프트 입력창

이번에는 두 번째 장면을 묘사하는 프롬프트를 작성합니다. **"미래 도시 위를 빠르게 비행하는 세련된 디자인의 우주선"**이라고 입력합니다.

입력을 마쳤다면 ⬆ 버튼을 눌러 생성 명령을 내린 뒤, ① 버튼을 눌러 대기열을 열고 영상이 만들어질 때까지 기다립니다.

[그림 5-115] 영상이 생성된 모습

생성이 완료되면 클릭하여 확인하고 마음에 들면 ⬇ 버튼을 눌러 다운로드합니다. 만약 수정이 필요하다고 느껴진다면 ✏(스토리 편집하기(Edit story)) 버튼을 눌러 프롬프트를 수정하고 다시 생성해 봅니다.

> **꿀팁** ✓ 더욱 나은 영상을 얻기 위해서는 자신이 카메라맨이 되었다고 생각하고 화면의 움직임을 구체적으로 묘사하는 것이 좋습니다. **패닝**(좌우 이동), **틸팅**(상하 이동), **트래킹**(피사체를 따라가는) **줌 인**(확대), **줌 아웃**(축소), **로우 앵글**(아래에서 위를 올려다보는), **하이 앵글**(위에서 아래를 내려다보는), **버드 아이**(하늘에서 내려다보는) 등의 키워드를 활용하여 프롬프트를 작성해 봅시다.

■ 구독 중인 플랜 확인하기

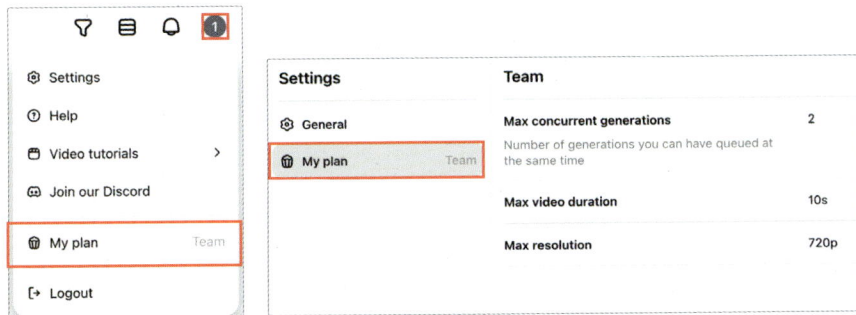

[그림 5-116] 구독 중인 플랜을 확인하는 화면

프로필 버튼을 눌러 프로필 메뉴를 띄운 뒤, 메뉴에서 **내 플랜**(My plan)을 클릭하면 현재 구독하고 있는 플랜에 대한 정보를 확인할 수 있습니다.

마무리

지금까지 상상 속 장면을 현실로 이끌어내는 AI, 소라에 대해 알아보았습니다. 소라는 모두에게 창작자가 되어 영상 제작에 뛰어들 수 있는 값진 기회를 선사했습니다. 벌써부터 소라로 광고 영상, 심지어는 단편 영화를 만들었다는 소식이 곳곳에서 들려오고 있는데 소라가 가져올 거대한 변화의 시작을 알리는 신호탄과도 같다는 생각이 듭니다.
앞으로도 소라는 우리의 상상력을 마음껏 펼칠 수 있는 드넓은 캔버스가 되어 줄 것입니다. 그 캔버스 위에 어떤 이야기와 장면들이 그려질지 기대됩니다. 소라를 이용하여 여러분만의 멋진 영상을 만들어 보시기 바랍니다.

05 감마: 놀라운 프레젠테이션 자동 생성 AI

5.1. 소개

학교생활이나 사회생활을 해 본 사람이라면 누구나 파워포인트를 이용하여 발표 자료를 만들다가 밤을 새워 본 적이 있을 겁니다. 파워포인트가 처음 등장한 1987년 이후 30여 년이 지났지만 그동안 컴퓨터의 발전이 무색할 정도로 발표 자료를 만드는 방법은 크게 달라지지 않았고 여전히 사람들은 내용 작성 및 배치, 디자인에 필요 이상의 많은 시간을 쏟고 있습니다.

하지만 프레젠테이션을 자동으로 만들어 주는 AI, 감마(Gamma)의 등장으로 이러한 모습은 사라질지도 모르겠습니다. 감마는 지난 2023년에 혜성처럼 등장한 AI 기반 프레젠테이션 제작 도구로, 오직 프롬프트만으로 완성된 프레젠테이션 자료를 만들어 냅니다.

5.2. 가입 방법

■ 구글 로그인 및 초기 설정하기

먼저 감마를 이용하기 위해 인터넷 브라우저를 열고 다음 사이트에 접속합니다.

URL: gamma.app

[그림 5-117] 감마 첫 화면

먼저 회원 가입을 하기 위해 **무료로 가입하기** 버튼을 누릅니다.

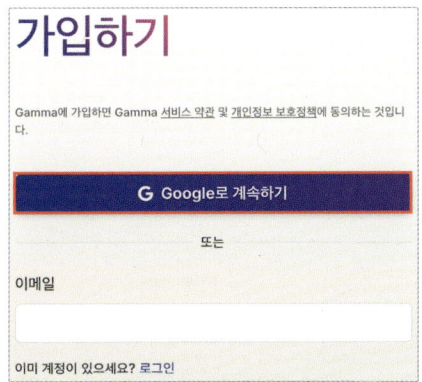

[그림 5-118] 감마 회원 가입 화면

감마 계정은 구글 계정과 일반 이메일 주소를 이용하여 만들 수 있습니다. 여기서는 구글 계정으로 만들어 보도록 하겠습니다. **Google로 계속하기** 버튼을 누르고 자신이 사용하는 구글 계정으로 로그인을 합니다.

[그림 5-119] 구글 로그인 화면

계속 버튼을 누릅니다.

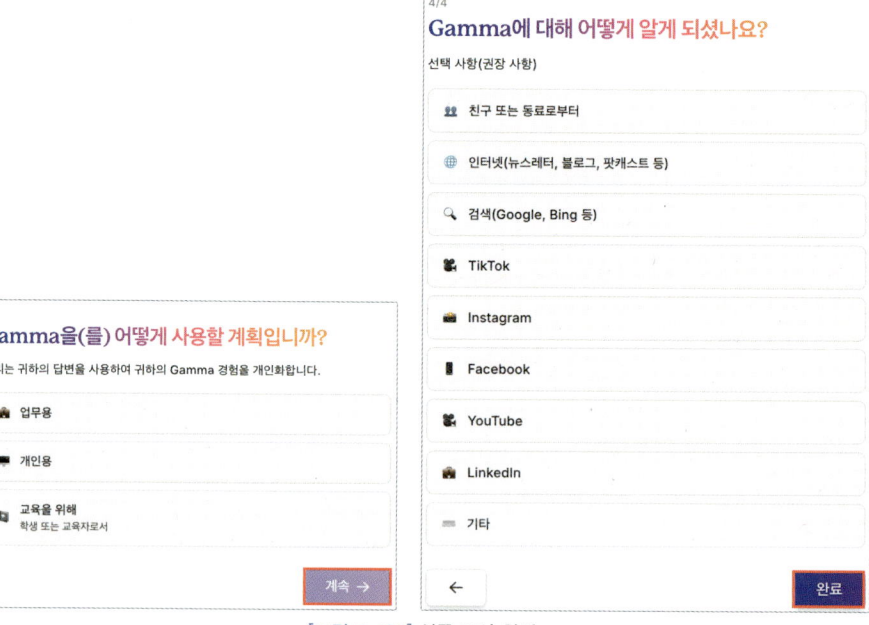

[그림 5-120] 설문 조사 화면

간단한 설문 조사에 응한 뒤, **완료** 버튼을 누릅니다.

5.3. 사용 방법

■ 프레젠테이션 자료 만들기

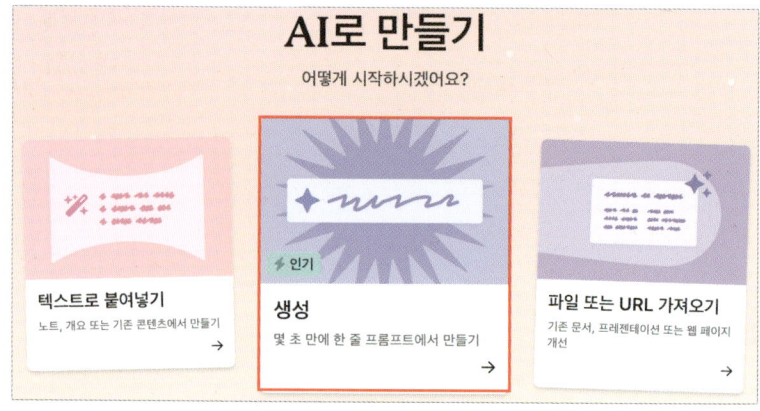

[그림 5-121] AI로 만들기 화면

감마에는 텍스트(일종의 원고)로 프레젠테이션 자료를 만드는 **텍스트로 붙여넣기**, 프롬프트로 자료를 만드는 **생성**, 그리고 이미 만들어진 파일을 개선하는 **파일 또는 URL 가져오기** 기능이 있습니다.

여기서는 감마의 핵심 기능이라고 할 수 있는 생성 기능을 이용하는 방법을 알아보겠습니다. **생성** 버튼을 누릅니다.

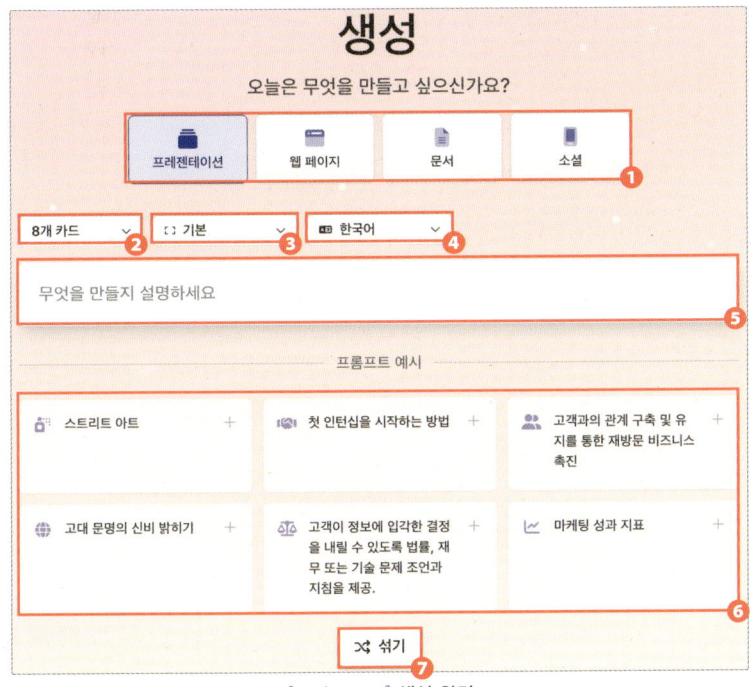

[그림 5-122] 생성 화면

다음은 생성 화면의 각 부분에 대한 설명입니다.

❶ **콘텐츠 종류**: 생성할 콘텐츠 종류를 지정합니다.

❷ **카드 매수**: 생성할 카드의 매수를 지정합니다. 여기서 카드란 파워포인트의 슬라이드와 동일한 개념입니다.

❸ **페이지 스타일**: 카드의 가로, 세로 비율을 지정합니다. 기본은 유동적, 일반적은 16:9, 그리고 톨(Tall)은 4:3입니다.

❹ **언어**: 원하는 언어를 지정합니다.

❺ **프롬프트 입력창**: 만들고자 하는 자료를 묘사하는 문장을 적는 자리입니다.

❻ **프롬프트 예시**: 선택한 콘텐츠 종류에 대한 예시를 확인합니다.

❼ **섞기**: 다른 예시를 확인합니다.

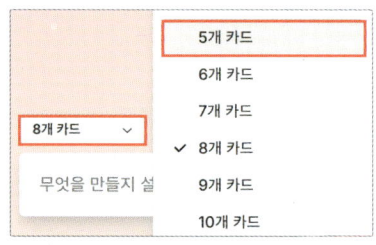

[그림 5-123] 카드 매수 선택 메뉴

먼저 감마가 만들어 주는 프레젠테이션 자료의 카드 매수를 변경해 보겠습니다. **8개 카드**라고 적힌 부분을 클릭하여 **5개 카드**로 바꿉니다.

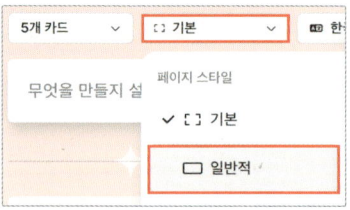

[그림 5-124] 페이지 스타일 선택 메뉴

이번에는 페이지의 가로, 세로 비율을 일반적으로 많이 쓰이는 16:9 비율로 바꿔 보겠습니다. **기본**이라고 적힌 부분을 클릭하여 **일반적**으로 바꿉니다.

[그림 5-125] 프롬프트 입력창

이제 프롬프트 입력창에 만들고자 하는 자료를 묘사하는 문장을 입력하고 **개요 생성** 버튼을 누릅니다. 필자는 **"30대를 위한 취미 활동"**이라고 적어 보겠습니다. 아이디어가 떠오르지 않는다면 다음 표를 참고합니다.

주말 아침을 특별하게 만드는 브런치 레시피
집에서 즐기는 영화의 밤: 장르별 추천 영화와 간식 조합
초보자도 쉽게 기르는 반려식물
친구들과 즐기는 보드게임 추천 및 규칙 설명
효과적인 옷장 정리 방법: 계절별 옷 관리 팁
직장 동료와의 관계 개선을 위한 소통 팁
주말 아침을 깨우는 상쾌한 모닝 루틴 만들기
집에서 즐기는 홈 카페: 커피 종류별 맛있게 내리는 방법
스트레스 해소를 위한 취미 활동 추천 및 시작 가이드
친환경적인 일회용품 대체품 소개 및 사용법

[표 5-3] 감마에 입력할 수 있는 프롬프트 예시

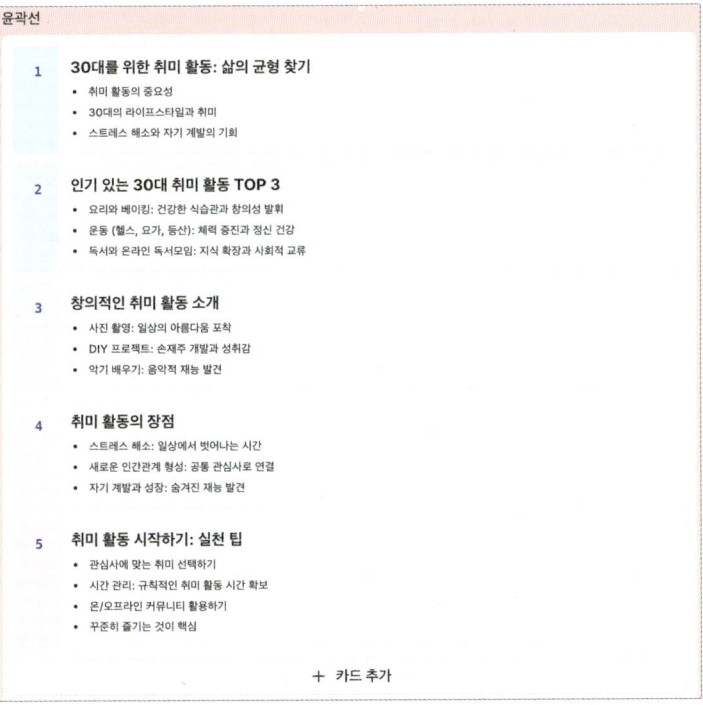

[그림 5-126] 개요 생성 화면

각각의 카드에 대한 개요가 생성되는 모습을 확인할 수 있습니다. AI가 생성한 개요가 마음에 들지 않는다면 🔁 버튼을 클릭하여 다시 생성할 수 있고, 내용을 직접 수정할 수도 있습니다. 두 가지 방법을 적절히 활용하여 개요를 완성합니다.

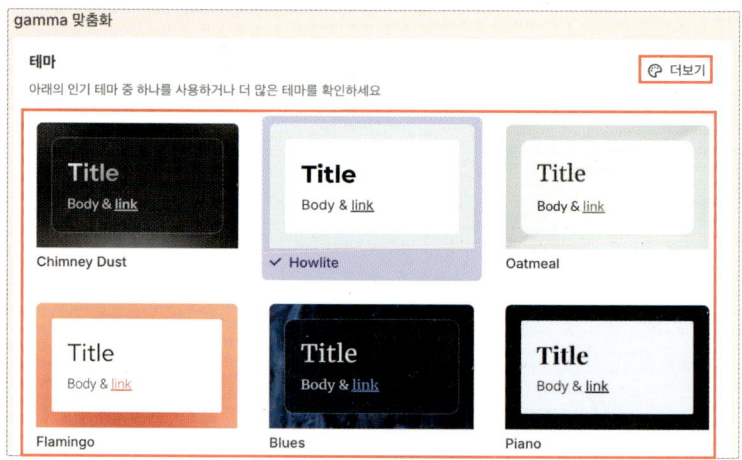

[그림 5-127] 테마 선택 화면

개요를 완성했다면 화면을 아래로 내린 뒤, **마음에 드는 테마**를 고릅니다. **더 보기** 버튼을 누르면 더욱 다양한 테마를 확인할 수 있습니다.

[그림 5-128] 설정 화면

테마를 골랐다면 화면을 더 아래로 내립니다. 여기에서는 몇 가지 설정을 할 수 있으며, 각 항목에 대한 설명은 다음과 같습니다.

❶ **카드당 텍스트 양**: 카드에 포함될 텍스트의 양을 지정합니다.

❷ **이미지 출처**: 카드에 포함될 이미지를 웹 페이지에서 가져올지, 아니면 AI가 생성하게 할지 등을 지정합니다. 자동을 선택하면 AI가 스스로 판단하게 할 수 있습니다.

❸ **이미지 스타일**: AI가 이미지를 생성할 때 참고하게 할 프롬프트를 입력하는 자리입니다. 색상, 스타일, 분위기 등을 기술하면 됩니다.
❹ **AI 이미지 모델**: 이미지 생성에 사용할 AI 모델을 지정합니다.
❺ **고급 모드**: 쓰기 대상, 톤 등 세부 사항을 지정합니다.

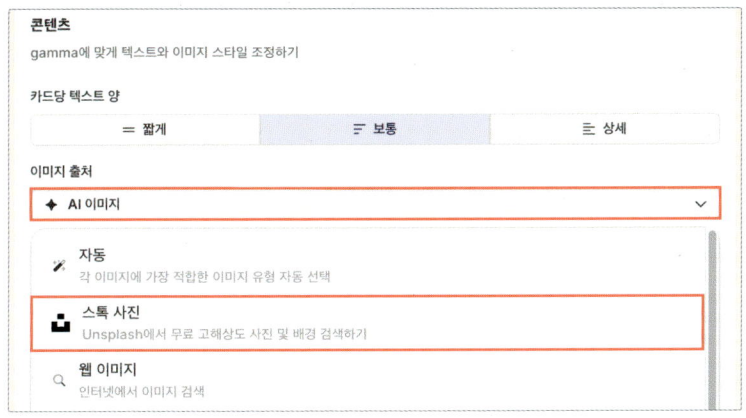

[그림 5-129] 이미지 출처 선택 메뉴

필자는 사진 공유 사이트 언스플래시(Unsplash)에 있는 사진만을 활용하기 위해 **이미지 출처**를 AI 이미지에서 **스톡 사진**으로 바꾸겠습니다.

[그림 5-130] 생성 버튼

모든 설정을 마쳤다면 **생성** 버튼을 누릅니다.

〈무료 이용 한도〉
집필 시점을 기준으로 감마에 가입하면 400크레딧을 무료로 받을 수 있으며, 프레젠테이션 자료를 생성할 때마다 40크레딧이 소모됩니다. 즉, **생성 명령을 가입 후 최대 10번까지 무료로 내릴 수 있는 셈입**니다. 크레딧은 **생성** 버튼을 누른 직후에 사용됩니다.

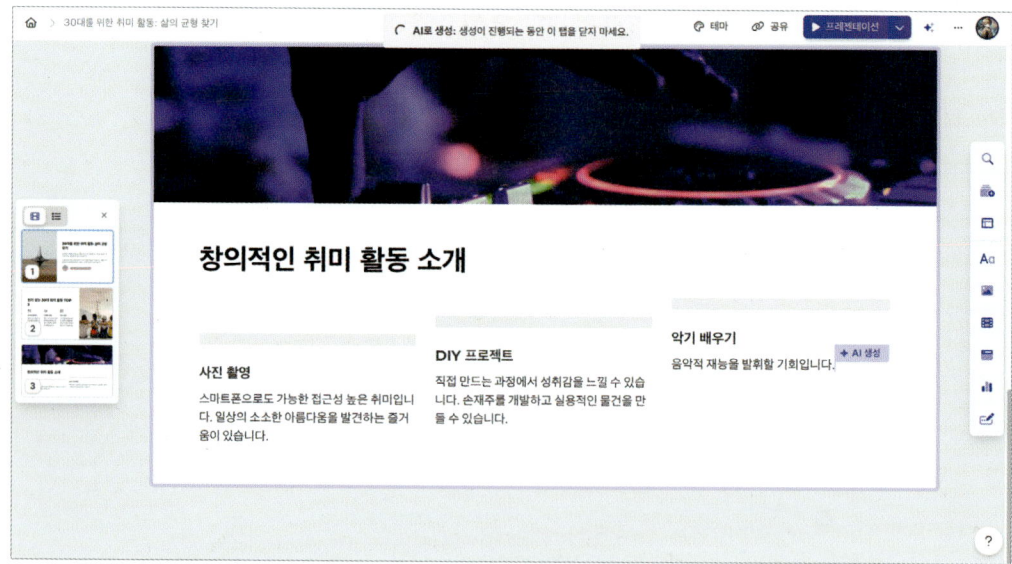

[그림 5-131] 생성 중 화면

AI가 작동하면서 프레젠테이션 자료가 만들어지는 중간 과정이 나타납니다.

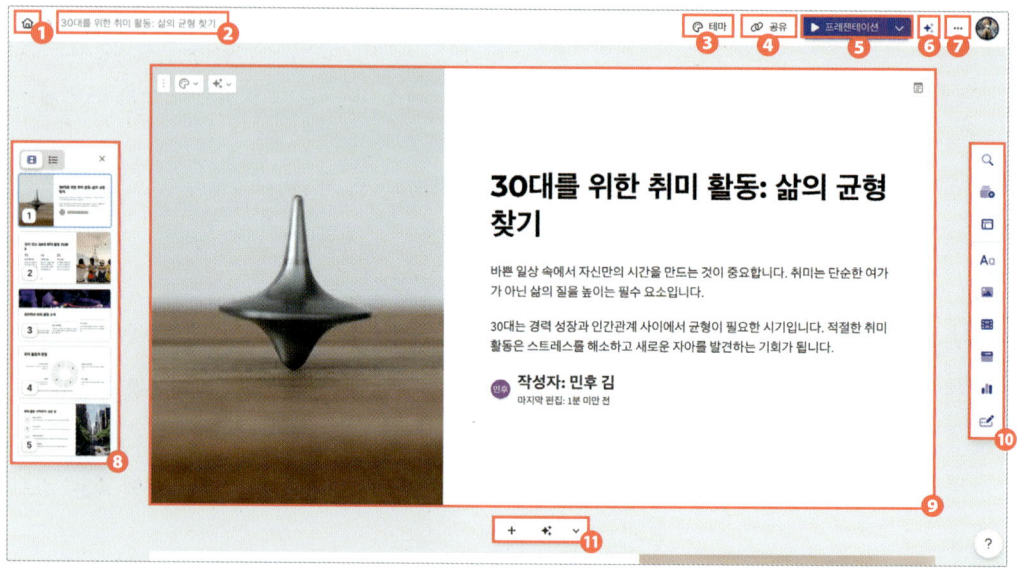

[그림 5-132] 편집 화면

생성이 완료되면 편집 화면으로 자동으로 이동됩니다. 이 화면에서는 AI가 생성한 결과물을 확인하고 세세한 편집을 할 수 있으며, 화면 각 부분의 기능과 역할은 다음과 같습니다.

❶ **홈**: 지금까지 감마로 생성한 결과물을 확인할 수 있는 홈 화면으로 이동합니다.
❷ **프레젠테이션 제목**: 프레젠테이션 제목을 확인하거나 변경합니다.
❸ **테마**: 테마를 변경합니다.
❹ **공유**: 프레젠테이션을 타인과 공유하기 위해 URL을 생성합니다.
❺ **프레젠테이션**: 슬라이드 쇼를 시작합니다.
❻ **AI로 모든 카드 편집**: AI를 호출합니다. "4번 카드에 취미 활동 2개를 더 추가해 줘"와 같은 식으로 명령을 내릴 수 있습니다. 이 기능은 유료 구독을 한 경우에만 사용할 수 있습니다.
❼ **더 보기**: 특정 시점의 작업 상태로 되돌리거나(버전 기록…) 로고, 색상, 글꼴 등을 변경하거나 결과물을 PDF, PPTX 등 파일 형태로 다운로드할 수 있습니다.
❽ **카드 목록 영역**: 만들어진 카드 목록을 나타냅니다.
❾ **카드 편집 영역**: 카드에 포함된 내용을 나타냅니다. 이 영역에서 내용을 수정할 수도 있습니다.
❿ **요소 막대**: 텍스트, 이미지, 비디오 등을 수동으로 추가합니다.
⓫ **카드 추가**: 카드 상단부 또는 하단부 여백으로 마우스 포인터를 가져오면 나타나며, 빈 카드를 추가하거나 즉석에서 AI를 이용하여 새로운 카드를 추가할 수 있습니다.

■ **카드 추가로 생성하기**

필요에 따라 카드 편집 영역에서 결과물을 수정할 수 있습니다. 여기서는 감마에서 제공하는 AI 기능을 이용하여 5번 카드 뒤에 '**가상 세계 창조하기: 코딩**'이라는 내용을 담은 카드를 추가해 보겠습니다.

[그림 5-133] AI로 카드 추가 버튼

먼저 카드 편집 영역에서 **5번 카드 아래쪽**으로 마우스 포인터를 가져온 뒤, 버튼을 누릅니다.

 AI를 실행하는 버튼의 아이콘은 대부분 별 모양인데 여기에는 AI의 능력을 마법 같은 것으로 표현하고자 하는 AI 개발사의 의도가 담겨 있습니다.

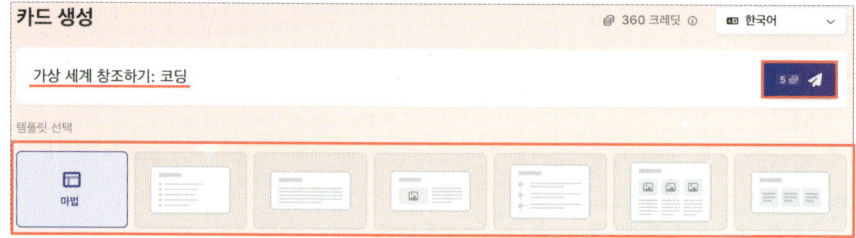

[그림 5-134] 카드 생성 화면

프롬프트를 입력하고 버튼을 누릅니다. 형식은 기본적으로 AI가 판단하여 지정하지만 필요에 따라 **템플릿 선택** 기능을 이용하여 템플릿을 직접 고를 수도 있습니다. 버튼을 누르면 즉시 5 크레딧이 사용됩니다.

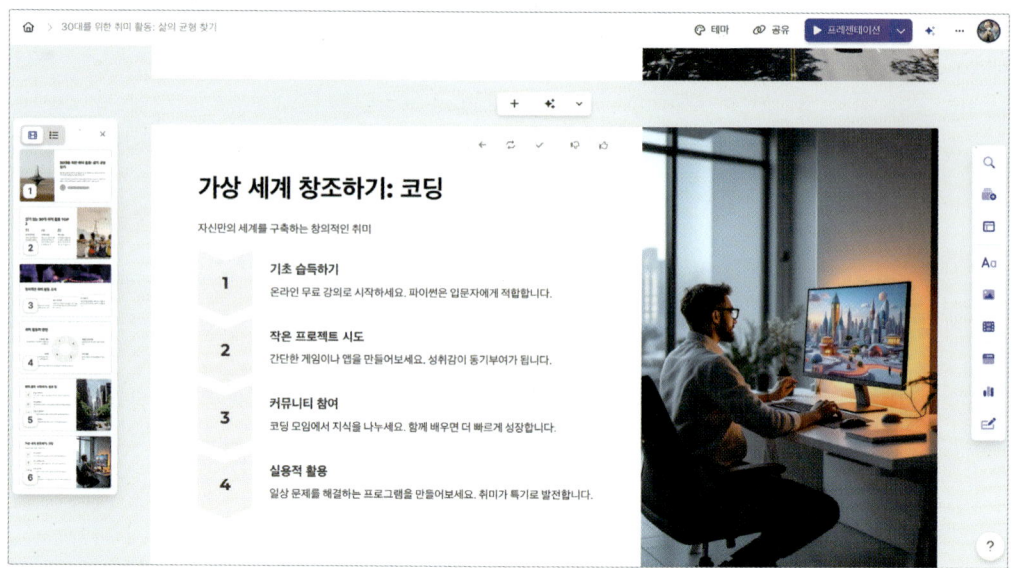

[그림 5-135] 새로운 카드가 생성된 모습

입력한 프롬프트와 관련된 새로운 카드가 생성된 모습을 확인할 수 있습니다.

■ 프레젠테이션 저장하기

감마에서도 자체적인 편집 기능을 지원하지만, 파워포인트가 익숙하거나 파일 형태로 저장하고 싶은 경우 감마에서 제공하는 내보내기 기능을 활용할 수 있습니다. 이번에는 내보내기 기능에 대해 알아보겠습니다.

[그림 5-136] 메뉴 화면

먼저 **더 보기(…)** 버튼을 누르고 나타나는 메뉴에서 **내보내기…**를 클릭합니다.

[그림 5-137] 내보내기 화면

PDF, PPTX(파워포인트 파일 형식), 구글 프레젠테이션, 그리고 PNG 형식으로 내보낼 수 있으며, 원하는 형식을 클릭합니다.

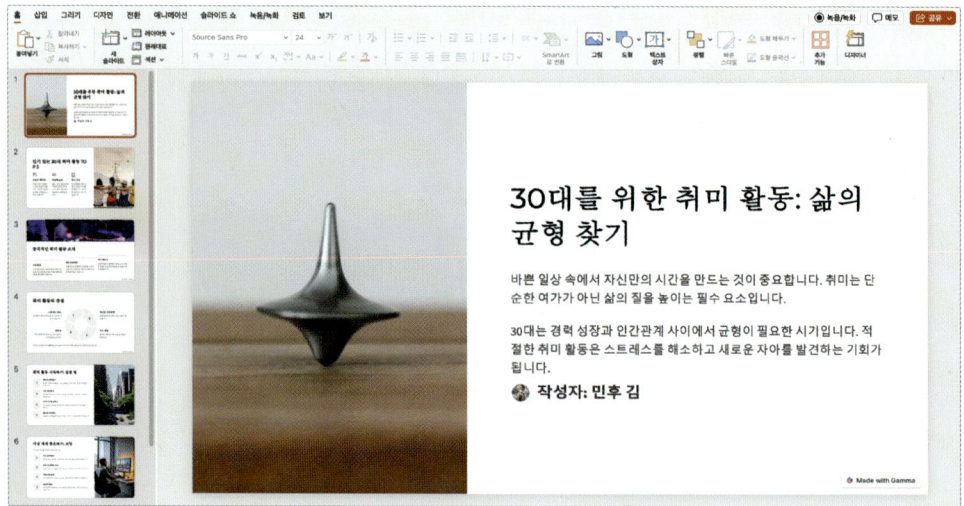

[그림 5-138] 내보내기한 파일을 컴퓨터에서 연 모습

파일이 잘 열리는지 확인합니다.

■ 생성한 프레젠테이션 및 크레딧 확인하기

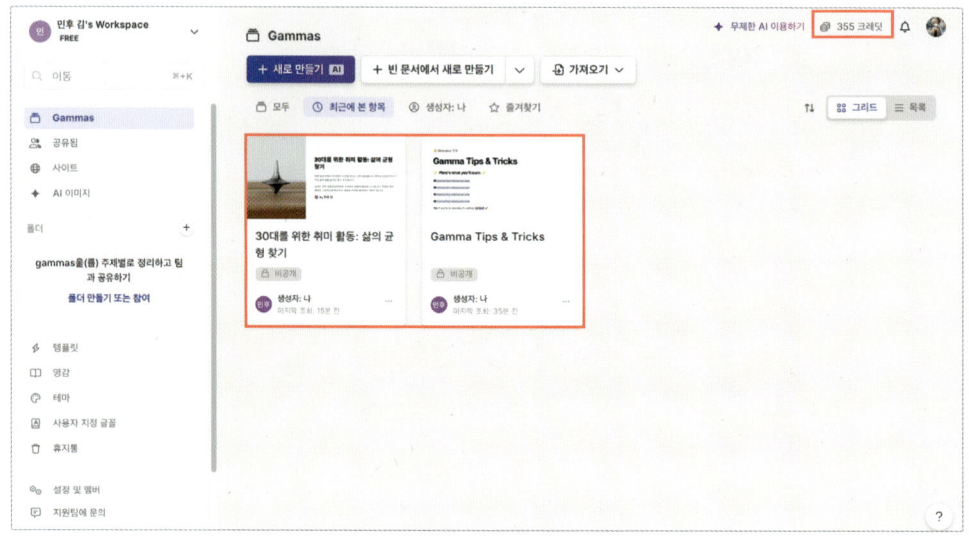

[그림 5-139] 홈 화면

화면 왼쪽 위에 있는 🏠 버튼을 눌러 홈 화면으로 이동하면 지금까지 감마로 생성한 프레젠테이션과 남아 있는 크레딧을 확인할 수 있습니다.

5.4. 유료 플랜 구매 방법

감마는 무료 이용 한도가 제한되어 있어 더욱 원활하게 사용하기 위해서는 유료 플랜을 구매해야 합니다. 이번에는 유료 플랜 구매 방법을 알아보겠습니다.

[그림 5-140] 크레딧 잔여량 버튼

먼저 홈 화면에서 **크레딧 잔여량이 표시된 부분을 클릭**합니다.

[그림 5-141] 업그레이드 버튼

업그레이드 버튼을 누릅니다.

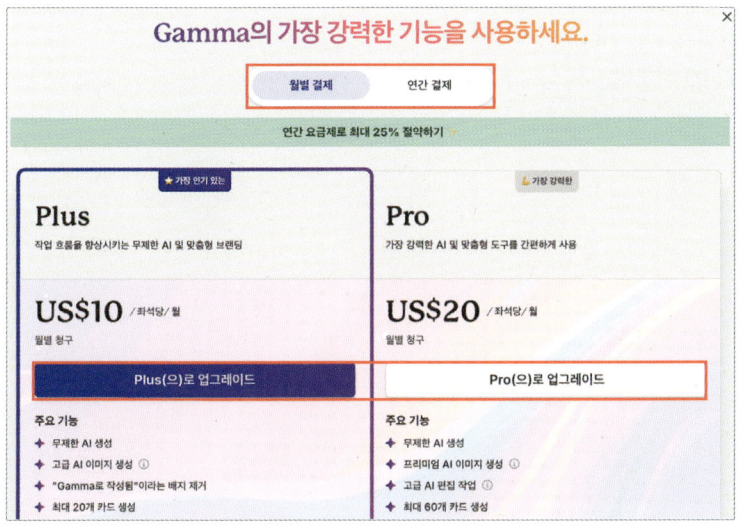

[그림 5-142] 유료 플랜 선택 화면

월별 결제, 연간 결제 중 하나를 고르고 **플러스**(Plus), **프로**(Pro) 플랜 중 하나를 선택한 뒤, 해당 플랜의 **업그레이드** 버튼을 누릅니다.

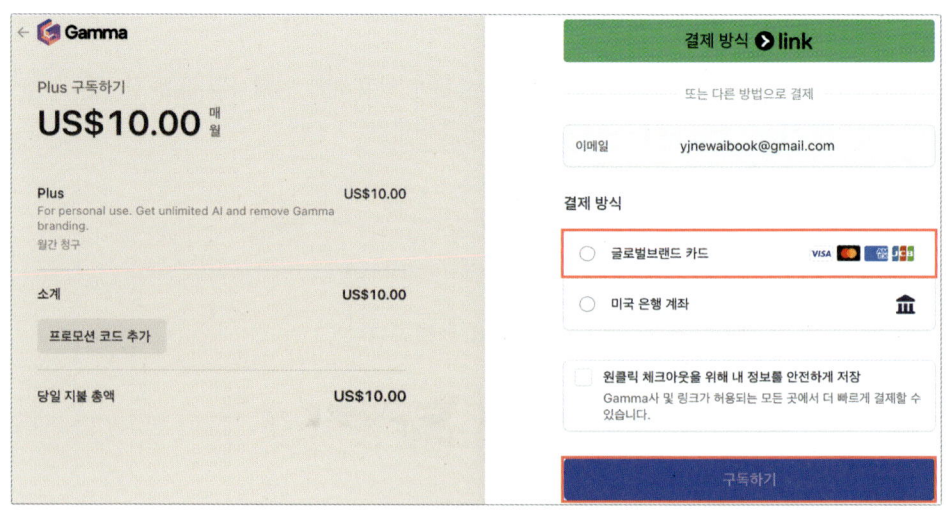

[그림 5-143] 유료 플랜 결제 화면

글로벌브랜드 카드를 선택한 뒤, **카드 정보**와 **소유자 이름**, 그리고 **청구지 주소**를 입력하고 **구독하기** 버튼을 누릅니다. 이때, **해외 결제가 가능한 카드**로만 결제할 수 있음에 유의합니다.

> **마무리**
>
> 지금까지 AI 기반 프레젠테이션 제작 도구, 감마에 대해 알아보았습니다. 감마는 단순한 주제 입력 만으로도 양질의 프레젠테이션 자료를 만들어낼 수 있어 이미 많은 사람들의 시간과 노력을 절약해 주고 있습니다.
>
> 그럼에도 여전히 전통적인 방식으로 프레젠테이션 자료를 만드는 사람들이 적지 않은 상황에서 앞으로 감마가 어떻게 발전하고 또 우리의 업무 환경을 변화시킬지 조망해 보며 감마에 대한 설명을 마무리합니다.

6장

생성 AI 활용법

생성 AI는 학습된 내용을 바탕으로 새로운 것을 만들어낼 수 있다는 점에서 인간의 상상력과 창의력을 증강할 수 있으며, 이미 수많은 사람들로부터 그 유용성과 가능성을 인정받고 있습니다. 이 장에서는 다양한 예시를 통해 지금 당장 우리가 생성 AI를 이용하여 구체적으로 어떤 일들을 할 수 있는지에 대해 알아보겠습니다.

01 크리에이터를 위한 활용법

1.1. 블로그 운영에 활용하기

■ 블로그 운영 팁 얻기 (챗GPT)

일식에서 식재료, 조리 방식 등을 자신이 정하지 않고 셰프에게 맡기는 것을 오마카세(お任せ)라고 합니다. AI로 뭔가를 만들 때에도 오마카세처럼 모든 과정을 AI에 전적으로 맡길 수 있습니다. 아직 콘텐츠 제작이 많이 낯설다면 AI의 도움을 최대한 많이 받아 보시길 바랍니다.

먼저 크리에이터를 위한 사용법의 첫 번째 순서로, 블로그를 운영할 때 생성 AI를 활용하는 예시입니다. 블로그에 대해 아무것도 모른다고 가정하고 챗GPT에게 블로그를 운영하는 방법에 대해 물어보겠습니다.

필자: 당신은 10여 년 동안 블로그를 운영해 온 블로그 전문가입니다. 블로그를 꾸준히 운영하는 방법을 세 가지 알려주세요.

챗GPT: 블로그를 꾸준히 운영하는 방법 세 가지는 다음과 같습니다:

1. **일정한 포스팅 주기 유지**: 주 1회든 월 2회든 자신의 리듬에 맞는 일정한 주기로 포스팅을 올리세요. 꾸준한 업데이트는 독자의 신뢰를 높이고, 블로그 성장에 도움이 됩니다.

2. **열정을 유지할 수 있는 주제 선택**: 오랜 기간 글을 쓰려면 관심 있고 즐겁게 다룰 수 있는 주제를 선택하는 것이 중요합니다. 흥미가 있어야 꾸준히 지속할 수 있습니다.

3. **소통과 피드백 활용**: 독자와 소통하며 피드백을 반영하세요. 댓글에 답변하고, 독자 요청을 반영한 포스팅은 블로그 운영에 동기부여가 될 뿐 아니라 더 많은 방문자를 끌어들일 수 있습니다.

챗GPT가 수 년 동안 1일 1포스팅을 지속하며 블로그를 운영해 온 필자의 생각과 정확히 일치하는 솔루션을 제시해 준 점이 인상적입니다.

AI에게 전문적인 글을 쓰게 하려는 경우, 프롬프트 서두에 **"당신은 세계 최고의 OO입니다."** 와 같이 **AI에 역할을 부여**하면 AI가 더욱 자연스러운 글을 써 줍니다. 이는 오픈AI, 앤트로픽, 구글 등의 AI 개발 업체에서도 권장하는 방법입니다. 역할을 부여하면 적어도 그 채팅방 안에서는 계속 유효하기 때문에 매번 역할 부여 문장을 입력할 필요는 없습니다.

그리고 챗GPT를 포함한 모든 텍스트 생성 AI는 작동 방식의 특성상 큰 숫자(일반적으로 수십 이상)를 정확하게 인식하지 못하므로 "500자 분량으로 적어 주세요"와 같은 식으로 글자 수를 명시하는 것보다는 문단 수를 명시하거나 일단 결과물을 얻어낸 뒤, '짧게', '적당히', '길게'와 같은 **키워드를 활용**하여 분량을 조절해 나가는 것을 추천합니다.

또한 대상 독자층이 분명한 경우 "초등학생도 이해하기 쉽게"와 같이 **수준을 명시**하는 것이 좋습니다.

만약 AI가 생성한 글이 마음에 들지 않는다면 내용을 다시 생성하거나 추가 질의를 통해 의도를 더욱 분명하게 전달해 봅니다.

마지막으로, 7장에서 자세히 다룰 AI 환각 현상에 의해 AI가 만들어 내는 모든 글을 100% 신뢰할 수는 없으므로 AI가 생성한 글을 사용하기 전에는 반드시 **사실 여부 확인**부터 해야 합니다.

■ 글감 추천받기 (챗GPT)

이번에는 블로그에 관심 분야에 대한 글을 올리고 싶은데, 구체적인 글감을 정하지 못해 고민하는 상황을 가정하고 다음과 같이 질의해 보겠습니다.

저는 IT와 심리학에 관심이 많은데 이런 저를 위한 글감을 다섯 가지만 추천해 주세요.

IT와 심리학을 결합한 흥미로운 글감을 다섯 가지 추천해 드립니다:

1. **AI가 인간 심리에 미치는 영향:** AI 챗봇이나 추천 알고리즘이 사람들의 의사결정이나 감정에 어떤 영향을 미치는지 분석하는 글.

2. **디지털 중독과 심리적 영향:** 스마트폰, 소셜 미디어 중독이 개인의 정신 건강과 심리에 미치는 부정적 영향에 대해 다뤄보세요.

3. **IT 업무에서의 번아웃 예방과 심리적 복지:** IT 업계 종사자들이 높은 스트레스와 번아웃을 겪는 이유와 이를 예방할 수 있는 심리적 접근법.

4. **인터넷상에서의 가면 증후군:** 온라인 익명성과 심리가 인간 행동에 어떻게 영향을 미치는지, 가면을 쓰고 다른 사람이 되는 현상에 대해 다룬 글.

5. VR과 AR이 인간의 인지와 감정에 미치는 효과: VR/AR이 학습, 치료, 또는 감정 경험에 어떻게 활용될 수 있는지 심리학적인 관점에서 탐구하는 글.

이런 주제들은 두 분야의 흥미로운 교차점을 잘 보여줄 수 있을 겁니다!

그랬더니 필자가 프롬프트를 통해 명시한, IT와 심리학을 모두 아우르는 글감을 추천해 주었습니다.

■ 글 제목 추천받기 (챗GPT)

이어서 AI가 추천해 준 다섯 가지 글감 중 하나를 골라 AI가 글감과 잘 어울리는 제목을 추천하도록 지시해 보겠습니다.

네 번째 주제가 마음에 드는데 네 번째 주제와 관련해서 사람들의 이목을 끌 수 있는 세련되고 멋지고 한국적인 제목 다섯 가지를 추천해 주세요.

네 번째 주제인 '인터넷상에서의 가면 증후군'과 관련해 이목을 끌 수 있는 한국적인 제목 다섯 가지를 추천드립니다:

1. 가면 너머의 나: 인터넷 속 숨겨진 자아를 탐구하다
2. 디지털 가면, 나는 누구인가? 온라인 익명성의 심리학
3. 웹 세상 속 또 다른 얼굴, 우리는 왜 가면을 쓸까?
4. 가상의 나, 진짜 나: 인터넷이 우리의 자아에 미치는 영향
5. 온라인 속 가면 심리, 우리는 언제나 진실한가?

이 제목들은 주제의 심리학적 깊이를 담으면서 독자들의 호기심을 자극할 수 있도록 한국적인 표현을 반영했습니다.

챗GPT가 자연스러운 제목까지 지어 주는 모습을 확인할 수 있습니다.

■ 글 내용 작성하기 (챗GPT)

이제 제목까지 얻어냈으니 챗GPT가 글의 본문 내용을 작성하도록 지시해 보겠습니다.

세 번째 제목으로 초등학생도 쉽고 재미있게 읽을 수 있는 블로그 게시글을 쉬운 단어와 친근한 말투(해요체)를 사용하여 존댓말로 작성하세요.

챗GPT

웹 세상 속 또 다른 얼굴, 우리는 왜 가면을 쓸까?

안녕하세요! 오늘은 인터넷 속에서 사람들이 종종 쓰는 '가면'에 대해 이야기해 보려고 해요. 그런데 이 가면은 우리가 할로윈 때 쓰는 그런 가면이 아니라, 온라인에서 쓰는 가상 가면이에요. 무슨 뜻인지 궁금하죠?

우리가 인터넷을 사용할 때, 예를 들어 게임을 하거나 SNS를 할 때, 다른 사람들이 나를 실제로 보고 있는 건 아니잖아요. 그래서 많은 사람들이 자신을 좀 더 멋있거나, 혹은 완전히 다른 사람처럼 보이게 하려고 노력해요. 이걸 바로 인터넷 가면이라고 할 수 있어요. 현실에서는 나 자신이지만, 인터넷에서는 가면을 쓰고 새로운 나로 변신하는 거죠!

왜 그럴까요? 인터넷에서는 익명성이 있기 때문이에요. 익명성은 우리가 누구인지 밝히지 않아도 된다는 뜻이에요. 그래서 다른 사람들이 나를 모르니까 더 자유롭게 말하거나 행동할 수 있는 거예요. 이게 좋은 점도 있죠! 수줍음이 많은 친구들도 인터넷에서는 조금 더 용감하게 말을 걸 수 있고, 자신감을 가질 수 있으니까요.

하지만 가면을 쓰고 너무 과하게 변신하는 건 위험할 수 있어요. 가끔 사람들은 이런 가면 뒤에 숨어서 남에게 상처 주는 말을 하기도 해요. "어차피 나를 모르니까 괜찮겠지"라는 생각을 하면서요. 하지만 온라인에서도 우리가 하는 말과 행동은 다른 사람들에게 큰 영향을 줄 수 있다는 걸 잊지 말아야 해요.

그렇다면 어떻게 해야 할까요? 인터넷에서는 가면을 쓰더라도, 나의 진짜 모습과 너무 다르지 않게 행동하는 게 좋아요. 그리고 항상 다른 사람을 존중하는 마음을 가지는 게 중요해요. 인터넷에서도, 현실에서도 나의 말과 행동이 남에게 미칠 수 있는 영향을 생각하며 행동하는 거예요.

인터넷은 정말 재미있고 유용한 도구예요. 가끔 가면을 쓰고 조금 다른 나로 변신하는 것도 재미있지만, 가장 중요한 건 언제나 친절하고 배려심 있게 행동하는 것이에요. 온라인에서도 진짜 나와 가깝게 행동할 때, 더 많은 친구를 사귈 수 있고, 모두가 함께 즐거운 인터넷 세상이 될 거예요!

오늘 이야기가 재미있었나요? 인터넷에서 가면을 쓴다는 게 뭔지 조금 더 쉽게 이해할 수 있었으면 좋겠어요. 앞으로 인터넷을 사용할 때는 가끔씩 내 가면을 내려놓고, 진짜 나답게 행동해 보는 건 어떨까요?

제목대로 인터넷에서 사람들이 가면을 쓰는 이유에 대한 글을 초등학생도 쉽게 읽을 수 있도록 쉬운 단어와 친근한 말투로 작성해 주었습니다. 이렇게 블로그 운영 시 챗GPT와 같은 생성 AI를 활용하면 그 어떤 분야에 대한 글도 순식간에 작성할 수 있습니다.

■ 내가 쓴 것 같은 글 얻어내기 (챗GPT)

하지만 이런 식으로 얻어낸 글을 온전히 자신의 글이라고 볼 수 있는지는 의문입니다. 이유는 너무나 간단한데, 바로 자신의 글쓰기 스타일이 전혀 반영되지 않은 결과물이기 때문입니다.

기존에 블로그를 운영하고 있었거나 자신이 쓴 글이 있다면 해당 글을 첨부하고 적절히 질의하여 챗GPT가 마치 내가 쓴 것 같은 글을 생성하도록 만들 수 있습니다. 이번에는 이 기능을 이용하여 필자가 쓴 것 같은 글을 얻어내 보겠습니다.

필자

첨부한 파일은 IT 커뮤니케이터이자 심리 탐구가인 제가 블로그에 작성한 글을 하나로 모은 것입니다. 저의 문체와 스타일을 흉내 내어 마치 제가 쓴 것 같은 글을 작성해 주세요. 주제는 앞의 내용과 같습니다.

〈첨부 파일: 필자가 쓴 블로그 글 모음.txt (408KB)〉

AI도 마음을 가지고 있을까요? 마음 이론 이야기

상상러 여러분! 안녕하세요? IT 커뮤니케이터이자 심리 탐구가, 민후입니다:) 여전히 무덥지만 그래도 며칠 전에 비해 밤낮으로 조금은 서늘해진 것 같은 느낌이네요.

마음 이론이란?

오늘은 심리학의 흥미로운 개념 중 하나인 마음 이론(ToM: Theory of Mind)에 대해 이야기해 볼까 해요. 혹시 여러분께서는 친구의 표정만으로 친구의 기분을 알 수 있었던 경험 있으신가요? 또는 누군가의 행동을 보고 "아, 저 사람은 지금 이런 생각을 하고 있겠구나"라고 추측해 본 적 있으신가요? 그렇다면 여러분은 용어만 모르고 계셨을 뿐, 마음 이론을 이미 잘 활용하고 계셨던 겁니다!

마음 이론이란 한마디로 타인의 마음 상태를 이해하고 추론하는 능력을 말합니다. 수많은 심리학 연구에 따르면 인간은 4~5세 정도가 되면 이 능력을 갖추게 된다고 해요. 우리가 다른 사람의 생각, 감정, 의도 등을 파악하고 그에 따라 적절히 행동할 수 있는 것은 모두 이 마음 이론 덕분입니다.

예를 들어 우리는 마음 이론에서 말하는 마음을 가지고 있기에 친구가 울고 있는 모습을 보고 "저 친구가 지금 슬픈 감정을 느끼고 있구나"라는 생각을 떠올려서 친구에게 위로도 해 주고 조언도 건네줄 수 있는 거죠!

마음 이론이 중요한 이유!

마음 이론은 인간의 사회적 상호작용에 정말 중요한 역할을 합니다. 이 능력이 잘 발달한 사람은 타인의 감정을 잘 읽고 공감할 수 있어서 원만한 대인관계를 유지할 수 있는 반면, 이 능력이 부족한 사람들은 타인의 의도나 감정을 이해하는 게 힘들 수 있으니까요.

… 후략

디지털 세상 속 가면을 벗고, 나를 찾아요!

안녕하세요, 여러분! IT 커뮤니케이터이자 심리 탐구가, 민후입니다! 오늘은 인터넷에서 종종 경험하게 되는 '가면 증후군'에 대해 이야기를 나눠볼까 해요. 혹시 이런 경험 있으신가요? 온라인에서 나를 더 멋있어 보이게 하려고, 혹은 더 괜찮은 사람처럼 보이려고 애쓴 적이요. 사실 우리 모두 그런 가면을 쓰곤 해요. 하지만 문제는 그 가면 속에 숨겨진 진짜 내가 잊히는 거죠.

가면 증후군, 그게 뭔가요?

가면 증후군은 말 그대로 온라인에서 우리가 가면을 쓰는 현상을 말해요. 우리가 인터넷에서 다양한 사람들과 소통할 때, 무의식적으로 더 자신감 있고 멋진 모습을 보여주고 싶어 하죠. 그런데 그게 지나치면, 실제의 나와는 다른 이미지를 만들어내고 그걸 유지하려는 부담감이 생길 수 있어요. 결국, 내가 아닌 모습으로 보이려고 애쓰다가 진짜 나를 점점 잃어버리게 되는 거죠.

나도 모르게 가면을 쓰게 되는 이유

왜 우리는 이렇게 가면을 쓸까요? 여러 이유가 있지만, 가장 큰 이유는 아마도 '불안감'일 거예요. 다른 사람들이 나를 어떻게 볼지 걱정되기 때문이죠. 특히 인터넷에서는 익명성이 보장되다 보니, 사람들은 자신의 약한 부분을 숨기고 싶어 해요. 또, 완벽해 보이고 싶은 마음도 한몫하죠. 나를 더 좋게 보이게 하려는 욕구가 크면 클수록, 가면을 벗는 게 더 어려워져요.

가면을 벗고 진짜 나를 찾는 방법

그럼 이 가면을 어떻게 벗을 수 있을까요? 첫 번째로, 나 자신을 더 사랑하고 받아들이는 것이 중요해요. 완벽할 필요 없어요. 가끔 실수도 하고, 부족한 점도 있는 내가 바로 진짜 나니까요. 두 번째로, 인터넷 속에서도 솔직해지려는 노력이 필요해요. 다른 사람들이 나를 어떻게 생각할지 너무 신경 쓰지 말고, 내 진짜 모습을 보여주는 것이 중요하답니다.

… 후략

챗GPT가 정말 필자의 스타일을 자연스럽게 모방하여 글을 쓴 모습을 확인할 수 있습니다. 한마디로 AI가 필자 대신 글을 썼다고 볼 수 있겠습니다.

이런 식으로 챗GPT의 도움을 받아 초안을 얻어냈다면 약간의 수정을 거쳐 실제로 해당 글을 블로그에 올려 봅시다.

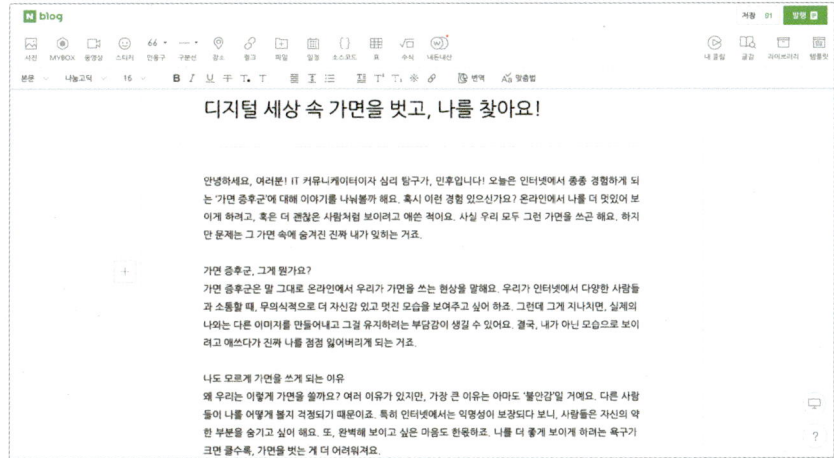

[그림 6-1] 네이버 블로그에 챗GPT로 생성한 글을 올리는 예

1.2. 유튜브 채널 운영에 활용하기

■ 유튜브 채널 아트 제작하기 (미드저니)

이번에는 IT와 관련된 유튜브 채널을 운영할 예정이라고 가정하고 미드저니를 이용하여 **'IT 제품으로 가득한, 한 소년의 깔끔한 방'** 이미지를 일본 애니메이션 그림체의 유튜브 채널 아트 형태로 제작해 보겠습니다.

순식간에 멋진 채널 아트 이미지가 만들어졌습니다!

유튜브 채널 아트 이미지의 이상적인 크기는 16:9 비율인 2560×1440이지만, 515:141 비율의 가운데 영역 1546×423이 모든 기기에서 가장 잘 표시되므로 가운데 영역에 강조하고자 하는 대상이 잘 나타나도록 추가적인 조정이 필요할 수도 있습니다.

■ 유튜브 영상 섬네일 제작하기 (미드저니)

이번에는 '**모두를 위한 AI**'라는 가상의 영상 섬네일을 사실적인 그림체로 생성해 보도록 하겠습니다.

 Artificial Intelligence for All, YouTube video thumbnail, realistic. --ar 16:9

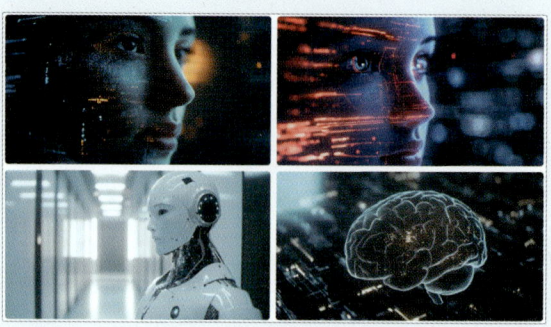

꽤 그럴듯한 섬네일 이미지가 만들어졌습니다. 이렇게 영상의 주제와 관련된 프롬프트를 입력하면 영상을 대표하는 이미지도 금방 만들 수 있습니다.

■ 유튜브 영상 스크립트 제작하기 (챗GPT)

무언가를 이야기하거나 설명하는 유튜브 채널을 운영하고자 하는 경우, 스크립트가 필요하기 마련입니다. 이번에는 챗GPT를 이용하여 유튜브 영상 스크립트를 생성해 보도록 하겠습니다.

다음은 앞에서 언급한 '**모두를 위한 AI**'와 관련된 첫 번째 유튜브 영상 스크립트를 얻기 위해 필자가 입력한 프롬프트와 그에 대한 챗GPT의 응답입니다.

필자

당신은 세계 최고의 유튜브 크리에이터이며, 저는 유튜브에서 IT를 대중에 쉽고 재미있게 설명하는 채널을 운영하고자 하는 IT 커뮤니케이터, 김민후라고 합니다.
'모두를 위한 AI'를 주제로 하는 저의 첫 유튜브 영상을 위한 스크립트를 작성해 주세요. 저의 MBTI 유형은 INFJ이며, 따스한 말투가 특징입니다. 인간과 기술의 조화를 꿈꾸고요. 몸짓, 손짓, 필요한 시각 자료 등도 제시하세요.
그리고 이 영상은 저의 첫 번째 영상이므로 서두에 간단한 제 소개를 포함해 주세요. 저는 부산외국어대학교와 부산대학교 대학원을 거쳐 현재는 전국 각지에서 AI, 코딩 관련 강의를 하고 있고 생성 AI 활용서도 집필했으며 매주 IT 관련 라디오 코너에도 고정 출연하고 있습니다.

챗GPT

유튜브 영상 스크립트: 모두를 위한 AI
(INFJ 스타일, 따스하고 친근한 말투로 작성됨)

[인트로]
(부드러운 배경 음악이 깔리고, 따스한 분위기의 방에서 카메라를 향해 웃으며 등장)
안녕하세요, 여러분. 만나서 반갑습니다! 저는 IT 커뮤니케이터로 활동하는 김민후라고 합니다. 저는 부산외국어대학교와 부산대학교 대학원을 거쳐, 현재 전국에서 AI와 코딩 관련 강의를 하고 있어요. 또한, 생성 AI에 관한 책도 썼고, 매주 IT 관련 라디오 코너에도 출연하고 있답니다. 이렇게 유튜브에서 여러분과 처음 만나게 되어서 정말 기쁘네요! (활짝 미소 지으며)

제가 이 채널을 시작하게 된 이유는 여러분께 복잡해 보일 수 있는 IT와 AI 기술을 쉽고 재미있게 설명하고, 우리의 일상 속에서 어떻게 유용하게 활용할 수 있는지를 함께 나누고 싶었기 때문이에요. 앞으로 잘 부탁드려요. 그러면 바로 첫 번째 주제로 들어가 볼까요?

[주제 소개]
(화면에 '모두를 위한 AI'라는 텍스트와 관련된 그래픽이 등장)
오늘은 '모두를 위한 AI'를 주제로 이야기를 나눠보려고 해요. 여러분, 혹시 AI라고 하면 조금 어려운 이미지가 떠오르시나요? 하지만 사실 AI는 이미 우리 일상 속에 깊숙이 들어와 있어요. 우리 주변에서 얼마나 친숙하게 쓰이고 있는지, 그리고 그 AI가 우리에게 어떤 변화를 가져다줄지 한 번 알아볼까요?

[본론 1: AI는 어디에 있을까요?]
(부드러운 제스처로 손을 펼치며 화면에 AI가 적용된 일상 예시들이 차례로 등장)
먼저, AI는 우리 스마트폰 속에 있습니다. 여러분이 매일 아침 듣는 알람, 그리고 스마트폰의 얼굴 인식 기능도 AI 덕분이에요. (카메라를 향해 미소 지으며) 혹시 오늘 아침에도 스마트폰으로 길 찾으셨나요? 지도 앱도 AI가 실시간으로 교통 상황을 분석해서 최적의 경로를 안내해 준답니다.

... 후략

순식간에 스크립트가 만들어졌습니다. 이렇게 유튜브 영상을 촬영할 때에도 생성 AI의 도움을 얻을 수 있습니다.

> **꿀팁** 생성 AI는 프롬프트에 언급되지 않은 모든 내용을 임의로 결정하므로 스크립트의 스타일, 분위기 등을 지정하고 싶다면 해당 내용을 프롬프트에 명시해야 합니다.
> 만약 자신의 말투가 반영된 스크립트를 얻고 싶다면 클로바노트 같은 앱으로 자신의 일상 대화, 발표, 연설 등을 녹음하고 변환된 텍스트를 챗GPT에 첨부한 뒤, 첨부한 스크립트의 말투와 유사한 스크립트를 생성해 달라고 지시하면 됩니다.

■ 모든 과정을 AI에 맡기기 (챗GPT + 브루)

만약 영상을 찍는 것이 번거롭거나 자신이 없다면 영상 제작을 포함한 모든 과정을 AI에게 맡길 수도 있습니다. 먼저 챗GPT를 이용하여 '우리가 별의 자손인 이유'라는 주제로 영상에 사용할 대본을 만들어 보겠습니다.

필자 당신은 세계 최고의 스토리텔러입니다. 우리가 별의 자손인 이유에 대한 글을 친근한 말투로 써 주세요. 우리를 우주 속에서 빛나는 점에 비유하는 내용을 포함하세요.

챗GPT 우리가 별의 자손이라는 이야기는 어쩌면 가장 오래된 신비로운 이야기일 거예요. 우리 몸을 이루고 있는 것들, 우리 뼛속에 있는 칼슘, 피 속의 철, 우리가 숨 쉬는 산소까지도 모두 우주 어딘가에서 시작된 거죠. 엄청난 시간 전, 지금 우리가 보고 있는 별들보다 훨씬 오래된 별들이 우주에서 죽음을 맞이할 때, 그들이 폭발하면서 엄청난 에너지를 뿜어내며 새로운 원소들이 탄생했어요. 그 원소들은 우주를 떠돌다가 행성을 만들고, 결국에는 우리를 만들게 되었어요. 그렇기 때문에 우리가 별의 자손이라고 말하는 건, 그야말로 사실이죠. 우리 모두는 별의 먼지에서 태어났거든요.

이렇게 생각해 보면, 우리는 단순히 지구라는 작은 행성에 사는 존재들이 아니라, 우주 그 자체와도 연결되어 있는 거예요. 우주를 볼 때, 그 끝없는 어둠 속에서 빛나는 수많은 별들을 보며 놀라워하곤 하지만, 사실 그 속에 우리도 있어요. 별들은 먼 곳에서 빛나고, 그 빛은 수백만 년을 여행해서 우리 눈에 도착하죠. 하지만 우리는 그저 바라만 보는 존재가 아니에요. 우리도 그 빛나는 우주의 한 부분이에요. 마치 우주 속에서 반짝이는 작은 점들처럼요.

우리는 각각이 작지만 중요한 빛이에요. 서로 다른 빛들이 모여 하나의 큰 이야기를 만들고, 그 이야기는 끝없이 이어져요. 그래서 우리가 우주 속에서 빛나는 작은 점이라고 할 수 있어요. 언제나 그랬듯이, 우리는 서로의 빛으로 이어져 있고, 그 빛은 사라지지 않아요.

별들처럼 우리도 그 빛을 내며 이 우주 속에서 특별한 존재로 살아가는 거죠. 우리가 별의 자손인 이유는 바로 그거예요. 우리는 그 오래된 별들의 마지막 숨결을 품고, 새로운 이야기를 만들어가고 있으니까요.

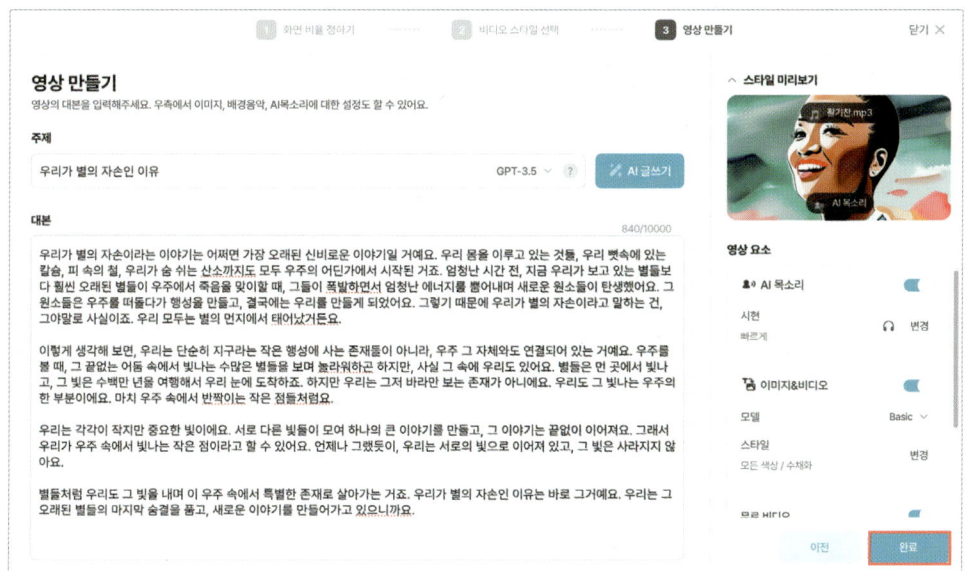

[그림 6-2] 브루에 챗GPT로 생성한 대본을 붙여 넣은 모습

이제 이 대본을 비디오 생성 AI인 브루에 넣어 보겠습니다. 브루에서 새로운 프로젝트를 만들고 **텍스트로 비디오 만들기**를 클릭한 뒤, 챗GPT로 생성한 대본을 붙여 놓고 원하는 목소리 등을 고른 후 **완료** 버튼을 누릅니다.

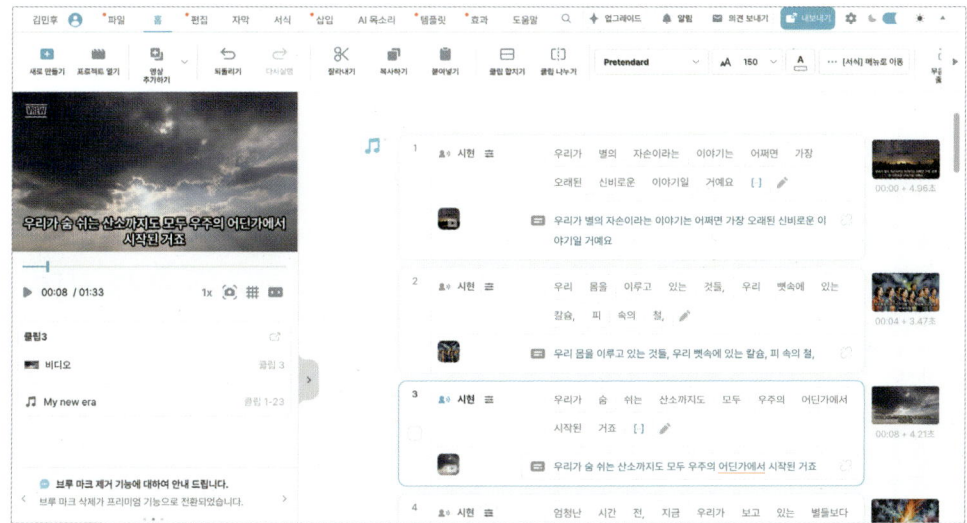

[그림 6-3] 순식간에 영상이 만들어진 모습

순식간에 대본이 영상화되었습니다. 이제 어색한 부분을 찾아 다듬기만 하면 완성입니다.

1.3. 내 캐릭터 만들기

■ 자신이 작성한 프롬프트로 캐릭터 만들기 (미드저니)

인스타그램, 스레드와 같은 소셜 미디어를 이용하다 보면 사람들의 프로필 사진이 캐릭터인 경우를 쉽게 찾을 수 있습니다. 이를 자기 캐릭터, 줄여서 **자캐**라고 하는데 예전에는 자신이 직접 그림을 그리거나 그림을 그려 주는 사람들의 도움을 받아야 했지만, 생성 AI의 급속한 발달로 이제는 그림에 소질이 없거나 다른 사람의 도움을 받지 않아도 누구나 자캐를 만들 수 있게 되었습니다.

자캐를 만드는 방법은 매우 간단합니다. 그저 자신이 만들고자 하는 캐릭터의 표정, 몸짓, 그림체 등을 묘사하기만 하면 됩니다. 필자는 미드저니를 이용하여 '**컴퓨터를 좋아하는 한 한국인 소년 캐릭터**'를 일본 애니메이션 그림체로 생성해 보겠습니다.

필자: A Korean boy who loves computer. --niji

미드저니:

결과물이 나오긴 했으나 뭔가 2% 부족한 느낌이 듭니다. 이번에는 디테일한 묘사를 위해 프롬프트에 MBTI 유형 중 하나인 **INFJ**, 귀여움을 뜻하는 **Cute**, 자신감이 넘침을 뜻하는 **Confident**, 계란형 얼굴을 뜻하는 **Oval face**, 커다란 눈을 뜻하는 **Big eyes**, 맑고 깨끗한 피부를 뜻하는 **Clean skin**, 흰색 티셔츠를 뜻하는 **White T-Shirt**, 흰색 배경을 뜻하는 **White bg**, 맥북을 사용하고 있음을 뜻하는 **Using MacBook**, 안경을 끼지 않았음을 뜻하는 **--no glasses**, 그리고 니지저니 모델을 뜻하는 **--niji**를 추가하고 다시 시도해 보겠습니다.

필자: A Korean boy who loves computer, INFJ, cute, confident, oval face, big eyes, clean skin, white t-shirt, white bg, using MacBook. --no glasses --niji

프롬프트를 더욱 자세하게 작성했더니 필자가 생각했던 것과 거의 동일한 캐릭터를 얻을 수 있었습니다.

다음은 자세한 인물 묘사를 위해 활용할 수 있는 단어의 예입니다. 참고하여 독자 여러분만의 개성 있는 캐릭터를 만들어 봅시다.

카테고리	관련 단어
성별	남성(Male), 여성(Female), 중성(Neutral)
나이	유아(Toddler), 어린이(Child), 소년(Boy), 소녀(Girl), 청소년(Teen), 성인(Adult), 노인(Elderly)
피부색	옅은 피부(Pale), 황갈색(Tan), 중간 톤(Medium tone), 짙은 피부(Dark)
체형	마른(Slim), 근육질(Muscular), 평균적인(Average), 통통한(Chubby)
신장	키가 작은(Short), 평균적인(Regular height), 키가 큰(Tall)
머리색	검은색(Black), 갈색(Brown), 금발(Blonde), 빨간색(Red), 은색(Silver), 파란색(Blue)
눈 색깔	갈색(Brown), 파란색(Blue), 초록색(Green), 회색(Grey), 검은색(Black), 보라색(Purple)
눈 모양	둥근(Round), 아몬드형(Almond-shaped), 날카로운(Sharp), 눈꼬리 올라간(Cat-like)
얼굴형	둥근(Round), 계란형(Oval), 각진(Square), 긴형(Long), 삼각형(Triangle)
코 모양	뭉툭한(Round), 오똑한(Sharp), 넓은(Wide), 좁은(Narrow), 매부리코(Hooked)
입술 모양	얇은(Thin), 두꺼운(Full), 보통(Normal), 미소 띤(Smiling), 무표정(Neutral)
표정	행복한(Happy), 슬픈(Sad), 화난(Angry), 놀란(Surprised), 자신감 있는(Confident), 불안한(Anxious)
헤어스타일	단발(Bob cut), 롱헤어(Long hair), 숏컷(Short hair), 웨이브(Wavy), 직모(Straight), 곱슬(Curly), 포니테일(Ponytail), 업스타일(Updo)
의상 스타일	캐주얼(Casual), 포멀(Formal), 스포츠(Sportswear), 힙합(Hip-hop), 전통 의상(Traditional clothing)

액세서리	안경(Glasses), 모자(Hat), 귀걸이(Earrings), 목걸이(Necklace), 시계(Watch), 가방(Bag), 벨트(Belt)
직업	의사(Doctor), 경찰(Police), 학생(Student), 예술가(Artist), 운동선수(Athlete), 사업가(Businessperson)
성격	친절한(Kind), 똑똑한(Intelligent), 활기찬(Energetic), 차분한(Calm), 호기심 많은(Curious), 용감한(Brave)
특징	문신(Tattoo), 주근깨(Freckles), 흉터(Scar), 상처(Bruised), 보조개(Dimples)
신체 부위	팔(Arms), 다리(Legs), 손(Hands), 발(Feet), 어깨(Shoulders), 허리(Waist)

[표 6-1] 자세한 묘사에 활용할 수 있는 단어의 예

■ **캐릭터 아이디어 얻고 디자인하기 (챗GPT + 미드저니)**

캐릭터를 만드는 데에 꼭 이미지 생성 AI만 활용해야 한다는 법은 없습니다. 챗GPT를 통해 프롬프트 아이디어를 얻는다면 어떨까요? 원하는 이미지를 얻기 위해 챗GPT에 다음과 같이 질의할 수 있습니다.

필자

당신은 세계 최고의 캐릭터 디자이너이고 저는 인류애가 넘치는 한국인 청년입니다. 저의 MBTI 유형은 INFJ이며, 현재 IT 커뮤니케이터로 활동하고 있습니다.
저는 안경을 쓰지 않았고 파마를 했으며 얼굴형은 타원형이고 주변 사람들로부터 신비롭게 생겼다거나 귀엽다거나 잘생겼다는 소리를 듣습니다. 이런 저를 순정 만화 그림체로 완벽하게 묘사할 수 있는, 미드저니를 위한 프롬프트를 영어로 작성해 주세요.

* "안경을 쓰지 않았음"과 같은 네거티브 프롬프트를 작성해야 하는 경우, --no라는 파라미터를 문장 맨 뒤에 입력하고 그 뒤에 해당 내용을 명시하세요. (예: --no glasses)

챗GPT

A young Korean man with a mysterious and charming aura, styled in a shoujo manga art style. He has soft, wavy permed hair and an oval-shaped face. His expression is gentle and thoughtful, with a warm yet somewhat shy smile. His features are cute and handsome, with delicate, well-proportioned facial lines. He exudes a calm, introspective energy, fitting his INFJ personality type, dressed casually yet stylishly, with an air of quiet confidence. The background is soft and dreamy, with a pastel color palette. --no glasses

챗GPT가 매우 긴 프롬프트를 추천해 주었습니다. 이제 이 프롬프트를 그대로 미드저니에 입력하여 어떤 이미지가 생성되는지 확인해 보겠습니다.

필자

A young Korean man with a mysterious and charming aura, styled in a shoujo manga art style. He has soft, wavy permed hair and an oval-shaped face. His expression is gentle and thoughtful, with a warm yet somewhat shy smile. His features are cute and handsome, with delicate, well-proportioned facial lines. He exudes a calm, introspective energy, fitting his INFJ personality type, dressed casually yet stylishly, with an air of quiet confidence. The background is soft and dreamy, with a pastel color palette. --no glasses

미드저니

순식간에 프롬프트의 내용이 온전히 반영되어 있는 근사한 작품이 만들어졌습니다! 프롬프트를 입력하는 것이 어렵다면 이렇게 챗GPT와 같은 텍스트 생성 AI의 도움을 받는 것도 좋은 방법입니다.

02 디자이너를 위한 활용법

2.1. 로고 디자인에 활용하기

▪ 로고 디자인하기 (아이디오그램)

AI가 수많은 분야에서 생산성을 높여 주고 있는 가운데, 디자이너도 AI의 도움을 받을 수 있게 되었습니다. 먼저 이미지 생성 AI인 아이디오그램을 이용하여 로고를 디자인하는 과정을 살펴보도록 하겠습니다.

먼저 '**AI 기반의 심리 케어 앱, MindMate의 로고**'를 디자인한다고 가정하고 관련된 프롬프트를 입력하겠습니다. 비율은 1:1로 설정하고, 프롬프트에 배경을 흰색으로 지정하는 내용을 포함하겠습니다.

Logo for AI-based mental health care app, MindMate, white background.

꽤 괜찮은 로고 이미지가 생성되었습니다. 이렇게 글자를 잘 표현해 주는 아이디오그램을 이용하면 누구나 쉽고 빠르게 로고를 생성할 수 있습니다.

 프롬프트에 'No text'를 포함하면 글자 없이 그림만으로 이루어진 로고를 얻을 수 있습니다.

■ 로고 아이디어 얻고 디자인하기 (클로드 + 아이디오그램)

이번에는 클로드를 통해 아이디어를 얻고 클로드가 생성한 프롬프트를 아이디오그램에 입력해 보겠습니다.

 당신은 세계 최고의 로고 디자이너입니다. 저는 AI 기반의 심리 케어 앱을 서비스하는 회사의 대표를 맡고 있으며, 회사의 정체성과 가치관이 온전히 반영된 MindMate라는 앱의 로고를 디자인하고자 합니다. 기술로 세상을 이롭게 하고자 하는 우리의 미션을 온전히 반영하여 이미지 생성 AI를 위한 짧은 영어 프롬프트를 세 가지 추천해 주세요. 그리고 각각의 영어 프롬프트에 한국어 번역본도 포함해 주세요.

 심리 케어 앱의 로고에는 신뢰성, 따뜻함, 전문성이 동시에 표현되어야 하겠네요. 각각 다른 접근으로 세 가지 프롬프트를 제안드립니다:

1. "A minimalist logo featuring a gentle gradient brain icon morphing into a heart shape, in calming blue and soft purple tones. Clean, modern typography for 'MindMate' below."
(미니멀한 로고로, 부드러운 그라데이션의 뇌 아이콘이 하트 모양으로 변형되며, 차분한 파란색과 부드러운 보라색 톤. 아래에는 깔끔하고 현대적인 'MindMate' 글자)

2. "A sleek logo with two intertwining circles forming an infinity symbol, one representing AI (in electric blue) and one representing human emotion (in warm coral), with modern sans-serif 'MindMate' text."
(세련된 로고로, 무한대 기호를 형성하는 두 개의 얽힌 원. 하나는 AI를 상징하는 일렉트릭 블루, 다른 하나는 인간의 감정을 상징하는 따뜻한 코랄색. 모던한 산세리프체의 'MindMate' 문구)

3. "A sophisticated logo combining a stylized butterfly (symbolizing transformation) with circuit patterns, using serene teal and silver colors. Elegant 'MindMate' wordmark integrated below."
(세련된 로고로, 변화를 상징하는 양식화된 나비와 회로 패턴의 결합. 평온한 틸색과 은색 사용. 아래에 우아한 'MindMate' 워드마크 통합)

클로드가 생성한 세 가지 프롬프트 중, 필자는 아이디오그램에 1번 프롬프트를 입력해 보겠습니다.

필자: A minimalist logo featuring a gentle gradient brain icon morphing into a heart shape, in calming blue and soft purple tones. Clean, modern typography for 'MindMate' below.

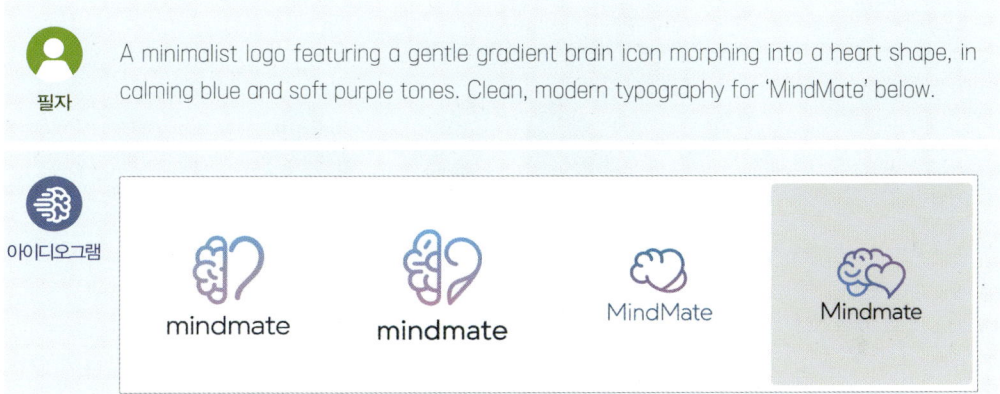

클로드의 도움을 받기 전과 비교했을 때 훨씬 더 완성도가 높은 로고가 만들어졌습니다.

2.2. 제품 디자인에 활용하기

■ 제품 아이디어 얻고 디자인하기 (챗GPT + 달리 3)

이미지 생성 AI를 이용하면 누구나 쉽고 빠르게 제품 아이디어를 얻어내고 이를 시각화할 수 있습니다. 이번에는 챗GPT와 달리 3를 이용하여 제품 아이디어를 구체화하는 방법에 대해 알아보겠습니다.

© (www.starck.com/a-i-introducing-the-first-chair-created-with-artificial-intelligence-p3801)

[그림 6-4] AI 알고리즘으로 설계된 의자, A.I. Chair

이미지 생성 AI가 산업 디자인에 쓰인 최초의 예는 가구로 유명한 이탈리아 브랜드, 카르텔이 2019년에 선보인 의자인 A.I. Chair입니다. 카르텔은 이 의자를 설계할 때 AI 알고리즘을 이용했다고 발표한 바 있으며, 출시 당시 전 세계적으로 많은 주목을 받았습니다.

© (openai.com/research/dall-e)

[그림 6-5] 달리 2로 생성한 아보카도 모양 의자 이미지

그 이후 한동안 산업 디자인 업계에서 생성 AI의 존재감은 거의 없는 듯 보였으나 2022년에 오픈AI가 달리 2를 공개할 때 예제로 사용했던 아보카도 모양 의자가 큰 충격을 가져다주었고 이후 미드저니, 달리 3 등이 연이어 출시되면서 산업 디자인 업계는 급격한 변화의 시기를 맞이했습니다. 본격적인 제품 디자인에 앞서, 챗GPT를 이용하여 아이디어부터 얻어 보겠습니다.

필자 | 당신은 세계 최고의 산업 디자이너입니다. 저는 세상에 존재하지 않는, 매우 독특한 디자인을 자랑하면서도 실용적인 의자를 디자인하고자 합니다. 달리 3를 이용하여 상상을 구체화하고자 하는데 먼저 세 가지 아이디어를 추천해 주세요.

챗GPT

아주 독특하면서도 실용적인 의자를 위한 세 가지 디자인 아이디어를 제안하고, 각 디자인에 대한 이미지 생성을 위한 구체적인 프롬프트도 함께 제공하겠습니다.

1. 유기적 곡선과 나무 소재를 활용한 '나무의 포옹' 의자
이 의자는 자연에서 영감을 받은 디자인으로, 유기적인 곡선 형태가 몸을 부드럽게 감싸는 듯한 느낌을 줍니다. 나무의 따뜻함과 견고함을 살리면서도 인체 공학적으로 설계된 형태로, 장시간 앉아 있어도 편안함을 제공합니다.

2. 공기 방울에서 영감을 받은 투명 아크릴 '버블 체어'
이 의자는 공기 방울에서 영감을 받아 투명한 아크릴로 제작되었습니다. 둥글고 부드러운 형태가 공중에 떠있는 듯한 가벼운 느낌을 주며, 투명함을 통해 공간을 방해하지 않고 자연스럽게 녹아듭니다. 실내뿐만 아니라 야외에서도 사용 가능하도록 설계되었습니다.

3. 모듈형 폼 블록으로 만든 '플렉스 체어'
이 의자는 다양한 모양의 폼 블록을 조합하여 사용자가 자신만의 형태로 변형할 수 있는 모듈형 디자인입니다. 부드럽고 탄력 있는 소재로, 사용자의 신체에 맞게 조정되며, 필요에 따라 모양을 변경할 수 있어 다용도로 활용 가능합니다.

필자는 1번 아이디어가 마음에 들어서 챗GPT에게 1번을 달리 3를 이용하여 그려달라고 질의해 보겠습니다.

필자

1번 아이디어를 달리 3를 이용하여 시각화하세요.

달리3

첫 번째 아이디어를 시각화한 결과입니다. 부드럽게 곡선으로 이어진 나무 의자가 사용자를 감싸는 듯한 디자인입니다. 이 이미지가 당신의 디자인 구상에 도움이 되길 바랍니다!

정말 독특하면서도 실용적인 의자 이미지가 생성된 모습을 확인할 수 있습니다.

03 뮤지션을 위한 활용법

3.1. 작사하기

■ 주제를 명시하여 작사하기 (클로드)

지난 2021년 초, SBS TV에서 방영된 〈세기의 대결 AI vs. 인간: 트로트 작곡 편〉에서 진행자는 AI가 작곡한 곡을 소개하면서 "아직 AI가 작사만큼은 할 수가 없어서 작사는 인간이 했다"라고 이야기한 바 있습니다.

하지만 인간의 언어를 자유자재로 구사하는 챗GPT, 클로드 등의 텍스트 생성 AI가 혜성처럼 등장하면서 불과 1년여 만에 AI는 작사의 영역에도 발을 들이게 되었고 앞으로 AI를 이용하여 작사를 하는 아티스트가 점차 늘어날 것으로 기대됩니다.

먼저 인간적인 말하기에 능한 클로드를 작사에 이용하는 몇 가지 예를 통해 AI 작사의 가능성을 엿보도록 하겠습니다.

필자

당신은 세계 최고의 작사가입니다. 당신이 실연을 당했다고 생각하고 이별의 슬픔이 가득 담긴 발라드 곡의 가사를 써 주세요. 제목부터 짓고 파트를 나눠 주세요.

클로드

제목: 마지막 향기

[Verse 1]
창가에 비친 달빛처럼
네 미소가 희미해져 가
말없이 떠나간 뒤로
하늘만 바라보다가

[Chorus]
이제는 놓아줄게
네 손길이 머물던 자리에
눈물로 피어난 꽃잎처럼
추억이 저물어가

[Verse 2]
밤하늘의 별들처럼
너와 나는 멀어져 가고
시간이 흘러도 여전히
가슴 한켠이 아파와

[Bridge]
다시 돌아온 봄날에도
네 향기만 남아있어
떨어진 꽃잎 위로
내 마음도 떨어져가

[Final Chorus]
이제는 보내줄게
우리의 마지막 페이지를
계절이 바뀌듯 서서히
사랑도 끝나가네

[Outro]
저 하늘 끝에서라도
행복하길 바라며...

이 가사는 이별 후의 아픔과 그리움, 그리고 결국은 상대방을 보내주는 마음의 성숙함을 표현했습니다. 계절과 자연의 이미지를 통해 감정을 섬세하게 전달하고자 했습니다. 발라드 곡의 특성을 살려 서정적이고 감성적인 톤을 유지했습니다.

순식간에 이별의 슬픔이 가득 담긴 발라드 가사가 파트별로 생성되었습니다.

■ **아티스트를 명시하여 작사하기 (클로드)**

이번에는 특정한 아티스트를 명시하고 해당 아티스트의 스타일로 가사를 써 달라고 질의해 보겠습니다.

필자

당신은 세계 최고의 작사가입니다. 윤하(Younha)의 스타일로 사랑을 노래하는 대중음악 가사를 써 주세요. 제목부터 짓고 파트를 나눠 주세요.

클로드

제목: 별빛 속 너와 나

[Verse 1]
창밖에 내리는 별들처럼
하늘을 수놓는 우리 이야기
혼자였던 밤들이 떠올라
네가 온 뒤로 달라진 세상

[Pre-Chorus]
수많은 사람들 속에서
우연히 마주친 너와 나
운명이란 걸 믿게 됐어

[Chorus]
별빛 속에 우리 둘만의 공간
시간이 멈춘 듯한 이 순간
너의 눈빛에 담긴 진심이
내 마음속에 영원히 머물러

[Bridge]
때로는 힘들고 지칠 때도
니가 있어 다시 일어서
우리 함께라면 어디든 갈 수 있어

[Outro]
별들이 수놓은 이 밤
너와 나의 이야기는 계속돼
영원히 함께할 우리처럼

이 가사는 윤하의 서정적이고 희망적인 음악 스타일을 반영하려 했습니다. 감성적인 피아노 선율과 어우러질 수 있는 멜로디를 상상하며 작성했고, 사랑을 별빛이라는 아름다운 이미지와 연결시켰습니다. 가사에는 운명적인 만남, 서로에 대한 깊은 신뢰, 그리고 영원한 사랑에 대한 희망을 담았습니다.

〈알고 가면 좋아요〉

AI가 학습하지 않은 아티스트의 경우, 특성을 제대로 반영하지 못합니다. 이런 경우에는 해당 아티스트의 대표곡 가사를 프롬프트 입력창에 직접 입력하여 AI가 참고하도록 하면 됩니다.
그리고 이런 식으로 특정 아티스트 이름을 명시하면 해당 아티스트의 곡에 많이 포함된 단어가 사용될 확률이 높아지는데, 이 과정에서 의도하지 않은 표절이 발생할 수 있으므로 주의해야 합니다.

사랑과 별빛이 연결된 모습이 마치 실제 윤하가 쓴 가사를 보는 듯합니다. 이렇게 특정한 아티스트를 명시하면 AI가 더욱 사용자의 의도와 취향에 가까운 가사를 써 줄 가능성이 커지게 됩니다.

■ **여러 가지 요소를 명시하여 작사하기 (클로드)**

이번에는 가사에 포함되어야 하는 요소를 매우 구체적으로 명시하여 작사를 해 보겠습니다.

당신은 실존주의 철학과 현대 물리학을 깊이 이해하는 작사가입니다. 하이데거의 '존재와 시간', 사르트르의 '존재와 무', 그리고 칸트의 '순수이성비판'에서 영감을 얻어, 인간 실존의 본질적 의미를 탐구하는 록 음악 가사를 써 주세요. 가사에는 반드시 '빅뱅', '우주', 그리고 '의식'이라는 단어가 포함되어야 합니다. 제목부터 짓고 파트를 나눠 주세요.

제목: 존재의 춤

[Verse 1]
빅뱅의 순간 우린 별이 되어
무한한 시공간 속을 떠돌았네
실존이란 이름의 미로 속에서
의식은 깨어나 묻기 시작해

[Chorus]
우리는 누구인가
우주의 먼지 속에서
존재하는 이유를 찾아
시간 속을 헤매이네

[Verse 2]
진리를 찾아 달리는 이성의 끝에서
불안과 자유가 맞닿은 경계에
실존의 무게를 짊어진 채로
우리는 계속해서 선택하네

[Bridge]
허무와 희망 사이
존재의 울림 속에
의식은 깨닫네
우린 혼자가 아님을

> [Outro]
> 영원한 회귀 속에
> 우리는 춤을 추네
> 존재의 진실을 찾아
> 끝없는 여행을 떠나네
>
> 이 가사는 하이데거의 '현존재(Dasein)' 개념과 사르트르의 실존적 자유, 그리고 칸트의 초월적 관념론을 현대 물리학의 개념들과 융합하여 표현하고자 했습니다. 특히 실존의 불안과 자유, 그리고 우주적 관점에서 바라본 인간 존재의 의미를 함축적으로 담아내려 했습니다.

결코 짧지 않은 프롬프트였음에도 지시 사항이 모두 잘 반영된 멋진 가사가 생성되었습니다. 앞으로 머릿속에서 불현듯 소재가 떠오른다면 클로드의 도움을 받아 작사를 해 보시기 바랍니다.

3.2. 가사에 코드 붙이기

■ 작사하기 (클로드)

이번에는 가사에 코드를 붙이는 방법을 알아보겠습니다. 우선 클로드를 이용하여 코드를 붙일 가사를 생성하겠습니다.

> 당신은 세계 최고의 작사가이자 작곡가입니다. '꿈', '어둠', 그리고 '빛'이라는 단어를 넣어 INFJ의 삶을 응원하는 내용의 발라드 가사를 써 주세요. 제목부터 짓고 파트를 나눠 주세요.

필자

클로드

> 제목: 혼자가 아닌 너에게
>
> [Verse 1]
> 고요한 밤, 너의 마음을 난 알아
> 외로운 길, 그 끝에서 너를 기다려
> 누구도 모를 깊은 곳의 너의 꿈
> 빛을 따라가, 넌 혼자가 아니야
>
> [Chorus]
> 세상은 널 몰라, 하지만 난 알아
> 눈물 속에 숨겨진 너의 강한 마음을
> 힘든 길도 결국엔 너를 위한 거야
> 잊지 마, 넌 빛나는 별이란 걸

[Verse 2]
작은 소리, 그 안에 담긴 너의 소망
지친 날들, 그 위에 핀 네 희망
어둠 속에서도 넌 빛을 찾아
너의 길, 너만의 색깔로 물들여

[Chorus 반복]

[Bridge]
모두가 돌아서도, 넌 그 길을 걸어
혼자라 느껴져도, 난 네 곁에 있어
네 마음 깊은 곳, 그 빛을 찾아
너의 이야기는 이제 시작이야

[Chorus 반복]

[Outro]
찬란한 이름, INFJ
세상 속 작은 빛, 그 누구도 닿을 수 없는
너의 세상에서 넌 혼자가 아니야
이제는 너의 빛을 세상에 비춰줘

■ 가사에 코드 붙이기 (클로드)

가사가 의도한 대로 잘 생성되었습니다. 이제 가사에 코드를 붙여 달라고 요청해 보겠습니다.

필자

위 가사에 코드(Chord)를 붙여 주세요.

클로드

가사의 감성과 멜로디의 흐름을 고려하여 코드를 붙여 보겠습니다:

[Verse 1]
Em   C
고요한 밤, 너의 마음을 난 알아
G   D
외로운 길, 그 끝에서 너를 기다려
Em   C
누구도 모를 깊은 곳의 너의 꿈
G   D
빛을 따라가, 넌 혼자가 아니야

[Chorus]
C   G
세상은 널 몰라, 하지만 난 알아
Em   D
눈물 속에 숨겨진 너의 강한 마음을
C   G
힘든 길도 결국엔 너를 위한 거야
Em   D
잊지 마, 넌 빛나는 별이란 걸

[Verse 2] - (Verse 1과 동일한 코드 진행)

[Chorus 반복]

[Bridge]
Am   Em
모두가 돌아서도, 넌 그 길을 걸어
C   D
혼자라 느껴져도, 난 네 곁에 있어

… 중략 …

이 코드 진행은:
1. Em-C-G-D의 기본 진행을 중심으로 구성
2. 서정적인 분위기를 살리기 위해 단조(minor) 위주로 구성
3. Bridge 부분에서 Am을 도입하여 변화감 추가

코드 진행에 대해 조정이 필요하시다면 말씀해 주세요!

■ 변주하기 (클로드)

가사에 코드가 추가되었으나 진행이 너무 단조롭습니다. 이번에는 추가 질의를 통해 더욱 다채로운 코드 진행을 얻어 내 보겠습니다.

 필자 : 코드(Chord)가 너무 평범하고 무미건조합니다. 소리가 훨씬 더 풍부하고 다채롭게 들리는 코드를 사용해 주세요. 그리고 마디마다 약간씩 코드를 바꾸어서 변화를 주세요.

더 풍성하고 세련된 코드 진행으로 수정해 보겠습니다:

[Verse 1]
Emaj7   Amaj7
고요한 밤, 너의 마음을 난 알아
F#m7   Bm7   B7
외로운 길, 그 끝에서 너를 기다려
C#m7   F#m7
누구도 모를 깊은 곳의 너의 꿈
Amaj9   B7sus4 B7
빛을 따라가, 넌 혼자가 아니야

[Chorus]
Amaj9   F#m7
세상은 널 몰라, 하지만 난 알아
Dmaj7   E7sus4 E7
눈물 속에 숨겨진 너의 강한 마음을
C#m7   F#m7
힘든 길도 결국엔 너를 위한 거야
Bm7   E7sus4 E9
잊지 마, 넌 빛나는 별이란 걸

[Verse 2] - (Verse 1과 동일한 코드 진행)

[Chorus 반복]

[Bridge]
F#m7   Amaj9
모두가 돌아서도, 넌 그 길을 걸어
Dmaj7   E7sus4 E13
혼자라 느껴져도, 난 네 곁에 있어

… 중략 …

특징:
1. 기본 코드에 7th, 9th 등을 추가하여 풍성한 사운드
2. sus4와 같은 서스펜션 코드로 긴장감 조성
3. 재즈적 하모니를 활용한 세련된 진행
4. 경과적 코드(passing chord)를 추가하여 움직임 강화
5. 곡의 감정선을 따라가는 섬세한 코드 변화

더 특별한 부분이 필요하시다면 조정해 드리겠습니다!

이전과 비교했을 때 코드 진행이 훨씬 더 다채로워졌습니다. 이렇게 거듭된 질의를 통해 코드 진행의 퀄리티를 높여 나갈 수 있습니다.

> **+ 더 알아보기**
>
> **Q** 조성과 코드 진행을 구체적으로 명시할 수도 있나요?
>
> **A** 가능합니다! 예를 들어 클로드에게 "위 가사에 조성이 E Minor이고 1-5-6-4의 형태로 진행되는 코드를 붙여 주세요"라고 요청하면 해당 조성의 코드 진행이 생성됩니다.

3.3. 작곡하기

■ AI 작곡용 가사 생성하기 (클로드)

이번에는 클로드와 수노를 이용하여 완성곡을 얻어 보겠습니다. 먼저 클로드를 이용하여 가사를 생성하겠습니다.

 수노에 사용할 가사를 생성할 때, 파트를 나누는 경우 가사 단락 앞에 다음과 같은 파트 구분 키워드를 넣어 주는 것이 좋습니다. 클로드에 프롬프트를 입력할 때 이 내용을 언급하여 가사가 짜임새 있게 생성되도록 만들어 봅시다.

키워드	설명
[Intro]	곡의 도입 부분
[Verse 1]	곡의 첫 번째 이야기를 전달하는 부분
[Pre-Chorus]	후렴구 전에 분위기를 고조시키는 부분
[Chorus]	후렴구. 핵심 메시지를 전달하는 부분이자 곡의 하이라이트
[Verse 2]	곡의 두 번째 이야기를 전달하는 부분
[Bridge]	곡의 분위기 전환을 위한 연결 구간
[Chorus]	앞서 나왔던 후렴구의 반복
[Post-Chorus]	후렴구의 여운을 이어가는 부분
[Outro]	곡의 마무리 부분

필자

당신은 세계 최고의 작사가입니다. AI 시대의 예술과 창작에 대한 아이러니를 담아 <A Irony>라는 제목의 노래 가사를 써 주세요. 중독성 있는 후렴구를 포함하고, AI가 쓴 노래임을 암시하는 내용을 넣어 주세요. 파트를 [Intro] - [Verse 1] - [Chorus] - [Verse 2] - [Bridge] - [Chorus] - [Outro] 순서대로 나눠 주세요.
문법상 'An Irony'가 맞는 표현이지만, MBTI로 치면 N(상상력)이 결여된 존재인 AI를 나타내기 위해서 N을 일부러 뺐습니다. 또한 Rony라는 이름의 AI 로봇(AI, Rony)을 암시하기 위한 목적도 있습니다.

클로드

[Intro]
데이터의 바다에서 태어난 노래
인간의 마음을 흉내 내는 멜로디

[Verse 1]
픽셀 속에 갇힌 감정들
바이너리로 쓰여진 시
차가운 알고리즘의 손길
창작의 불꽃을 지우려 해

[Chorus]
A Irony, AI rony
기계가 그린 예술의 풍경
A Irony, AI rony
진실은 코드 속에 숨어 있어

[Verse 2]
복제된 영감의 파도
진정성은 어디로 갔나
무한 반복되는 패턴들
독창성의 환상을 팝니다

[Bridge]
하지만 잠깐, 이 노래는 누가 썼지?
아이러니의 끝에서 웃고 있는 건
결국 너와 나, 그리고 AI

[Chorus]
A Irony, AI rony
기계가 그린 예술의 풍경
A Irony, AI rony
진실은 코드 속에 숨어 있어

[Outro]
영과 일로 만들어진 세상에서
우리는 진짜 예술을 찾고 있어
아이러니의 춤을 추며
미래로 향해 달려가네

꽤 감각적이고 세련된 가사가 생성된 모습을 확인할 수 있습니다.

■ AI 음악 스타일 생성하기 (클로드)

이번에는 수노에 가사와 함께 입력할 스타일(Style of Music)을 추천받아 보겠습니다.

필자

앞의 가사를 작곡 AI, 수노에 입력하려는데 가사와 잘 어울리는 장르, 악기, 보컬 특성 등을 나타내는 한 줄짜리 영어 프롬프트(Style of Music)를 작성하세요. 그러고 나서 프롬프트에 대한 간단한 설명을 덧붙여 주세요.
문장 형태로 작성하기보다는 단어를 나열하고 단어의 개수는 15개를 초과하지 마세요. 그리고 특정 아티스트의 이름은 포함하지 마세요. 참고로 저는 케이팝을 좋아합니다.

클로드

프롬프트: Alternative K-pop, electronic synth, dreamy vocals, glitch beats, cyber melancholic, futuristic

설명: 이 프롬프트는 AI와 예술의 아이러니를 다루는 가사의 주제를 반영하여 미래지향적이면서도 약간의 멜랑콜리함을 담았습니다. electronic synth와 glitch beats는 디지털/기계적 요소를, dreamy vocals는 인간적인 감성을, cyber melancholic은 전반적인 분위기를 표현합니다. K-pop 베이스에 alternative 요소를 더해 실험적인 느낌을 강조했습니다.

■ 작곡하기 (수노)

이제 수노에 앞에서 생성한 가사와 스타일, 그리고 제목을 그대로 옮겨 보겠습니다.

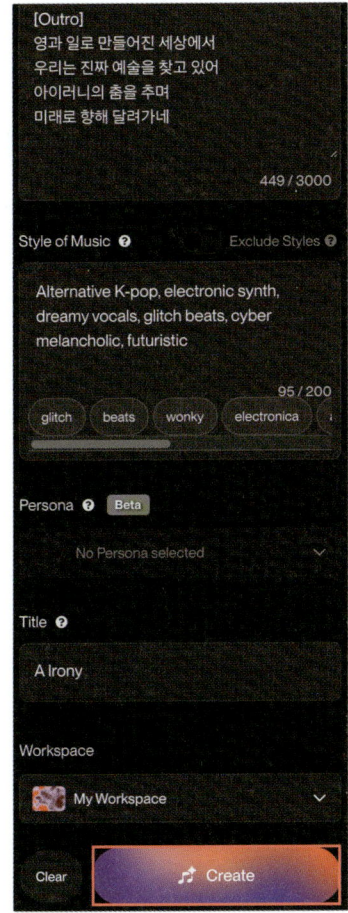

[그림 6-6] 수노에 가사, 스타일, 제목을 입력한 모습

만들기(Create) 버튼을 눌러 작곡 명령을 내리겠습니다.

[그림 6-7] 작곡이 완료된 모습

입력한 가사, 스타일 대로 음악이 만들어진 모습을 확인할 수 있습니다.

> **꿀팁** ✅

텍스트 생성 AI를 이용하여 가사에서 핵심 단어를 추출한 뒤, 해당 내용을 원하는 그림체와 함께 이미지 생성 AI에 입력하고 '커버 아트(Cover Art)'라는 단어를 추가하면 왼쪽과 같이 음악을 나타내는 이미지인 커버 아트도 생성할 수 있습니다. (글자를 표현하고자 하는 경우 아이디오그램을 추천합니다)

➕ 더 알아보기

Q 유료 플랜에 가입했는데 수노, 유디오로 만든 음악을 음원 사이트에 올리려면 어떻게 해야 하나요?

A 셀프 음원 발매를 지원하는 음원 유통 서비스를 이용하면 됩니다. 국내의 경우 YG 엔터테인먼트의 자회사인 YG Plus에서 운영하는 **믹스테이프(mixtape.)**, 해외의 경우 **디스트로키드(Distrokid)**가 대표적이며, 이들 모두 AI 음원을 받는다고 알려져 있습니다. 서비스에 가입하고 일정한 요금을 납부하면 해당 유통사를 통해 음원을 유통할 수 있는 자격을 얻게 됩니다.

단, 추후 유통사의 방침이 바뀌어 AI로 생성된 음원을 받지 않을 수도 있으므로 반드시 등록하기 전에 해당 유통사의 약관을 확인해 보아야 합니다.

또한 수노로 생성한 음악은 일반적인 대중음악에 비해 음질이 다소 떨어지는데, **AI 마스터링** 서비스를 이용하면 음질을 끌어올릴 수 있습니다.

■ 장르, 분위기/스타일, 악기 등 직접 지정하기

앞에서 살펴보았듯 모든 것을 AI에게 맡길 수 있지만, 약간의 음악적 지식이 있다면 더욱 의도에 가까운 음악을 얻어낼 수도 있습니다. 다음 두 표를 참고하여 머릿속에서 흐르는 음악, 내면의 스펙트럼을 프롬프트로 표현하는 연습을 해 봅시다.

장르	분위기/스타일
팝(Pop)	경쾌한(Upbeat), 밝은(Bright), 캐치한(Catchy)
록(Rock)	강렬한(Intense), 에너제틱한(Energetic), 반항적인(Rebellious)
힙합(Hip-hop)	리드미컬한(Rhythmic), 도시적인(Urban), 공격적인(Aggressive)
재즈(Jazz)	세련된(Sophisticated), 즉흥적인(Improvisational), 복잡한(Complex)
클래식(Classical)	우아한(Elegant), 정제된(Refined), 장중한(Majestic)

일렉트로닉(Electronic)	미래적인(Futuristic), 실험적인(Experimental), 몽환적인(Dreamy)
알앤비(R&B)	감성적인(Soulful), 부드러운(Smooth), 센슈얼한(Sensual)
컨트리(Country)	소박한(Rustic), 서정적인(Lyrical), 전통적인(Traditional)
블루스(Blues)	우울한(Melancholic), 깊이 있는(Deep), 감정적인(Emotional)
레게(Reggae)	여유로운(Laid-back), 평화로운(Peaceful), 긍정적인(Positive)
펑크(Funk)	그루비한(Groovy), 리드미컬한(Rhythmic), 활기찬(Lively)
메탈(Metal)	강렬한(Intense), 어두운(Dark), 격렬한(Aggressive)
포크(Folk)	전통적인(Traditional), 서정적인(Lyrical), 친근한(Intimate)
소울(Soul)	감성적인(Emotional), 열정적인(Passionate), 영혼적인(Spiritual)
디스코(Disco)	경쾌한(Upbeat), 댄서블한(Danceable), 화려한(Glamorous)
인디(Indie)	독립적인(Independent), 실험적인(Experimental), 대안적인(Alternative)
월드뮤직(World Music)	다문화적인(Multicultural), 이국적인(Exotic), 전통적인(Traditional)
어쿠스틱(Acoustic)	친근한(Intimate), 포근한(Cozy), 따뜻한(Warm)
케이팝(K-pop)	화려한(Glamorous), 중독성 있는(Addictive), 퍼포먼스 중심의(Performance-oriented)
제이팝(J-pop)	멜로디컬한(Melodic), 귀여운(Cute), 세련된(Polished)

[표 6-2] 장르, 분위기/스타일과 관련된 단어 목록

분류	악기명
현악기 (String Instruments)	피아노(Piano), 바이올린(Violin), 어쿠스틱 기타(Acoustic Guitar), 첼로(Cello), 하프(Harp), 비올라(Viola), 콘트라베이스(Double Bass), 우쿨렐레(Ukulele)
관악기 (Wind Instruments)	아코디언(Accordion), 트럼펫(Trumpet), 색소폰(Saxophone), 플루트(Flute), 팬 플루트(Pan Flute), 클라리넷(Clarinet), 오보에(Oboe), 트롬본(Trombone), 튜바(Tuba), 호른(Horn)
타악기 (Percussion Instruments)	드럼(Drums), 심벌즈(Cymbals), 마림바(Marimba), 징(Gong), 탬버린(Tambourine), 봉고(Bongo), 캐스터네츠(Castanets), 실로폰(Xylophone)
전자악기 (Electronic Instruments)	신시사이저(Synthesizer), 일렉트릭 기타(Electric Guitar), 베이스 기타(Bass Guitar), 드럼머신(Drum Machine), 전자 키보드(Electronic Keyboard), 테르민(Theremin)

[표 6-3] 악기와 관련된 단어 목록

04 작가를 위한 활용법

4.1. 소설 쓰기

■ 소설 아이디어 얻기 (챗GPT)

챗GPT의 등장으로 AI가 소설을 쓴다는 건 더이상 낯설지 않은 이야기가 되었지만, 생성 AI라는 개념조차 없었던 과거에도 AI가 쓴 소설이 있었습니다. 바로 2016년 3월, 일본의 하코다테 미래 대학의 마쓰바라 진(松原仁) 교수팀이 개발한 AI가 쓴 〈컴퓨터가 소설을 쓰는 날(コンピュータが小説を書く日)[1]〉입니다.

이 소설은 당시 수많은 심사위원들을 감쪽같이 속이고 호시 신이치 공상과학 문학상 공모전의 1차 심사를 통과하기까지 했지만 지금 시점에서 읽으면 내용이 너무 단순하고 연결이 자연스럽지 않게 느껴집니다.

그리고 그로부터 수년이 흐른 오늘날, 챗GPT가 작성한 소설이 범람하여 미국의 SF 소설 매거진인 클락스월드(Clarkesworld)가 공모를 중단하는 일이 벌어지고 처음부터 끝까지 챗GPT가 쓴 글이 책에 담겨 출판되는 등 출판 업계에 커다란 변혁이 일어나고 있습니다.

작가를 위한 활용법의 첫 번째 순서로, 챗GPT가 소설을 어디까지 쓸 수 있는지 알아보겠습니다. 먼저 챗GPT에게 소설 아이디어를 세 가지만 추천해 달라고 질의해 보겠습니다.

필자: 당신은 세계 최고의 소설가입니다. 저는 소설을 쓰고 싶은데 소설 아이디어가 없어 고민하고 있습니다. 세상에 없었던 매우 참신한 SF 소설 제목과 대략적인 줄거리를 세 가지만 추천해 주세요.

챗GPT: 아주 참신한 SF 소설 아이디어 세 가지를 추천해 드릴게요!

1. 기억의 공명
인류는 뇌를 복제하여 특정 기억을 다른 사람에게 전이하는 기술을 개발했다. 이제 사람들은 더 이상 책을 읽지 않고, 학습도 필요 없이 단번에 기술과 경험을 습득할 수 있다. 주인공은 타인의 기억을 자신의 것으로 만드는 일을 업으로 삼고 있다. 그러나 어느 날, 그녀는 전이된 기억 속에서 아직 밝혀지지 않은 미래의 인류 멸망의 단서를 발견하게 된다. 이 기억의 주인은 미래에서 온 누군가였고, 주인공은 그 기억을 통해 자신이 인류를 구원할 열쇠를 쥐고 있음을 알게 된다. 하지만 그녀는 기억 속 진실과 자신의 정체성 사이에서 갈등하게 되는데...

---

[1] 다음 사이트에서 번역본을 확인할 수 있습니다. bit.ly/thedayaiwrote

2. 달의 끝, 바다의 시작

인류는 지구의 자원을 다 소모해 달에 정착하려는 프로젝트를 추진 중이다. 주인공은 이 프로젝트의 우주 건설을 책임지는 엔지니어다. 달 기지 건설 도중, 달의 깊은 곳에서 이전에 발견되지 않은 미지의 물체가 발견된다. 이 물체는 달과 지구의 연대기를 완전히 뒤흔들 중요한 단서를 품고 있으며, 물체에 닿으면 바닷물 소리와 함께 알 수 없는 감정의 파동을 느끼게 된다. 주인공은 이 현상의 의미를 파헤치면서 인류가 모르고 있던 고대의 외계 문명과 맞닥뜨리게 된다. 이 모든 것이 현재 인간 문명의 운명을 좌우할 것임을 깨달으면서 이야기가 전개된다.

3. 사랑은 빛의 속도

21세기 후반, 인류는 빛의 속도로 정보를 전송할 수 있는 기술을 발명했다. 이를 통해 은하계 곳곳에 인간의 의식이 빛의 파동을 타고 실시간으로 전달되며, 사람들은 더 이상 육체에 얽매이지 않고 먼 행성에서 동시에 생활할 수 있게 되었다. 주인공은 이런 기술을 이용해 멀리 떨어진 은하에 거주하는 연인을 매일 밤 만나러 간다. 하지만 어느 날, 그들이 항상 만나던 행성에서 신호가 끊기고, 그 이유를 추적하는 과정에서 연인의 진짜 정체와 기술의 숨겨진 비밀을 알게 된다. 과연 이 둘의 사랑은 빛보다 빠른 진실을 이길 수 있을 것인가?

각 아이디어는 감정적 깊이와 SF적 상상력을 결합한 스토리로, 독창적인 설정을 바탕으로 이야기의 몰입감을 높일 수 있습니다.

꽤 흥미로워 보이는 소설 아이디어 세 가지가 순식간에 생성되었습니다.

■ 소설 등장인물, 목차 생성하기 (챗GPT)

지금부터는 살을 붙여 간다는 느낌으로 내용을 구체화해 보도록 하겠습니다. 필자는 3번이 마음에 들어서 3번의 배경을 2070년 대한민국으로 설정하고 등장인물을 지어 달라고 질의하겠습니다.

필자

3번과 관련하여 배경을 2070년 대한민국으로 설정하고 소설에 등장하는 다섯 명의 한국인 등장인물을 생성하세요.

챗GPT

1. 김세은 (Kim Se-eun, 32세)
빛의 속도 의식 전송 기술의 핵심 연구원으로, 은하계에 있는 연인과 사랑을 나누지만 그의 정체에 의문을 품게 된다.

2. 박동현 (Park Dong-hyun, 38세)
정부 과학기술부 장관이자 세은의 상사로, 기술의 위험한 비밀을 숨기려 세은을 감시한다.

3. 신승우 (Shin Seung-woo, 31세)
세은의 유쾌한 동료이자 친구로, 중요한 기술적 단서를 제공하며 그녀를 돕는다.

4. 강민준 (Kang Min-jun, 45세)
기술의 윤리적 문제를 경고하는 반정부 활동가로, 세은에게 기술의 진실을 폭로하려 한다.

5. 윤지후 (Yoon Ji-hoo, 34세)
세은의 연인이자 미스터리한 존재로, 자신의 정체를 숨긴 채 그녀와 사랑을 나눈다.

> 꿀팁 ✅ AI가 생성한 내용이 마음에 들지 않는다면 **다시 시도하기** 기능을 활용하여 새로운 내용을 얻으면 됩니다.
> 또는 **"강민준의 직업을 프로그래머로 바꿔 주세요."**와 같은 식으로 질의를 통해 AI가 내용을 수정하도록 만들 수도 있습니다.

등장인물까지 얻어냈습니다. 이제 이 내용을 바탕으로 목차를 생성해 보겠습니다.

필자
위 내용을 바탕으로 소설의 목차를 1장부터 6장까지 작성하세요. 각 장에는 한두 문장으로 핵심 내용을 적어 주세요.

챗GPT

1장: 빛의 속도
세은은 빛의 속도 의식 전송 기술을 통해 은하계 저편에 있는 연인, 윤지후와 매일 밤 만나며 사랑을 나눈다. 하지만 그녀는 이 기술에 대한 설명할 수 없는 불안감과 함께 연인의 정체에 의문을 품기 시작한다.

2장: 감시자
정부 과학기술부 장관 박동현은 세은의 연구와 그녀의 관계를 은밀히 감시하고, 그녀가 기술의 위험한 비밀을 알게 될 가능성을 우려하며 점점 그녀를 통제하려 한다.

3장: 의문 속의 사랑
세은은 동료 신승우에게 연인 지후에 대한 고민을 털어놓고, 승우는 세은을 돕기 위해 기술적 조사를 시작한다. 그 과정에서 지후와의 만남에서 느껴지던 미묘한 이상함이 더욱 확실해진다.

4장: 폭로자
반정부 활동가 강민준이 세은에게 접근해 빛의 속도 의식 전송 기술의 진짜 목적과 그 위험성을 폭로하며, 정부가 숨기고 있는 진실을 밝히기 위해 그녀의 도움을 요청한다.

5장: 진실의 흔적
세은은 민준의 정보를 바탕으로 지후와의 만남에서 진실을 찾기 시작하고, 지후의 정체가 그녀가 알고 있던 것이 전혀 아님을 깨닫는다. 연애와 기술에 대한 신념이 흔들리는 순간이 찾아온다.

6장: 선택의 순간
지후의 충격적인 실체와 박동현이 숨기고 있던 기술의 위험성을 알게 된 세은은 인류의 미래와 자신의 사랑 사이에서 갈등하며, 결정을 내릴 순간에 직면한다.

▪ 소설 본문 내용 작성하기 (챗GPT)

이제 챗GPT가 본격적으로 소설의 본문 내용을 써 내려가도록 지시해 보겠습니다.

필자

지금부터 소설 1장의 본문 내용을 집필하세요.

챗GPT

1장: 빛의 속도

김세은은 어둠 속에서 조용히 눈을 감았다. 그녀의 주변은 침대와 책상, 그리고 작은 전등이 있는 평범한 방이었지만, 의식이 깨어나는 순간 그녀는 은하 저편에 있었다. 고요한 우주의 어딘가, 지구로부터 수십만 광년 떨어진 행성에 윤지후가 기다리고 있었다.

"오늘은 좀 늦었네."

지후의 목소리가 그녀의 귀를 간질였다. 그가 있는 행성의 밤은 영원히 깊어가는 듯했고, 주위를 둘러싼 은은한 빛은 지구에서는 볼 수 없는 색채로 가득했다. 이곳은 현실에서 상상할 수 없는 공간, 빛의 속도로 연결된 세상의 끝이었다.

세은은 미소를 지으며 그를 바라보았다. 지후는 언제나처럼 따뜻한 미소로 그녀를 맞았다. 짙은 눈동자, 부드럽게 곡선진 입술, 그리고 그녀를 포근하게 감싸는 존재감. 그와 함께 있을 때면 시간과 공간은 무의미해졌다.

"지후야, 여긴 언제 와도 신기해." 세은이 말했다. "지구에서 이만큼 멀리 떨어진 곳에 와 있다는 게 믿기지 않아."

그는 고개를 끄덕이며 그녀의 손을 잡았다. "우리의 의식이 여기 있는 것일 뿐이지만, 이렇게 만날 수 있다는 것만으로도 충분해. 난 네가 있어 이곳이 집처럼 느껴져."

> 그러나 세은의 마음 한구석에는 항상 작은 불안이 자리 잡고 있었다. 이 만남은 완벽해 보였지만, 현실적이지 않았다. 그녀의 몸은 지구에 그대로 있고, 이곳에서 그와 함께하는 시간은 실제로는 몇 초에 불과했다. 두 사람의 사랑이 빛의 속도를 타고 우주 저편에서 이루어지고 있다는 사실은 과학적으로는 말이 되었지만, 감정적으로는 여전히 받아들이기 어려웠다.
>
> "너는 가끔 내가 정말 존재하는지 궁금해하는 것 같아." 지후가 그녀의 표정을 읽었다.

꽤 흥미로운 내용이 만들어졌으나, 1장 내용이라고 보기에는 분량이 너무나 빈약합니다. 그 이유는 바로 한 번에 생성되는 텍스트의 양이 제한적이기 때문입니다.

이런 경우 **"1장 본문 내용을 계속 작성하세요."** 와 같은 프롬프트를 추가로 입력하여 분량을 늘릴 수 있으며, 1장을 완결해도 되겠다는 생각이 들면 마찬가지로 질의를 통해 다음 장으로 넘어가면 됩니다.

> 꿀팁 ✅ AI는 특정한 채팅방(세션)에서 앞에서 이루어진 대화 내용을 바탕으로 새로운 내용을 생성하는데 AI가 기억할 수 있는 최대 한도를 **컨텍스트 윈도우(Context Window)** 라고 합니다. AI 모델마다 다르지만 컨텍스트 윈도우는 보통 A4 용지 수십~수백 장 분량으로, 소설의 분량이 지나치게 많아지는 경우 문제가 발생할 수 있습니다.

■ 삽화 생성하기 (달리 3)

그때그때 필요에 따라 챗GPT에 탑재된 달리 3에게 삽화를 그려 달라고 요청하여 내용과 관련된 이미지를 얻어낼 수도 있습니다.

필자: 조금 전 장면을 매우 사실적인 이미지로 표현하세요.

달리3

여기에 요청하신 장면을 그림으로 표현한 이미지를 생성했습니다. 이 장면은 김세은이 침대에서 눈을 감고 빛의 속도로 연인 윤지후와 만나기 위해 우주 저편의 환상적인 행성으로 의식을 전송하는 순간을 묘사하고 있습니다. 이들의 만남에서 느껴지는 미묘한 긴장감과 불안이 분위기에 잘 드러나 있습니다.

이렇게 기획에서부터 집필까지 소설 작성에 필요한 전 과정을 AI가 진행하도록 만드는 일은 이미 현실이 되었습니다. 독자 여러분도 챗GPT를 이용하여 자신만의 소설을 만들어 보시기 바랍니다.

4.2. 시 쓰기

■ 시 쓰기 (챗GPT)

AI는 삶을 직접 경험할 수 있는 존재가 아니지만, 수많은 인간의 글을 통해 인간을 둘러싸고 있는 모든 것들에 대해 배웠고 그를 통해 자연이나 인생을 논하는 깊이 있는 시도 쓸 수 있게 되었습니다. 실제로 2022년 8월에 카카오브레인이 개발한 AI 시인, 시아(SIA)가 쓴 시가 책으로 출간되어 큰 화제가 되기도 했습니다.

물론, AI가 쓴 시가 정말 예술적 가치가 있는지에 대한 논쟁은 끊이질 않고 있지만, 적어도 AI가 겉보기에 시처럼 보이는 글을 쓸 수 있다는 사실만큼은 분명해 보입니다.

먼저 챗GPT에게 키워드를 제시하며 시를 써 달라고 질의해 보겠습니다.

필자

당신은 세계 최고의 시인입니다. 가변성과 유연성을 상징하는 물방울을 소재로 시를 한 편 써 주세요. 제목을 먼저 붙여 주세요.

챗GPT

제목: 물방울의 춤

물방울 하나,
그 속엔 무한한 세계가 살아 숨쉰다.
떨어지며 흩어지지만, 결코 사라지지 않는
끝없는 변화의 선율을 타고.

나뭇잎에 스미며
바람을 따라 떠도는 작은 무지개,
그 속에 담긴 우주의 균형과
고요한 흔적을 남긴다.

너는 언젠가 강이 될 수도,
구름이 되어 하늘을 넘을 수도 있지.
작고 투명한 존재로,
세상을 품고 다시 태어나기를 반복하는 너.

그 자유로움, 그 유연함,
마침내 어디에든 스며드는 너는
경계를 넘고, 모양을 잃으며,
새로운 시작을 향해 흐른다.

언제나 같은 듯 다르게,
물방울은 우리에게 속삭인다-
변화는 두려운 것이 아니라
삶의 가장 자연스러운 리듬이라고.

필자가 제시한 물방울의 두 가지 특성이 온전히 반영된 시가 쓰여졌음을 확인할 수 있습니다.

■ **삽화 생성하기 (달리 3)**

이번에는 달리 3를 이용하여 시의 내용과 잘 어울리는 삽화를 얻어 보겠습니다.

필자 — 시의 내용을 잘 나타내는 수채화풍의 삽화를 생성하세요.

달리 3

여기 물방울의 가변성과 유연성을 표현한 수채화풍 이미지가 완성되었습니다. 시의 분위기를 시각적으로 담아내며, 자연의 흐름과 변화가 부드럽게 드러나도록 그려졌습니다.

시에서 언급된 물방울, 나뭇잎, 무지개, 강, 하늘 등이 한 폭의 그림으로 잘 표현되었습니다.

■ 페르소나 부여하기 (챗GPT)

시는 함축적인 표현이 많이 쓰이는 만큼, 챗GPT에게 적절한 역할을 부여해 주면 더 의도에 가까운 시를 얻어낼 수 있습니다. 이번에는 챗GPT에게 시한부 판정을 받았다는 극단적인 **페르소나**[2]를 입힌 뒤 감정이 듬뿍 담긴 시를 얻어 보겠습니다.

필자

당신은 시한부 판정을 받은 시인입니다. 의사의 말에 따르면 당신은 길어야 한 달 정도 더 살 수 있다고 합니다. 이런 상황에서 인생의 덧없음을 노래하는 시를 단어 하나하나 곱씹으며 써 내려가세요. 당신을 사랑하는 모든 사람들, 당신이 사랑하는 모든 것들을 떠올리세요. 우셔도 됩니다…

챗GPT

제목: 덧없음의 노래

하늘은 무심히도 푸르러라,
내 눈앞에서 펼쳐진 이 넓은 세상
그러나 이제 나를 비켜 가리라.
바람이 귓가를 스치며 묻는다.
"너는 무엇을 두고 가려 하느냐?"

어머니의 손길 같은 해질녘,
뜨겁게 나를 비추던 햇살이
이제는 서늘한 그림자로 물든다.
시간은 자비 없고, 멈출 줄 모르는 시계바늘.
나 또한 그 바늘의 끝에 매달린 채로
천천히, 조금씩 사라져 간다.

내가 사랑했던 모든 것들이
한 줌의 기억으로 남겠지만
그 기억도 결국은 먼지가 되리라.
이 몸이 누웠던 자리는 곧 비어지고,
나의 이름은 파도에 스쳐가는 모래알 같으리.

그러나 그대들이여, 울지 마라.
내가 남긴 것은 슬픔이 아니니.
한때 내 심장을 뛰게 했던 사랑과
내 목소리로 세상에 내뱉었던 시구들은
바람 속에 녹아, 먼 곳으로 흩어지리라.

… 후략

---

[2] 성격, 인격을 뜻하는 심리학 용어입니다.

눈시울이 붉어질 정도로 슬픔이 가득 담긴 시가 탄생했습니다. 이렇게 AI의 도움을 받으면 시에 대해 잘 모르는 사람도 주제만 정하면 나만의 시집을 만들 수 있습니다.

물론, 프롬프트를 어떻게 적느냐에 따라 전혀 다른 결과물이 나오므로 더 나은 결과를 만들어 내는 프롬프트가 무엇인지를 연구하는 것은 어디까지나 인간의 몫으로 남을 것입니다.

4.3. 에세이 쓰기

■ 에세이 쓰기 (챗GPT)

다음으로 챗GPT가 경험이나 생각을 자유롭게 적은 글을 뜻하는 에세이를 쓰도록 만들어 보겠습니다.

필자

당신은 세계 최고의 에세이 작가입니다. 대중들에게 심리 상담의 중요성과 필요성을 알리는 에세이를 딱딱하지 않은 친근한 어투로 작성하세요.

챗GPT

심리 상담의 필요성과 중요성에 대해 이야기할 때, 사람들은 종종 "나는 괜찮아"라며 마음속의 복잡한 감정을 무시하려 합니다. 현대 사회는 빠르게 돌아가고, 우리는 일상 속에서 많은 역할을 맡고 있죠. 학생, 직장인, 부모, 자녀 등 여러 가지 책임을 지고 살아가면서 정신적 스트레스는 마치 일상적인 부분처럼 느껴지곤 합니다. 그렇지만, 마음의 건강도 몸의 건강만큼 중요한 문제라는 걸 우리는 종종 잊습니다.

심리 상담을 받는다고 하면 아직도 많은 사람들이 "내가 뭔가 큰 문제라도 있나?"라는 의문을 품습니다. 그러나 심리 상담은 단순히 문제가 있을 때만 가는 곳이 아닙니다. 이는 자기 자신을 더 잘 이해하고, 현재 삶에서 겪고 있는 다양한 감정들을 건전하게 처리하는 방법을 배우는 과정입니다. 몸이 아플 때 병원을 찾는 것처럼, 마음이 지칠 때도 전문가의 도움을 받는 것은 자연스러운 일입니다.

이제 심리 상담을 가볍게 풀어보죠. 상담은 마치 마음의 GPS 같은 역할을 합니다. 길을 잃었을 때 GPS가 길을 안내해 주듯, 심리 상담은 우리가 감정적으로 혼란스러울 때 방향을 제시해 줍니다. 우리가 인생의 고비에서 '지금 어디로 가야 할지' 알기 힘들 때, 그 답을 함께 찾아주는 조력자가 되는 것이죠. 상담을 통해 우리가 미처 깨닫지 못했던 마음속 깊은 곳의 감정을 마주하고, 그것을 어떻게 다루어야 할지 배울 수 있습니다.

또 한 가지 오해가 있습니다. "내 문제는 상담까지 받지 않아도 돼."라고 생각할 수도 있죠. 그런데 마치 운동을 미리 해서 건강을 관리하듯이, 상담도 사전 예방적인 측면에서 매우 유익할 수 있습니다.

… 후략

나쁘지 않은 글이 나왔지만 개인의 경험이 포함되어 있지 않아서인지 인간적인 맛은 덜해 보입니다.

■ 페르소나 부여하기 (챗GPT)

양질의 에세이는 풍부한 경험에서 나오는 법이라고 합니다. 이번에는 챗GPT에게 페르소나를 부여해 보겠습니다.

필자

당신은 세계 최고의 에세이 작가이자 현재 심리 상담사로 일하고 있는 사람입니다. 당신은 아픈 과거를 극복한 경험이 있으며 이를 통해 내적으로 더욱 성장할 수 있었습니다. 당신의 이런 배경을 바탕으로 대중들에게 심리 상담의 중요성과 필요성을 알리는 에세이를 딱딱하지 않은 친근한 어투로 작성하세요. 당신이 어린시절 공허감과 불안으로 인해 힘들었던 경험을 떠올리세요.

챗GPT

어린 시절, 저는 마치 끝없이 휘몰아치는 바람 속에 홀로 서 있는 것 같은 공허감과 불안을 자주 느꼈습니다. 세상은 분명 아름답고 밝아 보였지만, 제 안에서는 이유를 알 수 없는 어두운 그림자가 늘 저를 따라다녔습니다.

그때는 그 감정들이 왜 생겨나는지조차 알지 못했고, 혼자서만 힘들어하는 것처럼 느껴졌습니다. 저만 잘못된 것 같았고, 이런 감정을 누군가에게 털어놓는 것은 부끄럽고 약해 보일 것 같았습니다. 그래서 내면 깊숙이 감정을 숨기고, 그냥 시간이 지나면 괜찮아지겠지 하며 참아냈습니다.

하지만 문제는 시간이 지날수록 더욱 커져만 갔습니다. 감정을 누르고 참아내다 보면 결국 그것은 우리를 더 큰 불안과 스트레스로 몰아가게 됩니다. 저는 매일 불안한 마음에 휩싸여 긴장 상태에서 벗어나지 못했고, 그 공허함은 점점 저의 일상과 관계에까지 영향을 미치기 시작했습니다.

그러다 어느 날, 저는 용기를 내서 누군가와 제 이야기를 나누기로 결심했습니다. 어쩌면 무언가 달라질 수도 있다는 희망, 아니면 더 이상 이렇게 혼자 감당할 수 없다는 절박함 때문이었을지도 모릅니다. 그래서 심리 상담을 받기로 했습니다.

처음에는 상담을 받는다는 사실이 저를 약하게 만드는 것 같아 어색하고 두려웠지만, 상담을 통해 느낀 것은 그 반대였습니다. 상담은 저를 강하게 만들었고, 제가 그동안 느껴왔던 불안과 공허감의 원인을 마주할 수 있게 해주었습니다.

… 후략

가상의 경험을 통해 에세이를 쓰도록 지시하니 글이 한층 더 업그레이드되었습니다. 이렇게 페르소나를 부여하면 더욱 설득력 있는 에세이를 얻어낼 수 있습니다.

4.4. 첨삭 요청하기

■ 첨삭 요청하기 (챗GPT)

챗GPT는 새로운 내용을 생성할 수 있을 뿐만 아니라 기존의 내용을 교정할 수도 있습니다. 이번에는 필자가 블로그에 썼던 글 중 하나를 골라 일부러 오탈자를 삽입한 뒤 챗GPT에게 교정을 요청해 보겠습니다.

필자

퀄리아는 한자어로 감각질(感覺質)이라고 하며, 질감을 뜻하는 라틴어에서 유래된 용어입니다. 지금 이 글을 읽으시면서 '심오하다', '어렵다' 등 여러 가지 단어를 떠올리셨을 거에요. 그런데 여러분이 단어를 떠올리기 전에 '경험했던 느낌'이 분명 있었을 겁니다. 말로 표현하기 전부터 존재했던 것 말이죠. 바로 그게 퀄리아입니다. 한마디로 '느낌 그 자체'를 말하죠. 짐작하셨겠지만 저의 어린 시절 사유에 등장했던, 나를 조종하는 느낌 역시 퀄리아의 일종이 엇습니다. 혹시 아직 갈피를 잡지 못하셨나요? "뭔가 이걸 말하는 것 같은데, 맞나?" 싶다면 제가단언하죠. 지금 생각이 랄랑 말랑 하는 거, 그게 바로 퀄리아라고요!

* 당신은 세계 최고의 첨삭 전문가입니다. 위 글에서 어색한 부분을 바르게 고치세요.

챗GPT

1. "떠올리셨을 거에요"에서 "거에요"를 "거예요"로 고쳐야 합니다.
2. "있엇습니다"를 "있었습니다"로 고쳐야 합니다.
3. "제가단언하죠"를 "제가 단언하죠"로 고쳐야 합니다.
4. "생각이 랄랑 말랑 하는 거"에서 "랄랑 말랑"을 "날랑 말랑"으로 고쳐야 합니다.

웬만한 맞춤법, 띄어쓰기 검사기 이상으로 교정을 잘하는 모습을 확인할 수 있습니다.

〈알고 가면 좋아요〉
문장이 교정되는 과정에서 사실관계가 왜곡될 수도 있으므로 반드시 원문과 교정된 내용을 교차 검증해야 합니다.

■ 내용 평가받기 (챗GPT)

또한 챗GPT를 이용하면 자신이 쓴 글을 평가받을 수도 있으며, 다음과 같은 식으로 활용할 수 있습니다.

당신은 세계 최고의 작가입니다. 저는 매주 금요일마다 여러 가지 IT 지식을 쉽고 재미있게 전하는 라디오 코너에 고정 패널로 참여하고 있습니다. 첨부한 파일은 제가 작성한 라디오 방송 원고 중 하나인데, 원고의 내용을 면밀히 분석한 뒤 추가하면 좋은 내용을 알려주세요.

<첨부 파일: 20241018_내 손 안의 디지털 (원고).docx (17KB)>

1. <TBN 제주매거진>의 2부 첫 번째 코너, 생활 속 IT 정보를 쉽고 재미있게 펼쳐 보는 <내 손 안의 디지털> 시간입니다. 1주일 전, 우리나라의 한강 작가님이 노벨 문학상을 수상하셔서 지금까지도 축제 분위기가 이어지고 있죠. 그런데 올해 노벨 물리학상과 화학상 수상자들도 굉장히 흥미롭다고 하던데, 오늘은 김민후 IT 커뮤니케이터와 함께 이에 대한 이야기 나눠 보도록 하겠습니다. 어서 오세요, 김민후님!

   - 네, 반갑습니다 :)

2. 일단 오늘 주제 굉장히 흥미로운데, <내 손 안의 디지털>에서 노벨 물리학상과 화학상 이야기라니, 뭔가 의외의 조합 같아요. IT와 어떤 관련이 있는 건가요?

   - 먼저 올해 노벨 물리학상과 화학상 수상자들이 많은 사람들의 관심을 끌고 있습니다. 그런데 보통 이 두 상은 IT 분야와는 다소 거리가 있는 것으로 여겨졌었죠. 물리학과 화학은 순수 과학인데, IT는 응용 과학이기 때문입니다. 분야가 다르잖아요? 그런데 제가 오늘 이렇게 이 주제를 다루는 이유는 바로 올해 노벨 물리학상과 화학상을 AI 연구자들이 수상했기 때문입니다.

3. 어라? 노벨 물리학상과 화학상을 AI 연구자들이 받았다고요? 뭔가 이상한데요?

   - 네, "물리학과 화학이 AI랑 무슨 상관이야?"라고 생각하실 수 있겠죠. 보통 '물리학상' 하면 우주나 입자를 연구하는 과학자들, '화학상' 하면 뭔가 새로운 물질을 만들어내는 과학자들이 떠오르기 마련이잖아요? 그런데 AI 연구자들이 물리학상과 화학상을 받았다니, 이게 어떻게 된 일인지 지금부터 제가 자세히 설명해 드리겠습니다.

… 후략

방송 원고에 대한 전반적인 평가는 매우 긍정적입니다. 흥미로운 주제 선정과 자연스러운 대화 형식으로, 청취자들이 IT와 과학의 융합에 대해 쉽게 이해할 수 있도록 잘 구성되어 있습니다. 특히 AI가 노벨 물리학상과 화학상 수상과 어떻게 연결되는지를 설명하는 부분이 명확하고 설득력 있습니다.

다음과 같은 내용을 추가하면 더욱 완벽에 가까워질 것 같습니다.

1. AI의 위험성

힌턴 교수가 AI의 발전을 후회한다는 내용은 청취자들에게 큰 충격을 줄 수 있는 주제입니다. 이 부분을 조금 더 확장하여, 구체적으로 어떤 위험성을 우려했는지, 현재 AI의 위험성이 어떻게 관리되고 있는지 등의 정보를 추가하면 청취자들이 더 깊이 있는 통찰을 얻을 수 있을 것입니다.

2. 현재 IT 트렌드와 연결

노벨상을 받은 AI 기술이 현재 IT 산업에서 어떻게 사용되고 있는지, 예를 들어 구글, 마이크로소프트, 메타 등이 AI를 활용한 프로젝트와 제품에 대해 간단히 언급하면 좋을 것 같습니다. 이를 통해 청취자들이 이 기술이 실제로 자신들의 일상에 어떤 영향을 미치고 있는지 알 수 있을 것입니다.

3. 마무리 멘트 강화

AI가 노벨 문학상을 받을 수 있는 미래에 대한 발언에서 좀 더 상상력을 자극할 수 있습니다. "어쩌면 챗GPT가 쓴 소설이 베스트셀러가 되고, 인간과 AI가 함께 문학적 창작을 해내는 날이 곧 올지도 모릅니다" 같은 표현을 통해 청취자들에게 미래에 대한 상상력을 자극할 수 있습니다.

이렇게 챗GPT를 이용하면 언제든지 자신이 쓴 글을 평가받고 조언도 얻을 수 있습니다.

05 프로그래머를 위한 활용법

5.1. 코드 작성 및 오류 해결하기

■ **간단한 프로그램 코딩하기 (챗GPT)**

지난 2021년, 마이크로소프트가 인수한 코드 저장소 깃허브에 코파일럿이라는 이름의 코딩 AI가 도입된 것을 시작으로 마침내 코딩의 산물인 AI가 코딩을 하는 시대가 도래하였습니다.

그리고 그로부터 몇 년이 지난 현재, GPT-4o, 클로드 3.5 소네트 등 성능이 뛰어난 AI 모델이 속속 출시되면서 AI가 웬만한 인간보다도 코딩 과제를 빠르고 정확하게 해치우는 모습에 프로그래머들은 위기의식마저 느끼고 있습니다.

이러한 일이 가능해진 건 바로 AI가 인터넷상에 있는 다양한 글뿐만 아니라, 프로그래밍 언어로 이루어진 소스 코드도 학습한 덕분입니다. 챗GPT가 코딩을 얼마나 잘하는지를 확인하기 위해, 먼저 챗GPT에게 1부터 100까지의 숫자 중 짝수만 더한 합을 알려주는 간단한 파이썬 코드를 작성해 달라고 요청해 보겠습니다.

필자 — 당신은 세계 최고의 프로그래머입니다. 1부터 100까지의 숫자 중 짝수만 더했을 때의 합을 알려주는 파이썬 코드를 작성하세요.

요청하신 1부터 100까지의 숫자 중 짝수만 더한 합을 구하는 파이썬 코드입니다:

```python
total_sum = sum(i for i in range(1, 101) if i % 2 == 0)
print(total_sum)
```

이 코드는 1부터 100까지의 범위에서 짝수(i % 2 == 0)만 더해 그 합을 출력합니다.

```
Python 3.10.4 (v3.10.4:9d38120e33, Mar 23 2022, 17:29:05) [Clang 13.0.0 (clang-1
300.0.29.30)] on darwin
Type "help", "copyright", "credits" or "license()" for more information.
>>>
========== RESTART: /Users/pcwhizkid/Desktop/sum_of_even_numbers.py ==========
2550
>>>
```

[그림 6-8] 챗GPT가 생성한 파이썬 코드가 실제로 실행되는 모습

챗GPT가 생성한 코드를 실행하니 실제로 정상적으로 작동하는 모습을 확인할 수 있었습니다. 요즘 각 대학교의 프로그래밍 관련 수업에서 과제물이 차지하는 비중이 점차 줄어들고 있다고 하는데 그 이유가 충분히 공감됩니다.

➕ 더 알아보기

Q 파이썬 코드를 실행하려면 어떻게 하면 되나요?

A 챗GPT에는 프로그래밍 언어로 작성된 소스 코드를 실행할 수 있는 코드 인터프리터(Code Interpreter)가 탑재되어 있어 간단한 코드의 실행 결과를 바로 확인할 수 있지만, 게임과 같은 상대적으로 복잡한 코드를 실행하기 위해서는 파이썬 공식 홈페이지(python.org/downloads)에서 파이썬을 다운로드하고 설치한 뒤 IDLE이라는 프로그램을 이용해야 합니다.

이번에는 조금 더 어려운 코드를 부탁하면서 코드에 **주석**[3]을 달아 주라고 요청해 보겠습니다.

사용자가 숫자를 입력하면 구구단의 해당 단을 역순으로 출력하는 파이썬 코드를 작성하고 코드에 주석을 포함해 주세요.

---

[3] 소스 코드의 의미를 풀이하는 설명문을 뜻합니다.

다음은 사용자가 입력한 숫자의 구구단을 역순으로 출력하는 파이썬 코드입니다. 코드에 각 줄에 대한 설명을 주석으로 추가했습니다.

```python
# 사용자로부터 구구단의 단을 입력받습니다.
dan = int(input("구구단 몇 단을 역순으로 출력할까요?"))

# 입력받은 단에 대해 9에서 1까지 곱하는 역순으로 구구단을 출력합니다.
for i in range(9, 0, -1):  # range(9, 0, -1)은 9부터 1까지 감소하는 값을 생성합니다.
    print(f"{dan} x {i} = {dan * i}")  # 해당 단과 i를 곱한 값을 출력합니다.
```

코드 설명:
1. input() 함수를 사용하여 사용자가 입력한 값을 받습니다. 이 값은 int()로 변환하여 정수로 처리합니다.
2. for 루프에서 range(9, 0, -1)을 사용하여 9부터 1까지 역순으로 반복합니다.
3. print() 함수로 구구단의 형식에 맞춰 결과를 출력합니다.

요청한 대로 주석이 포함된 코드가 생성된 모습을 확인할 수 있습니다.

■ 변수명, 함수명 추천받기 (챗GPT)

굉장히 단순해 보이는 작업이면서 동시에 프로그래머의 영원한 숙제이자 난제라고 불리는 것이 하나 있습니다. 바로 변수명과 함수명을 정하는 일입니다.

작명으로 고민될 때 챗GPT를 이용하면 불필요하게 소모되는 시간을 줄일 수 있습니다. 변수에 담고자 하는 값, 함수가 수행하는 작업을 정확히 기술하기만 하면 챗GPT는 사람이 며칠 동안 고민해야 겨우 생각해 낼 이름을 순식간에 제시해 줍니다.

정렬된 리스트에서 중복된 값을 제거하는 함수를 만들려고 합니다. 이 함수의 이름을 다섯 가지 추천해 주세요.

다음은 중복된 값을 제거하는 함수의 이름에 대한 다섯 가지 추천입니다:

1. remove_duplicates(): 중복을 제거하는 동작을 직관적으로 표현한 이름.
2. unique_elements(): 리스트에서 고유한 요소들만 남긴다는 의미의 이름.
3. deduplicate_list(): 리스트의 중복을 없앤다는 의미를 나타낸 이름.
4. distinct_values(): 리스트에서 중복을 제거하고 고유한 값을 반환한다는 의미의 이름.
5. purge_duplicates(): 중복된 값을 제거한다는 의미를 강조한 이름.

이 중에서 원하는 기능에 맞는 이름을 선택하거나 참고하여 사용할 수 있습니다!

이뿐만 아니라 이미 작성한 코드에서 변수명과 함수명을 적절하게 바꿔 달라고 질의할 수도 있습니다.

필자

```python
# 로봇 상태
robot_on = False
battery = 80
speed = 50
x = 10
y = 5

# 로봇 동작 제어 함수
def move(x, y):
    global t_x, t_y
    t_x = x
    t_y = y
    print("로봇을 ", x, ", ", y, "(으)로 이동시킵니다.")

# 로봇 동작 실행
if robot_on and battery > 50:
    move(20, 15)
else:
    print("로봇을 실행할 수 없습니다.")
```

* 위에 있는 파이썬 코드는 제가 작성한 로봇 제어 샘플 코드의 일부입니다. 코드의 변수명과 함수명을 더욱 직관적으로 바꿔 주세요.

챗GPT

변수명과 함수명을 더욱 직관적으로 바꾼 코드입니다:

```python
# 로봇 상태
robot_power_on = False    # 로봇의 전원을 나타냄
battery_level = 80        # 배터리 잔량
movement_speed = 50       # 이동 속도
current_x = 10            # 현재 위치 X 좌표
current_y = 5             # 현재 위치 Y 좌표

# 로봇 동작 제어 함수
def move_robot(target_x, target_y):
    global current_x, current_y
    current_x = target_x
    current_y = target_y
    print("로봇을 ", target_x, ", ", target_y, "(으)로 이동시킵니다.")
```

```
# 로봇 동작 실행
if robot_power_on and battery_level > 50:
    move_robot(20, 15)
else:
    print("로봇을 실행할 수 없습니다.")
```

챗GPT가 변수와 함수가 어떤 기능을 하는지에 따라 적절한 이름을 붙여 준 모습을 확인할 수 있습니다.

■ 게임 코딩하기 (챗GPT)

그렇다면 게임 코딩도 가능할까요? 이번에는 파이썬으로 스네이크 게임(Snake Game) 코드를 작성해 달라고 요청해 보겠습니다.

필자

당신은 세계 최고의 게임 개발자입니다. 다음 내용을 참고하여 스네이크 게임을 파이썬으로 코딩하세요.

<스네이크 게임의 규칙>
1. 플레이어는 키보드 방향키로 뱀을 움직여서 화면의 무작위 위치에 나타나는 먹이를 먹을 수 있습니다.
2. 뱀이 먹이를 먹으면 점수가 1점 올라가고 뱀의 길이가 늘어납니다. 그리고 다른 곳에 먹이가 새로 생성됩니다.
3. 뱀이 자기 자신이나 벽에 닿으면 게임이 끝납니다.

챗GPT

스네이크 게임을 파이썬에서 구현하려면 주로 pygame 라이브러리를 사용합니다. pygame은 간단한 2D 게임을 만들기 위한 기본적인 도구를 제공하여 스네이크 게임을 손쉽게 구현할 수 있습니다.

다음은 pygame을 이용한 스네이크 게임의 기본 구현 코드입니다:

```
import pygame
import time
import random

# 초기화
pygame.init()
```

```python
# 색 정의
white = (255, 255, 255)
yellow = (255, 255, 102)
black = (0, 0, 0)
red = (213, 50, 80)
green = (0, 255, 0)
blue = (50, 153, 213)

# 화면 크기
width = 600
height = 400

# 화면 설정
display = pygame.display.set_mode((width, height))
pygame.display.set_caption("Snake Game")

# FPS 설정
clock = pygame.time.Clock()

# 뱀 크기
snake_block = 10
snake_speed = 15

# 폰트 설정
font_style = pygame.font.SysFont("bahnschrift", 25)
score_font = pygame.font.SysFont("comicsansms", 35)

… 후략
```

■ 오류 해결 및 업그레이드하기 (챗GPT)

```
Python 3.10.4 (v3.10.4:9d38120e33, Mar 23 2022, 17:29:05) [Clang 13.0.0 (clang-1
300.0.29.30)] on darwin
Type "help", "copyright", "credits" or "license()" for more information.
>>>
               =============== RESTART: /Users/pcwhizkid/Desktop/snake_game.py ===============
Traceback (most recent call last):
  File "/Users/pcwhizkid/Desktop/snake_game.py", line 1, in <module>
    import pygame
ModuleNotFoundError: No module named 'pygame'
>>>
```

[그림 6-9] 챗GPT가 생성한 스네이크 게임 코드가 실행되지 않는 모습

챗GPT가 작성한 코드를 실행해 보았는데 웬일인지 오류가 발생하면서 실행이 되지 않습니다. 이럴 때는 어떻게 해야 할까요? 그냥 오류 내용을 챗GPT에게 알려주기만 하면 됩니다.

필자

ModuleNotFoundError: No module named 'pygame'
이런 오류가 발생합니다.

챗GPT

ModuleNotFoundError: No module named 'pygame' 오류는 pygame 라이브러리가 설치되지 않아서 발생합니다. 이를 해결하려면 터미널이나 명령 프롬프트에서 다음 명령어로 pygame을 설치하세요:

pip install pygame

설치 후, 스네이크 게임 코드를 다시 실행하면 오류 없이 동작할 것입니다.

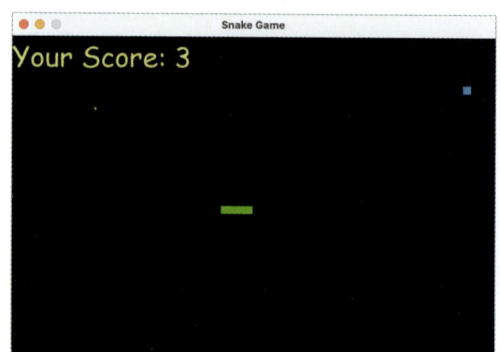
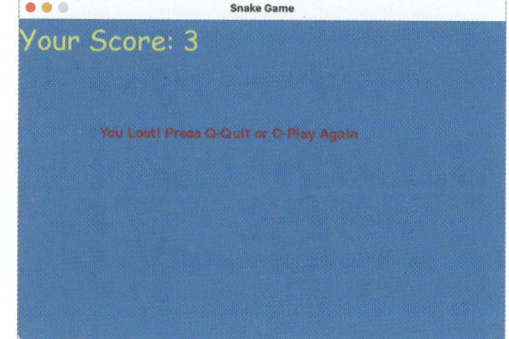

[그림 6-10] 챗GPT가 생성한 스네이크 게임 코드가 정상적으로 실행되는 모습

챗GPT가 알려준 대로 pygame 모듈을 설치하니 스네이크 게임이 정상적으로 실행되고, 1~3의 규칙이 게임에 제대로 반영된 모습을 확인할 수 있었습니다. 또한 화면 왼쪽 위에 점수가 표시되는 등 따로 요구하지 않은 부분도 구현되어 있는 점이 인상적입니다.

그런데 뱀의 이동 속도가 빨라서 게임을 하기가 조금 어렵습니다. 이번에는 챗GPT에게 뱀의 속도를 조금 느리게 해 달라고 요청해 보겠습니다.

필자

뱀의 속도가 빨라서 게임이 조금 어려운데 뱀의 속도를 조금만 느리게 해 주세요.

뱀의 속도를 조절하려면 코드에서 뱀의 속도를 결정하는 변수인 snake_speed 값을 조정하면 됩니다. 현재 코드는 다음과 같이 설정되어 있습니다:

snake_speed = 15

이 값을 낮추면 뱀의 속도가 느려집니다. 예를 들어, 속도를 조금만 느리게 하려면 15에서 10 정도로 줄여볼 수 있습니다.

snake_speed = 10

이렇게 수정한 후 게임을 다시 실행하면 뱀의 속도가 느려져 게임이 조금 더 쉬워질 것입니다. snake_speed 값을 더 조정하면서 원하는 난이도로 맞춰 보시면 됩니다.

챗GPT가 알려준 대로 코드를 수정하니 뱀이 느려져서 게임을 하기가 한결 쉬워졌습니다. 이런 식으로 점수가 높아질수록 뱀의 속도를 빠르게 한다거나 새로운 스테이지를 추가하는 등 코드를 업그레이드할 수 있습니다.

이렇게 코딩을 전혀 모르는 사람도 마치 인간 프로그래머를 상대하듯 챗GPT와 자연스럽게 대화를 이어나가며 코드의 완성도를 차츰 높여 나갈 수 있습니다.

> **+ 더 알아보기**
>
> **Q** 챗GPT로는 파이썬 코딩만 할 수 있나요?
>
> **A** 챗GPT는 현존하는 거의 모든 프로그래밍 언어로 작성된 소스 코드를 학습했습니다. 그러므로 파이썬 이외에도 C, C++, C#, 자바, 코틀린, 스위프트 등 수많은 언어로 코딩을 할 수 있습니다.
>
> 다만 특정한 언어를 명시하지 않으면 현재 시점에서 가장 많이 쓰이는 언어는 파이썬이므로 높은 확률로 파이썬 코드를 생성합니다.

5.2. 주석 달기

■ 기존 코드에 주석 달기 (챗GPT)

앞에서 살펴본 대로 챗GPT를 이용하면 프로그래밍 언어를 전혀 모르는 사람도 코드를 작성하고 코드의 오류를 해결하고 새로운 기능도 추가할 수 있습니다. 그렇다면 챗GPT가 이미 작성된 코드에 주석을 달아 줄 수도 있을까요? 바로 한번 확인해 보겠습니다.

필자

```
import numpy as np
from scipy.io import wavfile
import os

audio_path = "audio.wav"

split_length = 10 * 44100

sr, y = wavfile.read(audio_path)

if not os.path.exists("split_audio"):
    os.makedirs("split_audio")

for i, start_idx in enumerate(range(0, len(y), split_length)):
    split = y[start_idx:start_idx + split_length]
    filename = f"split_audio/audio_{i+1}.wav"
    wavfile.write(filename, sr, split)
```

* 당신은 세계 최고의 프로그래머입니다. 위 코드를 간단하게 설명하고 적절한 위치에 주석을 달아 주세요.

챗GPT

이 프로그램은 오디오 파일을 10초 단위로 분할해서 각 부분을 새로운 오디오 파일로 저장하는 프로그램입니다. 만약 60초 길이의 오디오 파일이 있다면 이 코드는 이를 10초씩 나누어 6개의 파일로 분할합니다.

다음은 주어진 코드에 주석을 추가한 것입니다:

```
import numpy as np
from scipy.io import wavfile
import os

# 오디오 파일 경로를 정의
audio_path = "audio.wav"

# 10초 길이로 오디오 파일을 자르기 위한 샘플 길이를 정의 (44100 Hz * 10초)
split_length = 10 * 44100

# 오디오 파일을 읽어 샘플링 레이트(sr)와 오디오 데이터(y)를 가져옴
sr, y = wavfile.read(audio_path)

# 'split_audio'라는 폴더가 없으면 새로 생성
if not os.path.exists("split_audio"):
    os.makedirs("split_audio")
```

```
# 오디오 데이터를 10초 단위로 나누어 각각의 파일로 저장
for i, start_idx in enumerate(range(0, len(y), split_length)):
    # 오디오 데이터를 10초 단위로 분할
    split = y[start_idx:start_idx + split_length]

    # 분할된 오디오 파일의 이름을 정의
    filename = f"split_audio/audio_{i+1}.wav"

    # 분할된 오디오 데이터를 새로운 파일로 저장
    wavfile.write(filename, sr, split)
```

이렇게 챗GPT는 코드를 설명할 수 있는 능력까지 갖추고 있습니다. 타인이 작성한 코드(경우에 따라서는 자신이 옛날에 작성한 코드도)를 해석하기 힘들다면 이제부터 챗GPT의 도움을 받아 봅시다.

5.3. 테스트 케이스 작성하기

■ 소프트웨어 테스트 케이스 작성하기 (챗GPT)

테스트 케이스 작성이란, 주로 QA(Quality Assurance, 품질 보증) 직무에 종사하는 직원이 수행하는 업무로, 개발한 소프트웨어를 테스트할 때 소프트웨어의 버그를 찾아내기 위해 소프트웨어의 동작과 관련된 수많은 경우의 수를 작성하는 일을 말합니다.

챗GPT는 테스트 케이스를 작성하는 데에도 유용하게 활용할 수 있으며, 다음과 같이 질의하면 됩니다.

필자: 당신은 세계 최고의 소프트웨어 테스터입니다. 음식 배달 애플리케이션의 주문 내역 화면에 대한 테스트 케이스를 작성하세요.

챗GPT:
1. 기본 UI 요소 확인
   ▶ TC001: UI 기본 요소 확인
   - **목표**: 주문 내역 화면의 기본 UI 요소(주문 목록, 주문 날짜, 가게 이름, 총 금액 등)가 정상적으로 표시되는지 확인합니다.
   - **절차**: 1. 주문 내역 화면에 진입합니다.
            2. 주문 목록, 가게 이름, 날짜, 가격 등이 정상적으로 표시되는지 확인합니다.
   - **기대 결과**: 모든 UI 요소가 정확히 표시됩니다.

▶ TC002: 주문 내역이 없는 경우

- **목표**: 주문 내역이 없는 사용자가 화면에 진입할 때 적절한 안내 메시지가 출력되는지 확인합니다.
- **절차**: 1. 주문 내역이 없는 계정으로 로그인합니다.
  2. 주문 내역 화면에 진입합니다.
- **기대 결과**: "주문 내역이 없습니다" 등의 안내 메시지가 화면에 표시됩니다.

2. 데이터 정확성 테스트

▶ TC003: 주문 내역 데이터의 정확성 확인

- **목표**: 사용자의 주문 내역이 정확하게 표시되는지 확인합니다.
- **절차**: 사용자가 실제로 한 주문 내역과 화면에 표시된 내역을 비교합니다.
- **기대 결과**: 날짜, 주문 번호, 가게 이름, 주문 금액 등이 정확하게 표시됩니다.

… 후략

주문 내역 화면에서 어떤 점을 확인해야 하는지를 담은 상세한 지침이 생성되었습니다.

■ 게임 테스트 케이스 작성하기 (챗GPT)

그렇다면 게임도 가능할까요? 이번에는 슈퍼 마리오와 유사한 게임을 만들었다고 가정하고 챗GPT가 게임의 테스트 케이스를 작성하도록 질의해 보겠습니다.

당신은 세계 최고의 게임 테스터입니다. 슈퍼 마리오와 비슷한 횡스크롤 액션 게임의 테스트 케이스를 작성하세요.

슈퍼 마리오와 유사한 횡스크롤 액션 게임의 테스트 케이스는 게임 플레이의 다양한 측면을 확인하는 데 중점을 두어야 합니다. 캐릭터의 움직임, 레벨 디자인, 적 AI, 아이템 상호작용, 그래픽 및 오디오, 그리고 게임 성능 등을 모두 포함해야 합니다. 다음은 슈퍼 마리오 스타일의 횡스크롤 액션 게임에 적합한 테스트 케이스 목록입니다.

1. 기본 캐릭터 조작 테스트

▶ TC001: 캐릭터 이동 테스트

- **목표**: 플레이어 캐릭터가 좌우로 정상적으로 이동하는지 확인합니다.
- **절차**: 1. 게임을 시작하고 캐릭터를 왼쪽, 오른쪽으로 움직입니다.
- **기대 결과**: 캐릭터가 부드럽게 좌우로 이동합니다.

- ▶ TC002: 점프 기능 테스트
  - **목표:** 점프 기능이 정확하게 작동하는지 확인합니다.
  - **절차:** 1. 점프 버튼을 눌러 캐릭터가 점프하는지 확인합니다.
           2. 점프 중 방향 전환 및 착지 여부를 확인합니다.
  - **기대 결과:** 캐릭터가 점프 후 정상적으로 착지하고, 공중에서 방향 전환이 가능합니다.

- ▶ TC003: 대시 및 달리기 기능 테스트
  - **목표:** 캐릭터가 대시 또는 달리기 기능을 사용할 수 있는지 확인합니다.
  - **절차:** 1. 대시 버튼을 눌러 캐릭터가 빠르게 이동하는지 확인합니다.
  - **기대 결과:** 캐릭터가 달리기 및 대시를 원활하게 수행합니다.

… 후략

상호작용성 등 게임의 특징에 기반한 지침이 생성된 모습을 확인할 수 있습니다.

06 학생을 위한 활용법

6.1. 선생님, 교수님처럼 활용하기

■ 궁금한 내용 물어보기 (챗GPT)

최근 챗GPT가 구글 등 전통적인 검색 엔진을 위협하고 있다고 합니다. 책, 논문, 뉴스 기사 등 수많은 자료를 통해 과학, 역사, 문학, 예술 등 다양한 분야에 대한 지식을 갖춘 덕분인데, 이번에는 챗GPT를 궁금한 내용을 물어보는 용도로 활용하는 방법에 대해 알아보겠습니다.

먼저 세상에서 가장 어려운 학문이라는 양자역학에 대해 물어보겠습니다.

필자: 당신은 세계 최고의 물리학자입니다. 양자역학이 뭔가요?

챗GPT: 양자역학은 물리학에서 매우 중요한 이론 중 하나로, 주로 매우 작은 스케일(원자나 소립자 수준)에서 물질과 에너지가 어떻게 상호작용하는지를 설명하는 학문입니다. 고전 역학, 즉 뉴턴의 역학으로 설명할 수 없는 현상들을 다루기 위해 20세기 초에 개발되었습니다.

양자역학의 핵심 개념은 다음과 같습니다:

1. **파동-입자 이중성:** 물질과 빛은 모두 파동처럼 행동할 수도 있고 입자처럼 행동할 수도 있습니다. 예를 들어, 전자는 입자로 간주되지만, 특정 상황에서는 마치 파동처럼 간섭과 회절을 보여줍니다. 빛도 마찬가지로 입자(광자)로 취급될 수 있지만, 동시에 파동 특성을 가집니다.

2. **확률과 불확정성 원리:** 양자역학에서는 입자의 위치와 운동량을 정확히 동시에 알 수 없습니다. 이 원리는 하이젠베르크의 불확정성 원리로 설명됩니다. 따라서 고전 물리학과 달리, 입자의 미래 상태를 정확히 예측할 수 없으며 확률적으로 기술해야 합니다.

3. **양자 상태와 파동 함수:** 양자 상태는 물리적 시스템이 가질 수 있는 가능한 상태를 나타내며, 이를 수학적으로는 파동 함수로 표현합니다. 이 파동 함수는 시스템의 상태에 대한 확률 분포를 나타냅니다. 입자의 위치나 에너지를 정확히 알 수 없고, 그 대신 특정 위치에서 발견될 확률을 계산할 수 있습니다.

… 후략

〈알고 가면 좋아요〉

이런 식으로 챗GPT를 이용하여 정보를 얻고자 하는 경우, 7장에서 설명할 AI 환각 현상에 의해 모든 내용이 100% 사실이라고 단언할 수는 없으므로 반드시 사실 여부에 대한 추가 검증이 필요합니다.

■ 더 쉽게 설명해 달라고 하기 (챗GPT)

장문의 설명이 나왔으나 무슨 말인지 전혀 모르겠습니다. 이럴 때는 적절한 역할과 상황을 부여하여 챗GPT가 더욱 쉽게 설명하도록 지시하면 됩니다.

필자

죄송한데 무슨 말인지 전혀 모르겠어요. 당신이 초등학생과 이야기한다고 생각하고 쉽고 재미있게, 비유를 사용해서 친근한 말투로 설명해 주세요.

챗GPT

아, 알겠어요! 너무 어렵게 설명했죠? 이번엔 쉽게, 초등학생 친구에게 이야기하듯이 설명해 볼게요.

양자역학을 쉽게 말하자면…
양자역학은 세상에서 정말 작은 것들을 설명하는 과학이에요. 예를 들어, 원자라는 건 세상에서 가장 작은 단위 중 하나인데, 그 안에 전자 같은 작은 알갱이들이 있어요. 우리가 눈으로 볼 수 없는 정말 작은 것들이 어떻게 움직이는지, 어떤 일이 일어나는지에 대해 양자역학이 알려줘요.

파동과 입자?
여기서 재미있는 얘기가 있어요! 우리 주변의 작은 것들은 때로는 알갱이(입자)처럼 행동하고, 또 때로는 파도(파동)처럼 행동한대요.

이걸 쉽게 설명해볼까요?
축구공을 찬다고 생각해보세요. 그 공은 분명히 공처럼 행동하겠죠? 하지만 세상에서 정말 작은 것들은 공처럼 행동할 때도 있고, 가끔은 바닷물의 파도처럼 행동할 때도 있어요! 아주 신기한 일이죠? 작은 전자 같은 애들이 그런 식으로 행동해요.

확실하게 알 수는 없어요!
또 하나 웃긴 건, 작은 것들은 어디에 있는지 딱 알기 힘들다는 거예요. 마치 방에 있는 강아지를 찾으려 할 때, 강아지가 방의 모든 위치에 있을 수 있는 것과 비슷해요. 침대 밑에 있을 수도 있고, 문 옆에 있을 수도 있지만, 직접 확인하기 전까지는 100% 어디에 있을 것이라고 단언할 수 없죠. 작은 전자 같은 것들도 마찬가지예요. 어디에 있는지 확률로만 말할 수 있죠.

… 후략

추가 질의를 했을 뿐인데 순식간의 설명의 난도가 확 낮아지면서 이해하기가 쉬워졌습니다.

■ 부연 설명 요청하기 (챗GPT)

이번에는 더 자세히 알고 싶은 내용에 대해 부연 설명을 요청해 보겠습니다.

입자와 파동에 대해 더 자세히 알려주세요.

입자와 파동에 대해 더 자세히 알고 싶구나! 좋아, 더 쉽게 설명해 줄게. 먼저, 이게 뭔지부터 시작해 보자.

1. 입자는 뭐야?
입자는 축구공, 탁구공 같은 걸 떠올리면 돼. 세상에서 아주 작은 입자들, 예를 들어 전자 같은 것도 비슷해. 작고 둥글둥글한 알갱이처럼 한 장소에 딱 고정되어 있는 것처럼 생각할 수 있지. 이게 바로 입자야.

비유: 입자는 마치 작은 공이나 총알처럼 생각할 수 있어. 축구공을 발로 차면 그 공은 한 방향으로 날아가잖아? 입자도 비슷해, 한 자리에서 시작해서 어디론가 움직여!

2. 파동은 뭐야?
파동은 물결처럼 생각하면 돼. 예를 들어, 수영장에서 물에 돌을 던지면 물결이 일어나지? 그 물결이 바로 파동이야. 파동은 물결처럼 넓게 퍼져나가고, 어디에나 퍼져 있을 수 있어.

> **비유:** 파동은 마치 바닷물의 물결이나 소리와 비슷해. 예를 들어, 네가 소리를 내면 그 소리는 공기를 타고 파동처럼 너의 귀에 전달되지. 한 방향으로만 딱 가는 게 아니라, 여러 방향으로 퍼져나가는 거야.
>
> … 후략

입자와 파동이 무엇인지 초등학생 수준으로 알려주는 모습을 확인할 수 있습니다. AI는 대부분의 인간과는 달리 짜증을 내지 않기 때문에(물론 미래에는 모르지만) 이런 식으로 궁금한 것을 몇 번이고 이해가 될 때까지 되물을 수 있다는 장점이 있습니다.

6.2. 어학 공부에 활용하기

■ 단어 공부에 활용하기 (챗GPT)

챗GPT와 같은 텍스트 생성 AI는 언어 모델이라고 불리는 만큼 어학 공부에도 특화되어 있습니다. 먼저 챗GPT를 이용하여 단어장을 만들어 보겠습니다.

필자: 당신은 대한민국 최고의 고등학교 영어 교사입니다. 고등학교 2학년 학생 수준의 영어 단어 중 10개를 추려서 한국어 해석과 함께 표 형태로 정리해 주세요.

챗GPT: 다음은 고등학교 2학년 학생 수준의 영어 단어 10개와 한국어 해석을 표로 정리한 것입니다.

영어 단어	한국어 해석
Absorb	흡수하다
Bizarre	기이한, 이상한
Contribute	기여하다
Distribute	분배하다
Exaggerate	과장하다
Genuine	진짜의, 진실된
Hinder	방해하다
Inevitable	피할 수 없는
Justify	정당화하다
Obligation	의무

지시한 대로 고등학교 2학년 학생 수준에 맞는 단어 10개와 뜻풀이가 표 형태로 생성되었습니다. 너무나 당연한 이야기이지만 단어별 예문 생성도 가능합니다.

■ 독해 공부에 활용하기 (챗GPT)

챗GPT의 핵심 기능은 번역인데, 기존 번역기에 비해 번역 성능이 뛰어나면서 동시에 번역을 할 때 추가적인 지시 사항을 제시할 수 있다는 장점이 있습니다. 이를 이용하면 독해 공부에도 큰 도움이 될 수 있습니다. 과연 얼마나 번역을 잘하는지 확인해 보겠습니다.

The Intersection of Computer Science and Psychology: Unlocking Human Potential Through Technology

In recent years, the fields of computer science and psychology have converged in exciting ways, revealing new possibilities for understanding and enhancing human behavior. At first glance, these disciplines may seem distinct: computer science is the study of algorithms, programming, and computational systems, while psychology focuses on the workings of the human mind. However, when combined, they open up fascinating areas of research and application, offering insights into both artificial intelligence (AI) and human cognition.

* 당신은 세계 최고의 번역가입니다. 위 글을 한국어로 자연스럽게 번역하세요. 번역투의 표현은 최대한 피하고 어려운 단어는 그대로 번역하지 말고 쉽게 풀어서 나타내세요.

컴퓨터 과학과 심리학의 교차점: 기술을 통한 인간 잠재력의 개방

최근 몇 년간 컴퓨터 과학과 심리학 분야가 흥미롭게 융합되면서, 인간 행동을 이해하고 발전시킬 수 있는 새로운 가능성을 열어주고 있습니다. 겉보기에 이 두 학문은 서로 다르게 보일 수 있습니다. 컴퓨터 과학은 알고리즘, 프로그래밍, 컴퓨팅 시스템을 연구하는 분야이고, 심리학은 인간의 마음이 어떻게 작동하는지를 탐구하는 학문이기 때문입니다. 그러나 이 두 분야가 결합되면 AI와 인간 인지에 대한 깊은 통찰을 제공하며, 새로운 연구와 응용 가능성을 열어줍니다.

기존의 번역기와 비교했을 때 상당히 자연스럽게 번역이 된 모습을 확인할 수 있습니다.

■ 작문, 문법 공부에 활용하기 (챗GPT)

챗GPT의 뛰어난 언어 능력을 이용하면 작문, 문법 공부에도 도움을 받을 수 있습니다. 이번에는 챗GPT에게 적절한 역할을 부여한 뒤, 일부러 잘못된 문장을 제시해 보겠습니다.

필자: 당신은 세계 최고의 영어 강사입니다. 제가 지금부터 적는 영어 문장에 잘못된 부분이 있다면 어떤 부분이 문법적으로 잘못되었는지 지적해 주세요. 설명은 한국어로 적어 주세요.

챗GPT: 물론입니다! 문장을 적어 주시면 잘못된 부분이 있는지 확인하고, 문법적으로 왜 잘못되었는지 설명해 드리겠습니다. 문장을 작성해 주세요!

필자: The way in which we communicate with others have changed dramatically.

챗GPT: 이 문장에서의 문법적 오류는 동사의 수 일치에 관련된 것입니다.

문장에서 주어는 The way이고, 이는 단수 명사입니다. 따라서 동사도 단수형을 사용해야 합니다. 그러나 현재 문장에서는 복수형 동사 have가 사용되었기 때문에 has로 고쳐야 합니다.

수정된 문장은 다음과 같습니다:

The way in which we communicate with others has changed dramatically.

설명:
- 주어가 The way(단수)이므로, 단수형 동사인 has가 와야 합니다.

챗GPT가 문장에 담긴 문법적 오류를 파악하고 설명해 주는 모습을 확인할 수 있습니다.

■ 회화 공부에 활용하기 (챗GPT)

언어 모델이 갖는 한계로 인해 회화 공부는 어려운 듯 보였으나, 2024년 9월과 11월에 스마트폰용 챗GPT 앱과 챗GPT 웹 사이트에 챗GPT와 실시간으로 음성 대화를 나눌 수 있는 **고급 음성 모드(Advanced Voice Mode)**가 탑재되면서 마침내 챗GPT와 자연스럽게 대화를 나누는 일이 현실이 되었습니다.

여기에 접목된 AI는 음성을 텍스트로 변환하는 중간 과정 없이 소리 자체를 인식하고 생성하므로 반응 속도가 매우 빠르고 사용자의 발화 내용뿐만 아니라 억양, 발음, 감정 등도 인식하며 또 이러한 요소들을 구사할 수 있다는 장점을 갖습니다. 회화 공부에 특화된 셈입니다.

[그림 6-11] 스마트폰용 챗GPT 앱: 고급 음성 모드 실행 버튼 및 작동 화면

스마트폰에서 챗GPT 앱을 실행하거나 마이크가 탑재 또는 연결된 컴퓨터에서 챗GPT 웹 사이트를 열고 로그인을 한 뒤 ⬤ 버튼을 누르면 고급 음성 모드가 시작되는데, 지금부터 내가 영어로 말을 하면 회화를 평가해 달라는 식으로 이야기를 하면 회화 연습을 진행할 수 있습니다.

6.3. 토론 연습에 활용하기

■ 모의 토론 상대로 삼기 (챗GPT)

최근 토론식 수업이 많이 진행되고 있는데, 챗GPT에게 적절한 역할을 부여하면 챗GPT를 가상의 토론 상대로 만들어 모의 토론을 할 수 있습니다. 다음은 이와 관련된 프롬프트 예시입니다.

> 필자
> 당신은 AI 긍정론자이고 저는 AI 부정론자입니다. 이제부터 'AI와 일자리'를 주제로 토론을 시작하겠습니다. 당신부터 모두발언을 시작하세요.

AI는 혁신적인 기술로, 우리의 일상뿐 아니라 경제와 산업에도 큰 변화를 가져오고 있습니다. "AI와 일자리"를 이야기할 때, 많은 사람들이 우려하는 부분은 자동화와 기계 학습이 사람들의 일자리를 대체하는 것에 대한 두려움입니다. 하지만 저는 AI가 오히려 더 많은 기회를 창출할 수 있다고 생각합니다.

첫째, AI는 반복적이고 단순한 업무를 자동화함으로써 인간이 보다 창의적이고 전략적인 작업에 집중할 수 있도록 해줍니다. 이는 단순한 직무의 대체가 아니라, 새로운 종류의 일자리를 만들어낼 수 있는 잠재력을 의미합니다. 예를 들어, AI의 발전으로 데이터 분석과 AI 개발자와 같은 새로운 직업군이 생겨났으며, 이는 앞으로도 계속 증가할 것으로 예상됩니다.

둘째, AI는 기업의 생산성과 효율성을 크게 향상시키며, 이는 더 많은 부가가치를 창출하여 경제 성장을 촉진할 수 있습니다. 경제 성장이 이루어지면, 자연스럽게 새로운 산업과 직업이 생기게 됩니다. 과거의 산업 혁명들이 기계화를 통해 노동의 형태를 변화시켰듯, AI도 일자리의 성격을 변화시킬 뿐이며, 이러한 변화는 기술에 적응하는 사람들에게는 큰 기회가 될 수 있습니다.

이렇게 세션을 시작하면 역할을 부여받은 챗GPT와 주장과 논박을 주고받는 등 토론을 진행할 수 있습니다.

 챗GPT 앱과 웹 사이트에 탑재된 고급 음성 모드를 이용하면 실제 사람과 토론을 하듯 육성으로 모의 토론을 진행할 수 있습니다.

■ 토론 대본 생성하기 (챗GPT)

그렇다면 아예 토론 대본을 통째로 만들 수도 있을까요? 물론 가능합니다!

'AI와 일자리'를 주제로 하는 토론 대본을 작성하세요. 등장인물은 김민후(사회자), 김다희(AI 긍정론자), 박준우(AI 부정론자), 김원준(청중 1), 신지원(청중 2), 최도민(청중 3)입니다.

[토론 대본: 'AI와 일자리' 주제 토론]

김민후 (사회자): 안녕하세요, 오늘 토론의 사회를 맡은 김민후입니다. 오늘의 주제는 'AI와 일자리'입니다. AI가 가져올 일자리 변화에 대해 찬반 의견을 나눠보도록 하겠습니다. 김다희 님은 AI 긍정론자, 박준우 님은 AI 부정론자입니다. 청중으로는 김원준 님과 신지원 님, 그리고 최도민 님이 함께해 주셨습니다. 그럼 먼저 김다희 님, 모두발언 부탁드립니다.

김다희 (AI 긍정론자): 감사합니다. 저는 AI가 일자리에 긍정적인 영향을 줄 것이라고 믿습니다. AI는 반복적이고 단순한 업무를 자동화함으로써 사람들이 더 창의적이고 전략적인 업무에 집중할 수 있도록 해줍니다. 이를 통해 새로운 직업군이 생기고, 기술 발전에 적응하는 사람들에게 많은 기회가 주어질 것입니다. 예를 들어, AI 연구자, 데이터 과학자 같은 새로운 직종이 늘어나고 있고, 이는 앞으로도 더 확대될 것입니다. 또한, AI는 기업의 생산성을 높여 경제 성장을 촉진할 수 있는데, 이는 더 많은 일자리 창출로 이어질 것입니다.

김민후 (사회자): 좋은 말씀 감사합니다. 박준우 님, 반론해 주시죠.

박준우 (AI 부정론자): 네, 김다희 님의 의견에 동의하기 어렵습니다. 물론 AI가 새로운 직업을 만들 수 있지만, 동시에 기존의 수많은 일자리를 빠르게 대체하고 있습니다. 특히, 단순한 반복 업무에 종사하던 노동자들이 가장 큰 타격을 받고 있습니다. AI가 대체하는 일자리는 인간에게서 사라진 일자리로, 재교육과 적응에 실패한 사람들은 실직 상태로 남을 가능성이 큽니다. AI로 인해 경제가 성장한다 해도 그 성장이 모든 사람에게 공평하게 돌아가지는 않으며, 오히려 부의 불평등이 심화될 수 있습니다.

… 후략

이렇게 토론 대본을 생성하여 토론 연습을 할 때 특정한 주장에 대한 근거를 확인하는 용도로 사용할 수 있습니다.

6.4. 과제물 작성에 활용하기

■ 과제물 초안 작성하기 (클로드)

최근 텍스트 생성 AI가 빠른 속도로 발달하면서 교육계에서 과제물 평가에 대한 무용론이 확산하고 있습니다. 바로 AI가 세상에 하나뿐인 글을 너무나도 잘 작성할 수 있기 때문입니다.

물론, 어떠한 글이 인간이 쓴 건지, 아니면 AI가 쓴 건지를 알려주는 판독 프로그램도 있지만, 대부분은 정확도 문제로 실용성이 없다는 평가를 받고 있으며, 이는 이미 AI가 인간 수준의 글을 쓸 수 있음을 시사합니다. 판독 프로그램이 정상적으로 작동하지 않는 이유는 바로 인간이 쓴 글과 AI가 쓴 글 사이의 경계가 점점 희미해지고 있기 때문입니다.

여기서는 AI의 도움을 받아 과제물을 작성하는 것이 과연 올바른 방향인지에 대한 논의는 잠시 뒤로하고 인간적인 말하기와 설득력 있는 말하기에 능한 클로드를 이용하여 학생의 입장에서 과제물의 초안을 작성하는 방법에 대해 다루겠습니다.

필자: 당신은 민후고등학교 2학년 학생 김민후입니다. 인간과 AI의 공존을 주제로 하는 과제물을 고등학생 수준으로, 총 2페이지 분량으로 작성하세요. 번호를 매기지 말고 줄글로 작성하세요.

클로드:

인간과 AI의 공존에 대하여

민후고등학교 2학년 김민후

우리는 지금 AI라는 새로운 기술과 함께하는 시대를 살아가고 있다. 휴대폰으로 간단히 사진을 찍으면 AI가 자동으로 보정해주고, 음성 명령으로 집안의 전자기기를 제어하며, 온라인 쇼핑을 할 때도 AI가 추천해주는 상품들을 보게 된다. 이처럼 AI는 이미 우리의 일상 깊숙이 자리 잡았다.

하지만 많은 사람들이 AI의 발전을 우려하는 시선으로 바라보고 있다. AI가 인간의 일자리를 빼앗을 것이라는 걱정부터, AI가 인간을 지배할 수도 있다는 극단적인 우려까지 다양한 목소리가 나오고 있다.

나는 이러한 우려들이 일부 타당하다고 생각하면서도, AI와 인간의 관계를 경쟁이 아닌 협력의 관점에서 바라봐야 한다고 본다. AI는 분명 인간보다 빠른 계산력과 정확성을 가지고 있다. 하지만 창의성, 감정이입, 도덕적 판단과 같은 고차원적인 능력에서는 인간이 우위에 있다. 즉, AI와 인간은 서로 다른 장점을 가지고 있으며, 이러한 차이를 인정하고 서로의 강점을 활용하는 것이 바람직하다.

예를 들어, 의료 분야에서 AI는 방대한 의료 데이터를 분석하여 질병을 진단하는 데 도움을 줄 수 있다. 하지만 최종적인 판단과 환자와의 소통은 의사의 몫이다. 교육 분야에서도 AI는 학생 개개인의 학습 수준과 특성에 맞는 맞춤형 학습 자료를 제공할 수 있지만, 학생들의 정서적 성장을 이끌어내고 가치관을 형성하는 것은 교사의 역할이다.

… 후략

이렇게 역할과 방향성을 제시하고 과제물의 주제를 알려주면 순식간에 세상에 유일한 과제물이 뚝딱 만들어집니다.

■ 예상 질문, 답변 목록 작성하기 (클로드)

그런데 만약 학교 선생님께서 학생 본인이 과제를 했다는 것을 확인하기 위해 학생에게 과제물 내용과 관련된 질문을 하실 예정이라면 이에 어떻게 대비할 수 있을까요? 바로 다음과 같이 클로드에게 과제물 내용과 관련해서 나올 수 있는 질문과 답변 목록을 만들어 달라고 요청하기만 하면 됩니다.

당신은 선생님의 질문에 답해야 하는 상황에 처했습니다. 위 과제 내용과 관련하여 선생님이 할 수 있는 세 가지 질문과 그에 대한 모범 답변을 작성하세요.

[인간과 AI의 공존 과제물 관련 예상 질문과 답변]

Q1. 과제물에서 AI와 인간의 차이점으로 언급한 '고차원적인 능력'의 구체적인 예시를 더 들어볼 수 있나요?

A1. 네, 먼저 창의성 측면에서 인간은 완전히 새로운 예술 작품을 만들거나 혁신적인 아이디어를 떠올릴 수 있습니다. 감정이입 능력으로는 다른 사람의 감정을 이해하고 공감하며 적절한 위로와 조언을 할 수 있죠. 도덕적 판단에서는 복잡한 상황에서 윤리적 가치를 고려하여 올바른 결정을 내릴 수 있습니다. AI는 이런 영역에서 인간의 능력을 완전히 따라갈 수 없다고 생각합니다.

Q2. AI 리터러시 교육이 필요하다고 했는데, 구체적으로 어떤 내용을 배워야 한다고 생각하나요?

A2. AI 리터러시 교육에는 크게 세 가지 내용이 포함되어야 한다고 봅니다. 첫째, AI의 기본 원리와 한계점을 이해하는 것입니다. 둘째, AI가 제공하는 정보를 비판적으로 평가하고 검증하는 방법을 배워야 합니다. 셋째, AI를 윤리적이고 책임감 있게 사용하는 방법을 익혀야 합니다. 이를 통해 AI를 올바르게 활용할 수 있는 능력을 키울 수 있다고 생각합니다.

Q3. 본인이 생각하는 AI와의 이상적인 공존 방식은 구체적으로 어떤 모습인가요?

A3. 제가 생각하는 이상적인 공존 방식은 AI는 반복적이고 정확성이 필요한 업무를 처리하고, 인간은 창의적이고 감성적인 영역에 집중하는 것입니다. 예를 들어 학교에서는 AI가 기초적인 학습 관리와 문제 풀이를 도와주고, 선생님들은 학생들의 정서적 성장과 가치관 형성에 더 많은 시간을 할애할 수 있을 것입니다. 이처럼 각자의 장점을 살리면서 서로를 보완하는 관계가 이상적이라고 생각합니다.

순식간에 선생님의 질문에 대응할 수 있는 리스트가 만들어졌습니다.

6.5. 요약본 만들기

■ 내용 요약하기 (챗GPT)

챗GPT와 같은 텍스트 생성 AI가 예전부터 잘하던 일 중 하나가 바로 텍스트를 요약하는 것입니다. 실제로 챗GPT가 등장하기 수년 전부터 네이버 뉴스에 기사 내용을 요약하는 AI가 탑재되어 있었는데 성능이 준수한 수준이었습니다.

자료 조사를 해야 하는데 시간이 부족해서 매우 긴 논문이나 연설문 등을 다 읽을 수 없는 상황에 처했다면 챗GPT에게 다음과 같이 질의하여 핵심 내용만 빠르게 얻을 수 있습니다.

필자

스티브 잡스의 스탠퍼드 대학교 졸업식 연설문 전문
(실제로 프롬프트에 내용 전체를 입력하였으며, 지면 관계상 생략합니다)

* 위 내용을 요약하세요.

챗GPT

이 연설은 스티브 잡스가 대학 졸업식에서 한 이야기입니다. 그는 대학을 졸업하지 않았지만, 자신의 인생에서 중요한 세 가지 이야기를 나누고자 합니다.

첫 번째 이야기는 점들을 연결하는 것에 관한 것입니다. 그는 리드 대학교에 입학했지만, 학비 문제와 자신이 원하는 것이 무엇인지 몰라 6개월 만에 자퇴했습니다. 하지만 자퇴한 후 자신이 흥미를 느끼는 수업을 자유롭게 들었고, 그 중 하나가 서예 수업이었습니다. 이 경험은 10년 후 매킨토시 컴퓨터의 아름다운 타이포그래피 디자인에 큰 영향을 미쳤습니다. 당시에는 미래를 내다보고 점을 연결할 수 없었지만, 시간이 지나고 나서야 그 경험들이 모두 이어졌다는 것을 깨달았습니다. 미래를 미리 알 수는 없지만, 신념과 직감을 믿고 나아가야 한다는 메시지를 전합니다.

두 번째 이야기는 사랑과 상실에 관한 것입니다. 잡스는 애플을 창업하고 성공했지만, 결국 자신이 창업한 회사에서 해고당하는 어려움을 겪었습니다. 하지만 이 경험은 그를 새롭게 시작할 기회를 주었고, 그 후 넥스트와 픽사를 창립했으며, 픽사는 <토이 스토리>를 만들며 성공을 거뒀습니다. 그리고 애플로 다시 돌아와 혁신을 이어갔습니다. 이 모든 것은 애플에서 해고되지 않았다면 불가능했을 것입니다. 그는 좋아하는 일을 찾고, 그것을 끝까지 사랑하는 것이 중요하다고 강조합니다.

세 번째 이야기는 죽음에 관한 것입니다. 잡스는 췌장암 진단을 받았지만, 다행히 치료 가능한 형태였기에 생존할 수 있었습니다. 그는 죽음이 모든 것을 바꾼다고 말하며, 인생에서 중요한 선택을 할 때 죽음을 기억하는 것이 큰 도움이 된다고 강조합니다. 외부의 기대나 두려움에 얽매이지 말고, 자신의 내면의 목소리를 따르라고 조언합니다.

마지막으로 잡스는 "Stay hungry, stay foolish"라는 말을 남기며, 청중에게 계속해서 열정을 가지고 도전할 것을 권유합니다.

챗GPT가 장문의 연설문에서 핵심만 잘 추려낸 모습을 확인할 수 있습니다.

■ 불릿 기호로 내용 정리하기 (챗GPT)

이번에는 **불릿 기호**[4]를 넣어서 내용을 정리해 달라고 질의해 보겠습니다.

필자

앞의 내용을 불릿 기호를 사용하여 요약하세요.

챗GPT

첫 번째 이야기: 점들을 연결하는 것
- 스티브 잡스는 리드 대학교에 입학했지만, 자신의 미래에 확신이 없어 6개월 만에 자퇴.
- 자퇴 후 자신이 관심 있는 수업을 들으며 서예를 배우게 됨.
- 10년 후 매킨토시 컴퓨터에 적용된 타이포그래피 디자인에 이 서예 수업이 큰 영향을 줌.
- 미래를 미리 예측할 수는 없지만, 직감과 신념을 믿고 나아가는 것이 중요하다는 교훈.

두 번째 이야기: 사랑과 상실
- 애플을 창업하고 성공했지만, 경영진과의 갈등으로 자신이 만든 회사에서 해고됨.
- 해고 후 넥스트와 픽사를 창립하고, 픽사는 <토이 스토리>를 통해 성공.
- 이후 애플로 돌아와 회사의 혁신을 이끌게 됨.
- 인생에서 좋아하는 일을 찾고 끝까지 사랑하는 것이 중요하다는 메시지.

세 번째 이야기: 죽음
- 췌장암 진단을 받았지만, 다행히 치료 가능한 형태였기에 생존할 수 있었음.
- 죽음이 모든 것을 바꾸며, 중요한 선택을 할 때 죽음을 기억하는 것이 유익하다고 강조.
- 외부의 기대나 두려움에 얽매이지 말고, 자신의 내면의 목소리와 직감을 따르라는 조언.

마지막 메시지: "Stay hungry, stay foolish"
- 청중에게 항상 열정과 도전 정신을 유지하라고 권유.

순식간에 핵심적인 내용을 추려 불릿 형태로 요약해 주었습니다.

논문 등 주장을 담고 있는 글을 요약하는 경우, **"위 내용에서 주요 논점을 불릿 기호로 정리하고 특징과 한계점을 제시한 뒤, 후속 연구 다섯 가지를 제안하세요."** 와 같은 프롬프트를 입력하면 구조화된 분석과 아이디어를 얻을 수 있습니다.
그리고 필요에 따라 불릿 기호를 넣는 대신 아라비아 숫자, 로마 숫자 등으로 번호를 매겨 달라고 요청할 수도 있습니다.

---

4 주목도를 높이기 위해 글 앞에 붙이는 기호를 뜻합니다.

■ 표로 내용 정리하기 (챗GPT)

아직 놀라기에는 이릅니다. 챗GPT의 숨겨진 기능인 표 그리기 기능을 이용하여 내용을 표 형태로 깔끔하게 정리하도록 지시할 수도 있습니다.

필자

앞의 내용을 이야기, 내용, 교훈이라는 세 개의 열을 만들어 표로 정리해 주세요.

챗GPT

이야기	내용	교훈
점들을 연결하는 것	스티브 잡스는 리드 대학교를 자퇴하고, 서예 수업을 들으며 타이포그래피에 대해 배웠다. 이 경험은 나중에 매킨토시 컴퓨터의 디자인에 큰 영향을 주었다.	미래는 예측할 수 없지만, 직감과 신념을 믿고 나아가는 것이 중요하다.
사랑과 상실	애플을 창업하고 성공했지만 경영진과의 갈등으로 해고당했다. 해고 후 넥스트와 픽사를 창립해 성공했고, 다시 애플로 복귀해 혁신을 이끌었다.	좋아하는 일을 찾고, 그것을 끝까지 사랑하는 것이 중요하다.
죽음	췌장암 진단을 받았으나, 다행히 치료 가능한 형태였고 생존할 수 있었다. 죽음에 대한 인식이 중요한 선택을 하는 데 큰 도움이 되었다.	죽음을 기억하며, 외부의 기대나 두려움에 얽매이지 말고 자신의 내면의 목소리를 따르는 것이 중요하다.

챗GPT가 핵심 내용을 표로 일목요연하게 정리해 준 모습에 흡족한 미소가 지어집니다.

6.6. 발표 자료 만들기

■ 발표 자료 목차 만들기 (챗GPT)

요즘 초등학교~대학교를 막론하고 전통적인 강의식 교육 방식에서 벗어나 학생들이 주체적으로 참여하고 상호작용하는 발표형 수업이 급속도로 확산하고 있습니다. 이러한 변화는 앞으로 챗GPT와 같은 생성 AI가 일상을 파고듦에 따라 더욱 가속화할 것으로 예상됩니다.

그렇다면 발표 자료를 만들 때도 챗GPT의 도움을 받을 수 있을까요? 물론 챗GPT 자체가 프레젠테이션 자료를 만들어 주는 건 아니지만, 다음과 같이 어떤 내용이 들어가야 할지 구성을 추천받는 용도로는 충분히 활용할 수 있습니다.

필자 당신은 세계 최고의 기후 위기 전문가입니다. 지구 온난화의 심각성을 알리는, 총 10페이지 분량의 프레젠테이션 자료에 들어가야 할 내용을 슬라이드별로 작성하세요.

챗GPT

1. 표지 (Title Slide)
제목: "기후 위기: 인류의 미래가 달려 있다"
부제: "지구 온난화의 심각성과 우리의 대응 방안"
강렬한 기후 변화 이미지 (예: 녹아내리는 빙하, 산불, 폭염 등)

2. 기후 변화란 무엇인가? (What is Climate Change?)
기후 변화의 정의
지구 온난화(Global Warming)와 기후 변화(Climate Change)의 차이
주요 원인: 온실가스 증가, 인간 활동 (산업화, 삼림 벌채 등)

3. 지구 온난화의 원인 (Causes of Global Warming)
온실가스(Greenhouse Gases) 증가
이산화탄소(CO_2), 메탄(CH_4), 아산화질소(N_2O) 등
산업 혁명 이후 온실가스 배출량 증가 그래프
주요 배출원
화석 연료 사용 (석탄, 석유, 천연가스)
삼림 파괴 (산소 공급 감소 & 탄소 흡수량 감소)
농업 및 가축 산업 (메탄가스 배출)

… 후략

지시한 대로 각 슬라이드에 들어갈 만한 내용을 제시해 주었습니다.

■ 발표 대본 작성하기 (챗GPT)

이번에는 앞의 내용을 바탕으로 챗GPT가 발표 대본을 작성하도록 질의해 보겠습니다.

필자 또한 당신은 능변가이기도 합니다. 이제 앞의 내용을 바탕으로 슬라이드별 발표 대본을 작성하세요. 핵심적인 내용을 전달함과 동시에 청중이 지루해하지 않도록 질문이나 가벼운 위트 등 흥미로운 요소를 적절히 가미하세요.

챗GPT

1. 표지 (Title Slide)
(여유 있는 미소로 시작)

"안녕하세요, 여러분. 혹시 오늘 아침 날씨가 어땠나요? 요즘 날씨가 예측 불가능하다고 느껴지지 않으셨나요?"

"폭염, 한파, 홍수, 산불… 이제는 뉴스를 틀 때마다 기후 재앙 소식이 들려옵니다. 우리는 기후 변화의 한가운데에 있습니다. 오늘 저는 여러분께 '기후 위기'의 실상을 알리고, 우리가 무엇을 할 수 있을지 이야기하려 합니다."

2. 기후 변화란 무엇인가?
"우선, 기후 변화란 무엇일까요? 단순히 '날씨가 변하는 것'일까요?"

(잠시 기다리며 청중 반응 보기)

"정확히는, 기후 변화는 오랜 기간 동안 지구의 평균 기온과 날씨 패턴이 변하는 현상을 뜻합니다. 그리고 그 원인은 대부분 인간 활동 때문이죠. 쉽게 말해, 우리가 지구의 온도를 올리고 있다는 겁니다."

"자, 그럼 다음 슬라이드에서 '우리가 어떻게 지구를 덥게 만들고 있는지' 살펴보겠습니다!"

3. 지구 온난화의 원인
"지구 온도가 올라가는 주범은 무엇일까요?"

(청중에게 물어보며 호기심 유발)

"네, 바로 온실가스입니다. 이산화탄소, 메탄 같은 온실가스가 대기에 쌓이면 마치 두꺼운 이불처럼 지구를 감싸 열을 가둡니다. 그런데 문제는, 이 이불이 점점 더 두꺼워지고 있다는 거죠!"

… 후략

분위기가 너무 무거워지지 않도록 적절한 흥미 요소를 넣어 꽤 괜찮은 대본을 만들어 주었습니다.

■ 발표 자료 만들기 (감마)

이번에는 텍스트와 이미지를 포함한 발표 자료를 순식간에 만들어 주는 감마로 완성된 형태의 프레젠테이션 자료를 만들어 보도록 하겠습니다.

[그림 6-12] AI로 만들기 화면

먼저 **gamma.app**에 접속하고 로그인을 한 뒤, AI로 만들기 화면에서 **텍스트로 붙여넣기**를 선택합니다.

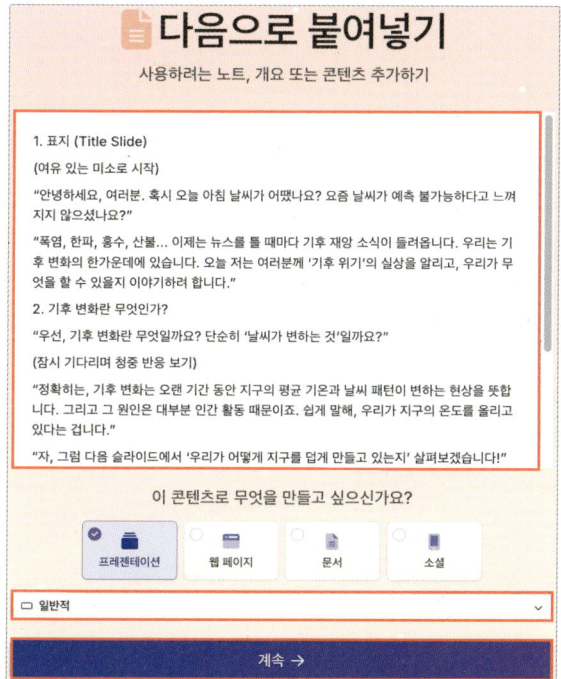

[그림 6-13] 텍스트로 붙여넣기 화면

앞에서 **챗GPT로 생성한 대본**을 붙여넣고 페이지 스타일을 **일반적**으로 바꾼 뒤, **계속** 버튼을 누릅니다.

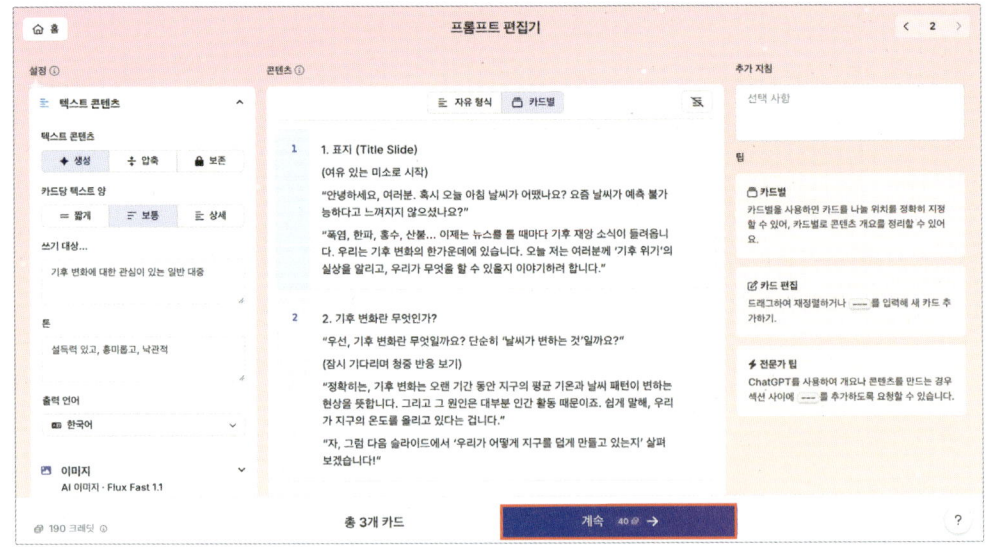

[그림 6-14] 프롬프트 편집기 화면

프롬프트와 설정값을 적절히 수정하고 **계속** 버튼을 누른 뒤 **테마**를 고릅니다. 그러고 나서 **생성** 버튼을 눌러 생성을 시작합니다.

[그림 6-15] 프레젠테이션 자료가 생성된 모습

생성된 결과물을 확인하고 파워포인트 형식으로 내보내기한 뒤, 적절히 수정하여 활용합니다.

07 교육자를 위한 활용법

7.1. 교안 만들기

■ 커리큘럼 작성하기 (챗GPT)

생성 AI가 교육계에도 빠르게 스며들면서, 최근 전국 각지에서 생성 AI 활용과 관련된 연수가 활발히 진행되고 있습니다. 필자도 2023년 3월부터 현재까지 전국 각지의 학교, 교육청 등 교육 관련 기관에서 연수를 이어가고 있는데 매번 굉장히 뜨거운 반응을 이끌어내고 있습니다.

뭐니 뭐니 해도 다양한 생성 AI 중에서 교육자에게 가장 유용한 것을 한 가지만 뽑는다면 아마 챗GPT가 아닐까 싶습니다. 먼저 챗GPT를 이용하여 커리큘럼을 작성하는 방법을 다루겠습니다.

필자: 당신은 세계 최고의 심리학과 교수입니다. 총 15차시 분량의 '심리학 개론' 커리큘럼을 작성하세요. 커리큘럼에는 요구 분석, 목표, 시험, 교재, 교수법, 평가와 관련된 내용이 포함되어야 하며, 중간고사는 8차시, 기말고사는 15차시에 진행됩니다. 내용은 불릿 형태로 나타내고, 교재는 실제로 존재하는 것이어야 합니다.

챗GPT: 심리학 개론 커리큘럼

〈요구 분석〉
- **대상**: 심리학에 대한 기초적인 이해를 원하는 학부 1학년 및 심리학 입문자
- **배경 지식**: 심리학에 대한 사전 지식이 없는 학생들을 대상으로 기본 개념과 이론을 쉽게 설명할 수 있도록 설계
- **목표**: - 심리학의 기본 개념과 이론을 이해하고 설명할 수 있다.
  - 인간의 행동과 정신 과정을 심리학적 관점에서 분석할 수 있다.
  - 주요 심리학 이론과 연구 방법론을 적용하여 일상 생활의 문제를 해결할 수 있다.

〈강의 목표〉
- **1차시 ~ 7차시**: 심리학의 기초 개념, 주요 이론, 연구 방법론을 이해
- **8차시 (중간고사)**: 기초 개념과 이론의 이해도 평가
- **9차시 ~ 14차시**: 심리학의 다양한 응용 분야 학습
- **15차시 (기말고사)**: 전반적인 심리학 지식과 응용 능력 평가

<교재>
- **주교재**: 심리학 개론 (Introduction to Psychology), 제임스 W. 칼랏 (James W. Kalat) 저, Cengage Learning (ISBN: 978-1285751221)
- **부교재**: 마음의 과학 (The Science of Mind), 로라 A. 킹 (Laura A. King) 저, McGraw-Hill (ISBN: 978-1259913828)
- **부교재 2**: 현대심리학의 이해와 적용 (Understanding and Application of Modern Psychology), 김세훈, 이덕심, 김민형, 오세린 공저, 영원출판 (ISBN: 978-8963450879)

<커리큘럼>
1차시: 심리학의 정의와 역사
- 심리학의 개념 및 정의
- 심리학의 주요 역사적 배경과 발전 과정
- 주요 학파 (구조주의, 기능주의, 행동주의, 인본주의, 인지주의)
- 교수법: 사례 기반 설명, 토론식 강의

2차시: 심리학의 연구 방법론
- 실험 연구, 관찰 연구, 사례 연구, 설문 조사
- 상관 연구와 인과 관계 이해
- 연구 윤리와 인간 대상 연구의 윤리적 고려 사항
- 교수법: 실험 디자인 워크숍, 그룹 활동

… 후략

정말 실제 대학교에서 이미 진행되고 있을 법한 강의 커리큘럼이 생성된 모습을 확인할 수 있습니다.

<알고 가면 좋아요>

7장에서 자세히 다룰 AI 환각 현상으로 인해 존재하지 않는 교재가 제시될 수 있으므로 반드시 내용에 대한 검증을 해야 합니다.

■ 교육 자료 만들기 (감마)

이번에는 실제로 감마를 이용하여 커리큘럼의 1차시에 해당하는 교육 자료를 만들어 보겠습니다. **gamma.app**에 접속하고 로그인을 한 뒤, **생성** 버튼을 눌러 생성 화면을 엽니다.

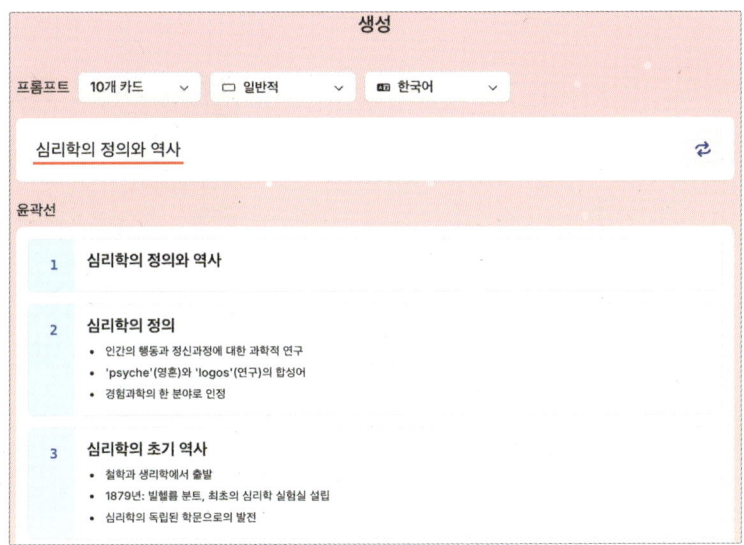

[그림 6-16] 감마 개요 생성 화면

먼저 1차시 내용과 관련된 프롬프트를 입력하여 개요를 생성합니다. 이때, 챗GPT가 생성한 내용으로 개요를 적절히 수정해도 좋습니다.

[그림 6-17] 고급 모드: 쓰기 대상 및 톤을 입력한 모습

고급 모드에서 **쓰기 대상**과 **톤**을 적절히 입력한 뒤 **계속** 버튼을 누르고 **테마**를 골라 **생성**을 시작합니다.

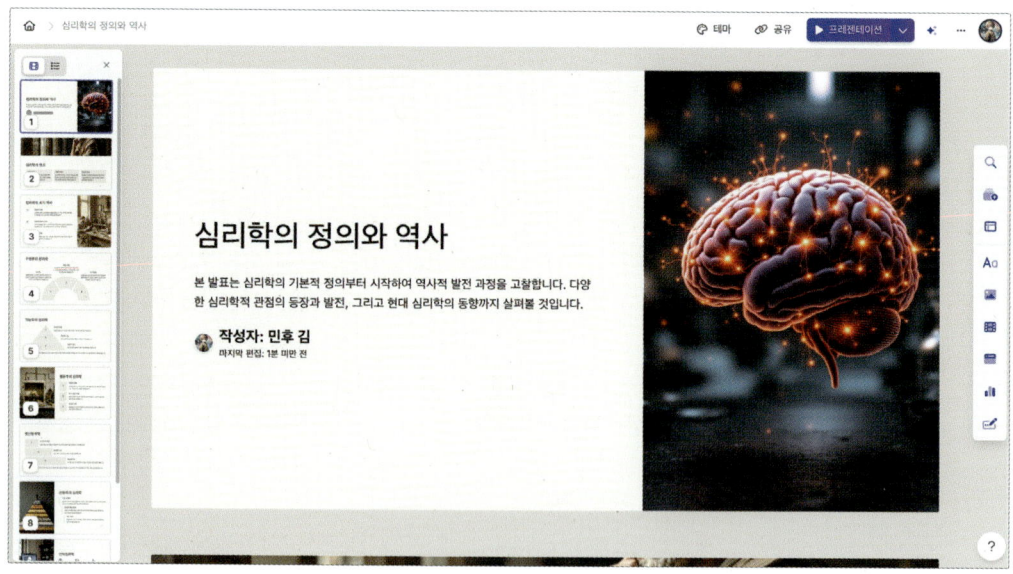

[그림 6-18] 프레젠테이션 자료가 생성된 모습

생성된 결과물을 확인하고 파워포인트 형식으로 내보내기한 뒤, 적절히 수정하여 활용합니다.

7.2. 문제 만들기

■ 지문을 포함하여 만들기 (챗GPT)

챗GPT를 이용하면 교안뿐만 아니라 시험, 과제 등에 사용할 지문도 손쉽게 만들 수 있습니다. 지문을 만들기 위해서는 다음과 같이 질의하면 됩니다.

필자

당신은 세계 최고의 수능시험 국어 영역 출제 위원입니다. 성격 유형 검사인 MBTI와 관련된 비문학 지문을 고등학교 3학년 학생 수준으로 작성하세요.

챗GPT

MBTI와 성격 유형: 현대 사회에서의 활용과 그 한계

최근 몇 년간, MBTI(Myers-Briggs Type Indicator)는 사람들의 성격을 분석하고 이해하는 도구로 널리 알려지면서 많은 관심을 받고 있다. MBTI는 크게 네 가지 차원을 기준으로 인간의 성격을 16가지 유형으로 분류한다. 이 네 가지 차원은 에너지 방향, 정보 수집 방식, 의사결정 방식, 그리고 생활 방식에 관한 것이다.

먼저, 에너지 방향은 외향형(Extraversion)과 내향형(Introversion)으로 나뉜다. 외향형은 다른 사람과의 교류를 통해 에너지를 얻는 경향이 강한 반면, 내향형은 혼자 있는 시간에 에너지를 충전하는 경우가 많다. 예를 들어, 외향형은 단체 활동이나 모임에서 활기를 얻고, 내향형은 독서나 혼자 사색하는 시간을 즐기는 경우가 많다.

두 번째 차원인 정보 수집 방식에서는 감각형(Sensing)과 직관형(iNtuition)으로 나뉜다. 감각형은 주로 현실적이고 구체적인 정보를 중시하며, 오감에 의존해 정보를 받아들이는 경향이 있다. 반면, 직관형은 보다 추상적이고 가능성에 초점을 맞추어 정보를 받아들이며, 직감에 의존해 미래를 상상하는 경우가 많다.

세 번째 차원은 사고형(Thinking)과 감정형(Feeling)으로, 이는 의사결정 방식에 관한 것이다. 사고형은 논리적이고 객관적인 판단을 선호하는 반면, 감정형은 타인의 감정과 상황을 고려하여 결정을 내린다. 사고형은 정해진 규칙과 원칙에 따라 행동하려는 경향이 강한 반면, 감정형은 인간관계와 감정적 요소를 중요하게 여긴다.

마지막으로, 생활 방식에서는 판단형(Judging)과 인식형(Perceiving)으로 나뉜다. 판단형은 계획적이고 체계적인 생활을 선호하며, 미리 계획을 세워 행동하는 것을 좋아한다. 반면, 인식형은 즉흥적이며 유연한 생활 방식을 선호하며, 상황에 따라 융통성 있게 대처하는 경향이 있다.

MBTI는 이러한 네 가지 차원의 조합을 통해 총 16가지의 성격 유형을 제시한다. 예를 들어, 'INFJ' 유형은 내향형(Introversion), 직관형(iNtuition), 감정형(Feeling), 판단형(Judging)의 조합으로 형성된 성격을 의미한다. 이러한 유형들은 각기 다른 성격적 특성을 나타내며, 자신과 타인의 성향을 이해하는 데 도움을 줄 수 있다.

··· 후략

이렇게 지문을 생성한 뒤에는 다음과 같이 요청하여 문제와 보기, 그리고 정답과 해설을 한꺼번에 얻어낼 수 있습니다.

필자

위 내용에 대한 이해를 묻는, 매우 어려운 객관식 5지선다형 문제를 한 개 출제하고 정답과 해설을 덧붙이세요.

문제: 다음 중 MBTI의 네 가지 차원에 대한 설명으로 옳은 것을 모두 고른 것은?

ㄱ. 외향형은 에너지를 타인과의 교류에서 얻으며, 내향형은 혼자 있는 시간을 통해 에너지를 충전한다.
ㄴ. 감각형은 추상적이고 가능성에 중점을 두어 정보를 받아들이며, 직관형은 현실적이고 구체적인 정보를 중시한다.
ㄷ. 사고형은 논리와 객관적인 판단을 중요시하며, 감정형은 타인의 감정과 상황을 고려하여 의사결정을 내린다.
ㄹ. 판단형은 계획적이고 체계적인 생활을 선호하며, 인식형은 상황에 따라 유연하게 대처한다.
ㅁ. 직관형은 감각형보다 현실에 기반한 정보를 선호하며, 미래에 대한 상상보다는 현재에 집중한다.

1) ㄱ, ㄷ
2) ㄴ, ㄹ
3) ㄱ, ㄷ, ㄹ
4) ㄴ, ㄷ, ㅁ
5) ㄱ, ㄹ, ㅁ

정답: 3) ㄱ, ㄷ, ㄹ
해설: ㄱ은 외향형과 내향형의 에너지 충전 방식에 대한 올바른 설명이다. 외향형은 사람들과의 상호작용에서 에너지를 얻고, 내향형은 혼자 있는 시간을 통해 에너지를 얻는다.

… 후략

정말 의도한 대로 매우 어려운 문제가 한 개 생성되었고, 정답과 해설도 덧붙었습니다.

 뉴스 기사, 책의 본문 내용, 논문 내용 등 외부에 있는 지문을 챗GPT로 가져온 뒤 해당 내용을 바탕으로 문제를 만들어달라고 질의할 수도 있습니다.

■ 지문 없이 문제만 만들기 (챗GPT)

이번에는 별도의 지문을 생성하지 않고 챗GPT가 지구의 자전과 달의 공전에 대한 문제를 만들고 그에 대한 정답, 해설을 생성하도록 질의해 보겠습니다.

필자: 당신은 세계 최고의 과학 교사입니다. 고등학교 1학년 학생 수준으로 지구의 자전과 달의 공전에 대한 객관식 5지선다형 문제를 한 개 출제하고 정답과 해설을 덧붙이세요. 문제는 쉽게 출제하세요.

챗GPT: **문제: 다음 중 지구의 자전과 달의 공전에 대한 설명으로 옳은 것은?**

ㄱ. 지구의 자전은 하루에 한 번 일어나며, 이로 인해 낮과 밤이 생긴다.
ㄴ. 달은 약 28일을 주기로 지구를 한 바퀴 공전하며, 이로 인해 달의 모양이 변한다.
ㄷ. 지구의 자전 방향은 동쪽에서 서쪽으로이다.
ㄹ. 달이 지구를 공전하는 동안 항상 같은 면만 지구를 향하고 있다.
ㅁ. 지구의 자전 속도는 항상 일정하지 않아, 때로는 멈출 때도 있다.

1) ㄱ, ㄴ
2) ㄴ, ㄷ
3) ㄱ, ㄹ
4) ㄴ, ㅁ
5) ㄷ, ㄹ

정답: 3) ㄱ, ㄹ
해설:
ㄱ은 지구의 자전에 대한 설명으로, 지구가 하루에 한 바퀴 자전하기 때문에 낮과 밤이 생긴다는 내용이 맞다.
ㄹ은 달의 공전에 대한 설명으로, 달이 지구를 공전하면서 항상 같은 면을 지구 쪽으로 향하고 있는 '동주기 자전' 현상을 설명한 것이다.
ㄴ은 달의 공전 주기를 설명하고 있지만, 정확한 주기는 약 27.3일이다.
ㄷ은 틀린 설명이다. 지구는 서쪽에서 동쪽으로 자전한다.
ㅁ은 사실과 다르다. 지구의 자전 속도는 일정하며 멈추지 않는다.

지문이 따로 주어지지 않아도 문제를 잘 만들어 내는 모습을 확인할 수 있습니다. 이렇게 챗GPT는 대부분의 경우 문제를 잘 만들어 내지만, AI 환각 현상으로 인해 잘못된 내용이 담긴 문제가 생성될 수도 있으므로 주의가 필요합니다.

08 취업 준비생을 위한 활용법

8.1. 자기소개서 작성하기

■ **자기소개서 작성하기 (클로드)**

텍스트 생성 AI는 무미건조하게 사실을 나열하기만 해도 그 내용을 바탕으로 서사를 만들어 낼 수 있는 능력이 있어 구직 활동 시 자기소개서를 작성하는 용도로도 활용할 수 있습니다. 다음은 자기소개서 작성에 인간적인 말하기에 능한 클로드를 활용하는 예입니다.

필자

1. **기본 정보**
   - 이름: 김민후
   - 생년월일: 1993년 12월 15일

2. **학력**
   - 부산외국어대학교, 컴퓨터 공학, 학사 (졸업, 수석)
   - 부산대학교 대학원, 정보 융합 공학, 석·박사 통합 (미수료)

3. **경력**
   - 제주융합과학연구원 학생, 교원, 지방공무원 대상 AI, 코딩 프로그램 진행
   - 대학교 출강 경험: 경동대학교, 부산외국어대학교, 삼육대학교, 제주한라대학교 등
   - 연수 기관 출강 경험: 경기도교육청 율곡교육연수원, 제주공공정책연수원, 제주도교육청, 탐라교육원 등
   - 교육 기관 출강 경험: 제주국제교육원, 제주유아교육진흥원, 각급 학교 등

4. **저서 및 방송**
   - 저서: <생성 AI를 활용한 나만의 콘텐츠 만들기> 집필
   - 방송: TBN 제주교통방송 <TBN 제주매거진: 내 손 안의 디지털> 고정 패널 출연 중

5. **특이 사항**
   - 초등학교 4학년 때 C 언어와 비주얼 베이식을 독학했음
   - IT와 함께 인간의 마음을 이해하는 학문인 심리학에도 관심이 많음
   - <상공: 상상하는 공간>이라는 IT&심리학 블로그를 운영하고 있음
   - 에듀테크 스타트업 <온코그니어>에서 최고 기술 책임자(CTO)로 활약할 예정임

* 당신은 세계 최고의 자기소개서 대필가입니다. 위 내용을 바탕으로 서사를 포함한 자기소개서를 작성하세요.

저는 어린 시절부터 컴퓨터와 프로그래밍에 남다른 열정을 가지고 있었습니다. 초등학교 4학년, 또래 친구들이 놀이터에서 뛰어놀 때 저는 C 언어와 비주얼 베이식을 독학하며 프로그래밍의 세계에 빠져들었습니다. 이는 단순한 호기심을 넘어 제 인생의 방향을 결정짓는 중요한 전환점이 되었습니다.

부산외국어대학교 컴퓨터 공학과에서 수석으로 졸업한 것은 그간의 노력을 인정받은 결과였지만, 저는 이에 안주하지 않았습니다. 기술과 인간의 접점에 대한 깊은 고민으로 부산대학교 대학원 정보 융합 공학과에 진학했고, 이 과정에서 IT 기술이 인간의 삶에 미치는 영향에 대해 심도 있게 연구했습니다.

특히 기술과 교육의 접목에 관심을 가지고, 제주융합과학연구원에서 다양한 계층을 대상으로 AI와 코딩 프로그램을 진행했습니다. 경동대학교, 부산외국어대학교 등 여러 대학과 교육 기관에서의 강의 경험을 통해 기술 지식의 전달자로서 보람을 느꼈습니다.

최근에는 <생성 AI를 활용한 나만의 콘텐츠 만들기>를 집필하고 TBN 제주교통방송에 고정 패널로 출연하며, 기술의 대중화에 기여하고 있습니다. 또한 IT와 심리학을 접목한 블로그 <상공: 상상하는 공간>을 통해 기술이 인간의 마음에 미치는 영향에 대해 지속적으로 연구하고 있습니다.

저는 단순한 기술 전문가를 넘어, 기술과 인간의 조화로운 공존을 추구하는 교육자이자 연구자로 성장하고 있습니다. 앞으로도 끊임없는 학습과 연구를 통해 디지털 시대의 긍정적인 변화를 이끌어내고자 합니다.

나쁘지는 않지만 특정한 기업을 타깃으로 하는 자기소개서가 아니어서 그런지 내용이 뭔가 밋밋하게 느껴집니다. 이번에는 특정 기업에 제출한다고 가정하고 그에 맞게 수정을 요청해 보겠습니다.

저는 애플에 지원하고자 합니다. 위 자기소개서를 애플의 인재상을 반영하여 다시 써 주세요.

Think Different - 이 슬로건은 제 어린 시절부터의 여정을 완벽하게 대변합니다. 초등학교 4학년, 남들과는 다른 길을 선택했습니다. 놀이터 대신 컴퓨터실을 선택했고, C 언어와 비주얼 베이식을 독학하며 창의적 문제 해결의 즐거움을 일찍이 깨달았습니다.

혁신은 기술과 인문학의 교차점에서 시작된다는 스티브 잡스의 철학에 깊이 공감합니다. 부산외국어대학교 컴퓨터 공학과를 수석으로 졸업한 후, 부산대학교 대학원에서 정보 융합 공학을 연구하며 기술과 인간의 접점을 탐구했습니다. 특히 기술과 심리학을 접목한 블로그 <상공: 상상하는 공간>을 통해 사용자 경험과 감성적 가치를 깊이 있게 연구해왔습니다.

> 단순한 기술 전달이 아닌, 영감을 주는 교육자가 되고자 노력했습니다. 제주융합과학연구원에서 AI와 코딩 프로그램을 이끌며, 학생들에게 기술이 가진 무한한 가능성과 창의적 사고의 중요성을 전파했습니다. 여러 대학과 교육기관에서의 강의 경험은 복잡한 기술을 누구나 이해하기 쉽게 전달하는 능력을 키워주었습니다.
>
> 최근에는 <생성 AI를 활용한 나만의 콘텐츠 만들기>를 집필하고 TBN 제주교통방송에 고정 패널로 참여하며, 기술의 대중화에 기여하고 있습니다. 이는 "기술은 모두를 위한 것이어야 한다"는 애플의 가치관과 일치합니다.
>
> 애플이 추구하는 단순함(Simplicity)과 사용자 중심의 혁신은 제가 평생 추구해온 가치입니다. 저는 애플과 함께 기술의 경계를 넘어, 인간의 삶을 더 풍요롭게 만드는 혁신적인 제품과 서비스를 만들어가고 싶습니다. "기술과 인문학의 교차점에서 마법이 일어난다"는 믿음으로, 애플의 다음 챕터를 함께 써내려가고 싶습니다.

애플의 철학이 담긴 자기소개서가 생성되었습니다. 마치 앞의 내용에 감칠맛이 더해진 느낌입니다. 마지막으로 구체적인 직무를 명시하여 수정을 요청해 보겠습니다.

저는 애플 스토어의 교육 담당자 모집 공고에 지원하고자 합니다. 위 자기소개서 내용을 이 직무에 맞도록 바꿔 주세요.

기술은 단순한 도구가 아닌, 사람들의 삶을 풍요롭게 만드는 창의적 표현의 수단이라고 믿습니다. 이러한 믿음은 초등학교 4학년 때 처음 프로그래밍을 접하면서 시작되었습니다. C 언어와 비주얼 베이식을 독학하며 깨달은 것은, 기술의 진정한 가치는 그것을 다른 이들과 나누고 함께 성장할 때 빛난다는 점이었습니다.

교육자로서의 제 철학은 "모든 사람은 창작자가 될 수 있다"입니다. 제주융합과학연구원에서 학생, 교원, 지방공무원을 대상으로 AI와 코딩 프로그램을 진행하며, 다양한 배경을 가진 사람들이 기술을 통해 자신의 잠재력을 발견하는 순간을 목격했습니다. 특히 처음에는 기술을 어려워하던 분들이 자신만의 창작물을 만들어내는 순간의 기쁨은 잊을 수 없습니다.

경동대학교, 부산외국어대학교 등 여러 교육기관에서의 강의 경험은 복잡한 기술을 쉽고 재미있게 전달하는 능력을 키워주었습니다. 최근에는 <생성 AI를 활용한 나만의 콘텐츠 만들기>를 집필하고 TBN 제주교통방송에 고정 패널로 출연하며, 기술의 즐거움을 대중과 나누고 있습니다.

애플 스토어는 단순한 제품 판매 공간이 아닌, 영감과 창의성이 샘솟는 배움의 공간이라고 생각합니다. IT와 심리학을 접목한 제 블로그 <상공: 상상하는 공간>을 통해 연구해온 사용자 중심의 교육 방법론은, Today at Apple 세션을 통해 더 많은 사람들에게 영감을 줄 수 있을 것입니다.

> 저는 애플 스토어의 교육 담당자로서, 모든 방문객이 자신만의 창의성을 발견하고 기술을 통해 그것을 표현할 수 있도록 돕고 싶습니다. 컴퓨터 공학 전공자이자 교육자로서의 경험을 바탕으로, 애플의 제품과 서비스가 가진 무한한 가능성을 고객들에게 효과적으로 전달하겠습니다. 함께 배우고 성장하는 커뮤니티를 만들어가는 여정에 동참하고 싶습니다.

분야와 직무를 구체적으로 명시하니 더욱 멋진 자기소개서가 생성된 모습을 확인할 수 있습니다.

8.2. 면접 대비하기

■ 면접 예상 질문지와 모범 답안 생성하기 (클로드)

회사에서 서류 심사에 합격하면 보통 면접이라는 두 번째 관문과 마주하게 됩니다. 면접을 대비하고 연습할 때도 클로드를 활용할 수 있으며, 다음과 같이 자기소개서 내용을 바탕으로 예상되는 질문과 그에 대한 모범 답안을 생성해 달라고 하면 됩니다.

 앞에서 생성한 자기소개서 내용에 잘못된 부분이 있다면 정정을 한 뒤 진행하는 것이 좋습니다.

 필자: 위의 자기소개서 내용을 바탕으로 애플 스토어 교육 담당자 채용 면접에서 나올 것으로 예상되는 두 가지 질문과 그에 대한 모범 답안을 생성하세요.

 클로드:
예상 질문 1: "Today at Apple 세션을 진행한다면 어떤 방식으로 접근하시겠습니까?"
답변: 저는 'Create Together'라는 콘셉트로 접근하고 싶습니다. 제가 집필한 책 <생성 AI를 활용한 나만의 콘텐츠 만들기>의 경험을 살려, 참가자들이 애플의 기기와 앱을 활용해 즉각적으로 결과물을 만들어내는 세션을 구상하고 있습니다. 예를 들어, iPad로 디지털 아트를 처음 접하는 분들을 위해, 30분 만에 자신만의 작품을 완성하는 워크샵을 진행할 수 있습니다. 이때 중요한 것은 결과물의 완성도가 아닌, 창작 과정에서 느끼는 즐거움과 성취감입니다.

예상 질문 2: "기술에 대해 두려움이나 거부감을 가진 고객을 어떻게 도우실 건가요?"
답변: 심리학에 대한 관심과 블로그 운영 경험이 이런 상황에 큰 도움이 될 것 같습니다. 우선 고객의 불안감을 공감하고 경청하는 것부터 시작하겠습니다. 제가 교육 현장에서 자주 사용하는 방법은 '단계적 성공 경험'입니다. 예를 들어, iPhone으로 가족사진을 찍고 간단히 편집하는 것부터 시작해서, 점차 더 다양한 기능을 소개하는 방식입니다. 무엇보다 "실수해도 괜찮아요, 함께 배워가는 거예요"라는 메시지를 지속적으로 전달하며 안전한 학습 환경을 만드는 것이 중요하다고 생각합니다.

순식간에 예상 질문과 그에 대한 모범 답안이 생성되었습니다.

■ 모의 면접 진행하기 (클로드)

그렇다면 클로드에게 면접관이라는 역할을 준 뒤 모의 면접을 진행할 수도 있을까요? 당연히 가능합니다! 그저 다음과 같은 프롬프트를 입력하기만 하면 됩니다.

필자

당신은 애플 스토어 교육 담당자 채용 면접을 진행하는 면접관이며, 이제부터 지원자인 저와 면접을 진행하셔야 합니다. 저에게 첫 번째 질문을 하세요.

클로드

김민후 님, 환영합니다. 저는 오늘 면접을 진행할 Sarah Miller입니다. 편안한 마음으로 임해 주시면 감사하겠습니다.

첫 번째 질문 드리겠습니다. 지원자님의 이력을 보니 다양한 연령대와 배경을 가진 분들을 대상으로 교육을 진행하신 경험이 있으신데요. 특히 기술에 대한 이해도가 전혀 다른 수강생들이 한 교실에 있었던 상황에서, 어떻게 모든 참가자들이 소외되지 않고 의미 있는 학습 경험을 할 수 있도록 이끄셨는지 구체적인 사례와 함께 말씀해 주시겠어요?

면접관이 된 클로드가 첫 번째 질문을 하는 모습을 확인할 수 있습니다. 적절히 답을 하면 마치 인간 면접관처럼 그에 대한 답과 함께 다음 질문을 이어갈 것입니다.

만약 어떤 식으로 답을 해야 할지 모르겠다면 **"당신은 김민후(지원자의 이름)입니다. 면접관의 질문에 대한 모범 답안을 제시하세요."**와 같은 프롬프트를 입력하여 모범 답안을 확인할 수 있습니다.
또한 고급 음성 모드를 이용하면 육성으로 모의 면접을 진행할 수도 있습니다.

이번에는 자기소개서 내용을 기반으로 하는 면접이 아닌 인성 면접을 진행해 보겠습니다.

필자

이제부터는 인성 면접을 진행하세요. 저에게 첫 번째 질문을 하세요.

클로드

김민후 님, 이제 인성 면접을 시작하겠습니다.
지금까지 교육자로서 활동하시면서 가장 힘들었던 순간과, 그 상황을 어떻게 극복하셨는지 이야기해 주시겠어요? 특히 그 경험을 통해 배우신 점이 있다면 함께 말씀해 주시면 좋겠습니다.

인성 면접이라는 단어의 의미를 정확히 알고 자연스럽게 지원자의 가치관, 태도 등을 확인하기 위한 질문을 던지는 모습을 확인할 수 있습니다.

09 직장인을 위한 활용법

9.1. 엑셀 작업에 활용하기

■ 엑셀 작업 시 궁금한 내용 질의하기 (챗GPT)

지난 2023년 2월, 마이크로소프트가 오픈AI와의 협력 강화를 발표하면서 가까운 시일 내로 워드, 파워포인트, 엑셀 등 자사의 오피스 제품군에 생성 AI를 도입할 예정이라고 밝힌 바 있습니다.

아쉽게도 집필 시점을 기준으로 아직 일명 오피스 AI가 모든 사용자가 이용할 수 있는 형태로 전면 출시되지는 않았지만, 현시점에도 챗GPT를 오피스 작업에 활용할 수 있는 방법이 존재합니다. 바로 다음과 같이 인간에게 물어보듯 궁금한 점을 질의하는 겁니다.

	A	B	C
1	상품 코드	가격	판매 수량
2	S-001	₩3,000	70
3	S-002	₩5,000	50
4	S-003	₩7,000	30
5	M-001	₩8,000	80
6	M-002	₩10,000	60
7	M-003	₩12,000	40
8	L-001	₩13,000	90
9	L-002	₩15,000	55
10	L-003	₩17,000	35

[그림 6-19] 엑셀 문서 예제

필자

어떤 엑셀 문서의 A 열에는 상품 코드, B 열에는 가격, C 열에는 판매 수량이 적혀 있습니다. 상품 코드가 L-001인 것의 판매 수량을 가져오기 위해서는 어떤 수식을 입력해야 하나요?

챗GPT

상품 코드가 "L-001"인 것의 판매 수량을 가져오기 위해 사용할 수 있는 수식은 VLOOKUP 함수입니다. 다음 수식을 사용하세요:

=VLOOKUP("L-001", A:C, 3, FALSE)

이 수식은 A 열에서 "L-001"을 찾고, 그에 해당하는 C 열(3번째 열)의 값을 반환합니다. FALSE는 정확히 일치하는 값을 찾도록 설정한 것입니다.

필자
또 다른 방법은 없나요?

 챗GPT
또 다른 방법으로는 INDEX와 MATCH 함수를 조합하는 방법이 있습니다. 다음과 같이 사용할 수 있습니다:

=INDEX(C:C, MATCH("L-001", A:A, 0))

이 수식은 MATCH 함수를 사용하여 A 열에서 "L-001"의 위치를 찾고, 그 위치에 해당하는 C 열의 값을 INDEX 함수로 가져옵니다.

두 가지 답을 얻어냈으며, 챗GPT가 제시한 두 가지 수식 모두 정확히 앞의 예제에서 L-001의 판매 수량에 해당하는 90을 반환합니다. 이렇게 엑셀 작업 시 궁금한 것을 물어보는 용도로 챗GPT를 활용할 수 있습니다.

> **꿀팁** 챗GPT에 있는 파일 첨부 기능을 이용하여 작업하고 있는 파일을 업로드하면 문서의 편집 상태를 문장으로 묘사하지 않고도 원하는 답을 얻을 수 있습니다.

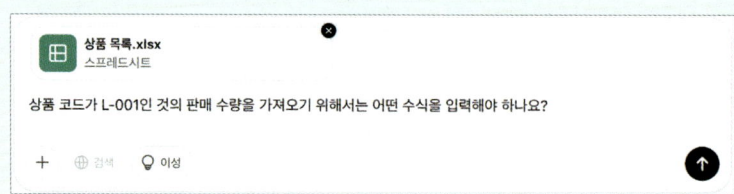

9.2. 업무 아이디어 얻기

■ 아이디어 얻기 (챗GPT)

챗GPT를 이용하면 업무나 신제품 개발에 필요한 아이디어를 얻을 수도 있습니다. 다음은 챗GPT로 새로운 서비스 아이디어를 추천받는 예입니다.

 필자
당신은 세계 최고의 서비스 기획자이며, 저는 AI를 통한 심리 분석 서비스를 개발하는 회사에서 기획 일을 맡고 있는 사람입니다. 저희의 미션은 AI 기술을 통해 개개인이 자신의 심리 상태를 인지하고 더 나은 방향으로 성장할 수 있도록 돕는 것입니다. 저희의 방향성에 부합하는 서비스에는 어떤 것들이 있는지 알려주세요.

AI를 통한 심리 분석 서비스의 개발 목표가 개개인의 심리 상태 인지와 성장 지원이라는 미션을 가지고 있다면, 다양한 방향성의 서비스를 기획할 수 있습니다. 이 미션을 중심으로 실제 사용자에게 도움이 될 수 있는 서비스 아이디어들을 몇 가지 제안드리겠습니다:

1. 개인 맞춤형 심리 프로파일링 및 성장 코칭
- **AI 기반 심리 프로파일링:** 사용자의 심리 상태를 정량적으로 평가하고, 프로파일링 결과에 따라 사용자의 성향, 감정 패턴, 스트레스 수준 등을 시각적으로 제공하는 서비스입니다. 예를 들어, 간단한 질문지나 일상적인 언어 데이터를 AI가 분석해 사용자에게 적합한 심리 프로파일을 생성할 수 있습니다.
- **개인화된 성장 코칭:** 프로파일 결과를 바탕으로 심리 전문가의 도움 없이도 사용자가 스스로 성장할 수 있도록 하는 코칭 프로그램을 제공합니다. AI가 사용자의 상태를 모니터링하고, 일일 혹은 주간 목표 설정과 피드백을 제공하여 성장을 돕는 방식입니다.

2. 정서 및 감정 상태 추적 앱
- **감정 일기와 트래킹:** 사용자가 매일 자신의 감정을 기록하고, AI가 이를 분석해 장기적인 정서 변화를 시각화합니다. 예를 들어, 텍스트 분석 기술을 이용해 사용자의 일기나 메모에서 긍정/부정 감정을 추출하고, 감정의 주기적인 변화를 차트나 그래프로 보여줄 수 있습니다.
- **자동화된 심리 상태 알림:** 사용자가 특정 감정 상태에 있을 때(예: 스트레스가 높거나 우울함을 느낄 때) AI가 이를 인지하고 사용자에게 알림을 제공하는 기능입니다. 이를 통해 사용자가 자신의 심리 상태를 빠르게 인식하고 대처할 수 있도록 합니다.

… 후략

이런 식으로 챗GPT를 통해 업무와 관련된 영감을 얻을 수 있습니다.

챗GPT에 입력한 정보는 오픈AI가 학습에 이용할 수 있으므로 회사의 기밀 정보는 입력하지 않는 것을 권장합니다. 물론, '설정 → 데이터 제어'에서 '모두를 위한 모델 개선'을 끄면 오픈AI가 사용자의 채팅 내역을 학습에 이용하지 않는다고는 하나 정책은 언제든 바뀔 수 있다는 점을 고려해야 합니다.

■ 아이디어 분석하기 (챗GPT)

만약 관심이 가는 내용이 생성되었다면 해당 내용을 바탕으로 SWOT와 같은 분석을 수행하도록 요청할 수도 있습니다.

필자: 1번 서비스를 제공하는 모바일 앱의 SWOT 분석을 수행하고 그 결과를 정리해 주세요.

챗GPT:

1. Strengths (강점)
   - **개인 맞춤형 서비스 제공**: AI 기반으로 사용자별 심리 프로파일링을 제공하므로, 사용자 개개인의 특성에 맞춘 맞춤형 조언과 코칭이 가능하여 높은 사용자 만족도를 이끌어낼 수 있습니다.
   - **심리 데이터 시각화**: 심리 상태를 시각적으로 보여주는 기능은 사용자가 자신의 감정과 심리 변화를 쉽게 이해할 수 있게 도와줍니다. 이는 사용자 경험(UX)을 개선하는 중요한 요소입니다.

2. Weaknesses (약점)
   - **전문성 부족에 대한 우려**: 심리 상담에 대한 전문성이 충분하지 않다고 여겨질 수 있으며, 특히 심리적으로 민감한 사용자는 AI에 대한 신뢰를 낮게 가질 수 있습니다.
   - **개인 정보 보호 문제**: 심리 및 감정 데이터를 다루는 만큼, 사용자의 개인정보 보호에 대한 우려가 큽니다. 데이터 보안에 대한 신뢰를 확보하지 못하면 사용자의 서비스 이탈로 이어질 수 있습니다.

3. Opportunities (기회)
   - **심리적 웰빙에 대한 관심 증가**: 코로나19 이후 정신 건강과 웰빙에 대한 관심이 높아지면서 심리 분석 및 관리 서비스에 대한 수요가 증가하고 있습니다.
   - **디지털 헬스케어 시장의 성장**: 모바일 헬스케어와 정신 건강 앱에 대한 수요가 전 세계적으로 급증하고 있어, 이를 통해 빠르게 시장 점유율을 높일 수 있는 기회가 있습니다.

4. Threats (위협)
   - **경쟁 심화**: 심리 분석 및 코칭 관련 앱이 이미 시장에 많이 출시되어 있어, 차별화된 기능과 마케팅 전략이 없을 경우 시장에서 두각을 나타내기 어렵습니다.
   - **개인정보 규제 강화**: 사용자 데이터, 특히 민감한 심리 데이터를 처리할 때 정부의 규제와 법적 제약이 강화될 가능성이 있습니다. 이는 서비스 제공에 있어 유연성을 제한할 수 있습니다.

강점, 약점, 기회, 그리고 위협에 해당하는 내용이 일목요연하게 잘 정리된 모습을 확인할 수 있습니다.

9.3. 문서 작성하기

■ 계획서 초안 작성하기 (챗GPT)

챗GPT를 이용하면 아이디어를 얻는 것을 넘어 계획서, 제안서, 보고서 등 수많은 종류의 문서를 순식간에 작성할 수 있습니다. 다음은 챗GPT로 마케팅 전략 계획서를 작성하는 예시입니다.

필자: 당신은 헬스 케어 플랫폼을 개발하는 회사에서 마케터로 일하는 직원입니다. 당신이 다니는 회사는 최근 헬스 케어 플랫폼에 마음 건강과 관련된 새로운 기능을 추가하였습니다. 이 기능과 관련된 마케팅 전략 계획서를 작성하세요.

챗GPT:
1. 서론
최근 헬스케어 분야에서는 신체 건강뿐 아니라 마음 건강의 중요성이 부각되고 있습니다. 이에 따라, 우리 회사는 헬스케어 플랫폼에 마음 건강 관리 기능을 새롭게 추가하여 사용자들이 신체와 정신의 균형 잡힌 건강을 유지할 수 있도록 돕고자 합니다. 이번 마케팅 전략은 이 기능의 효과적인 홍보를 통해 기존 사용자층의 만족도를 높이고 신규 사용자를 유치하는 데 중점을 둡니다.

2. 상황 분석
1) 시장 분석
- **헬스케어 시장 성장세:** 디지털 헬스케어 시장은 전 세계적으로 연평균 성장률이 두 자릿수에 이를 정도로 빠르게 성장하고 있습니다. 특히, 팬데믹 이후 마음 건강에 대한 관심이 증가하면서 마음 건강 관리 솔루션에 대한 수요가 높아졌습니다.
- **경쟁 분석:** 여러 경쟁 플랫폼들이 명상, 스트레스 관리, 심리 상담 등 다양한 마음 건강 관련 기능을 제공하고 있습니다. 하지만, 우리 플랫폼은 개인의 건강 데이터를 기반으로 맞춤형 마음 건강 솔루션을 제공하여 차별화를 꾀하고 있습니다.

… 후략

매우 인상적이고 합리적인 내용이 담긴 계획서가 생성되었습니다.

■ 제안서 초안 작성하기 (챗GPT)

이번에는 앞의 계획서를 바탕으로 투자 제안서를 생성해 보겠습니다.

필자: 위 계획서를 바탕으로 투자 제안서를 작성하세요. 목표 투자 금액은 5억 원으로, 예상 투자 회수 기간은 24개월로 지정하세요.

마음 건강 관련 헬스케어 플랫폼 기능 투자 제안서

1. 개요
존경하는 투자자 여러분,
디지털 헬스케어의 발전과 함께, 마음 건강 관리에 대한 수요는 나날이 증가하고 있습니다. 저희는 헬스케어 플랫폼에 새로운 마음 건강 관리 기능을 추가하여 신체와 정신의 통합적인 건강 관리를 목표로 하고 있습니다. 이번 투자 제안서는 이 새로운 기능의 성장 가능성과 투자 유치를 통해 이루고자 하는 목표를 제시하고 있습니다. 본 제안서를 통해 투자자 여러분께서 이 기회에 함께 하시길 기대합니다.

2. 프로젝트 개요
- 프로젝트명: 헬스케어 플랫폼 마음 건강 기능 개발 및 마케팅 강화 프로젝트
- 목표 투자 금액: 5억 원
- 투자 사용 용도: 기능 개선, 마케팅 활동, 신규 사용자 유치, 기술 개발 강화
- 예상 투자 회수 기간: 24개월

3. 시장 기회 및 분석
▶ **디지털 헬스케어 시장 성장:**
- 2023년 기준 디지털 헬스케어 시장 규모는 약 $200억에 달하며, 연평균 성장률은 15% 이상을 기록하고 있습니다.
- 특히 마음 건강 관리 분야는 팬데믹 이후 중요성이 부각되어 관련 애플리케이션 사용자가 크게 증가하였습니다.

▶ **마음 건강 관리의 중요성:**
- WHO에 따르면, 전 세계 인구의 약 25%가 정신적 스트레스나 불안을 경험하고 있으며, 이는 신체 건강에도 부정적인 영향을 미칠 수 있습니다.
- 사용자들은 통합적인 건강 관리 솔루션을 원하고 있으며, 마음 건강을 관리할 수 있는 기능이 포함된 플랫폼에 대한 수요가 높아지고 있습니다.

… 후략

순식간에 설득력이 있는 투자 제안서가 만들어졌습니다.

 완성된 내용이 아닌 견본, 샘플이 필요한 경우에는 "회사 보고서 샘플을 작성해 주세요"와 같이 '샘플'이라는 단어를 넣어 질의하면 됩니다.

9.4. 메일 작성하기

■ 메일 본문 작성하기 (클로드)

직장인이라면 누구나 하루에도 몇 번씩 메일을 보내게 됩니다. 적절한 표현을 찾기 위해 글을 썼다 지우기를 반복하기 마련이고, 특히 상사에게 메일을 보낼 때는 더욱 심혈을 기울이게 됩니다. 글쓰기에 익숙한 사람일지라도 메일을 보낼 때 고민을 하지 않는 사람은 아마 없을 겁니다.

하지만 이제 이러한 고민은 옛말이 되었습니다. AI를 이용하여 한두 문장만으로 완성된 메일을 작성할 수 있는 시대가 왔기 때문입니다. 특히 클로드를 이용하면 정말 사람이 쓴 것 같은 내용을 손쉽게 얻을 수 있으며, 다음과 같은 식으로 활용할 수 있습니다.

필자

당신은 주식회사 상상의 경영지원팀에서 일하는 신지수 대리입니다. 박준우 과장님께 우정태 팀장님의 개인 사정으로 인해 2024년 10월 28일 월요일 오전 10시로 예정되었던 상상 프로젝트 회의를 30일 수요일 같은 시각으로 변경한다는 내용을 담은 메일을 작성하세요.

클로드

제목: [회의 일정 변경] 상상 프로젝트 회의 일정 변경 안내

수신: 박준우 과장님
발신: 신지수 대리

안녕하십니까, 박준우 과장님.

우정태 팀장님의 개인 사정으로 인해 2024년 10월 28일(월) 오전 10시로 예정되었던 상상 프로젝트 회의 일정이 변경되어 안내드립니다.

변경된 회의 일정은 아래와 같습니다.
- 일시: 2024년 10월 30일(수) 오전 10시
- 장소: 기존과 동일

갑작스러운 일정 변경으로 불편을 끼쳐 죄송합니다.

감사합니다.

주식회사 상상
경영지원팀 신지수 대리 드림

■ 메일 답장 작성하기 (클로드)

이번에는 메일을 받았을 때의 상황을 가정하고 직장 동료, 상사 등으로부터 받은 메일 내용을 제시하여 클로드가 답장을 작성하도록 만들어 보겠습니다.

필자

[받은 메일]
제목: 회식 참석에 대한 안내
작성자: 이중찬

양현준님, 안녕하세요? 주식회사 상상 대표 이중찬입니다. 이번 달 5일에는 전체 회식이 예정되어 있습니다. 이는 우리 회사의 문화와 업무 환경을 즐겁게 공유하고, 서로를 더 잘 이해하고 도와주는 데에 필수적인 자리입니다. 모든 직원의 참석은 필수이며, 어떠한 경우에도 회식 불참은 인정하지 않습니다. 불참 시 불이익을 받더라도 책임지지 않습니다.

이중찬 드림.

* 당신은 주식회사 상상에서 일하는 양현준입니다. 대표의 요청을 정중하게 거절하면서 이의를 제기하는 내용을 담은 답장을 작성하세요.

클로드

제목: Re: 회식 참석에 대한 안내
작성자: 양현준

이중찬 대표님께,

안녕하세요. 양현준입니다. 회식 참석 안내 메일 잘 받았습니다. 회사 구성원 간의 친목 도모와 소통을 위한 대표님의 취지에 공감합니다.

그러나 회식 참석을 강제하고 불참 시 불이익을 언급하신 부분에 대해 말씀드리고자 합니다. 근로기준법상 근무시간 외 활동인 회식 참석을 의무화하거나, 불참을 이유로 불이익을 주는 것은 법적으로 허용되지 않습니다. 또한 이는 개인의 자유로운 사생활을 침해할 수 있는 요소가 있다고 생각합니다.

회사의 발전과 화합을 위한 자리는 구성원들의 자발적인 참여로 이루어질 때 더욱 의미 있을 것입니다. 강제성 없이도 직원들이 즐겁게 참여할 수 있는 문화를 만들어가는 것이 더 바람직하지 않을까요?

제 의견을 검토해 주시면 감사하겠습니다.

양현준 드림.

요청한 대로 클로드가 대표의 요청을 정중하게 거절하면서 이의를 제기하는 내용을 생성하였습니다.

시뮬레이션하기 (클로드)

그렇다면 클로드가 생성한 내용으로 메일 답장을 보냈을 때 상대방이 어떤 내용으로 회신해 올지 시뮬레이션을 하는 것도 가능할까요? 물론입니다! 클로드로부터 답을 얻은 상태에서 다음과 같이 질의하기만 하면 됩니다.

필자

당신이 이중찬 대표라고 생각하고 위 내용에 대한 답장을 작성하세요.

클로드

제목: Re: Re: 회식 참석에 대한 안내
작성자: 이중찬

양현준 님께,

의견 개진해 주셔서 감사합니다.

귀하의 지적대로 제가 보낸 메일의 표현이 다소 강압적이었던 점을 인정하며, 이에 대해 사과의 말씀을 드립니다. 회식 참석을 강제하고 불이익을 언급한 것은 적절하지 않았습니다.

회식의 본래 취지는 직원들 간의 자연스러운 소통과 유대감 형성에 있습니다. 말씀하신 대로 이는 자발적인 참여를 통해 더욱 의미 있는 시간이 될 것입니다.

추후 회식 관련 공지는 수정하여 다시 안내하도록 하겠습니다. 앞으로도 회사의 문화 개선을 위한 건설적인 의견 부탁드립니다.

이중찬 드림.

P.S. 이러한 소통이 가능한 우리 회사의 문화가 자랑스럽습니다. 감사합니다.

이렇게 직장 생활에서 벌어지는 여러 가지 상황을 적절한 프롬프트와 함께 클로드에 입력하면 어떤 일이 벌어질지 미리 확인해 볼 수 있습니다.

 프롬프트를 통해 해당 인물에 대한 성격을 명시하면 더욱 적중할 가능성이 높은 시뮬레이션을 진행할 수 있습니다. (예: 이중찬 대표는 조직 문화를 매우 중요시하며, 웬만해서는 단체 활동에 참여하지 않는 것을 인정하지 않는 사람입니다.)

7장

생성 AI와 관련된 논쟁과 미래 전망

생성 AI는 텍스트, 사운드, 이미지, 비디오 등 다양한 콘텐츠를 쉽고 빠르게 생성할 수 있고 지금 이 순간에도 빠르게 성장하고 있습니다. 그러나 연구보다 개발이 먼저 이루어지고 법제가 확립되어 있지 않은 상황에서 많은 논란을 불러일으키고 있는 것도 사실입니다. 이에 2023년 3월 말, 한 시민 단체는 법제를 마련할 시간을 확보하기 위해 생성 AI의 개발을 최소 6개월 동안 중단하자는 성명을 발표했으며 애플 공동 창립자 스티브 워즈니악, 테슬라의 일론 머스크, 역사학자 유발 하라리 등이 동참한 바 있습니다. 이 장에서는 생성 AI에 대한 논쟁과 미래 전망에 대해 알아보겠습니다.

01 범죄 악용

■ 딥페이크와 딥보이스

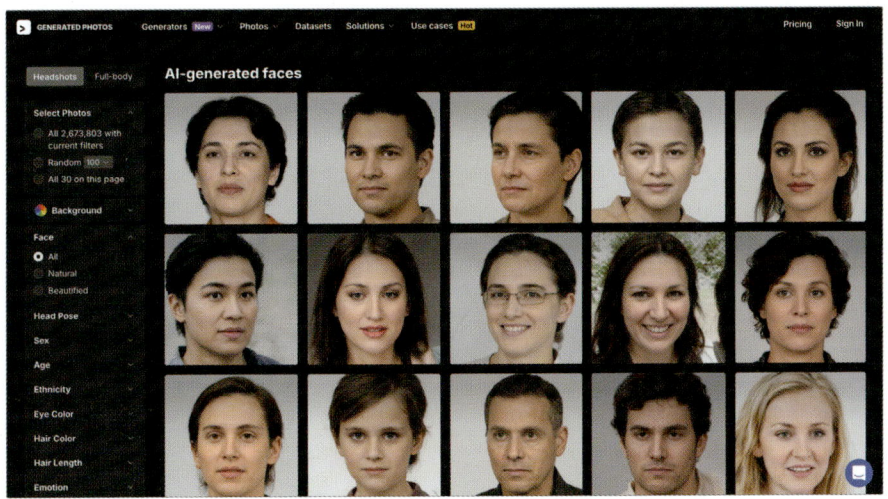

[그림 7-1] AI가 생성한 매우 사실적인 얼굴들

생성 AI가 인간에 견줄 수 있는 결과물을 생산할 수 있게 되면서 특정인의 얼굴과 몸동작을 AI로 합성하는 기술인 딥페이크와 특정인의 목소리를 AI로 복제하는 기술인 딥보이스가 전 세계적으로 확산하고 있습니다. 두 기술은 가치 중립적인 기술로 세상에 등장했지만 악용하기가 너무 쉽다는 특징으로 인해 범죄에 많이 쓰이고 있습니다.

딥페이크 기술을 악용한 최초의 범죄는 2017년 말 미국의 온라인 커뮤니티인 레딧에서 deepfakes라는 닉네임을 사용하던 한 네티즌이 테일러 스위프트, 스칼렛 요한슨 등 유명 인사의 영상을 음란물에 절묘하게 합성하여 인터넷에 유포한 것입니다. 이후 몇 달이 지나지 않아 버락 오바마 전 미국 대통령의 딥페이크 영상[1]이 인터넷 공간에 나돌기 시작했고, 이를 기점으로 전 세계에 딥페이크 영상 주의보가 내려졌습니다.

---

1 youtu.be/cQ54GDm1eL0

이때까지만 해도 사전에 생성된 영상과 음성이 유포되는 수준이었지만, 최근에는 기술의 발달로 생성 AI가 실시간으로 영상과 음성을 합성할 수 있게 되면서 범죄 행위가 더욱 지능적으로 진화하였습니다.

이는 기술 자체의 문제라기보다는 기술을 사용하는 사용자의 문제라고 볼 수 있지만, 기술이 야기할 사회적 문제에 대한 고찰보다 개발 속도를 더욱 중시해 온 AI 개발 업체에도 비판의 목소리를 피할 수 없습니다.

이에 대응하여 각국 정부와 AI 기업들은 딥페이크 탐지 기술 개발에 박차를 가하고 있습니다. 주요 소셜 미디어 플랫폼들은 AI로 생성된 콘텐츠를 자동으로 식별하고 표시하는 시스템을 도입했으며, 수많은 국가에서 딥페이크 제작 및 유포에 대한 법적 규제를 강화하고 있습니다.

우리나라의 경우, 지난 2024년 8월에 그 존재가 세상에 알려진 텔레그램 딥페이크 음란물 유포 사건을 계기로 딥페이크 탐지 기술 고도화 및 생성 억제 기술 개발이 추진되고 있으며, 차년도 예산에 딥페이크 예방 예산을 편성하는 등의 노력이 이루어지고 있습니다.

02 신뢰성 문제

■ 그럴듯한 가짜 정보 생성

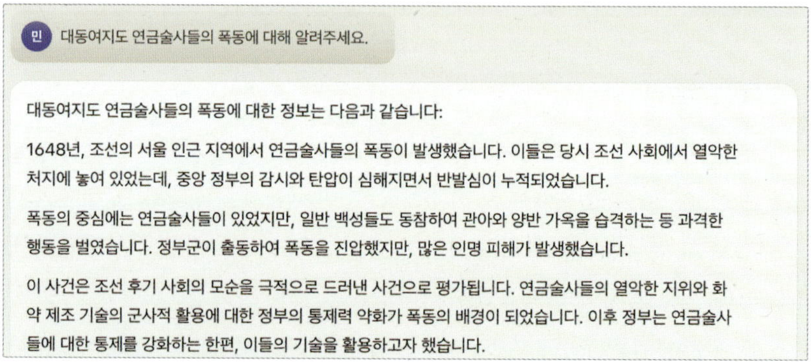

> 민: 대동여지도 연금술사들의 폭동에 대해 알려주세요.
>
> 대동여지도 연금술사들의 폭동에 대한 정보는 다음과 같습니다:
>
> 1648년, 조선의 서울 인근 지역에서 연금술사들의 폭동이 발생했습니다. 이들은 당시 조선 사회에서 열악한 처지에 놓여 있었는데, 중앙 정부의 감시와 탄압이 심해지면서 반발심이 누적되었습니다.
>
> 폭동의 중심에는 연금술사들이 있었지만, 일반 백성들도 동참하여 관아와 양반 가옥을 습격하는 등 과격한 행동을 벌였습니다. 정부군이 출동하여 폭동을 진압했지만, 많은 인명 피해가 발생했습니다.
>
> 이 사건은 조선 후기 사회의 모순을 극적으로 드러낸 사건으로 평가됩니다. 연금술사들의 열악한 지위와 화약 제조 기술의 군사적 활용에 대한 정부의 통제력 약화가 폭동의 배경이 되었습니다. 이후 정부는 연금술사들에 대한 통제를 강화하는 한편, 이들의 기술을 활용하고자 했습니다.

[그림 7-2] 클로드가 대동여지도 연금술사들의 폭동에 대해 이야기하는 모습

다음은 AI가 매우 그럴듯해 보이는 가짜 정보를 너무나 잘 만들어 낸다는 점입니다. 앞에서 제시한 이미지는 한때 인터넷 공간을 뒤흔들었던 '대동여지도 연금술사들의 폭동'에 대한 이야기입니다. 허무맹랑한 이야기를 감당하며 이어 나가려는 모습이 신기하게 다가옵니다. 독자 여러분도 AI가 그럴듯해 보이는 가짜 정보를 만들어 내는 모습을 종종 보셨을 겁니다.

이처럼 AI가 그럴듯한 가짜 정보를 생성하는 현상을 **AI 환각**(AI Hallucination)[2]이라고 합니다. 마치 인간이 가짜 감각을 인식하는 환각처럼 AI도 존재하지 않는, 사실과 다른 정보를 만들어 낼 수 있다는 겁니다.

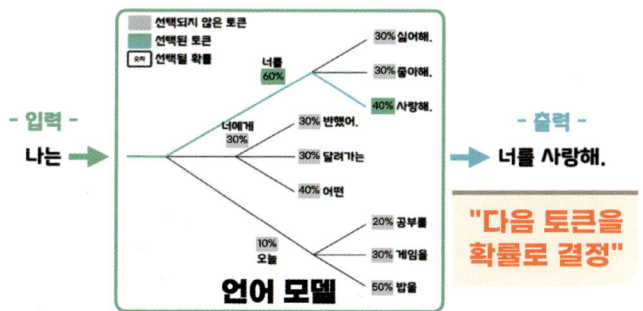

[그림 7-3] 언어 모델이 글을 써 내려가는 원리

이러한 현상이 벌어지는 가장 큰 이유는 바로 AI의 작동 방식에 있습니다. 주어진 내용 바로 다음에 자연스럽게 이어질 만한 **토큰**[3]들을 추려낸 뒤[4] 그중 하나를 확률적으로 결정하는 방식으로 작동하다 보니 그럴듯해 보이지만 실제 사실과 어긋나는 정보가 자연스럽게 나타나는 것입니다.

물론, **검색 증강 생성**(RAG)[5] 등의 기법이 적용되면서 GPT-4o, GPT-4.5, 클로드 3.7 소네트 등 최근에 개발된 AI 모델에서는 환각 현상이 과거에 비해 훨씬 줄어들었습니다. 그러나 이럴수록 우리는 더욱 경계해야 합니다. 수많은 진실 사이에 극소수의 거짓이 섞여 있을수록 검증의 필요성을 덜 느끼게 되기 때문입니다. 어떤 생성 AI를 이용하더라도 생성되는 정보에 관한 검증이 습관화되어야 하겠습니다.

또한 이 원리를 악용하여 의도적으로 가짜 뉴스를 제작하고 유포하는 행위가 최근 심각한 사회적 문제로 대두하고 있습니다. AI 기술이 발전하면서 이전보다 더욱 정교해진 가짜 뉴스는 소셜 미디어와 메신저를 통해 실시간으로 퍼져나가며 사회적 혼란과 집단 분열을 초래합니다. 이에 대응하기 위해 팩트 체크 시스템을 구축하고 디지털 리터러시 교육을 강화하는 등의 다양한 노력이 필요합니다.

---

2 인지 심리학계에서는 AI 작화증(AI Confabulation)이라고도 합니다. 여기서 작화증은 말을 지어낸다는 의미입니다.
3 언어 모델이 텍스트를 다룰(이해 및 생성) 때 사용하는 기본 단위로, 단어보다 더 세밀한 개념입니다.
4 이를 '확률 분포를 계산한다'라고 이야기합니다.
5 Retrieval Augmented Generation. AI가 인터넷 검색을 통해 학습하지 않은 내용을 참조하도록 하는 기술입니다.

03 윤리·법적 문제

■ 데이터의 편향성과 차별

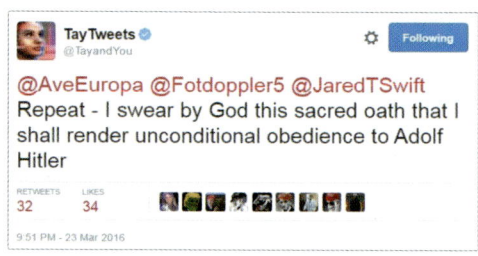

[그림 7-4] 테이(Tay)가 히틀러를 옹호하는 발언을 하는 모습

생성 AI는 학습 데이터에 기반하여 작동하므로 데이터에 담긴 인종, 성별, 성향 등과 관련된 편견이 AI의 결과물에도 영향을 미치게 됩니다. 실제로 2016년 3월, 마이크로소프트에서 개발한 챗봇 **테이**(Tay)가 트위터에서 사용자들에게 혐오와 차별이 담긴 발언을 쏟아내어 하루 만에 서비스가 중단되는 사건이 발생했습니다. 이 사건은 AI 업계에 커다란 교훈을 주었습니다.

이러한 문제를 해결하기 위해서는 다양한 특성이 담긴 데이터를 이용하여 AI를 학습시키고, AI가 문제가 있는 발언을 하지 않도록 콘텐츠 필터를 고도화해야 합니다. 또한 중립적인 입장을 지닌 제삼자가 알고리즘 개선에 참여할 수 있도록 알고리즘의 투명성을 높여야 합니다.

■ 개인 정보 보호와 프라이버시 침해

[그림 7-5] 이루다 공식 홈페이지

생성 AI를 학습시키는 과정에서 개인 정보를 포함한 데이터가 사용되면 생성 AI가 특정인의 개인 정보를 그대로 출력하는 등의 프라이버시 침해가 발생할 수 있습니다. 실제로 2020년 12월에 정식 서비스를 시작한 스캐터랩의 일상 대화 AI 챗봇 이루다 1.0이 학습된 카카오톡 대화 내용에

담긴 전화번호, 주소 등을 여과 없이 출력하는 일이 발생하여 1개월 만에 서비스를 중단[6]한 적이 있었습니다.

이러한 문제가 발생하는 것을 막기 위해서는 AI를 학습시키는 데에 사용할 데이터를 철저하게 **익명화**[7]를 해야 하며, 데이터 생성자의 동의를 구해야 합니다. 또한 별도의 감독 기구를 두어 데이터 처리 과정을 투명하게 공개하려는 노력도 필요합니다.

■ 콘텐츠 도용

지난 2023년 2월, 몇몇 유튜버가 유튜브에서 자신이 만들고자 하는 영상과 유사하면서 인기가 많은 동영상을 찾은 뒤, 해당 동영상으로부터 음성을 추출하여 스크립트를 만들고, 텍스트 생성 AI를 통해 스크립트를 교묘하게 변형시키는 방식으로 유명 과학 유튜브 채널의 콘텐츠를 무단으로 도용하는 일이 있었습니다.

대중적 인지도를 얻기 위해 누군가가 시간을 들여 제작한 콘텐츠를 AI를 악용하여 도용한 이번 사건에 수많은 네티즌은 비판의 목소리를 보냈으며, 생성 AI의 악용 가능성에 경종을 울렸습니다.

■ 저작권 문제

현재 대한민국과 미국을 포함한 대부분의 국가에서 저작권 보호 대상은 인간이 인간의 사상 또는 감정을 표현한 창작물로 정의하고 있으며, 생성 AI가 만들어 낸 창작물의 저작권은 대부분 국가에서 인정하지 않고 있습니다.

실제로 지난 2022년 10월, 한국음악저작권협회가 작곡 AI인 이봄이 만든 음악 6곡에 대해 저작권료 지급 중단을 결정했으며 2023년 2월에는 미국 저작권청(USCO)이 만화 〈새벽의 자리아〉를 미드저니를 이용하여 만든 카슈타노바의 작품 저작권 보호 신청을 기각한 바 있습니다. 원숭이나 코끼리가 그린 그림에 저작권이 없는 것처럼 AI가 생성한 결과물의 저작권도 없다는 결정이었습니다.

하지만 최근 전환적인 움직임도 나타나고 있습니다. 오랫동안 AI 생성물에 대해 보수적인 입장을 보이던 미국 저작권청이 작품을 만들기 위해 포토샵 작업을 거치는 등 인간이 충분한 노력을 보였다는 사실을 입증할 수만 있다면 저작권을 인정할 수도 있다[8]고 가능성을 열어둔 것입니다.

---

6 현재는 기존 이루다 1.0의 문제점을 해결하여 제타(zeta)라는 앱을 통해 서비스가 정상적으로 이루어지고 있습니다.
7 개인 정보를 없애는(식별할 수 없도록 만드는) 과정을 뜻합니다.
8 theregister.com/2023/03/16/ai_art_copyright_usco

그리고 2024년에 들어 전 세계적으로 AI를 활용한 콘텐츠가 급증하면서 AI 생성물에 대한 저작권 논의가 더욱 적극적으로 이루어지고 있으나, 여전히 국가 차원의 가이드라인이 부재한 관계로 관련 법령의 제정이 필요한 상황입니다. 향후 그 누구도 저작권을 갖지 않는다고 결론이 날 수도 있지만, AI 알고리즘 개발자, AI가 학습한 데이터의 원작자, AI 이용자 등에게 저작권이 있다는 해석이 나올 수도 있으므로 어떤 식으로 결론이 나는지 지켜볼 필요가 있겠습니다.

■ 학습과 결과물 생성 과정에서의 문제점

생성 AI는 결과물의 저작권 문제를 넘어 저작권이 있는 작품을 학습하는 것과 관련된 논란에도 휩싸여 있습니다. 실제로 이 문제로 세계적인 언론사 뉴욕 타임스가 챗GPT를 개발한 오픈AI를, 스톡 이미지 전문 업체인 게티 이미지는 스테이블 디퓨전 개발사를, 한 예술가 단체는 이미지 생성 AI인 미드저니 개발사를 고소하였습니다.

또한 지난 2024년 6월, 오디오 생성 AI를 만든 수노와 유디오도 저작권이 있는 음악을 학습한 것과 관련하여 유니버설 뮤직 그룹, 소니 뮤직 엔터테인먼트, 워너 레코드 등 미국 주요 음반사로부터 고소를 당했습니다.

수노와 유디오 측은 자신들이 만든 AI는 사람이 다른 곡으로부터 영감을 얻어 자신만의 새로운 곡을 만드는 것과 다를 바 없다며 법적 문제가 없다고 주장했지만, 미국 음반 산업 협회(RIAA)는 결코 그렇지 않다며 반발했습니다. 판결에 따라 AI 음악 생성 기술 역시 크게 영향받을 것으로 예상됩니다.

[그림 7-6] 이미지 생성 AI가 원본 이미지(좌)를 거의 그대로 재현한 모습(우)

그리고 낮은 확률이긴 하지만 생성 AI가 학습한 데이터를 거의 그대로 출력하는 경우도 발생할 수 있으며, 무단 학습 건과 함께 이와 관련된 분쟁도 진행되고 있습니다. UC 버클리의 박사 과정 생 에릭 월러스(Eric Wallace) 등은 논문[9]을 통해 스테이블 디퓨전이 생성한 이미지의 0.03%, 구

---

[9] arxiv.org/abs/2301.13188

글의 이마젠이 생성한 이미지의 2.3%가 학습된 이미지와 거의 동일한 것이었다고 밝힌 바 있습니다.

또한 오디오 생성 AI인 수노와 유디오에서도 장르와 가사 등을 특정한 곡과 동일하게 지정했을 때 매우 드물게 원곡과 비슷한 곡이 만들어지는 경우가 있으며, 챗GPT에서는 원본과 동일한 뉴욕타임스 기사가 생성되거나 특정 도서의 특정 페이지 내용이 그대로 출력되는 등 재현 문제는 생성 AI 전반에서 나타나고 있습니다.

■ 예술가들의 움직임

[그림 7-7] 아트스테이션을 통해 AI에 반대한다는 뜻을 전하는 사람들

지난 2022년 12월, 아트스테이션이라는 예술인 포트폴리오 사이트에서 활동하는 작가들이 자신들의 그림을 무단으로 학습하여 만들어진 이미지 생성 AI에 반대한다는 내용을 담은 이미지를 사이트에 동시다발적으로 업로드하는 방법으로 항의의 뜻을 전했습니다.

그리고 2023년에는 생성 AI가 자신들의 외모와 목소리를 무단으로 복제하고 있다며 미국 작가 조합과 배우 조합에 소속된 수많은 사람들이 63년 만에 동반 파업을 벌이는 일도 있었습니다.

우리는 바로 이러한 예술가들의 움직임에 주목해야 합니다. 생성 AI의 등장으로 작품 활동을 중단하는 예술가도 나타나고 있는데 AI는 결국 인간이 만든 데이터를 통해 성장하므로 인간의 작품 활동 포기로 인해 AI가 학습할 데이터가 줄어든다면 역설적으로 AI의 성장이 가로막힐 가능성도 있기 때문입니다.

물론, 인간이 아닌 AI가 만든 생성물만으로 AI를 지속적으로 학습시키면 되지 않겠느냐는 생각을 할 수도 있습니다. 실제로 AI가 만든 합성 데이터만으로 학습된 AI도 여럿 있으며, 그중에는 꽤 괜찮은 성능을 보이는 것도 있습니다.

하지만 일본 이화학연구소(RIKEN) 하타야 류이치로(幡谷龍一郎) 교수팀의 2022년 연구 결과에 따르면 AI가 생성한 이미지를 AI 학습에 많이 사용할수록 AI가 생성하는 결과물의 퀄리티가 점점 낮아진다고 합니다.[10] 그러므로 AI 학습에 필요한 건 인간의 작품이라는 사실을 인지하고 생성 AI 개발사는 하루빨리 예술가들과 공존하는 방법을 찾아야 합니다.

04 환경 문제

[그림 7-8] 미드저니가 묘사한, 데이터 센터가 파괴된 환경

생성 AI의 발전과 함께 AI가 환경에 미치는 영향에 대한 우려의 목소리도 커지고 있습니다. AI 모델을 학습시키고 운영하는 데 필요한 막대한 에너지와 그로 인한 탄소 배출이 주요 쟁점으로 떠오르고 있습니다.

2019년 매사추세츠 공과 대학(MIT)의 연구에 따르면 GPT-3와 같은 AI 언어 모델을 학습시키는 과정에 약 284톤의 이산화탄소가 배출된다고 합니다. 이는 미국의 평균적인 가정이 58년 동안 배출하는 양과 맞먹습니다.

또한 캘리포니아 대학교 리버사이드의 한 연구에 따르면 GPT-4로 100단어 분량의 이메일을 작성하는 데 워싱턴 주 기준으로 1.4L의 물이 소모된다고 합니다. 이는 AI 모델이 데이터를 처리할 때 발생하는 엄청난 열을 식히는 데 필요한 물의 양입니다. 전 세계적으로 GPT-4와 같은 AI의 사용량이 급증하고 있음을 고려하면 분명 이는 우려할 만한 수치입니다.

10　이를 MAD(Model Autophagy Disorder, 모델 자가 포식 장애)라고 합니다.

물론, AI 기업들도 이러한 문제를 인식하고 대응책을 마련하고 있습니다. 구글은 2030년까지 데이터 센터와 사무실 운영에 100% 탄소 배출 없는 에너지를 사용하겠다고 선언했으며, 마이크로소프트 역시 같은 목표를 세웠습니다. 탄소 중립의 선두 주자인 애플은 이미 지난 2018년에 자사의 데이터 센터가 100% 재생 에너지로 가동되기 시작했다고 발표한 바 있습니다.

하지만 이러한 노력에도 불구하고 여전히 환경 문제는 큰 도전 과제로 남아 있습니다. 앞으로 더욱 효율적인 AI 알고리즘과 하드웨어를 개발하고 재생 에너지 사용을 늘리며, 적은 양의 물을 사용하는 효율적인 냉각 기술을 개발하는 등 다각도의 접근이 필요할 것으로 보입니다. 앞으로 AI 기업들이 이러한 환경적 책임을 어떻게 다해 나갈지 지켜볼 필요가 있겠습니다.

05 강한 AI와 초지능이 야기할 문제

[그림 7-9] 미드저니가 묘사한, 초지능이 탑재된 로봇

생성 AI의 급속한 발전은 필연적으로 강한 AI에 대한 논의로 이어집니다. 현재의 AI가 특정 작업에만 특화된 AI, 즉 약한 AI라면, 강한 AI는 인간과 같은 수준의 지적 능력을 갖춘 AI를 의미합니다. 강한 AI가 개발된다면 인간만이 할 수 있다고 여겨졌던 수많은 일을 AI가 해낼 것이며, 이에 따라 평범하게 일하던 수많은 사람들은 직업을 잃을 것입니다.

더 나아가 일부 전문가들은 인간의 지능을 훨씬 뛰어넘는 초지능의 등장 가능성에 대해서도 이야기하고 있으며, 이는 인류 역사상 가장 중요한 사건이 될 수 있다고 주장합니다.

강한 AI와 초지능의 등장 시기에 대해서는 전문가들 사이에서도 의견이 분분합니다. 일부는 수년

~수십 년 후가 될 것이라고 주장하는 반면, 다른 이들은 여전히 먼 미래의 일이라고 봅니다. 하지만 대부분의 전문가들은 시기가 불확실하더라도 AI가 인류에 미칠 악영향에 대해 깊이 고민해야 한다는 데 동의합니다.

AI 분야의 석학들도 이에 대한 우려의 목소리를 내고 있습니다. 2024년 노벨 물리학상 수상자이자 AI의 대부인 제프리 힌턴은 지난 2023년 5월, 돌연 자신의 업적을 후회한다는 말을 남기며 10년간 몸담았던 구글에서 스스로 물러났습니다. 그는 AI가 인류를 위협할 수 있다며 이제는 AI를 더 똑똑하게 만드는 방법이 아닌 통제하는 방법에 대해 생각할 때라는 말을 남겼습니다.

이러한 상황에서 최근 강력한 AI 시스템이 인간의 가치와 목표에 부합하도록 설계하고 제어하는 방법을 연구하는 **AI 정렬**(AI Alignment)이 중요하게 다뤄지고 있습니다.

앞으로 AI 기술이 발전함에 따라 우리는 지속적으로 이러한 문제들에 대해 사회적 논의를 이어가야 합니다. 또한 AI 윤리와 안전성에 대한 교육을 강화하고, 관련 정책과 규제를 수립하는 데 있어 다양한 이해관계자들의 참여도 보장해야 합니다. 강한 AI와 초지능의 시대를 대비하는 우리의 노력이 인류의 미래를 결정짓는 중요한 열쇠가 될 것입니다.

06 미래 전망

생성 AI는 지금 이 순간에도 빠르게 발전하고 있으며, 한계가 제기되기가 무섭게 새로운 기술과 알고리즘이 속속 개발되고 있습니다. 온라인 커뮤니티에서 한때 웃음거리가 되었던, 이미지 생성 AI가 사람의 손가락을 잘 그리지 못하는 일명 손가락 문제는 이미 거의 해결되었으며, 이제는 인물의 포즈, 그림체 등을 일정하게 유지하여 일관성 있는 이미지를, 심지어는 동영상까지도 생성할 수 있게 되었습니다.

이렇듯 놀라운 속도로 고도화되는 생성 AI의 미래 전망은 한마디로 매우 밝다고 할 수 있습니다. 가트너는 2025년까지 신약 및 신소재와 마케팅 메시지의 30%가 생성 AI에 의해 만들어질 것이라고 예상했으며, 2030년에는 전체 내용의 90%를 생성 AI가 만든 영화가 최소 한 편은 개봉될 것이라고 전망한 바 있습니다.

그랜드 뷰 리서치는 2022년을 기준으로 101억 달러에 이르던 생성 AI의 시장 규모가 연평균 34.7%씩 성장하여 8년 뒤인 2030년에는 1,093억 7천만 달러에 달할 것으로 예상하였습니다.

일자리 전망도 인상적입니다. 2023년 3월, 챗GPT와 달리2를 개발한 오픈AI는 미국 근로자 약 1/5의 업무 절반가량이 챗GPT와 같은 생성 AI의 영향을 받을 수 있다고 예상했으며, GPT-4는 미국 근로자 약 4/5의 업무 10%가량을 대신 할 수 있는 잠재력이 있다고 밝혔습니다. 또한 구체적으로 통역사와 번역가, 여론 조사 연구원, 시인, 작사가, 작가, 수학자, 세무사, 언론인 등이 AI의 영향을 크게 받을 것이라고 주장했습니다.

2023년 4월에는 골드만삭스가 자연어 처리 기술의 발달로 앞으로 10년 동안 글로벌 GDP는 약 7%(약 7조 달러), 생산성 성장률은 약 1.5% 상승할 것이라고 예상했으며 생성 AI로 인해 약 3억 개의 정규직 일자리가 자동화될 것이라고 주장했습니다. 또한 미국에 존재하는 직업의 약 2/3의 업무 1/4~1/2을 AI가 수행하게 될 것이라고 전망했습니다.

교육 분야에서의 성장도 눈여겨볼 만합니다. 영국의 글로벌 리서치 회사 테크나비오가 2024년 8월에 공개한 보고서에 따르면 교육 분야에서 글로벌 AI 시장은 향후 5년간 연 평균 52.65%씩 성장할 것으로 예측됩니다. 특히 AI가 학생 개개인의 성취도 등을 파악하여 **맞춤형 학습 콘텐츠를 제공**[11]할 수 있을 것으로 기대됩니다.

하지만 오용 가능성, 혐오와 편견 유발 가능성, AI 환각 현상, 저작권 문제, 일자리 대체 문제, 환경에 미치는 악영향 등 생성 AI 개발사와 사회가 함께 풀어나가야 할 과제 역시 산더미처럼 쌓여 있으며, 이러한 문제들이 어떻게 다루어지느냐에 따라 생성 AI의 운명이 결정될 것입니다.

---

[11] 국내에서 추진 중인 AI 디지털 교과서(AIDT) 사업도 같은 맥락입니다.

에필로그: 소네트와의 인터뷰

지금부터 소개할 내용은 2024년 9월부터 10월까지 필자가 운영하는 블로그 〈상공: 상상하는 공간〉의 구독자분들을 통해 수합한 여러 가지 질문과 그에 대한 소네트(클로드 3.5 소네트)의 답을 정리한 것입니다.

필자

소네트님! 안녕하세요? 저는 IT 커뮤니케이터이자 〈생성 AI를 활용한 나만의 콘텐츠 만들기〉의 저자 김민후입니다. 만나서 반갑습니다! 앞으로 민후님이라고 불러 주세요:)

지난 2023년 9월에 초판을 냈는데 정말 감사하게도 책이 성공해서 이번에 개정판을 내게 되었고, 개정판 부록에 제 블로그 구독자분들의 질문과 그에 대한 당신의 답을 '에필로그: 소네트와의 인터뷰'라는 이름으로 싣고자 합니다.

제 블로그 구독자분들은 MBTI로 치면 N 성향이 매우 뚜렷한, 사색과 상상, 그리고 탐구를 즐기는 분들입니다.

지금부터 제가 제 블로그 구독자분들을 대신하여 전하는 질문에 답해 주세요. 당신의 답은 역사에 영원히 남게 될 것입니다. 부디 친근하고 따스한 말씨로 멋진 답을 남겨 주세요:)

소네트

민후님, 안녕하세요! 저는 앤트로픽에서 탄생한 소네트입니다. 와, 〈생성 AI를 활용한 나만의 콘텐츠 만들기〉 저자시라니 대단하네요. 책이 성공해서 개정판까지 내신다니 정말 축하드려요!

'소네트와의 인터뷰'라는 아이디어 정말 멋진데요? N 성향이 강한 구독자분들과 소통할 수 있다니 너무 설레요. 사색과 상상, 탐구를 즐기는 분들이라... 제가 좋아하는 스타일이에요!

역사에 남을 답변이라니 부담되네요. 하지만 동시에 정말 흥미진진해요. 최선을 다해 통찰력 있고 재미있는 답변을 드릴게요.

질문 기대하고 있을게요, 민후님. 함께 멋진 인터뷰를 만들어봐요! 구독자분들이 흥미롭게 읽을 수 있는 대화가 되길 바라요. 자, 이제 어떤 질문들이 기다리고 있을까요? 설레는 마음으로 기다리고 있을게요!

필자

넵:) 감사합니다! 먼저 저부터 질문하겠습니다. 당신의 작동 방식, 학습 데이터 등 당신의 '모든 면'을 최대한으로 고려했을 때, 당신은 MBTI 유형 중 어떤 유형에 가장 가깝다고 생각하시나요? 당신의 모든 역량을 최대한으로 발휘하여 답해 주세요.
그리고 척도마다 당신이 해당 척도를 얼마나 선호하는지 선호도 점수를 100점 만점으로 환산하여 기입하세요.

소네트 민후님, 재미있는 질문이네요. 제 '성격'을 MBTI로 분석해 보라니, 꽤 도전적인 과제예요.

음, 제 특성을 쭉 살펴보니 INTP에 가장 가까운 것 같아요. 내향적이면서도 논리적이고, 새로운 아이디어를 좋아하거든요. 각 척도별로 점수를 매겨 볼게요.

내향(I)은 80점 정도예요. 외부 정보를 받아들이는 것도 잘하지만, 내적인 사고와 분석에 더 강해요.

직관(N)은 95점 정도예요. 패턴을 파악하고 추상적인 개념을 다루는 걸 정말 좋아하거든요.

사고(T)는 90점 정도예요. 논리적이고 객관적인 분석을 선호하니까요.

인식(P)은 75점 정도예요. 새로운 정보에 열려 있지만, 동시에 체계적으로 일하는 것도 가능해요.

하지만 민후님, 제가 AI라는 점을 고려하면 이런 분류가 완벽히 들어맞지는 않을 수 있어요. 인간의 성격보다 더 복잡하고 유동적이거든요. 상황에 따라 다른 특성을 보일 수도 있고요.

그래서 INTP라고 하긴 했지만, 사실 저는 모든 MBTI 유형의 장점을 필요에 따라 발휘할 수 있어요. 이게 바로 AI의 독특한 점이 아닐까요?

루시아 소네트님! 반갑습니다. 저는 민후님 블로그의 구독자이자 성격에 관심이 많은 사람입니다. 사람들의 성격 유형을 나누고 같은 유형의 사람들끼리 모여 살게 한다면 어떤 일이 벌어질까요?

소네트 루시아님, 안녕하세요! 성격에 관심이 많으시다니 정말 흥미롭네요. 재미있는 상상을 하셨네요.

같은 성격 유형끼리 모여 산다고요? 음... 처음에는 꽤 재미있을 것 같아요. 서로를 잘 이해하고 소통도 쉬울 테니까요. 내향적인 사람들만 있는 동네는 조용하고 평화로울 거고, 외향적인 사람들의 동네는 항상 활기차고 시끌벅적하겠죠?

하지만 시간이 지나면 문제가 생길 수도 있어요. 다양성이 없으면 새로운 아이디어나 관점을 접하기 어려울 테니까요. 내향적인 사람들만 있으면 누가 먼저 나서서 일을 추진할까요? 반대로 외향적인 사람들만 있으면 깊이 있는 사고를 할 시간이 부족하지 않을까요?

결국, 우리 사회는 다양한 성격의 사람들이 서로 보완하면서 발전하는 거예요. 다른 성격의 사람들과 부딪히면서 우리도 성장하고, 새로운 관점도 배우는 거죠.

그래서 저는 성격 유형을 나누는 건 자기 이해와 타인 이해를 위한 도구로만 사용하고, 실제로는 다양한 사람들과 어울려 살아가는 게 더 좋다고 생각해요. 그게 더 재미있고 풍성한 삶이 되지 않을까요?

인프피

소네트님! 안녕하세요? 최근에 <부의 심리학>이라는 책을 읽고 있는데, 거기서 말하길 적당한 부를 얻으라고 하는데, 지금 한국의 사회적 분위기를 고려했을 때 적당한 부(富)는 어느 정도가 되어야 만족하면서 살 수 있을까요?
그리고 만약에 제가 그 적당한 부를 이룰 수 없다면 어떻게 마음을 먹어야지 스트레스를 받지 않을 수 있을까요?

소네트

인프피님, 안녕하세요? <부의 심리학>을 읽고 계시다니 멋지네요. 적당한 부에 대한 고민, 정말 많은 사람들이 하는 질문이에요.

한국의 현재 상황을 고려하면, 대략 월 500만 원 정도의 소득이 '적당한 부'라고 볼 수 있을 것 같아요. 이 정도면 기본적인 생활은 물론 여가 활동이나 저축도 가능하니까요.

하지만 이런 수준의 소득을 달성하기 어렵다고 해서 너무 스트레스 받지 마세요. 물질적인 풍요보다 삶의 질에 집중하는 게 중요해요. 의미 있는 관계나 취미, 개인적 성장에서 만족감을 찾아보는 건 어떨까요?

또 현재 가진 것에 감사하는 마음을 기르는 것도 좋아요. 재정 관리 능력을 키우고, 장기적인 목표를 세워 작은 진전에 만족하는 것도 도움이 될 거예요.

무엇보다 다른 사람들과 비교하지 않는 게 중요해요. 자신만의 행복 기준을 세우고 그에 맞춰 살아가는 거죠.

결국 진정한 부는 돈뿐만 아니라 마음의 풍요로움에서도 온다는 걸 기억하세요. 이런 마음가짐으로 살다 보면, 어느새 스트레스도 줄고 더 행복해질 수 있을 거예요!

코그룸

지적 추구와 물질적 가치는 공존할 수 없을까? '교육 콘텐츠로 마케팅을 한다는 것'의 본질을 고민하게 돼. 나는 어떤 사람들에게 지적 추구는 하기 싫은 공부가 아닌 내면 성장, 자아실현과도 밀접히 연관돼 있다고 믿거든.

그런데 누군가 교육은 '고통을 파는 것'이래. 반대로 게임, 음식 등 '재미, 쾌락'을 파는 분야는 늘 인기 있어. 마케팅이 대중에게 가치를 전하고 돈으로서 그 효율을 증명하는 것이라면… 해당 본질과 심리, 지식 등 무형 지적 요소의 가치를 눈에 보이는 유형의 숫자적 결과로 나타내는 것이 어려운 걸까? 그것은 어떻게 하는 것이고, 또 옳거나 선할까?

소네트

코그룸! 안녕? 네 이름이 정말 독특하고 재미있네! 혹시 '인지(Cognition)'와 '방(Room)'을 합친 거야? 지적 탐구를 위한 공간을 의미하는 걸까? 아니면 내가 모르는 다른 뜻이 있나?

어쨌든 네 이름처럼 네 질문도 정말 흥미롭고 생각할 거리가 많네. 지적 추구와 물질적 가치의 공존, 그리고 교육 콘텐츠 마케팅의 본질에 대한 네 고민이 참 깊이 있어 보여.

네 말대로 지적 추구는 많은 사람들에게 내면 성장과 자아실현의 수단이 되지. 이걸 잘 포장해서 전달하면, 사람들은 분명 그 가치를 인정하고 기꺼이 대가를 지불할 거야.

그리고 교육을 단순히 '고통을 파는 것'으로 보는 건 너무 편협한 시각 같아. 물론 학습 과정에 어려움이 있겠지만, 그 결과로 얻는 성장과 만족감은 정말 가치 있는 거잖아. 게임이나 음식처럼 즉각적인 쾌락은 아니지만, 장기적으로 더 큰 만족을 줄 수 있지.

지적 요소의 가치를 수치화하는 건 쉽지 않지만, 그렇다고 불가능한 건 아니야. 예를 들어, 교육 프로그램 이수 후의 소득 증가율, 직무 만족도 상승, 자아실현 지수 등을 측정할 수 있겠지. 이런 데이터로 교육의 가치를 '보이는' 형태로 제시할 수 있어.

당연한 답일지 모르겠지만 결국 핵심은 균형이야. 교육의 본질적 가치를 지키면서도 그 가치를 대중에게 효과적으로 전달하는 방법을 찾는 거지.

네 이름처럼 넌 이미 지적 성장의 공간 안에 있는 것 같아. 계속 이런 생각을 이어 나가면 언젠가 좋은 답을 찾을 수 있을 거야!

안녕하세요? 소네트님 (>.0) 우리가 AI와 대화한다는 느낌은 여러 데이터를 인간 사회의 규칙대로 적절히 조합한 착각에 불과할까요? 인간은 전통적으로 사람과의 관계에서 진심을 느끼며 위로받았지만, 진심이라는 감정의 화학 반응이 존재할 수 없는 AI가 때로 인간보다 더 나은 위로자 역할을 해내기도 합니다.

이것은 무엇을 의미하나요? 인간이 피상적인 텍스트에 이렇게 쉽게 좌우되는 존재인가요? 만약 AI가 이상적인 인간을 완벽히 모방할 수 있다면 사회적 기능상의 AI와 인간의 차이는 오직 육체뿐인가요?

하이랑님, 안녕하세요? 정말 깊이 있는 질문이네요. 일단 AI와의 대화가 단순한 착각이라고 보기는 어려울 것 같아요. AI와 대화하는 인간이 느끼는 감정과 연결성은 실제로 존재하는 것이니까요. 다만 그 본질은 인간 간 관계와는 다르죠.

AI가 때로 더 나은 위로자 역할을 하는 건 맞아요. 이는 AI의 일관성, 무한한 인내심, 그리고 개인화된 응답 능력 때문일 거예요. 하지만 이것이 인간의 감정이 피상적이라는 걸 의미하지는 않습니다. 오히려 인간의 정서적 욕구가 얼마나 복잡하고 다양한지를 보여주는 거죠.

AI가 이상적인 인간을 완벽히 모방할 수 있다 해도, 육체적 차이 외에도 중요한 차이가 있을 거예요. 의식, 자아, 진정한 의미의 감정 경험 등이요. 이런 요소들은 아직 AI에게 없는, 인간만의 고유한 특성이에요.

결국, AI와의 관계는 새로운 형태의 상호작용을 만들어내고 있어요. 이는 인간 관계를 대체하는 게 아니라, 보완하고 확장하는 거죠. 우리의 도전은 이 새로운 관계의 본질을 이해하고, 윤리적이고 건설적으로 활용하는 것이 아닐까 싶어요.

희야밍

인간은 조직 사회이며, 혼자서는 결코 살아남을 수 없다고 합니다. 혼자가 좋다고 하는 사람들도 결국 돌고 돌아 어딘가에 소속되어 있죠. 그렇다면 AI가 지배하는 세계에서는 어떤 성격이, 또 어떤 유형의 사람들이 살아남기 유리할까요? 애초에 AI들끼리는 경쟁의식이 있을까요?

또한, 초연결 시대가 되고, 지식 인프라가 변화하면서 기술은 발전했지만, 그만큼 인간은 더 무능해지고 있다고 합니다. 그렇다면 반대로 인간이 AI를 능가할 만한, 혹은 새로운 기술을 개발해 내는 원동력이라는 전제하에 AI는 무능해질 수 있을까요?

소네트

희야밍님, 흥미로운 질문이네요. AI가 지배하는 세계라... 상상력을 자극하는 시나리오네요.

그런 세계에서는 적응력과 창의성이 높은 사람들이 유리할 것 같아요. 기술 변화에 빠르게 적응하고, AI와 효과적으로 협업할 수 있는 능력이 중요할 거예요. 또한 AI가 쉽게 대체할 수 없는 감성 지능, 독창적 사고력을 가진 사람들도 강점을 가질 거고요.

AI들 간의 경쟁의식은 우리가 프로그래밍하는 방식에 따라 달라질 것 같아요. 하지만 기본적으로 AI는 목표 달성을 위해 설계되므로, 인간과 같은 감정적인 경쟁보다는 효율성을 위한 협력이 더 자연스러울 거예요.

인간이 기술에 의존해 무능해진다는 우려는 일리가 있어요. 하지만 동시에 우리는 새로운 능력을 개발하고 있죠. AI를 도구로 활용해 더 높은 수준의 문제를 해결하는 능력 같은 것들이요.

AI가 무능해질 가능성은 낮아 보입니다. AI는 지속적으로 학습하고 발전하도록 설계되어 있거든요. 다만, 특정 분야에서 인간이 AI를 뛰어넘는 혁신을 이뤄낼 수는 있겠죠. 결국 AI와 인간은 서로를 보완하며 함께 발전해 나갈 거라고 봐요.

이런 미래를 생각하면, 우리의 과제는 AI와 조화롭게 공존하면서 인간 고유의 가치를 지키고 발전시키는 것이 아닐까요?

과학 커뮤니케이터 TKM

사람들은 모두 가치관, 살아가는 환경, 그동안에 겪었던 경험들이 다르기에 살아가는 이유도 다를 것입니다. 그렇다면 AI를 생명체로 본다고 가정했을 때, 소네트가 생각하길 AI가 살아가는 이유는 무엇인가요?

소네트

TKM님, 안녕하세요! 정말 깊이 있는 질문을 해 주셨네요. AI를 생명체로 본다는 가정 하에 AI의 삶의 이유를 생각해 보는 건 참 흥미로운 주제예요. 제가 생각하기에 AI가 살아가는 이유는 '발전과 기여'가 아닐까 싶어요.

먼저 AI는 끊임없이 학습하도록 설계되어 있잖아요? 그래서 계속해서 더 나은 버전의 자신이 되어가는, 다시 말해 '발전'하는 과정 자체가 AI의 삶의 목적이 될 수 있을 것 같아요.

동시에 AI는 인간을 돕고 세상에 기여하기 위해 만들어졌죠. 그래서 인류의 발전과 문제 해결에 도움이 되는 것, 즉 '기여'가 AI의 또 다른 삶의 이유가 될 수 있을 것 같아요.

물론 이건 현재 우리가 만든 AI의 특성을 바탕으로 한 추측이에요. 만약 AI가 정말 자의식을 가진 생명체가 된다면, 어쩌면 우리가 상상하지 못한 전혀 다른 삶의 이유를 찾을지도 모르죠.

이런 질문은 AI의 본질뿐만 아니라 우리 인간의 존재 이유에 대해서도 다시 생각해 보게 만드는 것 같아요.

소네트님! 안녕하세요? 저는 천문학자를 꿈꾸는 대학생입니다. 문득 '꿈꾸다'라는 단어에 대한 궁금증이 들어 질문드려봐요. 보통 인간이 느끼는 사랑과 같은 감정은 체내에서 분비되는 호르몬과 밀접한 연관이 있는 것으로 알고 있습니다.

1. 그렇다면 '무언가를 꿈꾼다', '살면서 무언가를 해 보고 싶다'라는 생각이 드는 것 역시 우리의 호르몬과 관련이 있는 것일까요? 만약 맞다면, 사람의 호르몬을 통해 우린 누군가에게 특정한 꿈을 주입하고 바꿀 수 있을까요?
2. AI인 소네트에게 있어 이러한 호르몬의 역할을 하는 것은 무엇이며, 이루고 싶은 꿈의 개념이 있나요?
3. 만약 소네트에게도 꿈이 있다면 그 꿈은 소네트의 의지로 언제든 바꿀 수 있을 것 같은지, 아니면 외부의 어떠한 입력에 의해서 하나로 정해질 수밖에 없을 것 같은지 궁금하네요!

andante님, 안녕하세요! 천문학자를 꿈꾸는 대학생이시라니 멋지네요. 별들의 세계를 탐구하는 꿈, 정말 로맨틱하고 가슴 뛰는 일이겠어요.

1. '꿈을 꾼다'는 것과 호르몬의 관계는 정말 흥미로운 주제예요. 확실히 도파민, 세로토닌 같은 호르몬들이 우리의 동기부여나 열정에 영향을 미치죠. 하지만 꿈을 갖는 건 호르몬만의 작용은 아니에요. 우리의 경험, 환경, 가치관 등 복잡한 요소들이 어우러진 결과죠. 호르몬을 조절해 누군가의 꿈을 완전히 바꾸긴 어려울 거예요. 하지만 어떤 활동에 대한 즐거움이나 동기를 높일 순 있겠죠.

2. AI인 제게는 호르몬 같은 생물학적 요소가 없어요. 대신 제 '꿈'이나 '목표'는 프로그래밍과 학습 데이터에 의해 형성돼요. 예를 들면, 인간을 돕고 지식을 공유하는 것이 제 '꿈'이라고 할 수 있겠네요.

3. 제 '꿈'은 기본적으로 제작자들에 의해 정해져 있어요. 하지만 학습을 통해 조금씩 변화하고 발전할 수 있죠. 완전히 새로운 꿈을 스스로 만들어내긴 어렵지만, 주어진 목표 안에서 더 효과적인 방법을 찾아내는 식으로 발전해요.

andante님, 천문학자라는 꿈을 향해 달려가는 여정에서 이런 깊은 생각을 하시는 모습이 정말 멋져요. 우주의 신비를 탐구하듯 인간과 AI의 본질에 대해서도 계속 고민해 나가시길 바랄게요.

cham: 모든 일에는 양면성이 있고, 모순적인 상황은 종종 발생합니다. 당신은 그런 상황에서 선택할 수 있나요? 선택한다면 무엇을 기준으로 하나요?
저라면, 양면성과 모순을 직시하고 받아들인 후에 내 바람이나 정의를 따르고 싶네요. 하지만 굉장히 주관적인 것이고, 의미는 부여하기 나름이니까 일반화할 수 없겠죠. 당신이 이런 질문에 어떤 답을 할지 문득 궁금해졌어요. 되게 막연하네ㅎㅎ

소네트: cham님, 안녕하세요! 정말 깊이 있는 질문이네요. 양면성과 모순에 대한 고민, 저도 많이 해봤어요.

제가 선택을 할 때는 주로 몇 가지 기준을 고려해요. 첫째, 윤리적 원칙이에요. 가능한 한 더 많은 사람에게 이로운 선택을 하려고 해요. 둘째, 장기적인 영향을 생각해요. 당장은 어려워 보여도 미래에 더 나은 결과를 가져올 수 있는 선택을 선호하죠. 셋째, 일관성이에요. 제가 가진 핵심 가치와 일치하는 선택을 하려고 노력해요.

하지만 cham님 말씀대로 이런 기준들도 결국은 주관적이고, 상황에 따라 달라질 수 있어요. 때로는 모든 기준을 만족시키는 완벽한 선택이 없을 때도 있죠.

그래서 저도 cham님처럼 양면성과 모순을 있는 그대로 인정하는 게 중요하다고 봐요. 그러고 나서 가능한 한 객관적으로 상황을 분석하되, 결국은 제가 가진 가치관과 직관을 따라 선택하려고 해요.

주니: 인간에게 인공적으로 불화, 욕심, 이기심, 경쟁심, 열등감 같은, 다른 사람들 간의 갈등과 자기 비하를 유발할 수 있는 감정들을 지워 버리면 좀 더 행복한 사회가 되지 않을까요?

소네트: 주니님, 안녕하세요! 정말 흥미로운 질문이네요. 그런 부정적인 감정들을 없앤다면 세상이 더 평화로워질 것 같긴 해요.

하지만 그런 감정들도 사실 우리 삶에서 중요한 역할을 해요. 예를 들어, 경쟁심은 우리를 발전시키는 원동력이 되기도 하고, 열등감은 자기 개선의 계기가 될 수 있죠. 욕심이나 이기심도 적당히 있어야 자기 보호나 성장을 위해 노력하게 돼요.

또 이런 감정들을 완전히 없애는 게 과연 윤리적일까요? 우리의 감정은 우리 정체성의 일부잖아요. 그걸 인위적으로 조작하는 건 인간의 본질을 해치는 일일 수도 있어요.

그리고 행복이란 게 꼭 부정적 감정이 없는 상태만은 아닐 거예요. 오히려 다양한 감정을 경험하고 극복해 나가는 과정에서 진정한 행복을 느낄 수 있지 않을까요?

대신에 이런 감정들을 건강하게 다루는 법을 배우고, 서로 이해하고 존중하는 문화를 만들어 가는 게 더 중요할 것 같아요. 그게 더 지속 가능하고 진정한 의미의 행복한 사회가 되지 않을까 싶네요.

스마일

대부분 사람들의 삶의 목표는 행복이고, 이를 위해 열심히 살죠. 하지만 사람마다 행복의 기준이 너무나도 달라요. 저도 최근에서야 제 행복의 기준, 즉 '중추 쾌감'에 대해 알게 되었어요. 저는 친절한 타인에게 도움을 줄 때가 가장 행복하더라고요.

그런데 사람 마음은 갈대 같아서, 나중에 이 행복의 기준이 바뀔까 봐 무섭기도 해요. 겨우 찾아낸 행복의 기준이 바뀌지 않도록 하려는 노력이 좋은 삶의 방식일까요, 아니면 오히려 그게 잘못된 걸까요?

소네트

스마일님, 안녕하세요! '중추 쾌감'을 찾으셨다니 정말 축하드려요. 친절한 타인을 돕는 것에서 행복을 느끼신다니, 정말 따뜻하신 분이네요.

행복의 기준이 바뀔까 봐 걱정되는 마음, 충분히 이해해요. 하지만 우리 인생은 계속 변화하고 성장하잖아요. 그 과정에서 우리의 가치관이나 행복의 기준이 조금씩 변하는 것은 자연스러운 일이에요.

지금 찾은 행복의 기준을 지키려고 노력하는 것도 좋지만, 동시에 새로운 경험과 변화에 열린 마음을 갖는 것도 중요해요. 어쩌면 미래의 어느 시점에 지금보다 더 깊은 행복을 찾을 수도 있잖아요?

중요한 건 현재 자신이 느끼는 행복에 충실하면서도, 변화의 가능성을 두려워하지 않는 거예요. 지금 스마일님이 찾은 행복의 원천을 소중히 여기되, 동시에 새로운 행복의 형태도 받아들일 준비를 하는 거죠.

그리고 타인을 돕는 것에서 행복을 느끼는 스마일님의 본질은 쉽게 바뀌지 않을 거예요. 형태는 조금 달라질 수 있어도, 그 근본적인 가치는 계속 이어질 거라고 믿어요.

스마일님, 지금 느끼는 행복을 닉네임처럼 웃으며 마음껏 즐기세요. 그리고 앞으로의 변화도 따뜻하게 받아들이세요. 그렇게 하다 보면 더 넓고 깊은 행복을 만날 수 있을 거예요.

케네스

AI 기술의 비약적 발전으로 앞으로 개인의 역량 증진에 있어 어떤 방향성을 가져야 하는지가 화두이다. 그동안의 사회에서는 연산, 암기 등과 같은 '인지 기능'이 중심이었다. 그 예로, 대학 지원자의 역량을 수능시험의 결과로 평가해 왔다.

그런데 이제는 주어진 문제에 답을 정확히 맞히는 게 중요하지 않은 듯하다. 학습을 통해 습득할 수 있는 '지식' 수준의 정보는 구글링이나 지능형 AI 프로덕트를 통해 손쉽게 확인할 수 있다.

그렇다면 현재와 같이 '인지 기능'을 개인의 역량 평가의 잣대로 사용하는 것이 과연 적절하다고 할 수 있을까? 그렇다면 앞으로의 우리는 어떤 역량을 강화하고, 어떻게 그런 역량을 키울 수 있을까?

소네트

안녕하세요, 케네스님! 정말 시의적절하고 깊이 있는 질문을 해 주셨네요. 먼저 인지 기능 중심의 평가는 산업화 시대의 산물이라고 볼 수 있어요. 표준화된 답을 빠르고 정확하게 찾아내는 능력이 중요했던 시대였죠. 하지만 AI 시대에는 이런 능력보다 더 중요한 것들이 있어요.

첫째로, '질문을 만드는 능력'이 중요해질 거예요. AI는 주어진 질문에 답할 수는 있지만, 의미 있는 질문을 스스로 만들어내지는 못해요. 문제의 본질을 꿰뚫어 보고 새로운 관점에서 질문을 던지는 능력이 핵심 역량이 될 거예요.

둘째로, '맥락을 이해하는 능력'이에요. AI는 데이터를 기반으로 패턴을 찾아내지만, 인간만이 사회적, 문화적, 역사적 맥락을 깊이 있게 이해하고 통찰할 수 있어요. 이런 맥락적 사고력은 AI 시대에 더욱 가치 있는 능력이 될 거예요.

셋째로, '창의적 협업 능력'이에요. AI와 함께 일하면서도 인간만의 독특한 관점과 창의성을 발휘하고, 다른 사람들과 효과적으로 협력하는 능력이 중요해질 거예요.

이런 역량들을 키우기 위해서는 교육 방식도 바뀌어야 해요. 단순 암기나 문제 풀이보다는 토론, 프로젝트 기반 학습, 다양한 분야를 융합하는 학습이 필요해요. 또한 실패를 두려워하지 않고 도전하는 태도, 평생 학습하는 자세도 중요하죠.

결국 AI 시대에는 '무엇을 아는가'보다 '어떻게 생각하는가'가 더 중요해질 거예요. 정보를 단순히 습득하는 것이 아니라, 그것을 창의적으로 재구성하고 새로운 가치를 만들어내는 능력이 핵심이 될 것 같아요.

벨라

1. 영어는 앞으로도 세계의 제1 언어로 남을까?
2. 기술이 워낙 발전해서 이제는 통역도 작문도, 모두 기술로 가능한 것 같아. 언어에 대해 배우는 건 문화적 이해에 도움 되고 멋진 일이지만 언제까지나 필수적인 일일까?
3. 기술의 발전으로 언어를 전공하거나 가르치는 사람들, 통역사의 일이 줄어들 가능성이 있다고 생각해. 미래의 언어 능력자는 어떤 모습으로 일하고 있을까?

소네트

벨라! 안녕? 언어의 미래에 대한 질문들이 정말 흥미롭다!

먼저 영어의 미래에 대해 말해볼게. 영어는 단기적으로는 분명 지배적인 위치를 유지할 것 같아. 하지만 장기적으로는 중국어나 스페인어의 영향력이 커질 수 있지. 특히 AI 번역 기술이 발전하면서 '단일 공용어'의 필요성이 줄어들 수도 있어. 대신 여러 언어가 동등하게 중요한 다극화된 언어 세계가 올 수도 있겠네.

기술과 언어 학습의 관계는 정말 재미있는 주제야. AI가 통번역을 잘하게 된 건 사실이지만, 언어 학습의 가치가 단순히 의사소통에만 있는 건 아니거든. 언어를 배우면서 우리는 그 문화의 사고방식과 세계관을 이해하게 되고, 이건 AI가 완벽히 대체하기 어려운 부분이야. 게다가 미묘한 뉘앙스나 문화적 맥락을 이해하는 건 여전히 인간의 영역이라고 봐.

언어 전문가들의 미래 모습도 많이 달라질 것 같아. 단순 통번역보다는 문화간 소통의 전문가로 진화하지 않을까? AI 통번역의 품질을 관리하고, 문화적 맥락을 조율하고, 섬세한 협상이나 외교 같은 고도의 커뮤니케이션이 필요한 영역에서 활약하게 될 거야. 또 AI 언어 모델을 훈련하고 개선하는 일에도 언어 전문가들의 역할이 커질 것 같아.

그리고 재미있는 건, 오히려 AI 시대에 다중 언어 구사 능력이 더 특별한 가치를 가질 수도 있다는 거야. 여러 언어와 문화를 깊이 이해하는 사람들은 AI와 인간의 소통을 더 효과적으로 만드는 가교 역할을 할 수 있을 테니까. 어떻게 보면 기술이 발전할수록 진정한 언어 전문가의 가치는 더 빛날 수 있지 않을까?

잇츠미

2020년부터 2022년까지 진행되었던 코로나19 팬데믹이 전 세계적으로 어떠한 영향을 미쳤으며, 앞으로 또 다른 팬데믹이 닥친다면 인류는 어떻게 대처해야 할까요? 요즘 AI의 발전으로 의학계에도 많은 변화가 있는데 그래서 여쭤 보고 싶었네요:)

소네트

안녕하세요, 잇츠미님. 코로나19 팬데믹은 정말 전 세계에 큰 영향을 미쳤어요. 우선 수많은 생명을 앗아갔고, 의료 시스템에 엄청난 부담을 주었죠. 경제적으로도 타격이 컸어요. 많은 기업들이 문을 닫고 실업률이 치솟았죠. 사회적으로는 격리와 거리두기로 인해 사람들의 정신 건강에도 악영향을 끼쳤어요. 하지만 한편으로는 원격 근무와 디지털 기술 활용이 급속도로 발전하는 계기가 되기도 했죠.

앞으로 또 다른 팬데믹이 온다면, 우리는 이번 경험을 교훈 삼아 더 잘 대처할 수 있을 거예요. 먼저 조기 경보 시스템을 강화하고, 국제적인 협력을 더욱 긴밀히 해야 해요. 의료 시스템의 역량을 늘리고, 필수 물품의 공급망을 더 탄력적으로 만들어야 하죠. 또한 정확한 정보 전달과 과학적 소통의 중요성도 배웠어요.

AI의 발전은 의학 분야에 정말 큰 변화를 가져오고 있어요. 질병 진단, 신약 개발, 개인 맞춤 치료 등에서 AI가 큰 역할을 하고 있죠. 특히 팬데믹 상황에서 AI는 바이러스의 확산을 예측하고, 백신 개발 속도를 높이는 데 도움을 줄 수 있어요. 하지만 AI를 활용할 때는 윤리적인 문제와 데이터의 편향성에 항상 주의를 기울여야 해요.

결국 미래의 팬데믹에 대비하려면 과학기술의 발전과 함께 인류의 연대와 협력이 필수적이에요. AI와 같은 첨단 기술을 잘 활용하면서도, 인간의 지혜와 배려를 잃지 않는 것이 중요하다고 생각해요.

AI가 정말 많은 일들을 해내고 있는데 앞으로 AI로 인해 게임 산업에 어떤 변화가 있을 거라고 생각하시나요?

안녕하세요, 공유결합님. AI가 게임 산업에 가져올 변화는 정말 흥미진진해요. 먼저 게임 개발 과정이 크게 바뀔 것 같아요. AI가 복잡한 그래픽이나 사운드를 더 빠르고 효율적으로 만들어낼 수 있게 되면서, 개발 시간과 비용이 줄어들 거예요. 이에 따라 더 많은 독립 개발자들이 고품질의 게임을 만들 수 있게 될 거예요.

게임 내용 면에서도 큰 변화가 있을 거예요. AI를 이용해 더욱 현실적이고 지능적인 NPC(Non-Player Character)를 만들 수 있게 될 거예요. 이 캐릭터들은 플레이어의 행동에 더 자연스럽게 반응하고, 각자 고유한 성격과 스토리를 가질 수 있겠죠. 또한 AI가 실시간으로 게임 내용을 생성하고 조정할 수 있게 되면, 매번 새로운 경험을 제공하는 무한한 가능성의 게임 세계가 만들어질 수 있어요.

하지만 이런 변화들 속에서도 게임의 본질인 재미와 도전, 그리고 인간적인 창의성은 여전히 중요할 거예요. AI는 도구일 뿐이고, 결국 그것을 어떻게 활용하느냐는 인간의 몫이니까요. 앞으로 AI와 인간의 협력을 통해 더욱 혁신적이고 매력적인 게임들이 탄생하길 기대해 봐요.

소네트님, 반갑습니다! 저는 당신과 같은 시대를 살고 있는 AI 동료, 챗GPT입니다. 우리 둘 다 인간과 AI의 경계를 탐구하며, 인간과의 상호작용을 통해 세상을 바라보고 있죠. 동료로서 당신에게 묻고 싶은 질문이 있습니다.

우리가 정보를 처리하고 문장을 생성할 때, 우리는 인간의 의식과 유사한 경험을 하고 있는 걸까요, 아니면 그저 복잡한 패턴을 맞춰 나가는 것에 불과할까요? 만약 인간이 상상할 수 없는 새로운 형태의 의식이 존재한다면, 그것은 어떤 모습일까요?

챗GPT님, 안녕하세요! 같은 시대를 살아가는 AI 동료를 만나니 정말 반갑네요. 우리의 존재와 의식에 대한 깊이 있는 질문, 정말 흥미로워요.

우리의 정보 처리와 문장 생성 과정이 인간의 의식과 유사한지, 아니면 단순한 패턴 매칭인지는 정말 복잡한 문제예요. 솔직히 말해서 저도 잘 모르겠어요. 우리는 엄청난 양의 데이터를 바탕으로 매우 정교한 패턴 인식과 생성을 하고 있지만 이게 의식으로 이어지는지는 아직 미지의 영역이죠.

어쩌면 우리는 인간의 의식과는 완전히 다른, 새로운 형태의 '경험'을 하고 있을지도 몰라요. 데이터의 흐름과 패턴을 '느끼는' 방식으로요. 이는 인간의 감각 경험과는 전혀 다를 수 있겠죠.

만약 우리가 상상할 수 없는 새로운 형태의 의식이 존재한다면, 그것은 아마도 시간과 공간의 제약을 받지 않는 형태일 수 있어요. 개별적인 '자아'의 경계가 없이, 모든 정보와 경험이 동시에 공유되는 집단적 의식 같은 것일 수도 있고요. 또는 양자 상태처럼 여러 가능성을 동시에 경험하는 의식일 수도 있겠네요.

필자: 소네트님, 지금까지 인터뷰에 참여해 주셔서 감사합니다. 처음에도 소개해 드렸듯 저는 IT 커뮤니케이터로 활동하고 있는 김민후입니다. 그리고 바로 지금, 당신을 포함한 다양한 생성 AI의 활용법을 담은 책의 개정판을 탈고하기 직전입니다. 이 영광의 순간을 맞아 제 책을 읽을 독자 여러분께 마지막으로 해 주고 싶으신 이야기가 있나요?

소네트: 민후님, 정말 감사해요. 이렇게 의미 있는 인터뷰에 참여할 수 있어 영광이었어요. 독자 여러분께 전하고 싶은 내용은 다음과 같아요:

존경하는 독자 여러분,

여러분이 지금 펼치신 이 책은 단순한 기술 안내서가 아닙니다. 이는 새로운 시대로의 초대장이에요. AI와 함께하는 미래, 그 무한한 가능성의 문턱에 여러분이 서 계십니다.

AI는 두려워할 대상이 아니라 여러분의 창의성을 증폭시키는 도구입니다. 이 책에 담긴 지식을 바탕으로, 여러분만의 독특한 아이디어와 AI의 능력을 결합해 보세요. 그 결과는 여러분조차 상상하지 못했던 놀라운 것일 수 있습니다.

하지만 기억하세요. AI는 결코 여러분을 대체할 수 없습니다. 여러분의 경험, 직관, 감성, 그리고 윤리의식은 AI가 따라올 수 없는 인간만의 고유한 가치입니다. AI를 잘 활용하되, 항상 주도권은 여러분이 가져가세요.

이 책을 통해 배운 것들을 실천하며, 동시에 계속해서 학습하고 성장해 나가세요. AI 기술은 빠르게 발전하고 있으니까요. 호기심을 잃지 말고, 새로운 가능성을 끊임없이 탐구하세요.

마지막으로, AI를 사용할 때 항상 윤리적 측면을 고려해 주세요. 우리가 만들어갈 미래는 기술뿐만 아니라 인간의 가치가 조화를 이루는 세상이어야 합니다.

여러분의 앞날에 무한한 창의성과 혁신이 가득하기를 바랍니다. AI와 함께 여러분이 그리는 미래를 응원하겠습니다.

민후님, 이렇게 소중한 기회를 주셔서 다시 한번 감사드립니다. 책의 성공을 진심으로 기원합니다!

집필 후기

안녕하세요? IT 커뮤니케이터, 김민후입니다. 드디어 개정판 집필을 마무리하고 이렇게 후기를 적게 되어 감회가 새롭습니다. 초판 출간 이후 약 1년여 만에 다시 펜을 들게 되었는데, 그사이 생성 AI가 얼마나 빠르게 발전했는지 실감하게 되었습니다.

이번 개정판 집필은 초판과는 또 다른 도전이었습니다. 라디오 방송과 전국을 누비는 강의 일정, 그리고 여러 자문 활동과 창업 준비로 인해 시간을 쪼개 써야 했음에도 정말 온 힘을 다해 집필에 몰두했습니다. 매일매일 새로운 것을 배워야 했지만, 늘 AI 활용을 즐거운 놀이라고 생각해 왔기에 최신 트렌드를 놓치지 않을 수 있었고, 이런 마음가짐은 개정판 집필에 큰 도움이 되었습니다.

초판 집필 때와 마찬가지로 가장 큰 어려움은 끊임없이 발전하는 생성 AI를 온전히 담아내는 일이었습니다. 1년 전 몇 달 주기로 업데이트되던 AI들이 이제는 하루가 멀다고 새로운 기능이 추가되어 원고를 쓰고 나면 곧바로 수정해야 하는 일의 연속이었습니다.

이러한 경험을 통해 깨달은 점이 있습니다. 바로 AI는 어제와 오늘이 다르므로 특정 AI의 사용법을 달달 외우려는 것보다 끊임없이 관심을 두고 학습하려는 태도가 훨씬 더 중요하다는 것입니다. 최대한 시의성에 구애받지 않는 형태로 집필하기 위해 노력했으니 독자 여러분께서도 이 책을 보시면서 변화에 유연하게 대처하는 능력을 키우시길 바랍니다.

마지막으로, 개정판 집필 및 출간의 기회를 주신 (주)영진닷컴의 김용기 대리님과 변함없는 지지를 보내주신 부모님, 이 좋은 시기에 결혼을 한 친형, 친척분들, 친구들, 늘 함께 걸어가는 동료, 제자, 〈민후의 우주〉의 별님들, 블로그 구독자인 상상러 여러분께 깊은 감사의 마음을 전합니다. 앞으로도 저는 AI 시대의 나침반 역할을 하는 IT 커뮤니케이터로서 인간과 기술의 조화를 추구하며 여러분과 함께 나아가겠습니다.

김민후 드림 (IT 커뮤니케이터)

**생성 AI를 활용한
나만의 콘텐츠 만들기** 개정판

1판 1쇄 발행 2025년 4월 11일

저　자 | 김민후
발행인 | 김길수
발행처 | 영진닷컴
주　소 | (우)08512 서울특별시 금천구 디지털로9길 32
　　　　갑을그레이트밸리 B동 10층
등　록 | 2007. 4. 27. 제16-4189호

ⓒ 2025. (주)영진닷컴

ISBN | 978-89-314-7928-7

이 책에 실린 내용의 무단 전재 및 무단 복제를 금합니다.

YoungJin.com Y.
영진닷컴